U0457738

〔美〕保罗·赖特尔
〔美〕查德·韦尔蒙 著
孟 醒 译

永恒的危机
祛魅时代的人文学

ZHEJIANG UNIVERSITY PRESS
浙江大学出版社
·杭州·

致我们的孩子
——塞塞莉娅、范恩、伊芙和惠特

目录

1 ｜ **导论**

6 ｜ 方法、实践、话语

8 ｜ 人文学的间断性

9 ｜ 远亲

17 ｜ 无用知识的价值

26 ｜ 危机再临

33 ｜ **第一章　现代大学与智识统一性之梦**

35 ｜ 一个理念的应用

43 ｜ 职业学者对哲思之人

51 ｜ 学者的使命

61 ｜ 作为组织机构的大学

69 ｜ 国家对学术的兴趣

75 ｜ **第二章　伤怀学仕的悲叹**

82 ｜ 重拾新人文主义

85 ｜ 不自由普鲁士中的"自由民诸艺"

91　｜　专业化的代价

96　｜　第斯多惠与衰落文章

100　｜　学术自由与学仕的两难

107　｜　对永恒的紧张关系的赞颂

114　｜　**第三章　语文学与现代性**

117　｜　矛盾的天才

122　｜　教育和统一

129　｜　学校演化之争

132　｜　以教育为要务的理论

135　｜　人文学和人文主义知识的危机

139　｜　尼采与洪堡

148　｜　产业语文学

151　｜　尼采笔下的危机管理

158　｜　**第四章　实验室中的学仕**

165　｜　生理学的兴起与穆勒门下的学仕

172　｜　赫尔姆霍兹论人文学和自然科学之关系

175　｜　赫尔姆霍兹论知识的派系之争

180　｜　自然科学的人文主义究竟是什么？

186　｜　自然科学的人文主义之局限

190　｜　杜布瓦－雷蒙论知识的局限和科学史

197　｜　真理的碎片化

213 | **第五章　现代人文学之慰藉**

215 | 精神生活的不可比性

220 | 人文学的道德目的和历史正当性

226 | 一种新的形而上学？

230 | 哲学院系的分化和一个理念的终结

237 | 回归康德以及重划知识边界

251 | 信念与学术生活

258 | **第六章　马克斯·韦伯、学术与现代的克制**

262 | 再造洪堡

264 | 青年的形而上学

269 | 大学阴影下的智识工作

275 | 祛魅的世界

279 | 韦伯与人文主义知识的危机

281 | 使知识返魅之梦

285 | 人文学与历史的意义

288 | 自由主义、民主和狭隘人文学的兴起

291 | 现代人文学的方法和情怀

294 | 祛魅的大学和返魅的人文学

296 | 学术作为一种生活方式

303 | 学术领袖的魅力与人文学的宿命

310　|　**第七章　美国的危机、民主与人文学**

319　|　制度建设

325　|　巴尔的摩派

333　|　欧洲移民的种种人文主义思想

340　|　克里斯特勒与文艺复兴修正主义

347　|　后学科化的人文学

355　|　**结论**

372　|　**致谢**

374　|　**注释**

导论

　　"永恒的危机"这样的说法当然是一种自相矛盾，因为至少在经典的定义中，危机指的是一个关键的时刻，是此前业已出现和随后可能发生的事之间的转折点。[1]危机不会持久，它会过去。但如今，宣称每个时刻都是决定性时刻是司空见惯之事。一场场危机搅动着资本主义，但也维持着它。远在呼吁"无休止的创造性破坏和颠覆"成为风尚之前，恩格斯和马克思就表达了这样的希望：现代工业化的周期性危机最终会被"永久革命"所克服。[2]我们应该欢迎危机而不是害怕它——这种想法也以更为温和的方式出现。与马克思、恩格斯同时代的雅各布·布克哈特（Jacob Burckhardt）强调了危机的积极一面，虽然以他所认为的与历史学家相宜的谨慎，他更倾向于渐进性而非革命性的危机。[3]1873年，长期供职于巴塞尔大学的艺术史家布克哈特在他即将功成身退之际警告道，"历史危机"会造成毁灭，而"艺术家和诗人"尤其容易做出"颂扬"它们的过分之举，但他也认为这些人宣称"危机创造了新的视角、新的观察方式"是正确的。

　　不过布克哈特没有把这种逻辑应用在自己的智识领域即学术的人文上。他不是孤例。很多学者都看重冷静和稳定——布克哈特本人也喜欢巴塞尔的静谧而不好柏林的狂乱，因此不愿认为历史危机和失序是自己的专业成就的关键。不过，虽然布克哈特从未表示人文学曾因危机而处于险境，但其后一百五十年来的其他人文学者却恣意发出"危言"，以描述他们身处的制度及其在更广阔文化中的位置。他们甚至会认为危机威胁到了人文学之存在。就在论及批评时之前后，布克哈特听到了他的年轻同事弗里德里希·尼采——其人的"表演型人格"已经开始引起布克哈特的疑虑——在一系列戏剧般的公开演讲中正以这种方式使用危机的话语。布克哈特虽然对尼采其人保持警惕，但实际上与他有相同的担忧：人文学正在被普鲁士化，即高产出、标准化、强行被用于为国家服务。布克哈特会同意，人们如果有充分的理由去质疑人文领域中有关危机的话语，那么也有理由质疑阻挠这种言论的尝试。这一点仍然适用：如今和尼采的时代一样，在对人文领域相关的公开争论进行思考时，危机论被过于轻易地弃之不理，有时甚至是利用该论的批评者所为。

　　在《大西洋月刊》2018 年的一篇题为《人文学正处在危机中》（"The Humanities Are in Crisis"）的文章里，历史学家本杰明·施密特（Benjamin Schmidt）解释了他为何与其他许多人文学者不同，在讨论美国学院和大学人文学科的录取情况时，很长时间内都避免使用"危机"一词。首先，他不认为录取数字很糟糕。哪怕是在 2013 年，其绝对数字都高于以往，而大衰退（2007 年）之时和之后的百分比下滑一直比较平缓，远不像 20 世纪 70 年代中期的自由落体。其次，施密特对使用这种语言表达了某种无条件的保留。"我在拿到历史学学位时学到的一件事是，"他写道，"人们常常会宣称'危机'的到来，以显摆自己之前想到的解决方案。"[4]但在 2018 年，他的想法发生了变化。新数据说明人文的境遇已经恶化，现在使用"危机"一词已经合乎情理，正如他的标题所示。历史本身把他推向了主流。而施密特的意思也很明白：学院派人文学应该担忧的时代终于到来了。

　　思想史学家斯蒂芬·科利尼（Stefan Collini）是英国最具影响力的高等教育评论家之一，他在危机论问题上坚持着自己业已失势的立场。在文集《谈谈大学》（*Speaking of Universities*，2017）中，他强调，对于那些在他看来一直都是学术文化一部分的"全玩儿完"言论或"没人听信的危言"①，他向来不买账。与施密特以及过去、现在的无数人一样，在科利尼笔下，人文学的危机呼喊是轻率的，甚至还会产生负面效果。他认为这样的哭诉源自一种罔顾历史的视角，尤其被自认为有历史头脑的人所嫌弃。如果学界意识到自己的危机辞藻在多大程度上重复着陈年的哀叹，他们或许会改换另一种语调，或者想出些更具原创性的言辞。科利尼认为这很

---

① 原文 Cassandraism，出自古希腊神话人物 Cassandra，她拥有预言能力，但受阿波罗诅咒，预言不会被人相信。——译注

重要，因为用心地反复申明大学的核心价值观是有意义的。科利尼自己同样濒临危机言论边缘，他强调这种重申如今迫在眉睫，也敦促寄身于大学的象牙塔住民予以回应。[5]

《永恒的危机》并不是要号召人们行动起来。我们写下的是一部历史研究，希望它能够廓清有关人文学困境（特别是在欧美高等教育机构中）之争论，并不时做出能够激活人们思想的、有悖直觉的贡献。我们这本书的主要批评对象有二：一是人文学中的危机概念如何被唤起；二是它如何被无视。我们承认，即便困扰高校人文学科的大多数力量——职业主义、管理主义、反智主义——都不是新鲜事，对人文学者和那些认为自己是人文的受益者和维护者的人而言，眼下也是尤为艰难的时刻。同时，我们也认为人文学中的危机论常常是无理取闹、自私自利、缺乏历史观点的，与人文学者所追求的慎思和学养背道而驰。在挖掘笼罩着人文学的持久的危机感之根源时，我们强调的是远超 21 世纪美国范围的一种连续性，我们说的是在对基本压力的感受和回应上，今天的人文学者与他们 19 世纪的德国前辈惊人地相似。在 19 世纪的德国大学中（在美国大学尤其是今天的美国大学中亦然），人文学者感受到了一些发展进程的威胁，如机构民主化、制度合理化等，而正是这些进程为现代人文学术之繁荣创造了条件。

但我们也强调危机言论的建设性一面。我们的一个主要论断是：**现代人文学的自我理解并不只是在回应某个被感知到的危机中形成的，它也把危机当作人文学的一个核心课题。**

人文学之独立存在发生于 19 世纪末的德国，它们实际上被构造为一种高级资源，用以解决那些对其他文化和社会资产也造成威胁的可见的意义和价值危机。对危机的感知不管是否形成共识，都能引起关注并提供目标。就人文学而论，危机感在方法、理论及社会与机构改革的过程中呈现出了连贯性。对于学者而言——不管他们自己意识到与否、在政治上进步或保守，危机都在"人文学有特殊使命"这个想法的确立上发挥了关键作用。现代人文学为何总是处在危机之中？部分原因是：我们需要它如此。

　　哪怕是那些决心避开危机论的学者，都会以巩固危机论而终。以科利尼为例，他显然不想写出一部与艾伦·布卢姆（Allan Bloom）的《美国精神的封闭》（1987）相同的作品，他也没有耸人听闻地叙述大学（特别是人文学科）的衰落——可以说相去甚远。在《谈谈大学》中，科利尼清醒地讨论了研究与开放式学习或通识学习的矛盾，在他看来，二者的此消彼长仍然是现代大学的特性，也是实行大学管理的实用逻辑，更是支撑大学运行的社会关系。他断言，这种矛盾在某种程度上不可避免，学界应该学会与它共处——至少有限地共处。另外，科利尼也很不情愿地承认，通识高等教育和高校人文学科也来到了危急之秋。但在写到人文学能为社会贡献什么时，科利尼做出了戏剧化的、救赎式的承诺，这些承诺需要危机的到来，也遍布于为现代人文学科辩护的著作中。这不单单是说人文学科在面临使其难以为继的压力时值得保存下来。在科利尼看来，这些压力是更广泛的社会文化危机的一部分，而只有人文学有能力使其得到解决。

科利尼认为管理主义以其量化标准损害了人文学，也伤及社会整体，使更多工作场所丧失人味。因为管理主义仰赖语言曲解和陈词滥调，又因为人文学者所做的工作通常是破坏这些东西，所以人文学能以自己特别的方式与管理主义抗争。论述至此，科利尼的观点还是人文学有助于应对紧迫的社会文化问题。这很可能让人感觉是一个合理甚至有些克制的论断，而不是对救赎的承诺。

但当科利尼摆出危机时代人文学的价值时，他的修辞激烈起来，达到夸张的地步。在提到一些人文学者尝试与公众对话时，他写道："一面是堆积如山的遭受侵蚀的片面真相和腐朽的陈词滥调，另一面是真实而合乎道义的见地。双方的碰撞絮絮不绝，像大型强子对撞器一样释放出了能量。"[6] 如此这般倾注了太多情绪和雕饰的言辞有损于人文学的可信度，特别是它还出自常常把这种无节制修辞作为批评对象的人文学者。为了维护人文学而把它说成是我们借以克服现代意义危机的手段，已经给它带来了更多的问题和压力，第一条就是过度承诺的危机。

方法、实践、话语

虽然我们在本书中关注的是危机论普遍的性质，但我们并不相信所有认为人文学处于危机之中的人都以同一种方式思考或者经历危机。不过，那些祭出危机说法的人通常以为危机的存在是共识、对何谓人文已经达成一致、对它们的现状有通行的解释。他们很少发出汤普金斯（Kyla Wazana Tompkins）之问——"你的人文学危机也是我的吗？"[7] 就本书而言，我们强调人文学相关话语的异质性。对于人文学的定义，学者和公共知识分子，还有像科利尼这样身兼二角的人给出了五花八门、有时甚至互相冲突的定义：人文学是一组学科；人文学是人文主义的一种形式；[8] 人文学是一组独特的技能和认识方式；[9] 人文学是一种自我修养。[10] 我们不会对人文学给出更多的定义，而是要说明"人文学"这个标签是如何获得其意义并实现其功能的。

　　当一个大学的院长、一个评论版专栏作家或者一个英语教授使用"人文学"（humanities）一词时，不管是否有意为之，他祭出的都是一整套决心、理念和感受：重视定性分析多于定量分析；崇尚解读而对实证心存疑虑；关注和关切的不只是知识对象还有知识主体；兼顾对个体和总体的评价。[11] 将自己列在人文学一班，不仅意味着要默认（甚至公开承认）一种官僚体制的院系设置或一组学科划分，还意味着要具有某种特别的性情。人文学具有知识、文化和社会功能。如哲学家狄尔泰（Wilhelm Dilthey）在1882年所言，人文学是一座"堡垒"，保卫神圣或有价值的事物，抵御威胁着它们存在的力量。[12] 于是，在后面的章节中，我们并没有从关于人文学本质的理论命题出发，而是专注于人们以人文学之名做了什么、人们借助人文学完成了什么。我们认为人文学既是事件又是话语。我们特别关注人们是如何使用人文学去取代乃至构建某个道德课题或某种生活方式。基于大学的知识在当前的制度设置（连同其特别的规范、实践、理念和长处）皆非必然，情况本可能相反。我们的目的是说明人文学如何发挥其独特的功能、实现其特别的目的。

人文学的间断性

更明确地讲，我们关注的是我们称作**现代**人文学的言论与实践。此处的**现代**不是指一个明确的历史时期或文化，也不是指对当代人关注之事不加区分的包揽，而是指那些尝试给人文学这类事物提供定义、进行辩护、给出证明的知识分子和学者对当下坚持不懈的关注并投身其中。我们将看到，与之前的人文主义知识传统不同，现代人文学一直被塑造成一种特殊的课题，以对抗某些威胁人的具体历史势力和问题。**现代**人文学探讨的不是失序的欲望、不羁的激情或者邪恶的存在，而是历史变迁——工业化、新技术、自然科学、资本主义。与当下永恒的关联，把现代人文学与危机的时间属性联系起来。变化或发展的时间属性是持续、可见、缓慢，而危机的时间属性则是决定性、特殊、明确。危机需要一种适用于当前时刻和环境的语言，它要能表达出"现在"转变的潜力。[13] 这就是那些自称为现代人文学发声的人经常使用劝诫和宣言来达到目的的原因。

　　不过，捍卫者们不仅坚称人文学危急，他们还一直认为人文学具有跨越时空的连续性。于是，我们在关注**现代人文学**之时，预设了一种历史和文化差异的存在，它对我们更广阔的叙述至关重要。这个差异是我们解读的出发点，我们想在开始就解释它是如何发挥作用的，以及它为何重要。

　　近来，试图把人文学历史建设成一个独立学术领域的学者是从这个问题入手的："人文学是怎样从'自由民诸艺'（artes liberales）经由'人的学问'（studia humanitatis）发展成各种现代学科的？"[14] 我们的问题则稍有不同：连接遥远过去和今天人文主义学术的种种连续性是否已是鸟迹虫丝？还是说它们或者它们的某些部分仍然强劲？当然，这都是宏大的问题，我们也不会给出全面的探讨，遑论尝试解决。但我们的假设是：现代的、以大学为基础的、被统称为人文学的各学科，与之前的人文主义知识的形式（如"人的研究"）之间的连续性被夸大了。[15] 现代人文学不是出自一个经由文艺复兴并最终上溯至古代希腊和罗马的传统。其间存在重要的间断和差别，不断出现的危机话语便是其中之一，它是于德国和美国得到发展的现代研究型大学专业化人文学的特征。我们想要说明这种话语的运作和演化，及其对其他人文主义活动的影响。

远亲

1336 年 4 月 26 日，意大利学者、诗人彼特拉克在给迪奥尼吉神父（Father Francesco Dionigi of Borgo）的信中描述了自己登法兰西南部的冯杜山（Mont Ventoux）的经历。自19世纪以来，彼特拉克的思考就被誉为"最早的真正现代人"的作品，是现代"个性"的产物。[16] 但是，信中奥古斯丁的余音也不容忽略：登山、论改宗、内心之眼、阅读剧作在修身中的作用。[17] 与奥古斯丁的《忏悔录》一样，彼特拉克的书信也见证了一段由阅读构成的人生。他写道，阅读李维《罗马史》的体验促使他攀登冯杜山，因为书中描写了马其顿国王腓力五世（Philip V）登赫慕斯山（Mount Hemus）。书信的其他部分满是引经据典：西塞罗、维吉尔、马太福音、诗篇、约伯记、奥维德，当然还有或许是最为著名的《忏悔录》。但与深信不疑地紧握《圣经》的奥古斯丁不同的是，彼特拉克只是尝试性地翻开了《忏悔录》。它只是"出现"在他眼前；他漫不经心地翻弄书页，读那些"恰巧"引他阅读的段落。[18] 对奥古斯丁来说，阅读是与神意的痕迹相逢，阅读有正确和明确的目的。对彼特拉克而言，阅读只是去遇见一个模棱两可、晦暗不明的自己"涌动的情感"和"模糊而游移的思想"——不是去会见神明，而是与人类作家的思想相逢。[19]

奥古斯丁不可能进入大学，也不可能想见此物，因为4世纪没有大学；但彼特拉克可以，尽管他做出了相反的选择。虽然他于1320—1326年间，在博洛尼亚大学断断续续学习了法律，但人文主义学者彼特拉克是严厉"反对制度"的。[20] 在《论自己和大众的无知》（*On His Own Ignorance and That of*

Many Others，1367）中，他对寓居象牙塔的学者和他们对"大哲学家"亚里士多德奴仆般的尊奉进行了责难，并借此对中世纪大学展开了反制度的炮击。亚里士多德在此代表了庞大而单一的课程体系以及大学自我复制的途径：严格遵循一套固定的学术模式。[21] 在彼特拉克看来，大学行将就木，因其制度上的成功而走向了死路。它束人手脚，不辨良莠，以知识上的狭隘和观念上的因循守旧为特色。[22] 大学已经成了朋党比周的机构，错把博学这种"外饰"当成了理性。[23]

　　但是，彼特拉克的批评并没有减缓大学数量的增长。在他去世的 1374 年，欧洲共有近三十所大学，全都拥有同一套基本制度规范和理念。在得到教皇正式的特许状之前，这些大学几乎"自发"生长，在曾久居于某些学校或教师周围的旅行学生、学者所构成的密集网络中形成。[24] 大学称自己是固定的教学中心，但又超越自己的物理位置。它们通过标准的教学实践（特别是带评论的讲座和对问题的辩论[25]），以及以系列学位（学士、硕士、博士）为代表的"特产"和诸如四学院设置（文学或哲学、医学、法律、神学，其中文学或哲学地位最低，神学地位最高）的结构，将这种地方—普遍的动态关系制度化。另外，衣着（如学者服、学者袍）上的尊卑秩序和行会式机构的各种其他特权，也都被大学保留了好几个世纪。[26]

　　彼特拉克和意大利的初代人文主义者，认为自己人文主义的阅读、写作、讲话、思考和社交模式是对大学模式的反抗。他们崇尚书信、对话、演说，认为他们所青睐的这些交流形式优于学院中的讲座（lectio）和答辩（questiones）。这些原始人文主义者把自己放在大学主流文化和实践的对立面，同时勾勒出他们渴望成为的个人的形貌。当 14、15 世纪的人文主义者——如彼特拉克、布鲁尼（Leonardo Bruni）、萨卢塔蒂（Coluccio Salutati）——抱怨中世纪大学中知识的贫乏时，他们正如塞伦扎（Christopher Celenza）所言，做出了一种外部人士抗拒当时主流知识制度的"姿态"。[27]人文主义学者、佛罗伦萨共和国执政官萨卢塔蒂在 14 世纪末写道："学文（studia litterarum）已经在我们的时代崛起。"他的意思是以古典拉丁语特别是"雄辩王子"西塞罗为最高标准的阅读和写作活动，已经在佛罗伦萨的知识精英间得到确立。[28]15 世纪初，佛罗伦萨的市民、教士乃至大学教师都会组成私人小团体，在大学之外定期阅读、探讨古代文本，聆听讲座，展开最符合人文主义形式的交流——对话。这些受过教育的市民团体催生的新社交模式扩散到了罗马、那不勒斯、克拉科夫、海德堡、奥格斯堡、维也纳和欧洲其他地方。与大学所提供的讲座和辩论（disputatio）不同，这些团体展现的是另一种高雅而学术的社交模式。这些由受过教育的个人所组成的团体，使 16 世纪后半叶学会和文化社团的繁荣成为可能。[29]

　　但人文主义学者逐渐抛弃了自己反大学的姿态。在整个 15 世纪里，他们都在谋求大学职务，并促使人的学问成为欧洲所有大学的文学院里的要素。他们进入了体制。正如 20 世纪的德裔移民学者克里斯特勒（Paul Oskar Kristeller）所示，人文主义者（humanista）一词首先出现在"大学学生的黑话里并逐渐渗透进了官方的用法中"，它指的是"人的学问的专业教师"，这些学问包括语法、修辞、诗学、历史、道德哲学。[30]humanista 首见于 1512 年 10 月 21 日的一段文献中，指的是一个诗学、修辞学教师。[31] 至于 studia humanitatis，这个词组指的并不是对神学、形而上学或哲学知识的追求，也不像一些当代评论者口中的现代人文学那样，以教化和训练"灵魂"为目的，[32] 而是一个更"拘谨"的概念：人文主义者教授的那些技能和知识——古代拉丁语和希腊语文本的读、写、说——能够为学生在更高级学院的深造打下基础，也能帮助他们在生活中成为更加活跃的市民、朋友和家人。[33] 例如，15 世纪的佛罗伦萨政治家、教师布鲁尼就把人的学问描述为"文学技能和实际知识的结合"。[34] 它们没有明显的观念、哲学或宗教目标，而更像是克里斯特勒所说的一种主要关注"文学"的"教育方案"，[35] 如布鲁尼的早期人文主义学者、教师的目的更加日常、更加实际、更具技术性；简而言之，比后代学者所描绘的受到更多限制。[36] 到 15 世纪中叶，人的学问已经成为几乎所有意大利大学文学院中的固定内容。克里斯特勒称文艺复兴时期意大利的人文主义者是"现代语文学家和历史学家的元祖"，这也就意味着二者确实有关系，但又有差距。[37]

　　不过布鲁尼对人的学问相关知识和技能的专注，不只源于技术性的动机，他相信业已逝去的古代世界的文学能够影响当下。拥有良好的阅读、演讲、写作能力意味着效法以西塞罗和维吉尔为代表的古罗马人。文艺复兴时期的人文主义者把某些文本称为"人道文识"（literae humaniores），因为他们相信这些经典作品能够让人道德更高尚。[38]

大学和其他高等教育学校开始吸收人的学问之时，也为它们的转变创造了条件。当 15 世纪的人文主义学者瓦拉（Lorenzo Valla）试图通过引入和优化技术性方法来实现人的学问的系统化时，他就隐隐地在概念上重构了这项事业的基本目标。[39]瓦拉希望把人的学问建设成学院课程之外的合理选择；他认为学院所教授的拉丁语抽象而形式化，不以任何历史现实为基础。[40]瓦拉反对通行的学院式—亚里士多德式分类，他对人文主义学者智识视野的可能性进行了重新划分。人的学问不再只是帮助法学、医学、神学领域的真正知识发挥作用的预备活动，而是比当时大学中教授的那些知识蕴含更具体的思维方式。作为所有关系（人—人、人—神、现在—过去）的媒介，语言，特别是西塞罗和昆体良（Quintilian）的古典拉丁语，能够提供一种普遍活动，借此，人们不仅可以交流和互动，更能对世界展开思考。瓦拉写道，拉丁语是"伟大的圣事、伟大的神明"。[41]它不只是交流的手段，更是人类思想和行动高级形式的媒介和资源。时人对瓦拉不乏抨击，认为他确立人的学问的尝试既无用又无德。在他们看来，他对方法和体系的过分重视会切断学术实践和道德培养之间的联系，而这在普鲁塔克、萨卢塔蒂、布鲁尼看来正是人的学问正当的终极目的。

　　如格拉夫顿（Anthony Grafton）和贾丁（Lisa Jardine）
所示，此后的两个世纪中，人文主义学者追随瓦拉的脚步，
在方法而非道德培养上为人的学问执言。[42]诸如阿格里科拉
（Georgius Agricola）、拉米斯（Peter Ramus）、利普修斯（Justus
Lipsius）、梅兰克松（Philipp Melanchthon）等学者发展出了
愈发翔实和明确的方法，不需要明星教师的指导就可以成功
运用；他们还开始把文本当作材料对象来挖掘，用新方法予
以解读。[43]文本不再只是指向或者重述真理的东西，它们现
在——借用沃尔特·翁（Walter Ong）的话——"像盒子一
样装着真理"。[44]追随瓦拉的15、16世纪人文主义者把西塞罗
的著作和其他古代经典当作"朦胧的窗户，恰当的处理会让
它重新透明，显示出那些创作它们的人"，并把创作者和世世
代代的传承者赋予这些文本的知识传递下去。[45]诸如瓦拉的人
文主义者认为知识就是博学。知识是业已存在的东西，而关
于历史和文本的艺术（即人的学问）的任务就是去培育、收
获知识，并对其加以组织。[46]文艺复兴人文主义者将知识视为
学问，认为知识受制于人类语言和它在文本中展现的物质形
态，这种理解有别于主流神学将知识作为形而上学探询的观
点。[47]人的学问思考的是人的事务，包括上文提到的大量从古
代文本中复原的技艺——从诗学、绘画到自然哲学和采矿。[48]
而"神的学问"（studium divinitatis），或称经院神学，思考的
是神性和理性本身。至少到17世纪，将"神"学和"人"学

（此乃 1483 年一位英国作家的用语）分割开来的堑壕，仍然是知识在制度和智识上最为重要的分界线。[49]

不过，虽然人文主义学者一直就方法为自己的学术正名，但也始终期望保持人文学习中的道德承诺。当伊拉斯谟在《论学习的方法》（*De ratione studii*，1512）中为如何教导学生阅读文本勾勒正当方法时，他认定，坚持并贯彻人文主义方法造就的不仅是理解准确的读者，更是道德健全的人。在引导学生完成一系列练习后，伊拉斯谟写道，教师应"在最后"给出文本的"道德蕴意"。伊拉斯谟从来没有彻底说明人文主义阅读何以必然通向美德。不过，他像之前的学者一样，理所当然地认为人文主义的写作和社交形式以及人文主义方法（仔细、谨慎、有条理的阅读）能带来有益的道德影响。[50] 但 15 世纪的人文主义学者也就阅读的目的提出了一个基本问题：读者是应该主要关注"客观正确地理解文本"，还是应该像奥古斯丁可能会说的那样，用它"去得到自己所喜好的"？[51] 对于阅读是否有能力沟通心灵和世界，实现这个在奥古斯丁看来寓于阅读和书籍之核心的意图和目的，学者的怀疑只会与日俱增。[52] "书籍本身就构成了一种秩序或一个世界"的想法也因此愈发强烈。

到了 16 世纪初，人的学问已经成为了大学课程中的固定项目。[53] 这是因为它们的践行者和维护者对它们进行了调整，以符合制度的标准和要求：设计课程、确立教职、制订课本、发展相关制度。[54] 但当人的学问获得制度上的权威性、合法性，可以激励和改变读者，并通过交际和训练使欧洲精英成为律师、医生、政客、书记、世俗和教会官员而步入公民社会之时，它们也让自己暴露在苛刻的抨击之下。从 15 世纪对瓦拉思辨改革之怀疑，到 18 世纪初德意志人对大学中迂腐语文学者的不满，批评者责备喜好文本的学者，因为他们既没能成为美德的典范，也没能在学生身上培育美德。[55]

制度环境的恶化更加剧了人的学问的目标和维护的问题。在最初的一段"黄金时期"之后（在某些地方持续到 15 世纪末），人的学问在后面的两个多世纪中一直为衰落所困，它们在制度中的命运与整个欧洲大学文学（有时还有哲学）学院的动荡息息相关。[56] 至少在 18 世纪末之前，文学院（尤其是在北欧大学）的教授一直没有地位，他们屈居于由神学院统领的等级体系的最底端。文学院开设的课程位于总目录的最后；巡校游行时，文学院教授也走在队尾，他们的学院袍通常也不太华丽。[57] 在 17、18 世纪，中学逐渐承担起了文学院的准备功能，为学生提供修辞学和人文主义研究其他领域的训练，这些院系的录取人数因此急剧下降。德语区尤其如此，在一些大学中，这个数字甚至跌到了零。[58]

无用知识的价值

在泽德勒（Zedler）的《通用大辞典》（*Grosses vollständiges Lexicon*，一部出版于 1731—1754 年间的德语"辞海"）中，"humaniora/studia humanitatis" 词条集中体现了人文学在 18

世纪中叶的特殊地位："为人在更高级院系学习做准备的文科。通常被归在'更人性的'（humanioribus）学科之下的学问有哲学、历史、古典学、诗歌、演说、语法、语言；它们似乎就是人和动物的区别。见西塞罗《为阿尔奇阿斯辩护》第 1 章第 3 节（*Pro Archia* I. 3），《为穆列纳辩护》第 29 节（*Pro Mur.* 29）；革利乌斯第 13 卷第 15 章（Gellius, XIII. 15）[①]；诺尼乌斯第 1 卷手稿第 160 页（Nonius, I. 160）[②]；瓦尔希《更人性的辞赋》（Walch, *de Litteris Humanioribus*）[③]。它们现在被认为是掌握高级技能的必要科学。"[59] 这个词条明确地指出在更广阔的大学课程、技术技能和所有更高级的职业研习所必需的能力中，人的学问是预备性的。但该词条还带着怀疑色彩，事不关己地用"它们似乎就是人和动物的区别"说明，这表示，它们被普遍认为具有道德教化或脱胎换骨的作用。辞典还参考了西塞罗、革利乌斯（Aulus Gellius）和其他人作品中业已成为标准的 studia humanitatis 词例。这与其说是为了证明论述的效力，不如说是把它们当作从最少的文献信息中摘录出的人所共知的格言。但这些引用又指向一系列混淆和矛盾——该词条也暗示它们是人的学问的特点。在《为阿尔奇阿斯辩护》中，西塞罗通过阐述"对人文和文学的研习"

---

① 此处应指《阿提卡之夜》（*Noctes Atticae*）。——编注
② 此处应指《约言》（*De Compendiosa Doctrina*），原文中"Nouins"系誊写之误。——编注
③ 文章全名为《更人性的辞赋之哲学教论》（*Diatribe philosophica de litteris humanioribus*）。——编注

（studiis humanitatis ac litterarum）如何塑造个性并把人联系在一起，而为希腊诗人李锡尼·阿尔奇阿斯（Licinius Archias，公元前 121—前 61）辩护。[60] 而涉及罗马作家革利乌斯耳熟能详的作品，提到的是其中 humanitas（人性）一词；文中说它的意思并不是 philanthropia（对所有人的普遍同情），而更接近 paideia（接受过某种培养或教育的标志）。[61] 因此，人的学问并不是普遍的，而是一种特殊文化传统（古希腊和罗马经典文本）的教化、一种道德理想（以西塞罗为典范）、一组课程。[62]humanitas 是某种教育形式按照其理想性质培养出的美德。但泽德勒辞典的条目告诉读者，对学习某种不能即时满足需求的知识愈发严重的"偏见"，让人们开始把人的学问蔑视为"无用的技艺"。出于这个原因，该词条十分勉强地继续道，那些"全心全意"专注于研习它们的人值得"赞扬"。[63]

　　在暗示这些历史性的技艺本身也能成为目的之时，泽德勒的词条预示着"人的学问"的问题（即，通过方法还是道德启迪来维护之）转变成了现代人文学的问题。换言之，它指向了一种日益加深的隔阂：一边是人的学问——给文化精英提供的有限而必要的准备性训练，另一边是人文学——一种能够自立的道德资源。在其后的半个世纪里，知识分子和学者（特别是德语区学者）试图把人的学问和所有处在大学低级院系的文科，转变成一种明确的道德和哲学课题，把它们作为普遍元素与人和理性绑定在一起，使它们本身成为目的。康德在 1798 年写道："人类因其理性，注定要与他人共处在社会中，并通过'文艺和科学'（arts and sciences）使自己得到教化、使自己文明、使自己具有道德。"[64]康德和追随他的著名德意志哲学家、理论家和官员们把大学（特别是哲学院系）看作实施这项人类发展计划的主要机构。据康德所言，法律、医学和神学这些高级学院依赖的是"外部立法者的指令"（国家及其法律权威），而低级的哲学院依赖并触及的是理性本身。它的教授和学生关注的只是确保对"知识的兴趣"，即，为追求知识而追求之。[65]通过对人的智能和神的意念进行类比，康德和追随他的新人文主义者、唯心主义者和浪漫主义者，把自发而有创造力的思维能力归于人类，用传统上只限于神之心意的语汇加以思考。他们以此拔高了人类心灵的活动和创造，使其不仅仅是技术性的、实用的或必需的。这些智力活动以及它们所塑造的对象本身就成为目的。

　　然而，就在德国学者开始标榜自己为大学中的哲学家（这个标签本身就是一个新的学术身份）之时，人文主义者对阅读的怀疑和设想，在德语古典语文学中达到了巅峰。学者把《圣经》解读中磨砺出的操作和技巧变成了更先进的方法，并把它们应用于古代异教文本。他们从一开始就料定现代语文学对精湛技术的需求与道德培养相契合。"通过掌握和评判语法书籍和注疏中给出的各种解读和技术规则，"语文学家沃尔夫（Friedrich August Wolf）在他划时代的《荷马导读》（*Prolegomena to Homer*，1795）中写道，"我们被召回古代——比很多古代作家所处时代更古老的年代，与那些学问深厚的评论者为伴。"[66] 按照既定的传统方法论，对古代手稿、注疏、评论进行仔细研读，能让人更好地理解古代世界，而这又能促使人与古代的道德模范相遇。但这样的研读也会削弱古代文本的权威性。比如沃尔夫就得出了如下结论：《奥德赛》并非荷马一人所作，而是文本逐渐积累之结果——这与《圣经》学者对《旧约》创作的研究成果相似。牵绊现代读者的并不是书籍，甚至不是对书的热爱，而是技术方法。这些方法的应用对象是可以替代的，甚至是偶然的。

　　在《圣经》和古典语文学者为古代文本的权威性担忧之际，新一代学者开始对更新的文本提出了同样的疑虑。这个动向中的一个重要因素，是印刷术的传播所造成的动摇。[67]1803 年，德国浪漫主义者施莱格尔（August Wilhelm Schlegel）——也是最早从艺术角度探讨文学（不仅指戏剧和诗歌，还指范围广阔的各种印刷作品，包括小说）的学者之一——痛心于德语阅读和写作的惨淡状况，呼唤他所谓的"正规文学"。[68] 印刷文本唾手可得，于是德语读者的阅读不再"投入，而只是漫不经心地消遣"。为了改善这个状况，施莱格尔倡议在对过量的印刷品进行过滤和筛选后，把文学作为一种特殊的写作而区别出来。在他看来，文学并不单是"书籍的粗糙堆集"，还是对某种普遍精神（Geist）的具体表达——对共通生活乃至共通人性的表达。正是这种共通的人类精神让文学具有了统一性，使它"成为像某种系统一样完备的作品集合"。如果说康德认为人类存在和理性本身的历史发展在于

"文艺和科学"，那么施莱格尔说得就更加明确——"精神"、人类存在和理性脱胎于文学。

因而，humanism（人文主义）一词的最早记录之一出现在这个时间并非偶然。1808 年，哲学家、教育改革者尼特哈默尔（Friedrich Niethammer）撰文反对将学校教育变成更实用培训的改革，并在文中创造了 Humanismus 一词。他写道，"人文主义"不只指"对阳春白雪的学校里标榜的人的学问之研习"，还指古代的教育，其核心特质是拔擢学生的"人性，使其高于动物性"。[69] 通过一种最终定义了现代人文学的融合，尼特哈默尔进一步明确了人文主义：它既是一种课程安排（通过人文主义学术传统研读古代文本），又是一个以哲学人类学为基础的道德课题。他设想人的学问会转变成一个教育方针，兼顾"人本身及其职业这两种理想"。[70] 全新设计的人文学不再屈从于更高级学院（法律、医学、神学）职业教育的利益，也不再服从于神的学问的忏悔目的，它将要形成自己的制度和教育"系统"，以保卫理性、抵御工具性思维，维护人性的心灵、对抗动物性的身体。现代人文学要"保护人类精神自律的本质、保护其独立性免受物质世界侵袭，并以此宣示某些至真之事"。[71]

如同一位评论者在 1808 年所盛赞的那样，同样重要的是，尼特哈默尔将新的人文学与"诸如数学、物理学、化学等与物质生产关系更为直接的"、更适于"物质材料使用和实际应用的知识门类"并列。[72] 在一种醉心于"追求金钱和收益"，致力于"大规模的农林业、制造业、商业和工业化"的"德国文化"里，自身就是目的的知识一文不值，尼特哈默尔如是写道。[73]"技术性的、机械性的操作知识"盖过了"纯粹的"非工具性知识。它们所释放出的实用科学、技术和历史进程不仅仅改变了知识，还腐化了教育机构、宗教、传统以及人类"道德发展"（Bildung，教养）的所有元素。[74] 在这种文化和精神沦丧的背景之下，有必要让新的人文学——他坚称——"锻炼并培养"人的理性，并以此确保"对个人的普遍教育"以及全人类的"发展"。[75] 尼特哈默尔通过对知识进行重新划分而强调了这种补偿作用。他没有像前人做过的那样，把人文学当作人的学问或更人道（而非更"神道"）的文章来与神学进行比较，而是把人文与自然和物质科学相对照。在这个意义上，新人文学从根本上就是现代的，因为它不是为了满足什么访古的好奇心，而是为了满足现在和未来的明确需求；它为新的时代提供了实用的道德援助。不过，尼特哈默尔为了证明新解读下的人文学之正当性，宣称它不仅是"阳春白雪的学校里标榜的人的学问"之延续，还"在一种更特殊的意义上是全部古代教育"的后继。[76] 他认为，新的、现代的人文学要抵御工业和技术革命的肆虐，成为"人类"的守护者。[77]

七十五年之后的 1883 年，狄尔泰对尼特哈默尔的呼吁做了系统性的解说，他认为现代人文学能够补偿工业和技术现代社会的异化效果，因此满足了一种"需求"。[78] 距离今天更近的德国哲学家马夸德（Odo Marquard）认为人文学弥补了现代化的"损失"——它们主要是由自然科学和相关的技术进步造成的。[79]

之后的章节里，在我们重述为现代人文学正名和辩解的言论之时，尼特哈默尔、狄尔泰和马夸德的几个重要的假设和论断会反复出现。第一，他们假定人类本质或人类存在有跨越时空的连续性和同一性，但西方现代性这个庞然大物却有让它遥不可及之虞。

第二，他们不仅认为现代人文学的目的是恢复人类本质，还假定它有历史必然性，仿佛人文学是黑格尔"理性的狡计"或康德"自然的隐秘计划"的某种特殊形式。

第三，他们假定西方所独有的现代性在侵蚀忏悔式宗教和道德传统时，也恰恰创造出了人文学现身以满足的需求。

第四，他们假定现代人文学满足了或在适合的条件下能够满足这些先前由宗教或道德传统所满足的特殊而超然的需求。在尼特哈默尔等人的重新构想之下，人文学把属神的经典文献转变成文化经典，采用并改造了阅读，确立了新的社交形式，并让这些操作和对象在西方自由文化的庙堂——现代大学——之中得到制度化。本质上，现代人文学的发展既依赖现代研究型大学的兴起，也在其中发挥了关键作用。这种关系是我们论述的中心。

最后，在尼特哈默尔、狄尔泰和马夸德的描述中，现代人文学是一种附庸于现代的现象，它在其中又有固定的功能。

这些功能中主要的一项是"历史性地使信仰"和道德离开既有的宗教形式（特别是西方式的基督教），转到为实现现代人文学的补偿作用而出现的经典、理想、实践和制度上。[80]

但就在尼特哈默尔论证了现代人文学之补偿作用的三十年后，他的功能性的、以观念为重的现代人文学概念，其前提似乎已显出可疑的迹象。它圣洁的力量似乎已经遭到侵蚀。教师、教育改革者第斯多惠（Friedrich Diesterweg）说19世纪30年代"人文学教授"的行为"丑态百出"，不乏"互殴、恶意攻击、恶毒评论、对流言蜚语长舌妇般的热衷、两面三刀的背后中伤、不断的派系斗争和党同伐异以及毫不掩饰的傲慢"。[81]具体而言，令第斯多惠感到悲哀的是现代语文学家和哲学家的一种恶癖：他们乐于就某一文本的各种"阅读和理解方法"展开尖刻的争论，或为康德或黑格尔式的体系而辩，却不直接研究和赞美人的元素。第斯多惠对德国人文学教授圈之描述的力量，来自与他所认定的过去状况的对比。学者已经不再能以身作则，谁还有资格教授人文学？现代大学让人性美德的道德模范退变成了自私自利的专业人员，兜售着书袋里"毫无生命的细枝末节"。人文学教授们原本是来照管和传授一些神圣之物的，却不再对其威严抱有信仰。他们丧失了对人文学存续这一人类历史任务的信念。

到19世纪末时，美国的知识分子和学者称德国对知识、研究和大学的观念给美国的高等教育造成了影响，使其向往专业化和技术专精。但如第斯多惠和其同时代人所示，用腐化堕落来对现代化的、学科性的知识进行充满怀旧情绪的批评，自 19 世纪 30 年代起就是德国高等教育讨论中的一部分。

于是，"现代人文学一直处于永恒的危机中"便合乎情理。它一直没能满足人们的期待。参考 19 世纪发生在德国的争论，对人文学之地位、它与社会的关系、它的道德和教育价值、它的制度形态以及其他问题的更近当代的辩论（如始于 1980 年的）似乎不是什么新鲜事。它的主题诚可谓经久不衰。

危机再临

1929 年，保守派民族主义者、当时德国新人文主义学者中的翘楚施普兰格尔（Eduard Spranger）就"人文学的危机"发表了演讲。身处柏林，面向德国科学院的听众，他把危机置于历史当中。他说，此危机与一场可追溯至几个世纪之前的更大的文化危机相关，既是其因又是其果：自然科学的"实证主义"理念和方法业已渗透进了人文。[82] 但在最近，事情发展到了转折点：学术和科学在某些方面被认为是没有意义的。

在施普兰格尔看来（很多人也有相同看法），这种意义的丧失在很大程度上要归咎于德国社会学家马克斯·韦伯。十年之前，韦伯以他 1917 年于慕尼黑的一次演讲为基础，出版了《学术作为一种志业》（*Scholarship as Vocation*）。那次演讲立即掀起轩然大波。对那场现在已广为人知的演讲，很多知识分子和学者都反对其中他们所认为的主要论断：学科知识要被严格限制在它能够帮助解答的问题上；而且在可能的范围内，应该以不涉及价值观的方式进行，不做任何道德预设。[83] 不论是施普兰格尔还是大多数关心这些问题的其他德国人，都不会反对对自然科学加以这种限制。在 19 世纪 20 年代的德国，自然或物理科学家的形象与 19 世纪后半叶时基本相同：一个专注于对自然进行粗糙而机械式理解的人，他探索自然世界的不变结构以预测未来状况。这样的科学家只关心已然和理性上的或然，而对**应然**兴趣寥寥。因此，对于一个人**应该**怎样生活他没有什么话讲，也相信这样一条原则，即他不应把自己必然属于人类的价值观投射到自然世界上。

　　施普兰格尔和很多比他年轻的同代人所反对的，是把韦伯的学术标准扩展到人文学上，这些标准在他们看来与自然科学的标准无二。他们抗拒归于韦伯的立场，坚持对世界观和价值观的把握正是"人文学的根基"。[84] 被科学家视为偏见而抛弃的东西，得到人文学者的欢迎，被视为有意义的价值导向。采取这个立场的施普兰格尔仍然担心，人文学对抗韦伯式的克制① 重振了人文主义，而现在似乎注定要陷入"巴比伦般的"价值观和世界观冲突。

　　施普兰格尔和许多德国知识分子和学者一样，认为从韦伯所谓的"价值观多神论"发展出了两条路，其一引向一种"新的"人文学。争论中的年轻参与者偏爱此道，它最终会使

---

① 　原文 ascetism；在韦伯著作现有中译里一般译为"禁欲主义"。此词在本书中讨论现代学术时，指学者应认识到自己和学术的界限，不应做出超出这个范围的承诺，因此一般译为"克制"。——译注

德国研究型大学抛弃一个世纪以来引导自己的认识和道德理念：通过基于大学的学术，追求知识的统一、整合与一致。大学要被"世界观学院"（Weltanschauung academies）所取代，这种新的高等教育机构有清晰而全面的世界观以及明确的道德框架。它们将会引领新时代的到来：价值观和传统的冲突不会在机构内部或学科之间上演，而会出现在世界观相异的机构的带有火药味的碰撞中。

施普兰格尔偏爱的则是他名为"有规矩的学术"的第二条路线。他的意思是，通过加倍专注于纪律、自我批评、共有的目的和真理，知识最终能够历史性地解决价值观、世界观和文化之间的冲突。施普兰格尔撰写了无数文章和著作，力捧如洪堡（Wilhelm von Humboldt）等德国新人文主义英雄，他认为人文学完全是分学科的、基于大学的学术传统之延续。该传统的核心信念是，学科学术是人类理性最高级的形式，它能够调节世界观的冲突，并最终实现理性在历史中的统一。人文学本身能够解决文化危机及其长久以来对人文学造成的危机。韦伯试图剥夺人文学的世界历史使命，而施普兰格尔则重申这种使命。在他看来，人文学有一项历史性的、具有形而上色彩的任务：拯救人类于一种无以为继的状况——"未决的辩证关系造成的永恒的不满"。[85]

在本书倒数第二章"马克斯·韦伯、学术与现代的克制"中，我们动用了大量篇幅讨论韦伯出版于 1919 年的《学术作为一种志业》所引发的争论。之前的章节则聚焦于尼特哈默尔 1808 年的人文主义之论和韦伯著作背后的讲座之间的时期。在漫长的 19 世纪中，现代研究型大学在德国如雨后春笋般成立，为现代人文学之制度化，趋近如今学院人文学术的自我理解创造了条件。在日益增大的压力之下，在与之相关的社会、制度和知识转变之中，人文学承担起了各种仍然能够对它们进行定义的期待；而这些期待所制造出的危机论又通过某种反馈循环，塑造了这些期待。这种环状思考很典型的一点是，不断被诊断出危机长久以来都被认为是人文持久力的标志。

在把人文学构想为基于大学的学科知识形式时，其核心深处是对价值观、是非观念和道德本身的矛盾看法。人文学承诺了什么，与人文学在高等教育机构的环境中最能做到什么，二者的差距显而易见；但它没有引起应有的重视。虽然"人文学常年处在危机之中"已是讨论美国高等教育时的标准看法，对人文学的大量论述都容易蒙蔽创造并加剧这种差距的重要力量。它们发出人们熟悉的呐喊：人文学处于危机是因为现代社会无法看到生活中真正重要的东西；人文学处于危机是因为大学被管理得像企业一样；人文学处于危机是因为人文学教授信奉那些助长敌视或怀疑文学艺术的理论，云云——使人很难注意到顽固的矛盾和问题。[86] 当人们思考仍在持续的危机（更具体地讲是那些在根本上危及他们的危机）时，通常想要找到某个惹人注目的、包罗万象的原因：大衰退、我们带有排外色彩的对理科的专注、新自由主义、新冠病毒。把某种状况视为危机会排除掉这种可能性：它并非某种预料之外突发事件的产物，而是长期的乃至结构性的条件造成的结果。

发出人文学"性本善"的呼声，常常是为了让"人文学处于危机"的宏论更显紧迫感。不管是出于保守还是进步，这种呼声都促成了一种危机共识，它让人以怀念过去的心态保卫现代人文学，而蒙蔽了真正应被恢复之物及其原因。无休止地重申现代人文学之善遭遇危险，已经使它疲于自辩，造成了制度的僵化。人文学重要，它确实重要。但现代意义的"人文学"源于危机，并且满载着戒备、空洞的承诺和危机论的其他伴生物——这对于人文学又有何益？如果这个问题看来有些轻松，我们希望在本书结尾给出一个严肃的答案。

此后的六章专注于 19 世纪德国的人物和制度。这让我们说《永恒的危机》探讨的是"人文学"的自我理解，显得有些傲慢或者偏颇。当代学者的无数智识活动都可能是"人文学"的一部分，却不在本书的历史和地理框架之内。比如，旨在保存、解读、传播书面文本的学术传统（即文本或语文学实践），不仅繁盛于早期现代的欧洲，还遍布世界。[87] 书籍和阅读在非洲的历史远早于欧洲殖民时期教育的传播。[88] 文本活动和知识繁荣于 17、18 世纪的印度 - 波斯语世界，且久已如此。[89] 简而言之，任何对文本活动和文学知识的历史研究，都不应限于欧洲的理念，更不应以 19 世纪德国为模板。[90] 这样的研究也不应假定，19 世纪德国学者和文化精英的冲突和矛盾可以被转移到其他的时间和地点，而不造成严重的误解。但这恰恰就是一些学者以"真正全球性大学"之名义所做的，他们认为 19 世纪德国学者的论争——"历史主义者和人文主义者、科学和教养、学术和生活之间的斗争"——是知识和学习传统中具有普遍性的东西的一个事例，而他们又以为这种传统是全球性的、延续性的。[91]

无论如何，现代人文学出自这些更接近我们的矛盾和冲突，它们让人文学带上了危机感，后来又定义了人文学。为了理解人们在对现代人文学的目标和实践进行定义时所做的尝试，有必要理解那些相对晚近而特殊的、使现代人文学得以生发的条件。德国当然不是发生这些冲突的唯一场所，我们也会不时把注意转向 19 世纪的法国和英国，去观察如孔德（Auguste Comte）和密尔（John Stuart Mill）等人物。但19 世纪和德国正是现代人文学"危机"体系诞生的时间和地点。就是在此时此地，广阔而多面的学术传统和学习形式首次被打造成了一个相对稳定的体系，并被设置在了一个根植于新制度的、由认识和伦理规范组成的机构——现代研究型大学——中。正是在此时得到现代化。

在最后一章"美国的危机、民主与人文学"中，我们把焦点转向了美国，并且跟随管理者和学者，观察他们在 1870年左右采用并调整德国研究型大学的理念以为己用。我们最主要的任务是，对一篇讲述美国高等教育的杰作进行重写。据该文所言，德国学院文化帮助美国的人文主义学术实现现代化，它提供了系统性研究的样板，取代了 19 世纪末美国学院和大学的大师模式。此言不虚。在 19 世纪，**确实**曾有上千名美国学者在德国大学停留，包括那些引领了美国高等教育转型的人，如塔潘（Henry Tappan）、怀特（Andrew Dickson White）和吉尔曼（Daniel Coit Gilman）——他们都试图在创建美国第一批研究型大学时，培养德国的学科学术（Wissenschaft[①]）文化。但直到 20 世纪，伴随着世界大战、经济动荡和技术转型，美国的人文学才发展出它们的现代目标、它们作为"人文学"的现代自我认识。当它们发展出来时，受到了另一种德国学术文化的深刻影响，这种文化不是要直接否定研究的理念，而是一场超越它的运动。文化处于危机是因为有太多的技术、太多的科学，而"人文学"的使命是成为能够提供救赎的"新科学"。美国也见证了现代"人文学"诞生于危机精神。

---

① 根据上下文该词可能被译为"学科学术""学术"或"科学"。——译注

第一章

现代大学与智识统一性之梦

1903 年秋，哈佛心理学家闵斯特伯格（Hugo Münsterberg）就知识的统一性发表了一篇纲领性的意见。彼时，一场人文与科学大会即将于圣路易斯召开，来自欧美的学者将在路易斯并购百年纪念日之际会聚一堂。应邀进行会议组织的闵斯特伯格很快进入角色。他是德国人，此前被詹姆斯（William James）招来哈佛；他的协助确保了如滕尼斯（Ferdinand Tönnies）和韦伯的德国社会科学名流参会。闵斯特伯格希望圣路易斯的相聚不只是一场煊赫的盛会，更是一场因"日益担忧如今科学的过度专业化"而掀起的知识运动。[1] 闵斯特伯格的文章发表于《大西洋月刊》，号召所有参会学者"为思想的统一而奋斗……而不是堆积更多的……散碎的专门研究"。他认为"这样的不连贯"不会受到美国的欢迎，不会与它"对工作中的组织性和统一性的本能渴求"相协调。闵斯特伯格认为中西部是绝佳的地点，让人们开始齐心协力地在美国开展对智识统一性的追求。

但几个美国学者发声反对他的计划。他们反对的并不是统一性这个目标，而是他对此的构想——他们认为他是在限制而非解放。他们的想法不无道理。在闵斯特伯格的叙述中，19 世纪唯物论者的有瑕疵的统一设计（他认为有瑕疵是因为它把生命贬为了被动的、失活的机械活动）造成了一种自然科学和现代人文的二元论。而现在，一种新的"唯心论"要克服这种二元论，并且在它看来能够保留价值观和物理事实之间的区别，同时又通过尚未得到阐明的普遍哲学原则实现统一。其结果是，学术世界将会得到秩序，"每种理论和实用科学都能找到它恰当的位置"。

杜威（John Dewey）对闵斯特伯格的提议感到不满，认为它与当时"科学"的"自处而容人的性质"相龃龉，把"出自某个形而上学学派的某种方法论"尊奉为最终权威。詹姆斯批评闵斯特伯格"决心要建立**一个**由绝对原则和范畴所构建的**体系**"。他警告，这种体系会吊诡地让知识被分割，而不是得到整合。[2]

学者们的警惕或许还有另一个原因。在 19 世纪末的美国，知识统一性的理念曾得到大力的鼓吹，以保护美国传统学院的广泛新教基础。普林斯顿、耶鲁、威廉玛丽等机构围绕这样的理念设计课程、营造学生生活：科学和神学的知识可以互相促进，而在道德哲学的作用下它们可以被总合成一种大一统。[3] 不过，闵斯特伯格尝试在制度设计和追求统一之间建立联系，却源自另一种统一思想的传统——它盛于唯心主义哲学时代的德国，在高等教育的一般讨论和人文的具体讨论中发挥了重要作用，还有些出人意料的是，这是人文学有着持久危机感的关键因素。为了理解这种危机感是如何在19世纪的德国得到发展的，我们必须考察统一思想是如何在此地变得这般重要，以至于闵斯特伯格赌上自己的职业生涯也要把它带到美国。

一个理念的应用

对知识统一性的梦想当然不是专属于德国的现象。它至少能追溯到苏格拉底之前的希腊哲学家米利都的泰勒斯（Thales of Miletus）以及第一批一神教的诞生，其在不同的时代和地区也都曾抓住过人心。加里森（Peter Galison）和达斯顿（Lorraine Daston）曾有论述表明，统一性的理念在19世纪德国得到了特别的响应。据加里森言，该理念正是在此地开始对"科学的理论化发挥管控作用"。虽然德国唯心主义哲学家们在19世纪上半叶创造了必要的基础，但加里森认为，直到"所谓的1841年'教授'革命"后，知识统一性原则才成为被科学界反复祭出的信条。[4]

诸如赫尔姆霍兹（Hermann Helmholtz）、杜布瓦－雷蒙（Emil Du Bois-Reymond）、魏尔啸（Rudolf Virchow）等19世纪德国的自然科学家都希望看到德意志土地在一个现代宪制下得到统一；对他们而言，科学的认识论和国家建设的政治之间相互呼应。当1848年的统一事业遭到挫败后，他们把继续追求科学统一性当作一个补偿性的目标，并从中得到满足。

达斯顿也认为对统一之理念最紧抓不放的，便是 19 世纪末的德国知识分子和学者。其背景是"在此时此地，科学愈发精细的劳动分工与科学追求统一的努力之间的冲突达到了前所未有的烈度"。[5] 在解释这种特别的状况如何形成时，达斯顿也强调了德国唯心主义和德国政治统一问题的重要性。[6]19 世纪末的学术愈发碎片化，对知识统一性的追寻也因此愈显渺茫，历史学家蒙森（Theodor Mommsen）等信奉自由的学者，最尖锐地表现出了失望感。在俾斯麦治下实现政治统一的幻想破灭后，他们追寻智识的统一以求慰藉，但现在这也无法达到他们的预期。

当然，在德国人对知识统一性之梦想的讨论中，唯心主义哲学有很大分量。在使用理念（ideal）一词时，施莱尔马赫（Friedrich Schleiermacher）、费希特（J. G. Fichte）、洪堡和谢林（Friedrich Schelling）可能指的并非同一种东西，但这四位思想家（还有其他人）很大程度上都预设了知识最终的统一性。比如，它显著地出现在他们讨论大学改革的文章中，这也是本书所关注的。在论证"现代大学应该是一个由学者和学生组成的**自由**共同体，他们聚在一起追求以哲学为中心的自由的学习和纯粹的学术"时，这些哲学家祭出知识的统一性，把它当作一种具有管控作用的理念。

在 1808 年的演讲中，谢林称："哲学所思虑的是整个人类，它触及人性的方方面面，［比数学］更适于从单方面的教育中解放人的心灵，把它拔擢到普遍和绝对的国度。"在论及德国唯心主义的另一个要素——智识统一和人类自由之关系——时，他还说道："全部科学有机整体的知识因此必须优先于关注某一专业的具体教育。所有致力于某一门科学的人……必须知道他要如何把这门具体科学和自己联系起来，以便不像一个奴隶，而像一个自由人一样，用整体的精神思考。"[7]

虽然这些辞藻盛行一时，但谢林和其他改革者的"统一热情"并没有收获持久关注。《斯坦福哲学百科全书》中的"科学统一性"词条探讨了这些改革者热情背后的一些思想，即康德对知识的概念"按照各种原则有序排列的一整套认知"。[8]不过，关于后期唯心主义者的统一性理念，该条目所言甚少。也没有哪部著作冗长的参考书目关注该理念在此时的重要性。或许兰普雷希特（Karl Lamprecht）实现学科统一的明确计划能够吸引来精细的分析，但谢林等人咒语一般的呼声则令人望而却步。[9]简而言之，对1800年前后知识统一性理念的兴起，学者通常都是泛泛而谈，哪怕他们的议题是该理念发挥至关重要作用的对大学改革的探讨。

过去五十年间两部最重要的探讨现代大学形成的著作就是如此，它们是特纳（R. Steven Turner）的《普鲁士大学与研究之要务》（"The Prussian Universities and the Research Imperative, 1806-1848"）和霍华德（Thomas Albert Howard）的《新教神学与现代大学的创建》（*Protestant Theology and the Making of the Modern University*）。特纳详细探讨了知识统

一性的理念，但他的观察不是为了探索大学改革者为何深陷于此。特纳的目的是区别两种统一概念：其一是唯心主义者所希望的综合概念；其二是在 19 世纪 30 年代促成了经验主义转向的语文学家和历史学家的分析概念。[10] 特纳认为，对分析概念阐述最为清晰的是语文学家柏克（August Boeckh），他夸奖了那些能够"在他有限对象的深处的小宇宙"看到"整体概念"的学者。[11] 而霍华德则反复论及谢林和施莱尔马赫是如何在讨论大学改革时援引知识统一性的原则，但他在这方面的观察多是总结和转述。霍华德和特纳一样，都没能全面考虑知识统一性理念的智识、政治和社会目的。[12]

不过，统一性理念得到政治解读并不只是因为加里森、达斯顿和其他人所强调的关系。如果我们可以假定科学的统一和政治的统一之间存在某种同步关系，那么智识的集全和集权主义之间是否也有相似的联系？二战之后，许多作家指出了这种关联。在《最低限度的道德》（1951）中，阿多诺（Theodor Adorno）"反思"了被法西斯主义毁掉的生活，他反黑格尔的"真理即全体"而言之，称"全体是虚假的"。[13] 在与霍克海默（Max Horkheimer）合著的《启蒙辩证法》（1947）中，阿多诺就已经至少走到了这一步。两位作者在此书中指出了一种因果联系：纳粹对"外国元素"的仇恨，与按照概念性理解之逻辑运作的哲学体系对差异的敌意之间的联系。[14] 阿多诺在《最低限度的道德》中阐发了这个想法。他批评席勒（Friedrich Schiller）想要只从"一条原则"中就引申出社会现实，并对这种愿望背后的典型心态给出恶评："在人文主义最深处的房间中，有个是其灵魂本身的狂徒因禁闭而暴躁；他成为法西斯主义者，把整个世界都变成监牢。"[15]

科学史家哈灵顿（Anne Harrington）用更不似警句的语言，追溯了"从威廉二世到希特勒的德国文化中的整体论"。她的目的不是要说明德国整体论必然在纳粹的变体中达到巅峰，但她也没有说该变体没有由来。纳粹主义是德国整体论的一部分，而哈灵顿认为它可上溯至歌德的"完整观"——一种"自然和艺术的产物被等而视之，美学和目的论的判断可以互参"的"生活科学"。[16] 这种联系当然只是暗示性的。

哈灵顿虽然强调了德国整体论的多样，但她把它们普遍看作是对被归于牛顿的原子化、机械式理论的抗拒。19 世纪末，德国大学教授的著作是一座能够支持此观点的宝库。"1900 年，［学术界］几乎所有人都在抱怨科学和学术统一性的衰微。"麦克莱伦（Charles McClelland）有如此观察。[17] 更明确地讲，很多知识分子和学者不只像蒙森等自由派学者一样，把知识统一性之梦遭受的威胁与日益增强的专业化关联起来，还把它与他们眼中现代性的令人恐惧的方面联系在一起：技术对生活中几乎所有领域的日益增长的控制、民主化、社会碎片化、崇尚物质、毫无根由的个人主义，等等。他们在认识论层面的哀叹中夹杂以保守的社会理论。智识文化（以及与之相伴的社会）正在遭受离心力量的撕扯，它凶险而缥缈，唯有清晰可见的毁灭性影响。

　　几十年来，饱学精英反复论说，所需之事是重新致力于整体，而知识统一性理念则是最好的模范。专注于智识的统一性成为一个标志，意味着忠于"真正的学问"，更意味着忠于一套被深刻信仰的精神价值观——它让（虽然现在状态不佳的）德国"文化"（Kultur）有别于西方简单的"文明"。1914 年，德国的学者和知识分子正是以这些理由庆贺战争的爆发。比如，哲学家里尔（Alois Riehl）写道："对智识和精神世界真实性的信念，对超越个体存在的整体生命的信念，这种八月初于我们所有人心中唤醒的信念，断不能就此消亡。"[18]

　　为现代德国大学担忧的，不只是政治和社会保守派。它被资本和日益扩张的国家机器所把持，它研究结构碎片化（这些趋势被魏玛共和国的动荡所加剧），都威胁到了文化的连贯性和社会的稳定。援引统一性理念的，也不只有哲学家、语文学家、历史学家。到了 20 世纪之后，德国自然和物理科学家（如我们在之后的章节会看到的），也会反复祭出这一理念；他们常常是以学术机构领导的身份在做此事，把它当作所有德国学者和大学的导向性、定义性理念。

　　不过，统一和整体的言论与反动心态之间的关系十分明显，以至于出现了被伯恩斯坦（Michael André Bernstein）称为"倒溯"（backshadowing）的模式。如其名所示，它是"预示"（foreshadowing）的反向。[19] 杰出的知识分子和学者在讨论诸如洪堡的人物是如何理解和使用知识统一性这个理念时，会把 1900 年左右盛行的反动言论对这个新自由主义提法的使用投射到过去，把早年间的新人文主义者描绘得像 19 世纪晚期躁动的官僚。洪堡关于大学改革的一些最具影响力的著作直到 19 世纪 90 年代才被发现，而将洪堡神化为现代高等教育奠基人则是哈纳克（Adolf von Harnack）和施普兰格尔等人于 20 世纪初以后的创造——二人的赞美都相当具体。1910 年前后，柏林大学的百年校庆为德国新人文主义得到创造性的重新想象提供了国际平台。

　　这种被重新发明的新人文主义传统于 20 世纪初得到确立，它成为之后学者理解现在主要被归附于洪堡的 19 世纪概念和制度的透镜。比如，拉·沃帕（Anthony La Vopa）曾有言道，洪堡认为自己"统一所有知识分支"的倡议，是"专业化"这种"现代"疾病的"唯一解药"。[20] 讲述洪堡的改革时，利奥塔尔（Jean-Francois Lyotard）在《后现代状态》（1979）中关注的是他所谓的洪堡最重要的提议：哲学"必须为知识**重建**统一性"（强调为本书作者所加）。[21]

　　通过赋予学习一种系统性的、近乎神圣的目的——实现融会贯通、完成更高级使命，知识统一性理念把照本宣科的讲师升华成传道的导师，把学生变成学者。那些追求纯粹学习的人不仅会高悬于庸俗的职业训练之上；他们如是做时，更是在为一个宏大的目标服务，这需要系统性的思考，又不乏神圣而浪漫的味道。另外，知识统一性理念在推翻大学院系既定尊卑体系（文理院系地位低于职业院系）的斗争中也发挥了重要作用。特纳所谓的"综合统一性理念"呼吁哲学应在大学里得到特殊礼遇。如康德在新人文主义高等教育改革者必读文本《系科之争》（*The Conflict of the Faculties*，1798）中强调，哲学思维可被转而应用于任何知识领域，因此它能让不同领域之间进行有意义的交流。在唯心主义者的构想中，哲学不是一个预备性的学科，而是——借拜塞尔（Frederick Beiser）语——"知识的基础"。[22] 在良好的（或"批判性的"）实践之下，哲学能够保障大学各领域之间有意义的思想和交流；它能够使一个等级分化严重、在很多人看来十分古旧的行会式机构得到统一。[23] 知识的统一也不只是一种对大学组织起管控作用的理念，它还直接影响学术实践。整个大学的学者都利用这个理念，把他们曾经分散的学术兴趣所在，定义为独特而有价值的学科。[24]

与此相适，知识统一性的理念也把一些想法和价值观（如对共同体的尊崇）聚到一起，而反现代和进步言论都把它们借为己用。一定程度上，这个理念在概念和语义上的灵活性，让它具备了广泛的吸引力，成为现代研究型大学的一个核心成分。但是，如果说知识统一性理念是一种认识论价值、一项组织原则、一种意识形态、一则浪漫的提法，那么它还是更多。或者说，同时为以上种种的知识统一性理念，很早就成为了一个修辞热点，它为人所青睐，以传达重大的焦虑、恐惧和希望。在整理统一性理念之时，19 世纪初的新人文主义教育改革者确实传达出了《永恒的危机》的一个中心主题：民主化、世俗化和官僚主义合理化的过程在危害博雅教育之时，也让它成为可能。我们相信，这就是知识统一性理念超乎寻常力量的来源，也是唯心主义哲学体系基本失去影响力后，在人们对现代西方环境中的大学之福祉进行争论时，围绕该理念的话语仍然至关重要的原因。

职业学者对哲思之人

如果说韦伯在 1917 年演讲、后来成书为《学术作为一种志业》的言论为知识统一性的理念唱响了安魂曲，那么席勒 1789 年在耶拿大学的就职演说《何谓普遍历史以及为何研究它？》（"What Is Universal History and Why Study It?"）则宣告了该理念的诞生。在接受耶拿的职位时，席勒很可能对此处的大学生活无甚幻想。他曾于两年前造访耶拿，并在给友人的信中言道，几乎占城市五分之一人口的学生在街上抽烟，在酒吧斗殴，把夜壶里的东西顺窗户倒在无辜行人的头上。"学生以惊吓善良市民为乐。"他写道。[25]

但在就职演说里，席勒用历史研究来思考大学面对的另一种威胁：学生（和教师）与教育和知识之间工具性的、实用的关系。他如此推动了某些语汇的标准化，它们将成为下个世纪和更久以后德国人对大学改革和智识职业展开争论时的特色表达。

面对四百余名师生，席勒开篇描述了对研究普遍历史的正确和错误态度。普遍历史是 18 世纪末德国知识分子间的显学，他们和苏格兰同辈一样，都试图在历史中而不是单独的事件中寻找意义和理性。把握过去的统一性、理解它与未来的关系，不只需要康德所谓的对普遍历史的"观念"，还要有满怀期望和期待的心态。[26] 席勒说，错误的心态是"职业学者"（Brotgelehrte）所具备的。这类谋职者显然遍布于德国大学，他们关心的是从最少的时间和精力投入中获得最多的回报（金钱或声望）。他们心灵暗昧，因此也不能启发别人；他们懒惰又好争，想要把自己的专业与其他领域和新知识隔离开，攻击所有让他们扩展和修订自己学问的力量，妄图如此守住自己的一亩三分地。"所以说，没有谁"比职业学者更像"不能和解的敌人、心胸狭隘的官僚，也没有谁比他们更乐于把反对者除名"。[27] 给一个人贴上职业学者的标签，就是在智识和德行上做出对他不利的评判——他不仅是个坏学者，还不是好的社会人，是追求知识整体的共同事业的障碍。[28]

而职业学者也是悲剧角色。"他是不幸的人，"席勒说，"用最高贵的工具——科学和文艺——工作，却不想比使用最普通工具的打工者取得更伟大的成就！他游走在极致自由的国度，灵魂却是个奴仆！"[29] 那么问题来了，这种职业学者为什么会有低劣的灵魂？和芸芸众生一样，他追求粗浅的即刻收益，而不顾更高级的回报。他这样做尤其令人痛心，因为他的高级回报是至高无上的，即"极致自由"。但这种现象显然比比皆是；不是每个人都能像席勒一样，不顾经济状况，冒着入狱的风险，践行自己所号召的艺术创作和开放研究。

虽然席勒并没有否定自己的演讲可能会让职业学者回心

转意而开始追求更高级的学术生活，但他似乎更担心那些开始像职业学者一样行事的"有天赋的年轻人"。

> （他）教唆自己搜罗知识关乎自己未来职业可悲的稳
> 固。他很快就会厌弃自己的专业学术领域不过是散碎的
> 缝缝补补；无法满足的渴望会在他心中唤醒；他的天赋
> 会反抗他的命运……他看到自己的工作毫无目的，但又
> 不能忍受目的的缺失。繁重的工作和专业活动的无意义
> 会把他压垮，因为他无法用欢快的情绪与它们相对，因
> 为那是敏锐的见解和对圆满的期许才能带来的东西。他
> 会感觉自己被孤立，被剥离了周遭环境，因为他不能将
> 自己的努力和世界宏大的总体相联系。[30]

这些有天赋的年轻人为什么会"教唆自己"陷入专业技能教育，去寻求"未来职业可悲的稳固"？在这一点上，席勒的听众或许会想到当时推进实用教育的行动，它促成了采矿、医学和其他领域职业学院的建立，也使"官房学习"（cameral studies），即面向仕途的职业培训，在德国大学中得到普及。[31]

虽然席勒演讲的第二部分不再剖析职业学者，但它或许能促使听众进一步思考为什么青年才俊会选择孤立而非"圆满"（即进入"智识共同体"）。在这部分，席勒给出宏观的想法来说明有天赋的职业学人可能获得怎样的激励。巴黎革命的消息在耶拿知识分子中引起不小的骚动，席勒摆出的也是一幅历史进步的图景。他描绘了迷信和愚昧的统治被理性秩序所取代后，是如何（给曾经争战不休的地方）带来和平与

安宁，如何驯服环境，如何使"明智的法律"广布，如何带来了亘古未有的"真理、道德进步和自由"。人类已经"逃离了偶然和贫困的盲目驱使，来到契约更为温和的治理之下；放弃了牲畜般的自由，拾起了人类更高贵的自由"。[32]

卢梭曾把处在前文明状态的人类描绘得优于他们的后代，而席勒则把早期人类刻画成受自己恐惧和仇恨支配的生物，在很多时候他们的"语言没有比动物的叫声高级多少，形成可以理解的符号系统"。即便是古典时代也无法与现在相提并论："一个罗马皇帝在亚平宁山这一侧挥之不去的幽影所造成的良好影响，要远远大于它在古罗马的恐怖原形；因为前者通过和睦让一套有用的国家体系得到维持，而后者则把人类最活跃的力量打压成了奴隶般的东西。"[33] 在席勒看来，人类理性对建立于更不理性时代的制度进行了再次发明："诚然，之前时代一些野蛮的残余也溜进了我们的时代；它们是偶然和暴力的产物，理性的时代不应犯同样的错误。但人类理性对古代和中世纪的野蛮遗产进行了怎样的塑造！理性常常能把这些它尚且不敢摆脱的东西变得何等无害，甚至有益！"[34]

席勒在《人的美学教育书简》（1794）和《论天真的诗和感伤的诗》（1795）中对现代社会的论述，其先声也出现在就职演说中：他指出理性化的历史进程不管如何有益，都会造成碎片效果。他还暗示由理性化带来的"资产阶级占优"的世界，很大程度上是由自私自利主导的。实际上，文化本身是渴望地位的结果。一位评论家甚至写道，席勒在就职演说中认为文化"不过是对名誉的追求"。[35] 在某些领域，我们"明智的法律"会抵消这种追求所带来的不平等。但在其他地方，自私自利本身就有助于确保这些法律的顺利运行——比如，旨在避免世界强权兵戎相见的条约。不过自私自利和追求名誉，也会妨碍我们使用思想这种由理性化（通过消除迷信，并把许多人类从无尽的谋生之苦中解脱出来）赋予的"更高贵的自由"。"源于自私自利的狭隘的判断"让我们对世界历史的理解变成短见，使我们只把自己当成"个体"，而不是"人类"这个有机整体的一部分。[36]

此处，席勒隐含地解释了这些注定要为更高贵自由奋斗的青年才俊，为何会自甘踏上职业学者之路，成为追逐"报纸上的赞美""荣誉教职"的人，而不去追求真理，甚至以真理为代价。在指出这种动向时，席勒可能想到了哥廷根大学——当时的德意志土地上最富声望的大学——也是学术商业化的典型。受明希豪森（Karl Friedrich Hieronymus Münchhausen）之命创立于 1737 年，哥廷根大学创办的明确目的就是为国筹资，这也是大学的一些教员称其为"大型企业"的原因。一些杂文作者（就像如今美国的某些人一样）也因此讥笑高等教育已经成为一项吸引消费者（特别是想在欧陆游历的年轻又有钱的英国佬）付钱的服务，恬不知耻地用自己的课程设置招揽生意。[37]

不过，在哥廷根大学因重视"官房学习"而出名之时，它也因自己优秀的文科而名声在外，而且它的文艺和哲学院系学生的比例远高于德意志的其他大学。明希豪森认为招募文科和科学领域的明星学者能吸引国外的有钱学生，他们要比本地学生支付更高额的学费。不仅如此，明希豪森设计的大学还鼓励其著名雇员进一步提高他们声望，以更好地吸引那些寻觅时尚的全面教育的贵族青年。（这是一种宫廷趋势，与启蒙运动对实用教育的青睐并行。）1789 年，哥廷根大学图书馆有藏书三万册，数量远超竞争者。而哥廷根的很多名人——如语文学家海纳（Christian Heyne）、《圣经》学者米凯利斯（Johann Michaelis）——比其他地方的人文学者享有更多研究和写作的自由。神学院审查文艺和哲学院系的权力（这是当时德意志大学中的惯常）在哥廷根大学受到了很大削弱。

许多哥廷根学者都善用了自己的自由。但明希豪森对（"野蛮的"）中世纪机构的理性化、对古老的行会风气的摒弃，不只促进了智识的探索。哥廷根大学强调学者的产出和名望（大学对此提供经济回报），使得某些教员开始护食、炒冷饭，或者干起其他给简历注水的勾当。当格迪克（Friedrich Gedike）受普鲁士国王之命寻找"外国大学"的最佳模式，在 1789 年访问哥廷根时，他很受触动。但他也惊异于教员对于开诚布公地讨论学校的不情愿。格迪克猜测这是因为对他们来说，保全这个能让教员在经济舒适的条件下成长的机构的名声，比公开交流更加重要。因此"这里比其他任何地方都更难从教授口中得到我们想要的可靠讲述"。[38]

在席勒看来，这种职业态度的对立面，是"哲思之人"；

他们能从学术界思想自由的曙光中得到最多的收获。他们会通过致力于知识统一性理念而实现这一点，因为追求知识之整体，意味着让切身私利和所有实际关切都让位于更宏观的收益。这意味着服务群体，而不是显露自己："职业学者分之，而哲思之人合之。[后者]很早就知道，智识的领域和物质世界一样，一切都是相互关联的……他高贵而迫切，在自己所有的思想融合成一个和谐的整体之前都无法安歇。"[39]

这种智识追求虽然至真至纯，但也有实用的一面。它能让践行它的人具备宽阔的视野，这在各种实际决策中都是有用的。席勒搬出后世新人文主义者和自由派教育改革者的公认之理，言到那些具备哲思的人不仅会是成功的学者，还都会是成功的专业人士。他们看待事物时能够"取中"，把它们当作生成意义之整体的各个部分。席勒怜悯那些职业学者，因为他们孤立了自己、关注于碎片，这让他们的工作"毫无目的"。但是，在席勒所描绘的世界里，意义的问题更加宏大。虽然席勒承认自己和听众都是基督徒，但他也强调基督教是历史研究的对象之一，其制度和发展亟须得到不受基督教信念制约的分析。这个状况令人振奋之处在于，它为席勒所看重的开放式探究创造了空间，而席勒认为这种探究是道德和智识宝库中最为贵重的。但这种自由也意味着威胁——甚至是对学术的威胁。没有了能够带来秩序的框架（如基督教所提供的），包括人文主义者研究的文化对象在内的事物会显得随机。它们是更宏大总体的一部分，却缺少意义和目的。

在这种混乱而随机的现象的问题上，知识统一性的理念也能发挥其救赎作用。我们将看到，五十年之后的马克思在他对世俗化最犀利的论述中，认为学术具有这样的意义：当人类"废除"宗教时，"科学就是他们的统一"。[40] 为何在1789年研究普遍历史？席勒的最后答案是，它能使"现象"充满"目的性"。

> 他［哲思之人］联系过去和当前的尝试越频繁、越成功，他就越能够领会［哲思精神］所能辨识的因果互动，并能把二者用手段和结果的关系联系起来。一个又一个现象开始从盲目的近似、无规律的自由中释放出来，在融通的总体中占据合适的位置。[41]

只有从全知的视角才能看到历史的总体，因此人类所运用的融通整体必然是人类有限思想的产物，是一种有根据的、承载着意义的虚构；席勒言它"存在于"哲思之人的"观念中"。学术似乎是修正一个人总体感，并参照对应概念进行检验的过程，而检验的标准则不能完全被归约成逻辑和系统性的思想。"能站住脚的观点，"席勒写道，"要能使智识更加满足，心灵更加惬意。"知识统一性理念中有感情的层面。[42]

但后来的情况显示，席勒在耶拿的演说没有给学生带来足够的智识满足和心灵惬意。与就职演说中批判的"据为己有的心态"交锋之后，席勒被迫把课程话题从历史转向哲学。耶拿的哲学讲授彻底被莱因霍尔德（Karl Reinhold）控制。他是最早自命为康德主义者的人之一，他的讲座很受欢迎，常能吸引来上百个学生。因此在此地，席勒成功的机会渺茫，而他没有讲授哲学的天赋这个事实又让情况雪上加霜。感到讲课的微薄薪水不足以回报他备课的努力，席勒在1793年放弃了在学院打拼。但他仍留在耶拿，此地已是活跃的哲学研究重镇；而当地对大学改革的讨论中，知识统一性也仍占有一席之地。

学者的使命

齐奥科夫斯基（Theodore Ziolkowski）有论："在一个令人信服的道德人物口中"，知识统一性的理念在耶拿"有了一股复仇的味道；此人于1794年登上讲台，从席勒一笔带过的哲思之人思考并统一自己知识领域的'取中'精神中，发展出了一整套哲学体系"。[43] 这个"道德人物"便是费希特，他1794年的就职系列演说《关于学者使命的若干演讲》中的每一点都让人感觉像是曾经的《何谓普遍历史以及为何研究它？》。[44] 至少在理论上，学生对大学改革和道德升华有所期待。而感到欣喜的不只有学生。席勒也在听众中，并为之振奋。他推荐友人阅读费希特的讲稿，还在《人的美学教育书简》中援引之。

费希特将席勒的暗示明言出来——知识统一性的理念并不只是一个形而上的、历史的或哲学的课题，还涉及制度。更明确地讲，它是大学的课题，被大学造就的学者特别有发言权。[45] 费希特称他的讲座为《致学者的箴言》（"Morals for

Scholars")[46];在一则刊行的声明中，他还就学生能期待什么发出了警告：

> 我们所有探究的目的都必须是人类的最高目标——对我们这个物种的改进；科学的学生必然位于"人"一词以其最高意义放射的光芒的中心……我们愈发需要严肃地思考这两个问题：学者之间的关系是什么？学者与他人（特别是不同阶级的人）更普遍的关系是什么？[47]

在此后的几年中，费希特频繁回到学者的"职业"这个问题，他完善自己的措辞，将其融入他（也在发展）的哲学体系中。他最终把他对职业的论断，与对德意志大学缺乏智识融通的批评紧紧联系在一起——在这些大学里，"被学习的东西从来不是完整的，只有孤立的碎片"。[48] 此论出现在 1807 年给某"柏林未来高等学习机构"的"方案"中；在普鲁士教育改革的前景急剧向好之际，他创作了此文，并呈给了一个皇家顾问。论者乐于指出，费希特在尝试抓住历史机遇时，有不妥协的一面。比如，他希望抛弃职业院系，以最大程度地重视唯心主义哲学的教学。不过，他的提案很大一部分都涉及今天所谓的开放和包容（access and inclusion）问题。费希特出身贫寒，被一位富裕的恩主发现才能，在其介入和资助下才得以维持学业直至成年。费希特想让柏林所有新的高等教育机构都接受甚至欢迎生计困难，但拥有足够才能和韧性的学生。[49]

有这些想法的不止费希特。他和许多同辈一样，有多鄙视功利的高等教育，就有多厌恶为大学教育立下门槛的高昂学费（若无排他性，就很难在文化上确立威势），他们的"教养"（Bildung）概念取自当时正在萌芽的民主和自由精神。它的道德力量部分来自"每个人都有基本的价值和尊严"这个正在上位的理念——它以理性的普遍性为前提，是康德和其门人的核心思想。虽然这个理念想要推行的规范从未得到实现，但是它的意义在于说明"教养"对每个人都是可能的。这些关于自由的理念对施泰因（Karl von Stein）所倡导的计划产生了重要影响，该计划旨在提高德意志领土上民众参与政府事务的程度。"教育不能只把人训练成公务员或高级职业者，而是要塑造熟谙文化的自律公民，"最近有一位学者如是说，"这个概念最初由洪堡发明于 19 世纪，并被命名为'教养'。"[50]

费希特用自己的方式呼吁教育民主化，或至少提高教育开放度；他认为未来柏林的新大学都应在必要时为学生提供食物，因为饥饿是良好学习的敌人。他也关心学生的社会多样性会对学生集体追求"被整体学习的"知识产生怎样的影响。社群和社交是该方案的核心，而费希特用知识统一性理念的框架探讨开放、多元和包容的问题。如果学生能够在相互关系中反映学校的风气，并且"彼此交融为精神和智识的整体，形成一个有机的学生群"，大学就会更加民主而统一。[51]不过，费希特对更开放的大学的兴趣，并不能被误解成一个平等的社会方案。与很多德意志唯心主义同辈一样，他专注于**潜在可能**，而少有平等的政治主张。他设想了一种由大学学者（他们构成了一个独特的社会阶层）构成的共同体，由它监督社会整体的历史发展。席勒所谓的普遍史研究者叙述人类的进步，而费希特所谓的学者则积极推动之。

统一性理念因此便能够应对可能造成不安效果的民主化，这项进程既是柏林未来大学的建筑师所拥护的，也是他们所担忧的——它可能会败坏他们理想共同体的风气。但费希特1794年在耶拿进行就职演说时，关于在柏林建立高等教育学院的讨论还没有展开。费希特呈给贝姆（Karl van Beyme）的"方案"肯定参考了他在18世纪90年代对学术和使命的思考；而身为普鲁士国王谋臣的贝姆，日后参与了柏林大学的建立。不过，1807年之后对统一性理念的呼唤（出自施莱尔马赫、洪堡、费希特），则属于另一个时刻——彼时，宏大的哲学主张常常被混以"如何建立机构"这种世俗问题。

与席勒一样，费希特也没有在耶拿大学久留。不过，席勒是最终因学生弃他而去丧失了教学兴趣，而费希特则是被赶出了耶拿。学生热衷于费希特对学者使命之历史和社会意义的高谈阔论，但对这位年轻教授对他们秘密结社和低俗娱乐的尖刻批评却并不买账；他们最终以相当激烈的方式转为反对他。被控信奉无神论后，他在1799年被迫辞去职位。虽然继任者谢林以虔诚闻名，但费希特在耶拿大学的结局不太可能让谢林感觉德意志的高等教育一切良好。

哲学奇才谢林年纪方二十有半，正值最多产时期的他在费希特遭逐后就来到耶拿。他已于 1979 年出版《一种自然哲学的理念》，正在收尾另一部极富原创性和影响力的著作——《先验唯心论体系》（1800）。对"主客观的区别是主观还是客观的"这一问题，谢林试图凭这两部著作超越现有的处理方法。人所共知，费希特最终站在了时人认为的主观一方，他认为"我"假定了自身与"非我"的区别。自称为"斯宾诺莎派"的谢林则认为这种区别既非主观又非客观，而是与某种底层的统一性有关；对这种统一，人类只能通过"关键的智识直觉"（vital intellectual intuition）进行感知。[52]

谢林与耶拿的浪漫主义者关系紧密。1803 年他娶了奥古斯特·施莱格尔（August Wilhelm Schlegel）的前妻卡洛琳（Caroline）——一位重要的浪漫主义思想家。与施莱格尔的弟弟弗里德里希（Friedrich）一样，谢林认为"现代怀疑论"（平卡德语）和反思（谢林称之为"反思哲学"）带我们离开了前反思的统一。[53] 谢林称它为"绝对者"，其中"理念"和"真实"是"一体"。反思给世界强加上人为的秩序和分划。对主体而言，理性反思制造了主体试图解决的问题。在这方面，谢林完全是后康德思想家。他接受了康德的基本论断：关于世界知识是经验直觉（感觉资料）和内在于人类理性的理解范畴共同作用的产物。但谢林不满于一个没有内在意义的宇宙，或者一种人类无法触及的意义所带来的结果。与很多后康德同辈一样，他不想看到一个意义只来自人类投射的世界。

在《学术研究方法论》（1802 年在耶拿大学的课程，出版于 1803 年）中，谢林最激烈地把知识统一性的理念当作返魅（reenchantment）的来源。"不言自明的是，如果这种原初的知识是理念方面无限者对有限者的服从，那么行动就是有限者对无限者的服从。这都传达了原初知识的绝对统一，不管是在观念中还是在存在本身中。"[54] 相似的段落比比皆是。谢林向学生呈现了一种思维方式，他认为这种思维方式能让他们理解带有无限之特征的有限，并认识到他们的思想和行动传达了"原初知识绝对统一"的某些方面。谢林向学生保证，先验唯心论能够帮助他们克服由反思哲学造成的、使他们远离深层统一性的异化。谢林将席勒的暗示明说出来。

在另一些地方，谢林和费希特一样，拾取了席勒的取中概念，甚至用了同样的词："学者越认为自己具体的研究领域本身就是目的，把它当作一切知识的中心，认为自己取中于一个反映整个宇宙的无所不包的总体，就会越努力地表达该研究领域的思想和普遍元素。"[55] 如席勒在就职演说中所言，如果学术是参照知识统一性理念进行的，那么它需要一种能够让它超越自身的意义和目的，把它带向总体知识，并使它根植于一个真正的学术共同体。通过断绝与自己领域的实用关系，并把它（以及自己的工作）视为"目的本身"，每个学者都能正当而合理地认为自己的领域以及关切"取"了全部知识之"中"。按照这个观点，学术专业化不是要克服的问题，而是所有现代知识活动的一种必要而有益的性质。

虽然谢林在其他地方对这种理念的讨论倾向于用细致的论述讨论看似抽象的概念，但在这些讲座里，他实现相似的哲学目标明显是通过机构层面——即大学及其对学者和学术的组织——的思考。他的问题很直接：如何围绕知识统一性理念组织一所新大学？谢林进行后来成为《学术研究方法论》一书的讲座之时，距离《系科之争》（1798）的出版并不遥远；在《系科之争》中，康德称哲学院系（文理院系）是最自由的，也因此——若非在制度地位上，也至少在智识等级上——是大学最高级的院系。可能除了哥廷根和稍逊一筹的哈雷（Halle），1798 年的德意志大学普遍被认为是智识的废土，因学生的荒淫和教授的迂腐而荒芜。1792 年，在呼吁废除大学方面或许最为著名的作品得到出版——坎珀（Johann Heinrich Campe）的《对整个教育体系的全面修整》（*General Revision of the Entire Educational System*）。三年之后，柏林声名狼藉的星期三学会（Wednesday Society）讨论了这个话题，认真地考察了坎珀的思想方法。[56] 直到 1810 年柏林大学建立之时，德意志大学仍是一派惨状。事实上，德意志土地上一半的大学都在拿破仑征服后的数年中解散，一些因太过弱小而禁不住动荡，另一些则因身处法占区。但关于大学改革的对话在 1800 年左右又激烈起来，因为康德的文章引起了反响，且普鲁士政府显示出了一些令人振奋的关切迹象。[57] 谢林或许比席勒更有理由认为结构的改变呼之欲出，这或许可以解释他为何更为直接地探讨了困扰德意志大学的实际结构性问题。

谢林哀叹，目前构造下的大学只是把学生扔进课程设置的"混沌"中，让他们对付不同学科和方法堆成的烂摊子，而不提供任何有用的指引。任何对"整体"有感的学生，都会觉得自己仿佛"被扔到了广阔的海上，没有罗盘或明星指向"。[58]"更优秀的头脑"通过尝试学习一切而予以回应，但在这项任务的重压之下，不可避免地用"随机而无序的方式"完成，对任何事物都无法"深入核心"。[59]最终，他们发现"他们的努力"多么"没有成效"，丧气而去。

同时，聪明稍逊者则试图逃向任何一条他们以为能通往职业成功的路。他们之前培养出的心智能力，让他们能够吸收信息。在这个背景下，知识统一性的理念不只发挥返魅的作用［此处指面对对冲力量时对世界的浪漫主义诗化，心系哲学的诗人诺瓦利斯（Novalis）称其为"**潜能化**"（potentiation）］，[60]还有理性化之功。听从它的命令，即从"领会整体"的哲学出发，能够在曾经的混乱之处造就秩序和融通，并且停止对人才的无耻耗费。[61]由此形成的境况，让这样的开始尤为重要。谢林表示，如果"现代怀疑论"让我们疏离主客体的底层统一（在现实和理念中），那么现代也在以前所未有的速度把事物带到一起。"从没有哪个时代像我们的现在一样"如此"迫切地需要"对"知识诸形式之间鲜活的关系的认识"。一种"新的、更为普遍的感官——对几乎所有客体的感官——正在形成"。[62]与席勒和费希特一样，谢林的现代性进程在打碎的同时也在统一。

　　谢林还指出了实现高等教育课程连贯性，在现代所面临的特殊困难。例如他认为，对古代希腊—罗马这个连贯但已过去的世界之怀念，催生了一种历史学术：把"对过去的认识"当作"知识本身"或目的本身。这种对待知识的心态，让17世纪和18世纪大部分的德意志学者，把"博学"当作了指导性理念。出身这种传统的知识分子和学者重视全面和对已知的条理性呈现，尤其是在涉及知识如何从文本中成形时。谢林认为，这些顽固的认知理念和实践阻碍了大学的发展。"起初，只是为了处理要知之事，便有了大量必学之事——而这巨大的量让人把知识分割成如此多的不同分支，整体鲜活而有机的结构也因此被尽可能解散成了最微小的散絮。"[63] 在现代性的危险悖论的另一实例中，促成知识前行和进展的条件也掣肘了知识。在博学一事上，印刷技术的发明和不断进展，让人类的已知得到更广泛的传播，并传于后世；这些技术进步最终导致印刷品增多，继而过量。为了管控印刷品的增多，与跨时代传播的知识互动，学者设计出了更为复杂的方案和体系来组织印刷品。最后，他们开始误把这些组织技术（"不同分支"）当作真正的知识。18世纪的知识分子和学者以自己的经历说明，现代进步是如何吊诡地拖住谢林以为将会是现代时期更为基础而进步的精神的。但是，他最终认为现代也能通过让中心和边缘（整体和部分）的关系更为明显来修复这种关系。而这便是大学的目的——塑造更有能力追求知识统一性（即"知识本身"）的认知主体。

　　谢林对比了他的大学理念与资产阶级社会及其中他所认为的工具主义风气："只要资产阶级社会还在以绝对为代价追求经验的目的"，它就会因其肤浅而与大学的"绝对目的"相对立。[64] 此外，"为了实现大学的目标"，国家会限制并同时分割其学科。大学依赖通过"压缩不同个性的范围，并把它们导向各种不同的方向，让它们成为国家更优秀的工具"而得到的"殊荣"。[65] 大学不会对殊荣感到陌生；谢林设想了一个由聪慧而勤奋的学生组成的贵族阶层，不管他们出身哪个阶级。（这实际上就是费希特的教育民主化：形成基于智识和道德能力而非阶级的智识精英。新人文主义者想要一种智识精英统治，也多少认识到了这种理念在物质和社会方面遭遇的困难。）大学通过一个"单独的"目的——对学术的追求——把人（年轻男性）统一起来而塑造他们。这种教育"创造理性思维"，而这又能让"自我和世界观得到持久的塑造，直接引向自我认同和真正的幸福生活"。[66] 谢林呼吁资产阶级社会、现代国家和既有大学改进自己。他给出了一种直截了当的选择：它们或者执着于自己以碎片化和肤浅的方式进行的更低级的理性化，或者把为少数人服务的大学看作滋养统一性的"模范组织"，或者甚至自己也从普遍的视角出发，走向圆满的存在，为更高级的理性而奋斗。这种转变显然对个人有好处：谁不想要这样的圆满？但它对国家的吸引力却较难察觉。当然，谢林是在讲堂之中发言，他认为这是塑造学生和推进知识的场所，而非提出明确具体改革方案之地。施莱尔马赫和洪堡的改革倡议当然不乏哲学论述和规范性理念，但是对制度设计问题的探讨完全是用另一种方式进行的。不管分歧如何，这两位唯心主义哲学家、改革者都认为大学是一种独特的整体，而他们都认为大学（universitas）的基础不是忏悔式的宗教，也不是国家，而是出于由共有的行为和美德而形成的学者和学生的自立自足的共同体。这就是新人文主义的知识统一性理念。

作为组织机构的大学

1806 年 10 月，拿破仑率法军与普鲁士军队交战。双方在耶拿遭遇。战场的较量暴露了一直被视为骄傲的普军的落后和无能——一如普军同日在奥尔施泰特（Auerstedt）遭遇的更惨败绩所示。不到一个月，普鲁士王国就完全落入了法兰西帝国的控制。但普鲁士人并没有把自己后续的反思限制在军事能力上。在谢林的继任者黑格尔做出"随着现代国家抛下了其扩张的所有障碍，历史已经来到终点"的著名论断时，其他人则聚焦于如何革新普鲁士国家这个更为切身的问题。

1806 年之前的几十年里，几项改革得到推行，其中一项成果是 1794 年温和现代化的《普鲁士普通邦法》（General Prussian Legal Code）之颁布。普鲁士溃败于拿破仑是改革的更大动力。不出一年，威廉三世（Friedrich Wilhelm Ⅲ）便任命改革派施泰因出任首相。1809 年，法国间谍截获了施泰因的一封信件，其中表达了他对普鲁士解放在即的希望，这使得拿破仑把他赶下相位。但他短暂的任期也颇有所成：他推行了废除农奴制，建立了普遍兵役制度，更着手大改普鲁士的教育体制。为了最后一项目的，施泰因不仅设立了一个新的政府机构——宗教和公共教育部（Section for Religion and Public Education），还把正在罗马享受外交官惬意生活的洪堡请来主持该部。

洪堡急需解决的问题之一是，如何应对普鲁士最有威望的高等教育机构——哈雷大学——之死；它像其他几所大学一样，受拿破仑征服的波及而关闭。1807年，威廉三世表示支持柏林建立新校。几十年来都处于巴黎阴影之下的普鲁士首都本地没有大学，但它确有各种更小的机构和要素，包括普鲁士科学院、解剖观摩厅（anatomical theater）、自然史藏品集、医院和兽医院。这些不同的基础设施、存在松散关联的智识和科学资源，让柏林成为了新高等教育机构的理想选址，尤其适于组织和统一知识。[67]

费希特发现当时是高等教育进行改革的不二时机，他也不是唯一有此看法的德意志知识分子。哈雷大学关闭时丢掉工作的神学家、哲学家施莱尔马赫，从他在哈雷的同事沃尔夫处听闻国王的一位谋臣正在为柏林的新高等教育机构征集设计思路。（当时并不确定该机构是否会被称为大学，因为对1800年前后的许多德意志知识分子而言，大学的含义是一种中世纪的、行会式的机构。）施莱尔马赫决定加入讨论，哪怕是不请自来。1808年，他为柏林新大学起草了一份蓝图，并以《德意志大学漫想》（"Occasional Thoughts on German Universities"）为题出版。其中，施莱尔马赫令人明白而信服地详述了新人文主义的教育和知识理念，又细致而坦率地分析了这些理念在制度化时面临的困难。

施莱尔马赫试探性地开始，这反映了他文字的不成体系、仅仅是"漫想"或通俗文章的特点。他把自己的提案，与时人所阐发的唯心主义教育理论进行比较，特别是比较了二者的核心认识理念——知识统一性。他写道："把系统性作为最高原则的精神、所有知识的直接统一，不像某些可叹之人试言的那样，在纯粹的先验哲学中像鬼魂一般自行存在，他们祭出的是鬼魂和非世间的存在。"[68]施莱尔马赫草拟提案之时，正因他的柏拉图译本和《论宗教》而驰名，二者所展现的哲学和神学情怀都更加贴近对话且多元，而非"先验的"甚至成体系的。[69]在多数周日都会进行传道的施莱尔马赫，想要给智识工作和思考寻找另外的社会形式，他和他曾经的室友施莱格尔称之为"共同哲学"（sym-philosophy）。施莱尔马赫比席勒、费希特、谢林都更觉得知识需要社会性，它是一种群体活动。他不仅认为费希特唯心主义的抽象令人望而却步，还反对许多同时代的唯心主义者的追求：一种单一的、根本的哲学观点。

同时，施莱尔马赫也反复祭出知识统一性的理念，但与三人方式不同且更加细致。[70]"在知识领域，"他写道，"一切都是如此地相互依存、相互关联，我们甚至可以说：某件事物越是得到孤立的展现，它看起来就越无法理解而令人困惑。"[71]

抛开施莱尔马赫在理解知识统一理念上与席勒、谢林和费希特的实际差异，他对它的使用至少在一个重要方面与后几人相似。他们用这个理念做出的论断都既有描述性，又有规范性：现代化既使新人文主义教育方针成为可能，又对它造成威胁。席勒及其同道通过诉诸这个理念，隐隐地把现在描述成碎片化的、断裂的、不融通的；但他们也认为应让现在再次完整。他们表示，这种规范性的统一应该在各种不同但又相关的层面发挥作用：历史、伦理或道德、认识论、制度。在历史层面，统一性理念意味着理性在时间中的逐步自我实现。席勒的普遍历史为历史的有意义展开提供了范本。在伦理或道德层面，统一性理念蕴含着知识与生活深刻而持久的关联。在认识论层面，知识统一性指导全领域和专业在事实、证据和观点之间建立关联的无尽过程。最后，席勒、谢林和费希特没有将统一性理念的制度形态归于教堂、国家甚至地方社会，而归于大学——对于新人文主义者来说，它体现着道德、真理、宗教和社会属性之统一。

《德意志大学漫想》手稿交付出版商之时，施莱尔马赫在1808年圣诞节给未婚妻的信中表达了整合他的主要活动（学术、家庭、宗教）的愿望，但又抱怨道："只有在最近这个时代，人把一切都区分开来，这种重心的合并才成了稀罕事。"[72]不过，他也没有对智识和社会分化的事实徒呼奈何或进行抵

抗。施莱尔马赫在现代的分化甚至碎片化效果中看到了积极
因素：既有社会尊卑等级逐渐解体，也有新社会化形式增多，
知识从神权和国家的巨大枷锁中解脱，身份可能性多样，以
及不同种类知识和不同获知方法的出现。智识专门化尤其能
让人更小心地注意到范围更广阔的客体和世界的不同方面、
不同人群的思想和行动以及维持它们的具体实践之发展。[73]

　　此外，现代也朝其他方向运动。与谢林一样，施莱尔马
赫也在当时的碎片化趋势中看到了统一的趋势。大型的"强
国"已经统一了整个语言区。在施莱尔马赫看来，这个过程
对知识统一有益，因为"出于一种语言形式"的学术"是统
一的整体"，而且在统一的土地上更易实现对知识生产至关重
要的学术交流。但是，施莱尔马赫对这些集权国家背后的推
动因素没有幻想。如席勒的讲座所言，它们愈发不受传统和
宗教约束，被最粗鄙的自私自利——对财富和权力的欲望——
驱使。这让集权国家重视那些有助于追求那些东西的知识，
尤其是"能被测量的知识"和"具体的发现"。学术重商主义
时代的国家常常试图用大学来完成自己"眼前的目的"，学院
有时也会被"接管"，重"政治考量"而轻学术研究。相比之
下，施莱尔马赫强调，对"主要关注知识统一性和所有知识
一般形式"的纯粹知识之渴望，则源于"自由的性情、出于
内在的诉求"。[74]

　　关于大学的正当功能，施莱尔马赫给出了一种规范性的
论述。他认为大学应该是国家在伦理层面的制衡力量——大

多数探讨高等教育的新人文主义著作都有此论。在施莱尔马赫看来，追求知识必然是一项共同事务——"任何求知活动的第一条法则必然是交流"。[75] 这种追求不是至少主要不是为了找回某种逝去的形而上或神学统一，而是为了将其实际创造于现在。工具心态——借施莱尔马赫语，"一心捞钱"的心理——与把知识当作一己之私的态度是一丘之貉。与知识建立这种关系，便是否定了被施莱尔马赫看作知识根本的社会属性。与席勒的哲思之人一样，施莱尔马赫的真正学者无私而大度，见到他人的探索超越自己只会喜出望外。

这样的学者也会成为有绩效的官员，也就是好官。施莱尔马赫用多种方式表达了这一点，或许其中最强烈的是一则警告：如果普鲁士要把大学压抑得只关注"有直接实用性的事物"，它就会让自己丧失"科学和学术所带来的最根本优势"。他写道："国家会越来越不能设想和执行伟大的事务，无法以犀利的洞见察觉其所有过失的根源和关联。"[76] 但是，"可以一直培养能干而负责的政府官员"之图景，足以吸引国家提供可靠的支持，以维系人文主义教育及其首要内在目标——道德发展与学科学术（即教养与科学）之统一——吗？与席勒和谢林不同，施莱尔马赫试图协调国家和大学对彼此的义务，并在这方面明确它们的权责。他认为大学需要国家的"保护"和物质支持，以完成自己的教育和智识使命，哪怕国家不愿承认该使命的价值，或者想要进行干预以满足自己的切身需求。国家不仅把持了教授的学术，还经常以为试图控制与外国的知识交流，能够把智识进步的好处保留在固有的政治界限之内，因此符合本国的利益。这种保护主义的态度当然与这个概念相左：知识是一种社会公益，没有了标志着国家政治利益的边界之限制，才能最大程度地蓬勃发展。[77]

不过施莱尔马赫的观点是一种谨慎的乐观。他称德意志国家重视非职业高等教育所带来的威望。[78] 把新人文主义的高等教育机构称为"德语意义上的大学"实际上是增加了它们的声望。费希特在《对德意志民族的演讲》（1807）中明确地把学术看作民族革新的源泉，而施莱尔马赫则更以暗示的办法行事。法国最近改革了自己的高等教育系统，把它变成了一系列专门化的学校。德意志大学要致力于更宏伟的目标——"知识的总体"，以传达更高级的德意志精神，并使其进一步升华。[79]

施莱尔马赫还暗示，这样的知识对国家有着更为重大的实际意义。作为《漫想》中的调解人，他认为哪怕大学教授会出于人杰的本能寻求从国家中独立，但在控制雇佣和退职这种尚有行会操作残余——如教职世袭和顽固的家族大学（Familienuniversität）（其中教职的传递如贵族遗产一般）——的流程上，他们也会欢迎国家机器进行监管。[80] 但在官僚体制扩张和改革的风云变幻之际，施莱尔马赫表示大学所面临的最重大挑战，是它需要让现代国家相信以整体知识为取向的教育和学习能带来实际的、社会的收益。首先，必须说服现代国家相信"好的治理……需要真正的知识"。其次，现代国

家——以及公众——还必须理解大学这种机构是最能创造和
培育知识的。其方式是塑造能够追求整体知识的人；为了成
为拥有真正视野的公民和政治家，这种知识是他们所必需的：

> 在高贵的青年中唤醒系统性知识的观念、科学的观
> 念……让通过系统性探究的视角观察万物成为他的第二
> 天性，让他不孤立地观察个体事物，而是看到它们在智
> 识上的关联并把它们置于更大的背景下，一直能够参照
> 知识的统一性……这是大学的任务。[81]

作为解释学的理论家——更明确地说，作为语系和文本之间、
文本群组之间、文本及其智识背景之间部分与整体之关系的
理论家,施莱尔马赫在真正实现知识互联的想法上投入甚笃。[82]
他的努力还因为希望把自己对知识统一性的想法与费希特和
谢林的观点区分开来，并且想给《漫想》中频繁呼唤统一性
理念提供一定解释。通过强调知识统一性理念在不同背景中
的不同方面，施莱尔马赫给读者的印象是，对他而言，为统
一性各自相异但又深刻关联的历史、伦理、认识论和制度形
态注入生命力的，是不同的信条和目标。它们包括：展现"知
识的总体，使所有知识的原则和蓝图都能为人所见"；"明确
对所有知识本质和关联的洞悉"；对语言体系如何导向知识
统一给出原创性的想法；以及创造学术自由的环境。如果所
有知识都是相互关联的，那么对某一领域的知识探索的干预，
也就意味着对所有领域的干预。[83]

国家对学术的兴趣

施莱尔马赫反复回到知识统一性还有另一个原因：他想说明，这**就是**他所设想的大学的组织原则。在施莱尔马赫看来，统一性理念必须是所有特属于**现代的**大学的制度构造和教学实践之基础。学科学术代表一种能够自我维持的智识实践，它有自己内在的益处、优点和理念，也因此能够维持一种分学科的、专门化的、以大学为基础的知识形式的权威性和正当性。在 19 世纪，施莱尔马赫之论是人文主义大学改革设想中最具影响力的。直到 20 世纪初，洪堡 1896 年被传记作者挖掘出来的设想才取而代之。

对自己只是部门领导而非部长感到愤懑，疲于应付难以相处的人，渴望回到能够有时间做自己学术的生活，在任只有十六个月的洪堡于 1810 年 6 月辞去了教育改革的官方职务。在离去之时，他任命施莱尔马赫任柏林大学规章起草委员会主席一职。在大学改革的关键方面，洪堡和施莱尔马赫当然有意见分歧。或许最明显的是，施莱尔马赫更不执着于大学创造新知的意义。虽然他明显希望教授成为用心的学者，但他建议他们把自己职业前半段的重心放在教学上。到了五十岁以后、不能再联系学生时，他们应该转入学会、投身研究。

相比之下，洪堡的强调很有名：大学的一个主要目标是"联系客观知识与主体的形成过程"[84]。在洪堡的文章里，专业研究院似乎没什么必要，因为大学在研究领域至少有同样的生产力，甚至还可能更强（因为他相信，与年轻的头脑为伴能让教授的思想更有创造力）。不过，在大多数基本问题上，施莱尔马赫和洪堡意见一致。事实上，很多学者认为设计现代研究型大学的功劳，归于洪堡的太多，而施莱尔马赫得到的太少。[85]洪堡在以遣词造句引起共鸣方面天赋异禀（如"孤独与自由"），是全世界大学校长反复援引的作者。然而，如果他关于柏林大学该如何组织的主要观点没有被哈纳克这样的人物及时发现，进而在百年校庆前后创作出美化的赞歌，我们今天或许就会说"施莱尔马赫模式"，甚至有"柏林施莱尔马赫大学"。[86]《漫想》显然深刻影响了洪堡。但在1808年，洪堡长时间都在思考诸如"国家的不作为如何能成为一种作为"的悖论，以及国家在人类发展中的正当作用。洪堡的大学计划与施莱尔马赫有多相似，以及施莱尔马赫对洪堡产生了多大影响，这些问题仍然还是问题，虽然是值得持续关注的问题。对我们而言重要的是，洪堡和施莱尔马赫都使用了知识统一性理念。

在洪堡讲述大学提案的备忘录中，知识统一性理念是一种认识和伦理规范。大学从其规范性的目的出发，应该将客观知识的生产和传播以及知识主体（大学中的学者和学生）的塑造进行融合；作为一种（民族主义的）载体，确立新人文主义教育的正当性，巩固其威望和伦理价值观；并最终作为一种制度媒介，协调学者共同体的利益和现代国家的利益。

在洪堡看来，现代国家也是一个按照自身利益运转的引擎。当然，它的理性化趋势能够为大学提供关键的帮助。无论如何，洪堡相信，在地方主义、保护主义、上惠下忠等会导致错误决定的重要事务上（特别是在人事问题上），学院需要国家监管。不过，国家也想从大学中得到"人才和行动"，而不是"空谈"。[87]洪堡称，国家必须认识到，获得"来自内心、可以从内心培养的"知识，而不只是"收集事实"，才能"改变人"（并以此塑造最成器的公民）。

洪堡进一步论述道，当国家"插手"知识生产或学生培训时，就助长了"片面性"并且会"阻碍"对知识"本身和知识整体"的领悟——而这正是国家有效行动所需的视角。国家创造大学的外在构造并提供经济支持，这造成了一种永恒的矛盾状况：一些本来应该"更高级"的东西——作为生命更综合的形式或某种纯粹知识理念的科学或学术，总是受到"更为低贱的物质现实"的拖累。[88]不过一所能让学生和教授"为了知识本身"（即为了"知识之整体"）走到一起的普鲁士大学，其建立和繁荣的前景还是令洪堡充满希望。这种希望部分源于他认为这种拖累并不会污损知识的纯净；恰恰相反，它是知识经由人类塑造和意图的具现。这种矛盾并不需要解决或克服，而应该永远保持。现代大学是一种介质，其中相互竞争的各种目标和目的能得到有成效的组织。

在给威廉三世的备忘录中，洪堡称普鲁士的失败和政治分裂业已揭示了日耳曼人最高级智识文化的统一力量。作为这种文化的最好体现的"日耳曼倾向"，正是新大学设计核心中的统一倾向：一切都源于"首要原则"，一切都"向一种理念发展"，而"原则和理念"在"单一的观念中得到联系"。知识统一性的理念不仅对国家有巨大的实用价值，"单一的观念"——即新大学——也能在国家急需之时带来文化融通和使命感。[89]失败和分裂为良性统一之可能创造了条件；而这种统一如利奥塔尔所言，让大学各种相异的活动和目的不会撕碎彼此。

布伦塔诺（Clemens von Brentano）献给柏林大学的清唱诗最后一节的开篇几行写道：

> 这座尊贵的屋宇
>
> 属于学者之智的
>
> 整体性、总体性与统一性
>
> 通行寰宇的有效性，
>
> 属于自由的学术！

这些诗行载于 1810 年 10 月 15 日的《柏林晚报》（*Berlin Evening News*），其发表意在应和预计在当天举行的落成典礼。但如另一家报纸五天后的报道所言，这场典礼从未举行："我们的大学没有按照之前的承诺，在 10 月 15 日落成……因为处理必要安排的时间不足。"[90]这座学术、自由、统一之屋，缺少椅子、讲堂未成、没有教授。不过在 19 世纪，知识统一性这个概念作为一个认知和伦理理念，还是一点一滴地、走走停停地、或多或少地在德意志大学中得到制度化。与布伦塔诺的献诗所赞颂的"整体性、总体性、统一性"（Ganzheit, Allheit,

Einheit）同样重要的，是分化、区别和专业化。这是构成现代研究型大学的特征；它们不是被强加于曾经完整而综合的机构上的。无分化（Vielheit），不统一（Einheit）。

只是统一性理念还可以被用来支持对理想学者的想象——这种学人是一种独特生活方式的化身。在描述"哲思之人"时，席勒勾勒了这种学人的基本特质和性格，也在描述"职业学者"时同样重要地界定了其反面。在 19 世纪中，"职业学者"一直都是某种形象和理念的对立面，他们在对权威知识的设想提供支持方面，也发挥着一样关键的作用。他们负面的规范性力量，像学者的正面形象一样普遍而有力。尼采所谓"末人"的特点是在有限希望中尽欢的享乐主义和与知识的实用关系——这正是演化后的席勒式职业学者的特点。这两个概念都被用来强调现代性及其理性化效果的得与失。于是，知识统一性理念一直是 19 世纪德意志制度中的一个突出特点。它凝聚了这样一个想法：现代研究型大学中的定义性实践的不良影响，并不只是偶然；它们内在于这些实践本身。就学科学术和知识统一性理念而言，专业化会以某些方式毁掉学者、学生，乃至大学。比如，专业化在认识和伦理上的危险和缺陷，正源于新人文主义者所倡导的现代知识形式。于是，最有成效的辩论要关心的问题便是，试图明确这些内生的危险和缺陷，并限制它们可能带来的危害。

当我们在以后的章节中追溯现代人文学的兴起时，统一性和专业化之关系是关键的一点。在 19 世纪德国和今天对人文学科的种种申辩之中，这一点经常会被丢掉，因为它们预设专业化毁掉了**各路人文学**的一些据说先前有过的统一性和价值。从 19 世纪 30 年代德意志知识分子的伤怀学仕之悲叹，到 21 世纪美国的英语教授，这种现象反复出现。但现代人文学并非现代大学和专业化的受害者，而是它们的产物。人文学从来未曾恢复、协调或重构过某些被专业化瓦解的统一性。但是，作为一种道德和修辞工程，人文学成功地模糊了由现代大学带来的区别和分划——通过祭出统一性知识的虚假希望。

第二章
伤怀学仕的悲叹

1832 年，阿诺德奔向普鲁士大学，完成今天所谓的最佳实践报告；三十年前，法国哲学家库赞（Victor Cousin）为法国政府写了一部满是溢美之词的相似作品。[1] 虽然库赞的文章不如阿诺德出名，但也迅速被翻译成了德语和英语，并且鼓舞了法国、英国和美国的教育改革者。密歇根大学第一人校长塔潘后来参考库赞的描述，呼吁在美国建立普鲁士风格的大学——直到 19 世纪末的最后几十年里，美国大多数学院的课程还是围绕一套固定总纲组织的，且目的在于塑造新教士绅。与普鲁士大学学生基本不受约束的生活相比，美国学院学生的生活令人窒息。塔潘写道：

> 世界上没有哪的大学教育……［能像］德意志尤其是普鲁士的教育系统那样恢弘、自由而彻底……它的所有方面都得到贯彻，与自身相融洽，并得到强有力的维持，为每个生活部门都提供受过教育的人，并在大学中、在知识的每个分支里都储备着博学而优雅的学者和作者，

以服务于他们国家的利益与荣耀，和人类的福祉。[2]
库赞的报告不出意外地在普鲁士得到欢迎。但在很多评论者
看来，报告赋予普鲁士教育的地位，不足以打消人们对其质
量和前景的怀疑情绪。[3]普鲁士的高等教育机构比其他地方
的更富动态，这在一些群体看来肯定是值得骄傲的一点。但
1814年拿破仑失败后，德意志土地上建立的复辟秩序以其反
动潮流和领导，让文化精英逐渐失望、最终厌倦。在诗人海
涅笔下，这个时刻"到处都是猫头鹰、审查敕令、监狱的腐
臭、断绝尘欲的小说、看守轮岗、虚伪和愚蠢。"[4]

海涅拷问现在，但对怀念过去也不甚感冒，不过当他表
示歌德去世的1832年标志着德意志"艺术时代"结束时，还
是有种忧郁的味道。沙龙女主人瓦恩哈根（Rahel Varnhagen）
将复辟时期柏林的智识生活与她在1800年左右经历过的古典
主义、浪漫主义、德意志和德裔犹太人启蒙思想的活跃与碰
撞作比较，不无哀怨地对朋友写道："一切的一切都消失了：
美丽、优雅、风韵、温暖、情感、机智、精致、热情、形成
思想的冲动、真诚、自由交流、表达游戏。"[5]

瓦恩哈根死于1833年，她自己也成了过去。德意志浪漫
主义的建筑师之一施莱格尔亡于1829年，黑格尔故于1831
年。当施莱尔马赫1834年去世时，一位热忱的吊唁者盛赞他
是"往时巨子"，而不是这个时代的人。[6]洪堡死于1835年。
他与施莱尔马赫一样，都是备受爱戴的学者，与浪漫主义和
新人文主义有明显的关系；他还是一位创新的官员，在改造

整个普鲁士教育系统中有功。此时的一些普鲁士艺术家、知识分子和学者带着妒意看待之前的几十年，其原因不难想象。用最近的美国文化史作参考，19 世纪 30 年代之于 19 世纪的普鲁士，就相当于 20 世纪 80 年代之于美国：这是一个之前几十年的文化、政治和性革命展现的危险、激动和变革造成了收缩的时代。

无独有偶，两个时代也都产出了讨论现代大学衰落的巨著。20 世纪 80 年代的美国有布卢姆（Allan Bloom）的《美国精神的封闭》（1987），它或许是迄今为止该题材最畅销的作品。19 世纪 30 年代的普鲁士有第斯多惠的《德意志大学的腐朽》（*The Rot at German Universities*，1836），它或许是该题材的开山之作。这两部经典人文主义作品都讨论了高等教育的困境，他们认为大学偏离了由施莱尔马赫和洪堡阐明的自由使命，既是一场更大疾病的原因，也是其"症状"（第斯多惠语）。[7] 布卢姆和第斯多惠把现代大学当作扫清批评的有利场所，这仍然是该题材的特征之一，也是人文学永恒危机的一个中心元素。他们的目标是要说明，他们各自的当代文化中有一些普遍而深刻的问题。他们也可以选择下策：说明即便在一个旨在探索和传播文化的机构里，文化也无法繁荣。

因为指向更高学院质量的成就常常能被无视，或被编排成堕落的标志，所以大学是否像 20 世纪 80 年代的美国学校一样一直在世界排名中居于高位，或者像 19 世纪 30 年代的普鲁士大学一样享有盛誉，都无关紧要。精英地位会比声明稍逊招来姿态更夸张的批评。如果非职业教育机构的标杆、公认的高等教育金字塔的顶端被外部世界的价值观所左右，如果这些价值观与思想开放的反思精神严重相左，其中才俊的生活又当如何？与其疾呼时代最优秀的青年正在被负责把他们塑造成有德行、有能力、有责任感的成年人的机构所腐化，强调当前的紧迫感岂不更好？布卢姆作品的副标题便是"高等教育如何背弃民主，令当今学生的精神贫瘠"。他称大学的缺陷是"最普遍的思想危机……构成了我们文明的危机"。[8] 而一百五十年之前的第斯多惠也用了基本相似的语言，把普鲁士的高等教育危机塑造成了"文明的生死问题"。[9]

这并不是说两位作者讨论大学都只是为策略服务。虽然两部作品都在专业化、分学科学术团体的边缘作业，但也都根植在人文主义知识的学术文化中。我们此处要关注的第斯多惠在海德堡研习历史、语文学和哲学，并于 1811 年获得历史学博士学位。此后，他于法兰克福一所具有改革精神的实验中学任教，后来又在柏林大学旁听哲学讲座——这里也成了《德意志大学的腐朽》的主要参考对象。[10] 他成年后写作生涯的大部分都贡献给了教育和教师培训。[11] 在《德意志大学的腐朽》序言中，他说自己热爱"教育和教养超过一切"。[12]

为了理解如此多探讨现代大学衰落的文章缘何、如何出现，并让这个题材的早期著作和近期作品展开有意义的对话，对 19 世纪 30 年代和 20 世纪 80 年代的时代精神进行总结是一个出发点。第斯多惠具体的不满也同样重要，这些不满中有很多都引起了反响，且能见于 19 世纪形形色色的德意志学者，如尼采和历史学家蒙森。认识到这一点也同样重要：第斯多惠的危机感来自对大学的新期待。或者说，它是一组有力的新理念**内部**和这些理念**之间**的冲突，以及它们在各种外部压力之下促成的制度环境共同作用的结果。

在第斯多惠的时代，普鲁士大学还有自己的禁闭室，违反行为守则的学生曾经会被扣留数周。看管"牢房"的员工要会说拉丁语。普鲁士 17—24 岁的人口中，不到百分之一会接受中学以后的学校教育，其中绝大多数都是男性白人。改变了高等教育的无数制度变化（从录取趋势到结构和设计变化），肯定曾影响了塑造第斯多惠大学观的教育理念的意义和应用。这些理念得到了采用和调整，以适应不同环境，并发展出了自我感知、认识论、政治学说和方法论。它们也被用以推行因扩大规模而可能的制度方案。然而，即使考虑到这种跨越时空的借用和重塑，这些理念的各种关键方面也不仅得到存续，还自 19 世纪初起就保持了相当程度的连贯性。[13]在很大程度上，它们还跨越了学科和政治的分界。[14]

我们来比较一下悲观的精英主义者布卢姆和诸如纽菲尔德（Christopher Newfield）和布朗（Wendy Brown）的进步派学者——他们对美国公立高等教育困境的著述若让布卢姆看到，会被认为是执迷不悟。在布卢姆看来，通识高等教育（即学习不受制于实际或技术考虑，主要关注对真理的开放式追求的通识教育）需要某些形式的排他。因此，意在提升开放性的高等教育民主化会威胁其生存。这肯定不是纽菲尔德和布朗的看法。虽然开放性确实是一个关键问题（我们会在之后的一章详细讨论），但此处我们想强调的是他们在基本教育方针上近乎一致的意见。纽菲尔德和布朗认为，州立大学应该拥有更多公共资源以提供一种通识教育；而这种通识教育与布卢姆认为自己正在悼亡的那一种基本无二。[15] 对何谓经典、课程范围以及政治和价值观在课堂中的地位，他们观点不同——这固然重要，但他们共同的看法也不应遭到蒙蔽。

与国家人文研究中心前主席哈派姆（Geoffrey Galt Harpham）一样，布朗和纽菲尔德都提倡教养（纽菲尔德和哈派姆都使用了这个术语）。[16] 哈派姆想要打破他称为"长久以来与人文学和通识教育相联系的保守的、道德说教的、陈腐的话语"。[17] 在他看来，需要重新来过的是我们谈论人文学和通识教育的**方式**——即话语，而非其对象（具体著作、经典、艺术作品）。实际上，哈派姆没有只把教养当作一个称手的标签。他认为自己的人文教育概念直接承自洪堡的思想——不只要把人训练成公务员，还要"以更加全面的方式"把他们塑造成"精于文化且能自律的公民"。[18]

英美的杰出知识分子和学者也发出了相似的呼声，要求重新构造我们探讨人文学的方式，但不一定要重新构想人文学本身。其中的代表有艾伦（Danielle Allen）、努斯鲍姆（Martha Nussbaum）、斯莫（Helen Small）、科利尼、德尔班科（Andrew Delbanco）。[19] 斯莫犀利地分析了对人文学的辩护和相关的价值观，并在最后呼吁人们以对人文学的意义提出新的构想，而不是对它在高等教育中是什么、能做什么提出新概念，更不用探讨人文学作为一种制度化的知识形式是否仍然令人信服而具有意义。[20] 如果说也有一些学院派人文主义者想要把人文学科推倒重来——认为自己是内部破坏者的英语教授戴维森（Cathy Davidson）肯定是其中之一，那么至少从目前来看，他们尚属另类。此外，我们还可以认为，戴维森各种课程改革倡议所开辟的道路，通向为人熟知的目的地：通过开放的、以人文主义为主的、超越学科的学习，培养独立思想和成器的人。[21]

得到存续的并不只有某些具体的关键理念和目标（如"自律公民"），还有一些可能破坏这些理念和目标的最重大的压力。有些压力实际上是现代化未竟进程的结果，如官僚主义合理化；而这些进程又是那些理念得到制度化的条件。于是从根本上看，让第斯多惠产生危机感的变动与现在并无二致。所以关于大学衰落的文章——尤其是本书主要关注的、我们命名为"伤怀学仕的悲叹"的那一类——有很多反复出现的特点，其中不仅有具体的主题和不满，还有顽固的矛盾和悖论，它们不仅反映了握笔的批评者的观点，还揭示了人文学永恒的危机。那么，这种永恒矛盾的动态是如何产生的呢？[22] 我们的回答始自高等教育的一场更早的危机（我们对它的考察始于前一章），以及对大学的另一种批评——它诞生于18世纪末，而第斯多惠早在1836年就开始怀旧式地援引之。

重拾新人文主义

在第一章里我们见到，18 世纪的欧洲充斥着对大学的不信任。大学的氛围常被视为顽疾，其中传统特权催生了冷漠以及停滞。亚当·斯密抱怨说，牛津和剑桥的教授已经到了"教学的样子都不装"的地步。[23] 他又说，这些机构已经成为"破败体制和陈旧偏见的避难所，这些破烂已不见容于世界其他任何角落，却在此得到庇护"。[24]

德意志的土地尤其盛产这种状况，部分是因为喧哗粗野的氛围为德意志大学赢得了把端正的青年变成恶徒甚至更糟的名声。1789 年，一位普鲁士官员汇报他参观哥廷根大学的见闻时，以放任而非惊讶的口吻说道："在我逗留此地的几天中，几个酒醉的学生先是成群袭击了街上的一个年轻女性，然后追着她到她家里，严重虐待了她以至于有生命危险。"[25]1794 年的普鲁士邦法关于学生行为失当（欠债、决斗等）有详细的规定。当心向改革的首相施泰因面对在柏林建立大学的想法时，他回以怀疑，说道"想想这地方每年得出现多少个私生子吧"。[26] 这种环境为写作提供了良好素材：学术讽刺文章是当时最流行的体裁，连腓特烈大帝（Frederick the Great）都以御笔贡献了一部喜剧《世界学校》（*L'école du monde*，1742）。不过比起讽刺文学，大学的存在还面临更严重的威胁。作为文艺复兴青睐的对象，矿业、兽医和其他领域的技术学院如雨后春笋般出现。精修学校（finishing academy）也应运而生，服务于希望模仿法国宫廷文化的德意志贵族。科学学院和学会主要建立于 17 世纪末和 18 世纪初，成为知识发现和传播的中心。有学养和影响力的评论家因此开始发问：我们还需要大学吗？[27]

　　到了 18 世纪末，这种漫长的危机感让人开始从根本上重新构想高等教育。虽然没有任何宣言推出一系列公认的原则，但一组想法和理念诞生了——任何一个人，只要曾读过今天成立某个高等通识教育项目的基本理由，都不会对它们感到陌生。哲学家费希特在 1807 年写道，德意志大学目前的形式无法自证其存在的正当性。它们需要把自己改变成这样的机构：来自社会所有阶层的年轻人，通过开放式学习，不仅都能学会系统性的思考，还会大胆而独立地成为"学习的艺术家"。这意味着培养他们的能力，使他们能够顺利走上任何职业道路，同时让他们成为更全面的人。大学提供的教育应该是一笔"能够随意调配、变化无穷的财富，一种我们随时能够用于生活的工具"。[28]

　　大学改革的理论家们从各种文化论题中汲养：从对现代自我中心思想（席勒语）与信息过载的焦虑，到康德式的无限制批判与信息职业阶级自我证明的需求。他们的活动还是在一个动荡与机遇并存的时刻进行的。普鲁士兵败拿破仑之后丢掉了一半领土，财政也遭到毁灭性打击，不过威廉三世仍然表示他支持在柏林建立大学的方案。1807 年，他对一组教授代表团说："我们要通过智识上的强大来弥补物质上的损失。"这是一种相当有力的支持，而且不是一张空头支票。哲学家施莱尔马赫和学者—政治家洪堡十分清楚国家对施莱尔马赫所谓的"能够被测量的知识""具有直接效果的知识"的向往。[29] 考虑到这一点后，他们论证了不与国家直接目标绑定的开放式研究和教学不仅会增加普鲁士的威望，还能服务于国家的经济和政治利益，而这是法国大学最近采用的、专注于职业培训的"非德意志式"教育无法做到的。不实用的教育有更加深刻而持久的实用性。

这种既实际又理想的改革方法给设计造成了很大困难，而施莱尔马赫与洪堡也多少进行了应对。通过强调自己有关大学的著述的"针对性"（或者说功能性），施莱尔马赫希望读者把这些著述当作对自己观点的"现身说法"，证明系统性思维有助于解决官僚问题。他动用了令自己学术闻名于世的诠释学原理（其核心是探讨部分—整体关系如何塑造我们的理解）来回答这样的问题：旧有的四学院结构如何能为自由化改革作出补充。

施莱尔马赫的朋友洪堡也在大学改革提案中借鉴了自己的学术作品。他钦慕古希腊，因为他认为古希腊能够和谐地融合相互冲突的文化趋势。[30] 与施莱尔马赫一样，他的大学蓝图也强调看似并不融洽的目标和活动之间——无私的集体奋斗与地位提升、教学与研究、自律与监管、自由自我发展与规训式的塑造、对知识的无尽追求与智识统一性、保留传统与拥抱新风——可能带来成效的关系。[31] 在这种模式下，大学能从内部永恒的冲突中发展出自己独特的动态系统，正如康德在《系科之争》中所言。[32]

　　1808 年建立的普鲁士宗教和公共教育部旨在对各层次的教育改革进行监督。被威廉三世任命为该部部长后，洪堡在 1809 年 5 月的正式改革提案中避开了对道德目的和教育理念的讨论。他只是表示，新大学会像普鲁士其他高等教育机构一样，而且还会更好，因为它能够利用柏林现有的学术和科学基础设施。洪堡计划对从小学到大学的教育系统进行全面改革，作为计划的一环，他向国王呈现了一个普鲁士现有大学的增强版本。同时，在一个以拮据和破败知名的政府里，他也抵挡住了来自对手的干预。洪堡还需要与学术界协商，从中招募人手——在他看来，学术界这个群体比流浪剧团的演员还要糟糕。[33]

不自由普鲁士中的"自由民诸艺"

　　正如受够了对洪堡成就的不实吹捧的学者乐于戳穿的那样，柏林大学在 1810 年 10 月的建立长久以来都是个令人失望的时刻。国王送给大学的建筑、位于菩提树下大街的庄严的海因里希王子宫仍有住户。而对本书来说更为重要的是，写于洪堡辞职后的 1810 年夏、直到 1817 年才真正得到采纳的大学原始办学宗旨，读来有些像威斯康星州的共和党州长沃克（Scott Walker，2011—2019 年在任）想要取"威斯康星观念"而代之的那种想法："威斯康星观念"自 1912 年麦卡锡（Charles McCarthy）发明之日起就以此名闻世，而沃克想要删去明确威斯康星大学办学目的的一条法律中"追求真理""改善人类状况"的部分，并加入"满足本州劳动力需求"。同样，柏林大学第一部校规中指明的目标是培养有资质的学生，使他们"能胜任国家和教会更高级的职位"。[34]

洪堡知道按照他高远的理念建立大学十分困难。他承认归根结底，"力所能及的就是雇用有才能的人和让大学成形"。[35]在保障资金之外，最重要的任务是通过学术、教学和管理实践确立一种系统性的、开放的思想风气。虽然遭遇了一些挫败，但洪堡还是招募到了致力于此的杰出人物，如沃尔夫、萨维尼（Carl Savigny）、费希特和施莱尔马赫。

不过，与发展柏林大学同样关键的，是它建立良久之后，教师队伍和普鲁士官僚在阐明新大学制度理念和目标方面的漫长努力。1810 年秋课程开始时，学者和学生看到了很多改革者的理念，但他们不一定能就"这些理念的真实意义、它们之间的关系、它们为何能指导大学"达成一致。直到 1838 年，哲学系最终完成并推行了自己的章程，最初的改革理念才得到全面阐明和公开支持。照其规定，所有学生都要接受"系统性思维的通识教育"，[36] 它将成为具体领域中更专门化的教育的"基础"。通识教育和更专门化的教育本质上没有区别：各个讲座课程将同时发挥两种作用。教员也要努力只提供一种教学——博雅教学，使得"外在的实际考虑不会动摇纯粹的学术兴趣"，这也是章程的指示。[37]

在哲学系认可了这样的说法之时，柏林大学已经取代了哥廷根大学，成为来到德意志土地的留学生最向往的目的地。作为 18 世纪大学失能的一个例外，哥廷根大学仍然显赫，但柏林大学的研究所体系更为发达，在一般作业和授予博士学位上更加严格，而教授也在教员会议上营造出一种肉眼可见的优越感。[38] 到了 19 世纪 30 年代，成立已有二十载的柏林大学已成为一所明确致力于博雅教育的研究型大学——虽然研究设备相当不足。[39]

改革理念的制度化中，地位也是问题的一部分。从实际的角度看，对自由的宣示哪怕被套上了一层吊诡的潜在实用性，当时也是（某种程度上现在仍然是）对具有特权、受到保护的社会地位的宣示——它脱离时代的紧迫问题。这种宣示也成了大学的负担，不只是因为它们招致了"精英主义"和"趋炎附势"的指责，不管其包装多么进步。非工具性教育（或者按批评者的用词：无用教育）的反对者也对大学展开抨击，因为它威胁了宗教和传统价值观，**而且**没能有效推动现代化——有时这两种批评会被同时列出。

19 世纪 20—30 年代的普鲁士就是这样，它在某种意义上不太可能是致力于自由学习和研究的机构的诞生地。[40] 海涅所说的监狱的腐臭对大学生活有深刻影响，因为威廉三世圈子里的保守派认为大学是政治动荡最危险的孵化器。[41] 怀着坚定不移的警觉，他们几乎成功让国王相信以实用目标（如培训公务员）为务的高等教育机构更不可能破坏政治稳定、动摇既定宗教信念——他们认为这两者相互依存；更不专注于自由的大学还可能在解决其他危害社会秩序的问题上发挥作用。例如，食品生产严重落后于人口增长，一位谋臣嘲讽地问道，[42] 普鲁士大学所夸耀的这些"猜想与批判"，何以喂饱人民？

1817—1840 年间的普鲁士文化部长、改革理念的拥护者阿尔滕施泰因（Karl von Altenstein）必须不断地动用手腕来保护博雅教育。目睹了普鲁士大学在 1819 年失去审查豁免权的他，展开了一系列正面战斗。他也设计了管理上的解决方案，比如为普鲁士高等教育谋划的"总纲"。他想让柏林大学成为普鲁士的旗舰，使其组织围绕博雅教育和纯粹研究展开。在他的设想中，更小型的地区性大学将兼具自由的教养和专业培训。然而，不管哲学系的章程中写了什么，柏林大学最终还是博雅与实用二者兼具——哪怕是在哲学这个职业性最弱的学科里。或许是为了回应对用处更直接的知识的需求，阿尔滕施泰因招募了一批自然和物理科学家，他们除了更严格的学术研究或非工具性研究之外，还进行着今天所谓的应用研究。其中一人在技术学校兼职授课，还是《产业进步学刊》（*Journal for the Advancement of Industry*）的编辑；另一人强调带学生参观工厂的意义；二人都在 19 世纪 30 年代于柏林大学任教授。

或许，对博雅教育与实用（或技术）教育之分最大的挑战来自 1834 年的改革敕令——至少对哲学系成员来说是如此，它宣称教员有责任培养并考察希望在文理中学（Gymnasium）

任教的学生，因而把院系职业化。这种理性化的改革——编订课程目标、确立统一要求、设计考试规程，使得大学及其教员在认证和评定教师及其他公务员方面发挥了更大作用。抵制这种职业化趋势，不一定能让大学教学转而符合柏林大学哲学系章程定下的博雅通识教育理念。柏林的语文学研讨会自 1812 年开设起，就一直在帮助未来的文理中学教师进行准备国家考试，而考试在 1834 年的敕令之后又变得严格许多。此时，阿尔滕施泰因感觉到必须申斥柏林著名语文学家柏克在自己广受赞誉的研讨会上忽视了教师培训的职责。柏克意在培养能够使用专业研究技能的语文学家，因此显然没有对学生最基本的拉丁语能力进行评定，而这项能力是希望在文理中学任职的学生必备的，因为考试要求学生用古罗马人的语言写文章、完成口试。[43]

于是，一些评论家毫不意外地指责语文学研讨会过于关注方法和技术问题，而轻视了古希腊和古罗马文学如何在让人回味之时给生活以教益这种更宏大的问题。纯粹的研究本身似乎已经成了一种狭隘的职业教育。印度学、比较宗教学者马克斯·穆勒（Max Müller）此时正在柏林大学学习语文学，他日后回忆道，"贺拉斯或者奥维德作品中的拉丁语元音能否省音是耗费我大量精力的一个课题，而就我个人而言，并没有什么成果。猜得巧……就能得到"最热烈的表扬，"但一篇关于埃斯库罗斯和他对现世神权看法的论文，收获的不过是点头认可"。[44] 在这样的环境里，学生和他们的老师如何能获得在洪堡看来能够"改变人格"的"内在知识"？[45]

　　一些语文学家对此不屑一顾，他们认为语文学方法的技术训练，与洪堡所设想的教养完全合拍。柏克认为"语文学中没有小问题"，学者能够一叶知秋，联系学习与生活。[46]不过，专业的语文学工作看来不仅微观，还很"机械"——而这在著名学者拉赫曼（Karl Lachmann）看来是个令人振奋的概念，他有时表示想要消除掉重构古代文本的过程中所有主观思考的痕迹。[47]他写道："我们能够也必须编辑而不解读。"[48]

　　19世纪30年代，语文学和历史学的文化地位和认识权威性持续走高，这部分归功于学科的自荐之举，如兰克（Leopold von Ranke）对历史学和哲学知识的著名划分，以及柏克关于语文学是现代学科之典范的频繁讲座。[49]在规范现代学科，为新一代年轻学者明确并组织专属于学科的方法、传统和实践方面，这些都是第一次系统性的尝试。它们有助于语文学和历史学权威性、正当性和地位的确立，但却没有说明（遑论确立）这些学科作为知识的一组相关形式或某共同课题的其中一些部分的权威和地位——它们在几十年后的另一种环境之下，才得到了"精神科学"（die Geisteswissenschaften）（亦即"人文学"）之名。

　　虽然新人文主义的大学改革者没有对系统性思想给出统一概念，也没有为他们最基本的理念提供通行的、完全融洽的讲解，但他们确实认为哲学能够代行统一大学之职。他们认为哲学能够促进学科间的沟通，支撑他们视为道德善举和意义来源的集体奋斗。谢林在 1802 年的讲座中称哲学让"对所有科学有机整体的知识"成为可能。[50] 施莱尔马赫在多年后响应谢林，提出所有院系和学科的教授不只应该有能力在哲学系举办讲座，还应该被允许如是做。不过，反复援引哲学并不意味着他们信奉某个体系甚至共同持有某组论点——不管是康德所谓的批判体系，还是费希特的唯心主义。当新人文主义改革者祭出大学对哲学的需求时，希望唤起的是某种愿望，或催生某种向往，而如上一章所述，二者最好的表达便是知识统一性的理念。

专业化的代价

然而，到了 19 世纪 30 年代中叶，哲学在学术构想中的尊位已经式微。诸如赫尔姆霍兹和杜布瓦－雷蒙等生理学家不久之后就要宣称，自然科学家才是最终一统科学和学科之人。他们的"统一热情"的影响，与通常被归于唯心主义哲学家（如谢林）的同样重大。[51] 另外，在赫尔姆霍兹看来，具备理论思维的经验主义不仅能够让人取得最高水平的学科知识和学术，还能成为道德教育或教养或自我塑造的基础。不过直到 19 世纪后半叶，工业界的说客开始敦促国家支持能够直接实现技术应用的研究后，自然科学才开始吸金。比如，赫尔姆霍兹在 19 世纪 70 年代为某物理研究所筹款 150 万马克。但魏尔啸在 1893 年以柏林大学校长的身份回顾复辟时期时，认为 1827 年**就是**"哲学时代"转向自然科学时代的那一刻。[52]

　　洪堡或许会同意有一种深刻的转变业已发生，虽然他可能不会像魏尔啸那样表现出欢欣鼓舞。他在 1831 年时说，普鲁士科学院的院士们不管心属哪个学科，直到不久前都还把自己看作目标相同的集体中的一员。但现在，他哀叹道，科学院已经分裂成两个群体，一边是历史学和语文学分部的成员，另一边是自然科学分部的成员；两组人都把对方当成“对手”。[53]这种分裂的氛围不只弥漫在学科间的冲突中，还出现在某些学科内部。语文学尤其如此：学者们掌握的批判方法和技巧让他们能够发现古代文献旧有版本中的舛误和损坏并确立其谱系；而他们把这些方法用于（针对）他人，以确立自己学术在学科中的优势。连柏克这样广受爱戴的学者（曾五次担任柏林大学校长）都因被控“业余”而要展开一番唇舌之辩。到了 1838 年，情况已经糟糕到了语文学家要组织年会以增进同事感情的地步。

　　不过阿尔滕施泰因关注的是哲学。他相信哲学能够规训各个学科、学生年轻的浮想和民族主义热情，把它们引导成理性而专注的为国奉献。他最推崇的人是黑格尔，在这位哲学家死后继续推进其事业，并在 1835 年任命黑格尔最保守的学生、一名所谓的“黑格尔右派”接替空缺的教职。[54]这次任命招来了任人唯亲的指责，也让人感觉到哪怕黑格尔已故，思辨哲学依然会在普鲁士大学里保持其正统地位。阿尔滕施泰因不这么想。1837 年，他上书请国王要求所有参加公务员考试的人都要接受过彻底的"全面教养"（allgemeine Bildung）或博雅教育，哲学是其中的重要成分。他转述了一系列新标准下的新人文主义论断，以支持自己的立场：公务员接受"高水平的博雅教育"，会让政府官署的不同部门理解它们自身的相互关联，并作为一个"整体"来运转。此外，普鲁士官员如果接受博雅教育，而不只是职业教育，能够得到来自社会大众的更多"尊重"。不过阿尔滕施泰因也承认哲学已经相当不受欢迎了。他的论述保持着一贯的顽固，但这次听来更有失意的味道：如果人们要批评哲学是一种"痼疾"，那也应该对它先有一些了解。[55]

数年之后，1810 年前后大学改革讨论中的一个重要人物、哲学家斯蒂芬斯（Henrich Steffens）称 19 世纪 20、30 年代是智识之梦破灭的时代。在写于 40 年代初的回忆录中，他说之前的几十年见证了"所有学术内在统一性的消失"，而这种统一性"是赋予我生命的原则，在柏林大学建校时发挥了决定性作用"。[56]接替阿尔滕施泰因任文化部长的艾希霍恩（Joseph von Eichhorn）也宣称德意志大学业已衰落，受讲座呆板的教学方式荼毒。艾希霍恩比阿尔滕施泰因更加保守，也更忠于国事，但他想要确保（按照他 1844 年的用语）大学的"双重使命"："培育"学术知识、"预备"能为国家和教会服务的年轻人。[57]在威廉四世手下办事的他，认为实现此道的最佳途径是进一步加强国家对大学的控制。

在此背景之下，艾希霍恩把体系建设的元老谢林招至柏林大学，希望他的自然哲学能够调节学生的心性，还希望晚年心向宗教的他能给学术环境注入一些虔敬。期望过大的不只有艾希霍恩一人。1841年，谢林第一轮讲座课上涌来四百听众，其中还有恩格斯；但人们很快就失去了兴趣。不到两年，听众数量就变成了小两位数。

艾希霍恩恢复人文主义改革某些高调理念的尝试有反讽之处：雇佣谢林是正在形成的明星体制的一个表征，而这个体制加剧了如斯蒂芬斯的批评者一直在抨击的分裂感和目标丧失。在阿尔滕施泰因漫长的任期中，教授的学科地位（通过出版的著作获得国内声誉而得）的重要性增加，而教授的学院地位（通过在一个机构内奉献而得）的重要性下降了。在他人看来，不能胜任教学或管理工作的多产研究者，在同事的反对之下仍能得到晋升。[58] 因为与前一个世纪相比，教授的流动性更不受限制，通过出版制造研究而不是在课堂上改造生命，成为得到竞争机构高薪聘请的最稳妥的方式。[59] 虽然谢林的著作以抽象和神秘而闻名（海涅叫他"孔夫子"），但对这种经济博弈也是得心应手。1841年，他为自己谈下一份合同，成了柏林大学工资最高的教授；事实上，直到1910年，才另有教授打破他的纪录。谢林的合同还允许他保留在慕尼黑大学的职位。

学术人才市场的演化与学科专业化之风齐头并进。随着讲座的权利在1816年得到正式规定，想要获得编外讲师（private docent）或兼职讲师（adjunct lecturer）资格的年轻学者需要证明自己对某高度集中领域的掌握。此后，讲座权只会授予专业化的学者。连通向编外讲师这种既不稳固又无薪水的职位的道路也变得更为漫长而艰辛，不过它最终还是能在一纸授予教授地位的证书中得到圆满；这张证书还标志着持有者是受到高度训练的专业人士，而训练只为一件事——做学者。[60]这种时间和精力的投入，让其他方向的工作失去了吸引力。我们现在依赖兼职教授和不稳定劳动力的体制，正是源于这种早期的剥削形式。兼职教职的增速远高于教授职位，编外讲师和兼职讲师形成了一种专业而专注的、灵活而廉价的劳动力。1810—1835 年间，柏林大学的学生数量从262 人增长到了近 1800 人。非常任教员与常任教员的比例从1∶1 变成了约 3∶1；编外讲师和兼职讲师是增速最快的群体，在文理院系教员中尤其如此。到了 1855 年，教师队伍中讲师的数量较 1810 年增长了五倍，而常任教授的数量却未足翻倍，只有 24 人。[61]

编外讲师和兼职讲师没有固定工资，只有讲课收入，但全职教授却把持着学生人数最多也是最赚钱的课程。要求更公平的权力分配的柏林大学低级教员在 1848 年发起反抗。[62]同时，不少成员都在贫困边缘挣扎的讲师群体，对于用教学上的专门化问题来推进自己的研究，有强烈的动机。阿尔滕施泰因既像管理主义者一般坚持可测量的结果，又重视自由思考，他奖励那些真正像样的工作——他的制度是无出版、无晋升，但也重视学术自律。[63]如果年轻学者想要提升地位，他们的工作必须要打动专家，这通常意味着他们要遵守学科的范式。此外，政治不信任的氛围只能促使亟须谋职的人们进行技术性的研究。

学生生活也跟不上改革者的伦理和智识设计。出版于1835 年的流行小说《菲利克斯·施纳贝尔的大学时光》（*Felix Schnabel's University Years*）用"学术培育"（wissenschaftliche Ausbildung）这个尊贵的词汇讽刺畅饮啤酒、不学无术的日子与其间夹杂的痛饮咖啡、背书备考国家考试的日子。[64] 大学毕业生严峻的劳动力市场促成了一种为考试而学习的氛围，而如小说所言，这是"学术教育"最主要的成分。在小说问世前一年，普鲁士通过了毕业统考敕令（Abitur Edict），规定大学录取的学生需先在洪堡设计推行教养的中学（文理中学）完成学业，这些中学本意是要让年轻学者尊贵，并为他们在大学之中更加尊贵铺平道路。在观察者（如曾求学于施莱尔马赫，后在柏林城里指导教师培训研讨会的第斯多惠）看来，有些事情不对劲。1835 年，柏林大学法学系（或许是所有院系中最职业化的）学生数量是哲学系（或文理院系）的两倍。似乎大学生关心学习，只是为了在职业生涯中获得优势。

第斯多惠与衰落文章

问世于 1836 年的第斯多惠《德意志大学的腐朽》记录下了我们刚才讨论过的所有担忧和冲突。第斯多惠祭出偶像施莱尔马赫，将自己对新人文主义教育思想的理解，与在他看来主导 19 世纪 30 年代普鲁士学界的研究和教学实践相提并论。他写道，大学教育的目的是双重的。首先，大学应该培养学生"真正系统性、批判性的思维"（ächte Wissenchaftlichkeit），其最基本特征是"具备自己思考的能力"。[65] 其次，大学应该以教育的方式塑造学生，即发展他们的心性。第斯多惠有时将二者融合在当时已很常见的"学术教养"（wissenschaftliche Bildung）概念之中——我们或可达而不雅地把这个词翻译成"强调学术思维的博雅教育"。[66] 第斯多惠认为，1836 年的大学都没能做到。他认为这种失败部分要归咎于超出大学控制范围的外部环境。他认为"支配最近一段时间的精神"的特点是肤浅，它也显露在大学问题中。[67] 不过，他认为高等教育之惨状的主要责任还是在于教授，他们直接造成了当时社会的停滞。与其他任何人相比，教授所处的地位让他们更能打破社会文化衰败和教育衰落相互拖累的循环，而他们却毫无作为。

教授没能制止文化衰败的具体表现是什么？第斯多惠认为是专门化研究的风气，以及大学近乎唯研究产能是举的聘用习惯。因为教学和研究要求的能力不同，这样的体制让大学里坐满了黑格尔这种在第斯多惠看来是"史上最差教师之一"的人。[68] 一边是批量生产无法解读的抽象文章的学院哲学家，另一边是把所有学生都看作未来专业同事、用"赤裸裸的事实"和像是"手艺"的技术训练轰炸学生的语文学家、历史学家——德意志大学正在积极阻碍自由、独立的思考。

依他所想，无怪乎这么多学生饮酒度日而不参加讲座课程，并最终拒绝精神生活。

第斯多惠想让每个学生都积极关注宏大的思想和问题，独立培养出一种知识统一感，接受头脑和表达清晰的专业教师的指导。因此，他主张讲座体制应让位于"对话"教学。他认为如此可以让学生更接近知识的真实目的，但他也承认近来大学录取数字的增加，会让讲座到研讨会的过渡更难实现。博雅教育的道德力量很大程度上来自它民主的追求和美德，但其规模很难扩大。（即便是精英主义的布卢姆，都用"对民主有益论"来维护博雅教育。）第斯多惠反对施莱尔马赫"为研究而研究"的理念，以拯救自己"教养是道德转变"的概念，他认为专注于真正的、转变性的教育的学生和教师应该思考他们对知识的追求如何能够增进他们的智识力量和生活体验。[69]（很多学者喜欢他的教育论著胜过尼采的作品，这不无道理。[70]）

第斯多惠《德意志大学的腐朽》中的改革之路障碍重重。在他看来，19世纪30年代末不仅是个文化周身染疾的时代，还是个不欢迎"在课堂中同时培养智识独立和塑造人格"之理想的时代。曾在第斯多惠带有反讽味道的"过去的好时光"里盛极一时的莱辛和康德的思想，在这个反复把专业技能的标志（如晦涩）当成知识深度和智识创造的时代里，已被排挤到了边缘。连肆虐于那个时代的学生声色犬马之风，看来都不如19世纪30年代的相似风气这般骇人。第斯多惠揣测，其原因是教授不把时间和精力放在教学和发展学生心性上，因为他们知道只有研究才能让他们的事业有所进展。他写道，对学生在课堂上睡觉、在座位上刻字的行为，很多教授置若罔闻。这就变成了学生对"学术自由"的体验：免于权威、指导和培养的自由。大学不再是由公认的权威、共同的目的所团结的共同体。它们成了这样的现代机构：个人在其中追求自己的目标，却对他人的愿望近乎无知，漠不关心，共同体精神更是无从谈起。[71]

当然，一些教授也还关心教学；但第斯多惠认为，他们只把它当作收取更多讲座费的手段。对教授而言，学生"只是数字"。为了吸引更多人头，教员给学生他们想要的而非他们所需的，哪怕这意味着要去"追捧当今的偶像"。为自己谋得考试委员会一席之地的教授们奉行少提问、多表扬，只为赚一笔外快。成绩上也是如此——在第斯多惠的论述里，成绩注水无异于一种恶疾。[72]

此外，教授新近的流动性让对机构的忠诚和同事情谊成了过去。本来应该展现研究古代文学令人高贵之影响的那些人，却在不停变换职位，追逐更高的薪资，而疏于与学生和同事建立有意义的人际关系。第斯多惠反复发问：学生以物质考量为基础决定学什么、怎么学，还有什么可怪之处？[73]他们不过是在效教授之尤罢了。

第斯多惠的书不仅充斥着我们在更晚近的大学衰落文章里也能看到的各类不满，它还与其后辈共有某些缺陷。其中一些很明显：满篇夸张，本身常显肤浅地对文化肤浅进行批评，几乎完全以个人见闻为证据，还自始至终缺乏幽默感。其他的问题更加细微，其中之一是此书没能认识到这两者之间的冲突：一面是培养进行"理性的""批判的"思维所必要的能力，另一面是呼吁对人文学科材料的"信念和虔敬"——这些材料被认为能给研讨会课堂带来转变性的体验。第斯多惠要求教授为学生提供批判性独立思考的榜样，还劝导教授成为"观念的布道士"。[74] 我们想观察的是一组与此相关但又不同的冲突（甚至矛盾），它既是第斯多惠著作的特点，也是几位探讨博雅教育危机的当代编年史作者作品的共同特征：虽然它们口口声声地宣称自己致力于学术自由，但态度中却带着一种含混。

学术自由与学仕的两难

在第斯多惠看来，博雅教育基于学术自由。博雅教育的核心是开放探索，尤其是对宏大思想的开放探索。[75] 为了让学生实现其新人文主义意义上的教养，大学教室必须是极为自由的空间，不管其中的教学活动是否由原创性研究组成或是否基于原创性研究。[76] 然而，哪怕创造新知不是某教授或某机构的主要目标，但只要是学生和教师"作为自由探索的学者"而活跃的地方，第斯多惠写道，总是存在收获新知的可能。[77] 博雅教育有赖于学者和学生能够自由地转变旧知识、创造新知识，自由地参与到某种终点和结论不为他们所知的探索中。

也就是说，博雅教育需要吸引到那些有能力给予并贯彻这种无碍探索的人员和机构。

重要的是，在第一批强调研究无终点、开放性本质的人中，施莱尔马赫和洪堡都没有在争取普鲁士的学术自由之时，为学者群体争取特权。他们都没有说学者因为是一个被法律认可的群体中的成员，就有学术自由的权利，或可以理所应当地索要之。在争取学术自由的论述里，他们直接诉诸的是他们认为最能保障这种权利的主体——国家——的利害。他们认为，国家如果不去干预科学和学术知识的创造，就最有可能得到它想要的、社会需要的知识。[78] 他们在为学术自由正名之时，坦率地动用这种实际的概念——承认并认可谁有政治和社会权力保障他们重视的那种学术探索，是为了确保学者能在机构里获得空间，以在最终必能颠覆传统智慧和成见的开放视野中，进行现代学科知识的实践。他们对学术自由的构想与霍夫施塔特（Richard Hofstadter）和梅茨格尔（Walter Metzger）相似——二人在 1955 年的著述中谈到了学术自由的"求索功能"。[79] 简而言之，现代学术自由概念最正当的含义是对知识无限制地追求或探索，其正当性要仰赖那些被认为最有能力保障它的主事机关。

洪堡致力于学术自由，这促使他把现代大学中的研究和自由博雅的教学（用教学对知识进行无尽的追求）联系在一起。他认为，将二者统一起来能够支持后者对自由的主张。实际上，进入 1850 年普鲁士宪法的正是这种学术自由的概念；

它直截了当地宣布"学科学术及其发现是自由的。"而这也是
1848 年因自由派观点而被挤出职位的第斯多惠本人所预想的
概念。在对学术自由进行定义时，他谈到"不去限制"学术
的必要性，以及自由传播其结果的重要性。另外，他反复把
博雅教育的自由与"求索功能"这个理念联系起来；比如他
写道，博雅教育的目标是"通过求索真理而获得自由"。[80] 开
放性的智识求索（结论和目的随时间推移方可显露的讨论、
阅读和思考）让教员和学生都能获得按照这种模式自我发展
的自由——这似乎是其他一切都无法做到的。

我们会在之后的章节里讨论 19 世纪中晚期的学仕对大学
的论著。让我们先跳到 21 世纪的第二个十年：我们能看到，
第斯多惠论述里可见的冲突，也几乎原封不动地延续到了此
时的学仕讨论博雅教育衰落的文章中。2014 年，德雷谢维奇
（William Deresiewicz）以其著作《优秀的绵羊》赢得了广泛
的声誉和大量的读者。一篇基于此书改写的文章登载在《新
共和》上，迅速成为该杂志有史以来阅读量最大的在线文章。
德雷谢维奇认为，在新自由主义的时代里，我们最优秀的大
学正前所未有地争名逐利。它们把资源倾注在惹眼却没有教
育意义的校园设施上，又削减文科的花销，用这笔钱来建设
吸引学生的职业项目；这些学生本身就是这个把市场价值看
成唯一价值的新自由主义时代的产物——虽然很多大学为了
自己的声誉似乎在与这种价值观抗争。

与此相仿，在德雷谢维奇看来，大多数教授都专注于专

门化的研究，而这是在所属学科取得地位的手段，也是学术事业获得成功的途径。在这方面，他们受到雇主的唆使，因为大学的声誉仍然主要是由研究产能（及其产生的金钱）所带来的。被牺牲掉的教育本来应能培养智识独立和发展心性，而这正是可能让现在的学生渴望这种教育的素质。与很多评论者一样，德雷谢维奇将眼下人文学和"真正教育"的困境与 20 世纪 60 年代的状况相比，他认为后者是录取率上升和真正求知欲爆发的黄金时代。不过他没有提到 20 世纪 60 年代一些著作的出版和成功，比如普拉姆（J. H. Plumb）的《人文学的危机》（*The Crisis of the Humanities*）与贝尔（Daniel Bell）对哥伦比亚大学通识教育体系危机的报告。据贝尔所言，哥伦比亚大学的问题众多，以就职为目标的学生参与度奇缺是其中之一。[81]

如果说《优秀的绵羊》引起了共鸣，那它也招来了批评。哈佛心理学家平克（Steven Pinker）是个中翘楚。他没有直接援引德国社会学家韦伯，而是认为自己对大学研究应该如何进行的理解属于一种所谓的韦伯式传统，其关键文本一直都是《学术作为一种志业》（1919）。韦伯参考了对学术自由的一系列既存的思考，试图在一个教学和研究的统一似乎正在瓦解的时代，重新找到新人文主义教育理念在失序社会中的位置。他认为教授应该教学生如何对课堂上呈现的材料进行系统性的思考，用专业化的方法训练更高水平的学生。如德雷谢维奇所倡导的"灵魂建设"这种其他事务，非大学的能力和责任所能及。平克问道，"塑造自我和成就灵魂"到底是什么意思？[82] 教授有什么资格在这方面提供帮助？

德雷谢维奇反驳道，博雅教育就应该有很重要的塑造人格的成分，平克不这么想是他自己的问题。博雅高等教育应该包括"道德教育"，他如是说。而只有远离学术界中的平克之流，道德教育才能兴旺。[83] 德雷谢维奇的意思很清楚：以研究为要务不利于本科阶段转变性的博雅教育（或称"真正的教育"）。他在书中坚称，美国高等教育的"根本性妥协"——"把文理学院安置在研究型大学中"、把新知识的创造与教学相联系——"已被证明不可行"。[84] 在与平克的交锋中，他的表达稍显隐晦，但同样坚决。

不过德雷谢维奇与第斯多惠一样，都在某个关键时刻表现出迟疑，隐隐地站到了与反对他的韦伯式观点相同的一边。韦伯本人希望大学只促进研究氛围不可或缺的学术价值观和德行，如开放、"智识诚信"、独立、重视细节。他的立场的另一面是没有自由，这些价值观将难以培养。在一篇讨论学术自由遭受威胁的文章里，韦伯正是此意：他谈到"对学术自由和大学教育公平性的阉割……会毁掉学生独特个性的发展"。[85] 关键的一点是，当德雷谢维奇列举出大学应该在学生身上培养价值观时，他举出的正是韦伯所指出的那些学术价值观，称道德教育能"发展学生自主选择的能力，决定［他们］自己的信仰，独立于父母、同辈和社会"。[86] 几乎就在一百年前，站在慕尼黑一座讲堂中的韦伯向出席的大学教师说道："我们的目标必须是让学生能够找到自己的立足点，并以此出发按照他们自己的最终理念对事物进行判断。"[87]

德雷谢维奇说自己尝试恢复美国道德教育的传统，它比研究文化更古老且与其相抵触。但是，作为一个提倡开放式博雅学习以促进个性发展、通识博雅教育发展的人，他陷入了和第斯多惠一样的矛盾中。他们都认为若行博雅教育，便不可以研究为要务，但二人实际上都认识到，要实现博雅教育，需要构成现代研究型大学的理念和规范，特别是其所主张的以研究为务和智识自由。如萨义德（Edward Said）在后来的一篇文章中所示，"每个社会"对学术自由的思考"都不相同"，而在复辟时期的普鲁士，学术自由显然有在当代美国所没有的意义。[88]不过，它的一个核心概念却跨越文化分界而存在——斯科特（Joan Scott）对此的定义并不久远，听来却与第斯多惠十分相似："学术自由保护的是那些思想挑战正统学说的人。"[89]学术自由试图灌输全面的、终极的道德使命，并规定学生应如何生活，这与现代大学学术自由所依赖的求索理念相冲突。德雷谢维奇对学院的解读，并不怎么符合经典美国学院的传统，反而更像是他的韦伯派论敌所主张的那种。毕竟，经典美式学院课程固定，专注学生纪律，它们想要培养的是信奉广义的新教道德、品格和教条的基督教绅士，而不是致力于学术思想和创造新知的独立思想者。

1800 年前后发源于德意志的教育理念被诸如塔潘的人物带到美国，并通过复杂而持久的调适得到确立；这些理念带来了惊人的事物，如中西部玉米地中拥有共七百万卷藏书的一座座图书馆。19 世纪末，塔潘的密歇根大学成为——借用克尔（Clark Kerr）语——一所"德式大学"，而哈佛大学也把自己变成了"没有地的政府授地机构"。[90]

不过，不管是在美国还是在德意志，高等教育阶段的现代博雅教育计划都在重压之下艰难前进。20 世纪初，在哈珀（William Rainey Harper）将芝加哥大学塑造成一个既致力于研究又重视职业和本科教育，还与社群积极合作的机构之时，与它并立的伊利诺伊大学正朝相反方向发展。没接受过大学教育的大学校长德拉佩尔（Andrew Draper）痛斥自由博雅的学习和研究是"得到培养的漫无目的"，让人远离"男子气概的生活"且对社会有害。[91] 采取这个立场让他能获得政治上的支持，这令一些现实中和小说里的人文学者十分沮丧。凯瑟（Willa Cather）的小说《教授的房子》（*The Professor's House*）中的学校便以德拉佩尔时代的伊利诺伊大学为范本，书中的叙述者叹道："州议会和学校董事会似乎铁了心要把大学办成职业学校。"[92]

对维系博雅教育之复杂系统的反对，不只来自那些希望把高等教育导向专业或职业学习的人。人文学者也呼吁结束这种由相互竞争又相互依存的理念组成的体系，它长久以来都存在于美国博雅高等教育的中心，比德国更为根深蒂固。实际上，第斯多惠和德雷谢维奇都在自己衰落论著的结尾号召，对研究的追求应与对学生灵魂的塑造（或教学）分离。

正如德雷谢维奇著作的反响所示，《优秀的绵羊》中响彻的哀叹仍能引起共鸣。哪怕是在新自由主义时代，教养塑造人格的理念都能跨越两党隔阂，得到很多中等教育水平人士的支持。德雷谢维奇自视为进步派反精英主义者，但他将布卢姆引为盟友，也与后者的一些基本观点相同。[93] 因此，以经典教养和道德教育之名痛斥专门化研究风气的著作能够收获大量读者；如果它们能把高等教育中教养的危机描写成更宏观的文化危机的一个症状，而回归教养有助于其解决的话，就能更加成功。

如我们所见，伤怀学仕通常把自己摆在学界主流之外：第斯多惠、布卢姆、德雷谢维奇肯定都是这样。不过，重新专注以价值观为中心的道德教育之呼声，也来自美国高等教育最内部的人士。在哈佛大学 2016 年的毕业典礼上，哈佛前校长福斯特（Drew Gilpin Faust）表达了对全球民主正在崩溃的担忧之后，希望引起同事、学生和家长的警觉："随着 19 世纪末 20 世纪初研究型大学的兴起，道德和伦理目标开始被认为与转变高等教育的科学思维相龃龉。但我相信，在当今世界，如果大学不像自己面对理性和探索时那样，接受自己在公民事务和价值体系上的责任，将是非常危险的。"[94]

对永恒的紧张关系的赞颂

在福斯特提到的机构重塑时期，道德教育和学术情怀确实在美国大学中发生了冲突。无论如何，看到一位研究那个时代的杰出史家对其所供职的机构在内的学校繁复艰辛而又相当成功地融合"道德目的"与"理性和探索"、教学与无尽求知的尝试置若罔闻，多少令人讶异。哈珀虽然致力于对知识的无限追求，但也借用了费希特所言——大学因履行伦理使命而具有世俗神圣性，以声援自己称高等教育有"拯救民主"之职能的呼唤。[95]他英年早逝，或许正是因为呕心沥血地调适芝加哥大学，使其能够贯彻研究和道德教育的理念。康奈尔大学建校校长怀特（Andrew Dickson White）则积极地奔走呼号，反对他所谓的宗教对科学的战争，一路上树敌甚多。不过他从不认为这种为了研究的斗争意味着大学对"公民事务和价值体系"以及道德教育没有责任。怀特想让现代大学成为"最弥足珍贵的教学能被提供给所有人——不论肤色性别"的地方，这当然给他招来了更多的敌人。[96]他宣称美国大学能够同时实现博雅和实际的目的，前提是它们能够克服一直拖累自己的因素：教派式的学院体制。怀特认为，忏悔式的、教派式的宗教机构和传统一直在阻碍美国大学，使它们无法"［像］德国著名大学一样，哺育对学习的热爱、对自由的热爱"。[97]新兴的研究型大学培养的是属于自己的理念、热爱和价值。

认识到这个事实便能发现，诸如第斯多惠和德雷谢维奇等伤怀学仕在研究和博雅学习（或道德教育）之间画下的绝对分界其实并不存在。大学不应该尝试推销现成的价值观，或者给学生灌输终极道德价值。但是这样的限制并不意味着大学应被描述或定义为不涉及道德的、伦理中立的机构（我们将在第六章详细说明这一点）。恰恰相反，在正确的理解之下，现代研究型大学的出众之处便是其独特的理念、实践和价值观，而且它的目标是按照学术规范带来学术进展、提供学生教育。换言之，研究型大学的道德目标是灌输一种独特的修养，把学生塑造成成熟的、独立的、反思的主体，使他们具备清晰思考和理解他们自身终极价值的能力——这并非终极目的或价值，但无疑是目的和价值。

现代研究型大学用自己的方式将认识论主张与伦理主张绑定、将知识与修养结合——没能认识到这点是伤怀学仕之悲叹的另一个关键特征。怀特厌弃派系宗教和美国高等教育的历史关系；而相比之下，伤怀学仕们则通常与宗教保持一种更为暧昧的关系。宗教传统在历史上为某些群体提供共通的社会纽带、道德资源和实践行为（并把某些群体排除在外）；而从第斯多惠到尼采再到德雷谢维奇的伤怀学仕们都担心，没有了上述种种，"真正的"博雅教育将无以为继。第斯多惠批评在以虔诚著称的威廉四世治下，国家把公立学校当作灌输宗教的机制——这个立场让第斯多惠在 1847 年丢掉了某教师培训机构主任一职。不过，他以这个问题结束了自己对现代大学的思考："宗教"是否"实现教养的不可或缺的必要手段"？鉴于学生放荡不羁的生活方式，连贯的课程体系的缺失，以及追求事业的教授对道德教育无动于衷的态度，宗教是否应以某种基督教派系大同的形式，"以讲座、教会服务或课程的模式，回归大学"？[98] 宗教是否能以这种形式成为大学课程和道德教育的基础？对第斯多惠而言，这显然是急迫的问题——也是未决的问题；他没有尝试进行回答。

《德意志大学的腐朽》出版后的近二百年里，伤怀学仕们会不断回到这些问题上来，反复把"宗教"学院和大学当作连贯的课程体系和道德教育的最后的堡垒，并发出此问：任何想要获得统一性和连贯性的所谓世俗的尝试，是否就寄生在宗教传统之上？如果说某些倡导教养的人物（德雷谢维奇、美国研究专业教授德尔班科[99]）对大学和宗教是否存在必然关系态度依然暧昧，那么另一组当代评论者则不然。比如，历史学家格雷格里（Brad Gregory）近来就通过基本源自麦金泰尔（Alasdair MacIntyre）的框架，把大学描述为"韦伯式事实的世俗领域；它非价值观之地——除了有一种霸权式的、至高的价值，即不应也不能对各种争夺真理之位的价值或道德主张进行判断，自相矛盾地存在着"。"西方世界"的知识，格雷格里写道，特点是"分离于且能分离于其用途、个人生活、具体信念、社会行为及其创造和传播者的心之所系"。知识因此与道德（对人该如何生活以及为什么的探问）有别。"整个知识领域的研究和教育是可以区别并独立于人类生活的其他方面的。"[100] 格雷格里能够不顾专门化、碎片化、原子化、多元化，是因为他似乎至少在暗示一种基本隐而不显的天主教托马斯主义（Thomism）的真理。

我们不必像格雷格里一样心怀忏悔式的信念（或他认为

这些信念带来的解决方案）才能同意他的评判。实际上，对现代大学的状况和智识职业的前景，不同的信念引向了相似的诊断。文学学者普福（Thomas Pfau）对为何如此给出了辞藻华丽的解释：

> 在过去的二十多年里，人文学科和解释性社会科学领域的大多数从业者都看到，专注而持久学习的价值以及各领域的整体性正在逐渐被一个愈发分离的专业管理者阶层所冲淡和弱化。人们普遍感觉到的是傲慢的管理和自上而下的、微观的管理办法；后者旨在把学术研究削足适履地放在以投资人为导向的资金模式和新实用主义的"相关性"标准中。那么，对于这条久远的谱系——正是它让高等教育被重新定义成了一种企业行为、知识被重新定义成了某种在学术市场上被功利地兜售的无定形"经验"，我们是否应该（或者至少可能）想要探寻？……格雷格里担心"不同学科中由此得来的**各种**知识将如何彼此相适，各个学科彼此矛盾的主张和互不相容的假设将如何得到融洽"，难道没有道理吗？……奥古斯丁将具有内在规范性的智识美德"勤学"（studiositas）和对新信息仅是程序性的、无关所知的寻求（猎奇，curiositas）区分开来，我们难道要视若无睹吗？[101]

虽然我们可以质疑格雷格里笔下的历史，并否认他从中得到的大多数结论，但当普福请我们严肃对待格雷格里这类人的观点，并尝试理解他的缺失感的深刻根源和持久性，我们也会同意。大学（尤其是人文学科）的诸危机并不是自发的事件，它们是现代大学及其创造的那种知识的一贯特征。更明确地讲，不管伤怀学仕的悲叹有哪些持存的特点，以及它们能提供怎样的历史洞见，有一个要点很大程度上被忽略了：对大学局限性的认识。虽然第斯多惠将表达哀怨的大部分笔墨都放在了由大学所体现的文明毁灭上，但他的不满也是有条件的。教育年轻人及维持和发展更广义的文化并不是教授和大学的责任；它们是"整个"文化的责任，是所有人"生活"的去向。"没有教育机构、没有讲座课程、没有方法能够替代这些机构、社会关系中，生活中，心灵和精神中所缺失的任何东西。"[102] 在某种意义上，第斯多惠是正确的。现代大学在之后的几十年、几世纪中面对的危险，并不只是理念与现实、专业化、官僚体系扩张或碎片化的隔阂；危机在于期待与为它们立下的过高承诺的爆棚。

受过高承诺与不实期待的激增影响最明确、最严重的，莫过于在 19 世纪和 20 世纪初获名"人文学"的领域。在这个时期，人文学成为了博雅教育的替身，而伤怀学仕们总是不厌其烦地重申这一地位。第斯多惠称："教学和人文学是人文艺术体验的血肉和中身。"它们构成了学院和学院所唤来的一切。[103] 情况并不一直如此。与之相似的具有排他性的论断很少见于早期的人文主义形式（如"人的学问"）。在此后的章节中，我们将考察现代人文学如何在概念和制度上成为大学过高承诺的重灾区，成为探讨理念、价值观和"该如何生活"这种问题的场所。如我们在本章中所述，人文学成了贯穿 19 世纪博雅教育（或"全面教养"）的矛盾和冲突的化身：冲突的一方是方法、研究和获得知识的方式，另一方是风气、教学和该如何生活的问题。帮助"人文学"在现代大学体制中站稳一席之地并认为自己代表了人文学的学者，逐渐开始想要垄断这些问题和关切（有时也得偿所愿），特别是当其他学者（尤其是自然和物理科学家）开始认为这些不在自己领域之内时（参见平克）。不过，那些为了让人文学在大学内得以存在而付出甚多的学者，也继承了在 19 世纪 30 年代困扰第斯多惠的种种矛盾和困惑。为了最清晰地看到这一点，我们要理解德意志知识分子和学者对危机和衰落的思考如何塑造了此后几十年中的学术实践。

第三章

语文学与现代性

1869年1月，尼采获得了巴塞尔大学古典语文学的教授职位。时年仅二十四岁且尚未完成论文的尼采喜不自胜。[1] 他在得知这个消息后，唱起了自己最喜欢的歌剧《唐豪瑟》中的旋律。当然，在某些学者看来，这个职位可能是一种拖累。除了每周在大学中教学八小时之外，尼采还必须每周在当地的一所文理中学（在巴塞尔称为 Pädagogium）教六个小时希腊语。尼采对他在莱比锡大学的论文导师、德国语文学翘楚里奇尔（Friedrich Ritschl）说这都不是问题。里奇尔欣喜地把这个消息连同自己的准许状交给了委员会，任命完成。

因为里奇尔如他自己所言，"愿意以"自己的"全部声誉保证雇用结果会成功"，所以他肯定相信让尼采前往巴塞尔将促成又一场前途光明的学术生涯。[2] 然而，刚担任教职不久，尼采就表现出了幻灭感：研究第欧根尼·拉尔修、为埃斯库罗斯词典撰文、分析罗马和希腊语格律，这些工作曾让他被导师夸赞为自己所见过的最早熟的学生，现在都让他感到厌倦。正是在此时,他誓要"公开展示"整个普鲁士教育系统。[3]
很快他就兑现了承诺,于 1872 年冬在巴塞尔城市博物馆开设
了一组五场系列讲座,题为《我们教育体制的未来》。面对着
三百名热情的听众,尼采把讲座的主题放在了普鲁士广受赞
誉的教育系统的三个主要组成部分上:实科中学(Realschule)、
文理中学和大学。[4]

尼采的讲座并没有预示着明确的决裂。他仍然公开表达
对里奇尔的景仰,而且数年来一直都在与导师的通信中表示,
自己想要回归做学生时表现优异的那种语文学研究。另外,
在形成自己关于历史、人类认识和道德心理的观点时,尼采
也会援引各种哲学、语文学和自然科学的学术著作。但是他
逐渐开始并且一直保持对现代学术知识"学科学术"的深刻
怀疑。

在古代世界方面,尼采终其一生都保持着对古典时代的
热爱,并且一直尝试用古代希腊文学来解释现代的种种悖论
和问题。他最早的作品或许不像后期著作那般辞藻华丽、富
于劝诫,但诚如波特(James Porter)所示,前后期著作通常
都在探讨古代和现代的关系。[5]对于学术知识在这组关系中的
作用,尼采做出了种种论断,其间的延续性较少得到关注。
在《我们教育体制的未来》讲座时期,尼采已经将现代教育
和学术知识看作把现代欧洲人剥离古代资源的种种进程(如
世俗化、理性化、民主化)的关键表征和推动力。如他在讲
座中所称,"语文学家因希腊人而死去,而化为尘土——我们

能承受这种损失。但是古代本身因语文学家而粉碎则万万不可以！"[6]但讲座中还有一个关键的隐义，尼采更多是通过暗示而非直接论述传达的。他认为，19世纪末的德意志人急需某种人文主义的教养和学术（教育和知识），而世俗化、理性化和民主化恰恰为它们创造了制度和社会条件。[7]

在上一章中，我们简述了19世纪初围绕博雅教育相互冲突的理念对大学目的展开的辩论，以及对追求（被理解为研究的）新知识与道德教育之关系的讨论。在本章中，我们要追溯这些争论是如何在19世纪末发展成两种相互竞争的、尼采有时称其为"人文教育"（Humantitätsbildung）的概念之间的冲突：第一种是与"古典教育"和通识博雅教育相关的广义人文主义传统——尼采在巴塞尔的讲座中极力推崇此概念的一种个性化的解读；另一种是作为一组业已分化出的、高度专业化的学术科目的现代人文学科。两种人文学的支持者和从业者都认为自己在按照新人文主义的理念行事，他们都渴望提供道德教育（教养）和学术知识（学术）。但是，每种人文学都代表着对以下问题的一组不同解释：追求这些事物意味着什么？它们能够带来什么收益？如何处理它们以为正当的研究对象——能为理解人类提供见地的文化产物？尼采与古典语文学纠结的关系（他既喜爱又鄙视这个学科）揭示了两个概念之间出现于19世纪最后三十年的断层，也预示着现代人文学最终将胜过其前辈——人文主义形式的知识。

矛盾的天才

尼采论教育的讲座不是对学术界的告别演说，不是现在所谓"辞拒书"的先例。他又做了七年教授，并在此期间内严肃对待自己的教学任务，甚至在自己任教的文理中学里正式提出了改进希腊语课程的方案。[8] 关于德意志教育系统的辩论有改革意向且愈发激烈，尼采没有置身事外，而是以自己的讲座参与其中。除了给这场辩论带来了为人所熟悉的内容，他还贡献了超出传统的承诺和关切，其中一些远在他受命巴塞尔之前就已有端倪。

在受雇之前的岁月中，尼采乐于跻身专业语文学家的行列，也同样表达了对这个领域（以及自己在其中位置）的怀疑。叔本华在其中有不小的影响；尼采在 1865 年初遇他的著作，而他的原创性、特有的活力、写作中的贵族风范都旋即给尼采留下了印记。到 1867 年秋时，尼采正在筹划一篇论德谟克利特和"古代与现代文学研究史"的文章（但从未完成），其目的是让语文学家们领教"一些苦涩的真相"。[9] 其中第一则，如尼采传记作者萨弗兰斯基（Rüdiger Safranski）所言，是"所有启蒙的思想"都只来自少数"伟大的天才"，而"可以完全笃定的是他们不从事语文学和历史学研究"。[10] 尼采还没把自己看作他们的一员，但他肯定受到了叔本华的启发，并且开始产生疑问：投身于这个令他脱颖而出的学科，是否会扼杀他正觉泉涌的创作冲动？

如萨弗兰斯基参考尼采本人语所述，学生时期的尼采都"开始认为自己是个超越了语文学界限的哲学作者，达到了一种'漂移'进入'未知'的状态，永不停歇地希望自己能够找到一个可以驻足的目标"。[11] 于是，尼采在 1865 年如是说："在里奇尔这样的人指导下，被引向与一个人本质最为相异的路径是多么容易的事。"[12]

总之，尼采是矛盾的。求学波恩和莱比锡时的尼采在给亲友的信中不时会以无以复加的热情称颂教授的优秀，还会表示自己深入参与了大量学术工作。但真正让他迷恋的著作——如朗格（Friedrich Lange）的《唯物主义史》（*History of Materialism*）（1866）——一般都会助长由叔本华唤醒的认识论上的怀疑。[13] 尼采在 1866 年给朋友的一封信中写道，朗格不仅坚定了他对叔本华的喜爱，还示范了"最严格、最批判的观点"如何能够打碎旧信念、创造新信仰。[14] 如肖（Tamsin Shaw）所言，朗格还让尼采很早就相信人对能够与他人共享的信念和能够构成"融洽世界观"的信念有心理上的需求。[15] 虽然严格符合理性的知识形式可能为这种共有的世界观提供基础，但只有更心向哲学的人才可能相信它们；其他大多数人会想要更多。尼采在 1872—1873 年冬写道，哲学"不能创造一种文化"；它只能准备、维持、缓和文化。[16] 终其生涯，尼采都在追随朗格的脚步，不仅尝试理解信念和思想是如何被侵蚀的，还想知道它们如何获得权威性、正当性和效力。[17] 到 19 世纪 60 年代末，他开始把"对概念的分析和对真理的追求"与"对理念和价值的创造和言表"进行区分。尼采借朗格语问道:"谁会想要驳斥贝多芬的论断? 谁会想去挑拉斐尔笔下圣母的错误? 艺术是自由的,在概念的领域同样如此。"[18]

在师从里奇尔的岁月里,尼采萌生了用一种完全不同的、迷醉狂歌般的基调进行语文学研究的念头。1868 年 7 月,他向师母坦言:"或许我要找到一个能够像音乐一般处理的语文学问题,然后我会像婴儿一样咿呀,像曾在维纳斯像前入睡的野蛮人一样堆砌图画,我仍将是正确的,虽然宣示中带着'盛开般的急促'。"[19]数月之后,尼采遇到了同样倾慕叔本华的瓦格纳,并认为他是"天才"一词罕见的"鲜活例证"。瓦格纳在日后将近十年中(19 世纪 70 年代)对尼采产生的意义怎样强调也不为过。在个人崇拜因素的驱使之下——尼采会在通信中欣喜若狂地谈到他在瓦格纳位于特里布申(Tribschen)的家中度过的夜晚,尼采很快就几乎如瓦格纳自视一般看待瓦格纳,即视他为因寄宿着种种"现代"现象(如新闻业)而衰败的社会中的一股文化复兴的力量。

尼采向瓦格纳的转变,对这位年轻的语文学教授与学术和大学的关系产生了深刻影响。移居巴塞尔不久之后,尼采就考虑放弃教职,展开巡回演讲,以声援瓦格纳的宏图——在《人性的,太人性的》(1878)一书出版之前,他实际上一直在自己的大多数作品里实施这项计划。尼采在巴塞尔的第二场公开讲座"苏格拉底和悲剧"(1870)构成了《悲剧的诞

生》（1870）基本观点之基础，他显然在讲座中开展了这种文
化复兴活动。尼采发展出的理论让语文学同事不悦，但引起
了瓦格纳圈子的共鸣：他称"苏格拉底思想"的出现令语言
对音乐占据了上风，希腊悲剧因此而"瓦解"。在尼采给瓦格
纳等人看的讲座草稿中，他甚至做出了如此结论："苏格拉底
思想就是今天的犹太人新闻业；我还用再说什么吗？"[20] 瓦格纳
已经因 1869 年重刊了自己在 1850 年的反犹文章《音乐中的
犹太属性》（"Jewishness in Music"）而遭受批评；在瓦格纳一
派赞扬尼采的忠诚之时，来自特里布申的建议是避免再"捅
马蜂窝"。[21] 尼采照办了，然而当他在讲座的结尾暗示悲剧即
将重生时，虽然他没有提瓦格纳的名字，但听众很可能知道
谁是演讲人心中欧洲文化的救世主。把叔本华和瓦格纳当作
启明星的尼采愈发狂热地相信，他应该身体力行地在文化中
创造出某种革命。

　　1870 年 12 月给朋友洛德（Erwin Rohde）的信中，尼采
写道，他梦想给现存教育体制创造一种"不合时宜的"替代
物。他的灵感来自叔本华对死气沉沉的大学讲堂的鄙夷，并
追随瓦格纳在拜罗伊特创立学院的脚步——瓦格纳在此地建
立了一所演出自己作品的剧院。尼采在信中发自内心的呼喊，
其强烈和彻底程度超过上一章讨论过的学仕们最绝望的哀鸣：

　　　　让我们为这所大学的存在砥砺奋进更多年；让我们
　　把它当作能照亮人心的悲哀，必须诚心地容忍并敬畏地
　　看待。这首先将是一段学会教学的时间，而我的任务便

是照此训练自己——不过我的眼界要比这更高一些。

因为从长期来看，我也认识到了叔本华在大学智慧上的教训所为何事。一所彻头彻尾为**真理**而设的学院在此并无**可能**。更确切地说，此地不可能有真正革命性的进展。

此后，我们能够成为真正的教师——通过能够将我们从这些时代的环境中拔擢出来的一切手段，通过成为更加明智、更加优秀的人类。此处，我感觉到这需求真实存在。而这是我再也无法容忍这种学院氛围的另一个原因。

因此，我们有一天将扔掉这个枷锁——于**我**而言，这确定无疑。然后我们将会建立一种全新的希腊学园……拜访特里布申你便会知道瓦格纳在拜罗伊特的计划。我一直在思考，于**我们而言**，是否也应该与得到如此实践的语文学决裂、与它的**教育观**决裂。我正在准备一篇檄文，给所有还没被现在完全扼杀和吞没的人。不过我必须写信和你说这些，而不能和你一起**讨论**这些想法，多么可惜！而且因为你不知道全部的设计，我的计划在你看来可能像是怪异的狂想。但它不是**这样**，它是一种迫切的**需要**。[22]

或许尼采没有多少像同辈一样抱有建立一所新希腊学园的幻想，但对"迫切需要"的阐述中带有的基本批评和希望，则在 1870 年前后也存在于很多人心中。毕竟，如第二章所示，尼采探讨的问题是第斯多惠在 19 世纪 30 年代给大量听众详细论述过的，并随着学术专门化的进程而愈发严重。用最概括的词语讲，这个问题是（人们感受到）道德教育（教养）和学术知识（学科学术）隔阂的深化。研究型大学不再塑造"更好的人类"，而只是传授知识。在尼采给洛德信件的语言中，当前制度条件下全无可能获得的"彻底的"真理，是那种能够促进教养、改善生活的真理；它不仅是尼采还是第斯多惠评价知识的标准。不过，第斯多惠希望新人文主义的核心教育理念能够最终制度化地在现代大学中实现，而在一所 19 世纪 30 年代后发生剧变的机构中任职的年轻教授尼采则心存疑虑。不少读到他的著作、与他有同样担忧的德国学者亦然，韦伯也在其中。

教育和统一

尼采来到巴塞尔不到两年后，普鲁士在普法战争中战胜了拿破仑三世，建立了普鲁士主导的德意志帝国（或称第二帝国）。尼采敏锐而专注地观察着一场文化冲突：天主教会和新教主导的德国之间长达十年的"文化斗争"（Kulturkampf），它浮现于战争的余波中，主要源于俾斯麦的计谋。在尼采看来，俾斯麦通过官僚制度的诡计将第二帝国世俗化的战斗，不过是决定德国未来宗教和文化的斗争中的一场遭遇战。在 1870 年给友人的信中，尼采预见到普鲁士的胜利。他警告道，"在这种普遍的狂喜中，我们必须足够像哲人才能保持清醒，以免贼人到来，偷走或损坏一些在我看来最伟大的军事胜利乃至全国的暴动都无法与之相提并论的东西。下一个文化时代需要的是战士。我们必须为此积蓄自己。"[23] 在尼采看来，天主教会和正在酝酿新德意志帝国的国家之间的教派仇怨，背后是一场更加严重的文化战争，而其结果难以预料。和瓦格纳一样，尼采怀疑政治统一是否能轻易地带来文化和精神上的辉煌。尼采在任军医时染上了痢疾和白喉，康复期的他在给朋友格斯多夫（Carl von Gersdorff）的信中认为，普鲁士"对文化来说是一股非常危险的力量"。[24] 他担心，现代国家不仅想要制服来自忏悔式宗教的权力挑战者，还想吸纳或利用所有文化资源，以让自身成为"人类的最高目的"。[25]

但与许多同时代的学者——如赫尔姆霍兹和杜布瓦 - 雷蒙，或历史学家蒙森和特赖奇克（Heinrich von Treitschke）——不同，尼采还怀疑教育和现代专业知识能够统一德国人这种更接近自由派的希望。各种机构（如文理中学和大学的精英教育机构）在智识上的权威和操守或许本可以实现这样的统一，但却被国家的部长和官僚用于政治目的。在瓦格纳的启发之下，尼采认为自由派的理性主义是一种现代的享乐主义，追求偏离更高级目的的欢愉，最终也无法满足人类最深层的愿望。

他还担心学术和如杜布瓦 - 雷蒙的自由派学者在普法战争后所宣扬的这种国家之联合，会对学术不利，并因此最终对德国社会有害。[26] 在论教育的讲座中，尼采认为现代德国把道德教育（教化）视为威胁，所以它训练文理中学的学生对他们本该在学习中崇敬的文本进行批判性的判断，并以这种自由派教学法损害了教化和学科学术。民主化（至少是德国版的民主化）和破灭感在《我们教育体制的未来》中相互强化。

对统一新帝国文化状况即教育风貌之变化的加倍忧虑，让德国知识精英和政治精英对学校展开了激烈而彻底的辩论。[27]尼采一头扎进这场辩论，事出有因。他相信文化比人类活动的其他方面都更重要；除了被两次短暂的、造成严重身体损伤的军旅生涯打断，教育实际上是他的生命。

另外，巴塞尔这座城市有很强的、在尼采看来已经被德国弃置一旁的古典教育传统，这让它成为尼采散布文化衰落论的绝佳地点。布克哈特称赞该城的居民是"完全意义上的市民"，这赋予了巴塞尔与文艺复兴初期意大利城市同等的地位。[28]对布克哈特而言，文艺复兴的佛罗伦萨代表的不是古典和谐、统一理念的复生，而是19世纪欧洲众城市的序章；在这些城市的"精英统治的充满活力的世界里，原子化的个体相互角逐，而不顾传统宗教、社会、道德的束缚"。[29]在这种无神论的、高度个人化的世界里，一小群精英人士能够重塑一种文化。在《不合时宜的沉思》的第二篇中，尼采直接援引了布克哈特对意大利文艺复兴的研究。他问道，是否"只需要一百个有创造性的、在一种新精神中受教育和活动的人，就可以搞垮正好如今在德国变得时髦的教养"？看到"文艺复兴的文化正是在这样一个百人团队的肩膀上形成的"，他又问道，难道不令人振奋吗？[30]

参与教育论战的很多人都提出了方案，规定学生每周应在拉丁语、数学等科目上接受多少个小时的教学。相比之下，尼采强调他没有兴趣给听众提供"文理中学和实科中学的课表和新课程计划"。[31] 不过终其讲座，尼采都在推介得到广泛共识的观点。讲座中的某些声音来自和他的文化政治观点大相径庭的一些人。其中还有一些人比他稍晚进入这场关于学校的辩论——在政府采取了包括开设文实中学（Realgymnasien）（其招牌似乎是古典和职业教育的结合）在内的措施，以及威廉二世亮出明晃晃的教育刺刀（"我要的是战士，不是学生！"）激起了更大的争议之后。

有一个声音来自第二帝国学界翘楚、民族主义历史学家特赖奇克，因此他在体制中的出发点与尼采有很大差异。有"普鲁士使徒"之名的特赖奇克接替兰克成为德国最杰出的历史学家，他也是历史著作应具有明确政治（或民族主义）视角的主要倡导者。与尼采大相径庭的是，特赖奇克相信只有现代国家（德国）能够让个人自由的愿景成为现实；在1874—1896年间，他在自己直白地取名为"政治"的讲座课程里反复说明这点，而德国上百名未来的精英都曾来聆听教诲。

特赖奇克是一个不会照本宣科的、颇能俘获人心的主讲人，他数量庞大而类型多样的追随者群体最终迎来了美籍非裔民权倡导者、社会学奠基人杜波依斯（W. E. B. DuBois）。

特赖奇克渴望得到现代国家的政治果实——个人自由和国家统一，他认为使其实现的唯一方式就是现代政党的"群众运动"。但他也担心这种发展会不可避免地导致"民主的危险"。[32] 在《德国文理中学的未来》（*The Future of the German Gymnasium*，1883）中，特赖奇克忧心忡忡地讲述了国家文化的灭亡，并呼吁应把文理中学当作构建德国认同感的至关重要的机构。其时，国家正试图让教育体系接纳没有通过毕业统考的传统文理中学的学生，并拓展文理中学的课程，加入现代语言以及更多的数学、自然科学和物理科学；对此感到沮丧的特赖奇克问道："谁能保障我们高雅教养的贵族风范，保护我们对青年的教育免于平均化……［防止］我们文化的衰落？"[33]

特赖奇克所警告的不只有国家精神的衰落。他还写道，"现代人的文化所遭遇的最严重危险"是，他们读书之时会被"内心无尽的纷扰、过多的内心感觉和形形色色的信息日复一日地侵袭，心灵从自然中剥离"。[34] 援引《斐德若篇》中苏格拉底对文字之发明的担忧，特赖奇克称自从出版业诞生、报纸和期刊激增之日起，"伪知识和伪思考"的"危险"也不可估量地增加了。[35]

特赖奇克写作之时，德语新闻业正经历剧变。1854—1872 年间，德语日报巨头纷纷创立，其中还有两家是欧陆的翘楚：《柏林日报》（*Berliner Tageblatt*）和《新自由报》（*Neue Freie Presse*）。在特赖奇克这样的观察者看来，质量的提升带来了让情况恶化的吊诡效果。新闻业越好，它所提供的"伪知识"就越能以假乱真。此外，在新财政模式和新出版发行机制（轮转印刷机诞生于 1846 年）的助长之下，19 世纪末的报业成长如斯：这一现代工业的产品日厚、版次日频。量的增加引来无尽的烦扰。特赖奇克叹道，"现代人"的阅读量"是其心理承受能力的十倍"。他相信这种阅读习惯带来的短暂印象和识别力的丧失，会让人更难以接纳长久的价值和意义。[36]

在尼采的巴塞尔教育讲座中，新闻业占据了显著位置。讲座被塑造成了一场林间对话，参与者分别是一位与叔本华颇为相似的愤愤的老哲人，老人的一个年轻同道（扮演学生的尼采本人），以及一个大学生——这让讲座读来像是一场非虚构创作实验，文中充斥着细致的描写（如对树林景色的描写）。生有"反骨"的老哲人虽然常常否定他人的论断，但他欣然认可了年轻同道在长篇大论地声讨新闻业时的一组论断：

> 日报实际上取代了教育，连同学者在内的每个人对文化和教育有发言权的人，几乎都依靠着这一大厚摞的思考抹平每种生活方式、每个社会阶层、每种艺术、每种科学、每个领域的隔阂——这摞东西努力让自己厚重而可靠，好匹配印刷它的纸张……想想吧，一名教师试图将学生带回到无限遥远而难以领悟的希腊世界、我们文化真正的故乡，而这个学生一个小时后就会去找报纸看，教师纵使费尽辛苦也是枉然。[37]

这场讲座处处都与今天更为忧虑的技术评论家的观察相似，

他们担心我们无法自控地查看脸书评论、推特（即 X）通知、电邮提示会让自己受刺激过度而注意不足。年轻同道称，时人注意力危机更深层的根源在于德国人在依赖新媒体时带有的业已成形的心态。用更现代的话讲，我们的手机没有让我们分心——我们已经分心了。设计和贩卖新技术（或数字，或纸质）的人利用了这些经由各种文化技术和技巧固定下来的行为方式。同样地，年轻同道认为新闻业并没有给 19 世纪德国人带来多大改变，而是利用了现代性的冲击所留下的空白——现代性的特点是知识的扩张和收缩同时发生乃至相互强化。报纸和杂志（或者手机和笔记本电脑）取代了旧媒体（如希腊戏剧、基督教圣经），成为了"粘合"社会的"介质层"。

尼采演讲的一个悖论在于，他暗示新闻能够风靡，是出于一个不太可能的原因：学院的专家。如他在林间对话中的化身青年所言，"在德国，人们知道如何用一张华丽的思想斗篷遮盖住痛苦的事实，他们甚至崇尚我们学者的这种狭隘的专业化，把他们与真正的教育渐行渐远看作一种合乎道德的现象：'忠于细节''一心一意'尤其得到称赞"。[38] 德国学界只热衷于培养"最狭隘的"专家，把更宏大的问题和关切拱手让给了大学外的作家和思想家。年轻同道说："对每一个严肃的普遍问题，尤其是最深刻的哲学问题，院士和学者都闭口不谈，而新闻业这层黏着的东西慢慢渗到了所有学术科目的间隙里，在此找到了自己的使命，并依照自己的天性把它当作每日的劳作来完成——如其名所示。"[39] 因此,如讲座所言,专业化带来的是这样的局面:"人们民主化地分掉了天才的权利",记者"取代了天才的位置"。[40] 虽然老哲人同意这个观点,虽然他性格乖戾,但他对真正教育的前景并不如此悲观。尼采在其职业生涯的早期亦然。在讲座的导论部分,他称与当前的"谎言文化"不同,真正的(亦即贵族的)教育有"自然"的加持:

> 请允许我像罗马的占卜师一样,观现状的脏腑而蠡测未来;其结果不多不少,正是预测到一种既存教育趋势的最终胜利,哪怕它在这一刻既不受欢迎,也不受敬重,还不十分流行。但它会胜出——我怀着无比的信心如是说,因为它有着最为伟岸而强大的盟友:**自然**。[41]

学校演化之争

到 19 世纪后半叶时,德国教育系统已被公认为世界最佳。德国小学覆盖人口比例高于英法。为德国年轻人进入大学深造而设的文理中学以严格的教学而著称,在古典语言方面尤其如此。德国大学的种种素质都让它们得到赞誉:学术自由的氛围,对研究理念的专注,这种专注的成果——从尖端化学试验室到今天仍在使用的语言学研究和辑本的各种学科的创新。来自他国的学生蜂拥而至。1879 年,近六百个美国学生在德国大学学习,这个数字超过美国绝大多数大学的学生总数;而美国大学向研究机构的转变才初现端倪。美国学生来到德国不只是为了掌握各领域的知识，而是如哲学家费希特所言——来学会学习。

但如前一章所言，出于种种原因，终"第二帝国"之时，围绕整个教育系统的角逐从未休止。尼采时代的大多数担忧并非新鲜事物，它们只是在某些趋势（如学术专业化）日益显著之时、重大社会变化发生之际，变得更加严重且普遍。这些变化包括：政府官僚体系的扩张，其人数在 1873—1910 年间涨到四倍（从约五十万到约二百万）；德国经济在统一后数年间的加速繁荣（以及随之而来的萧条）；"技术转移"对经济竞争力日益增长的意义；德国跻身世界强国带来的文化压力。这只是让教育之争变得急迫的进展中的一部分。关键的问题是：德国的精英中学要如何改革，才能服务于发达的工业社会？但很多参与争论的人否认其前提。在他们看来，问题是改革者们急于让教育更贴近现实和现代，抛弃了让德国学校和大学受世界艳羡的最主要特征：它们不以为错的排他性。[42]

在尼采的时代里，德国在校生只有百分之三在文理中学就读，他们大多来自通过教育获得财富或社会地位的家庭（即有教养的市民阶层，Bildungsbürgertum）。而在让教育更实际的呼吁声中，情况确实发生了变化。1859 年，普鲁士文化部响应改革号召，发布新规，将实科中学（表面定位更加实用而现代的中学）分成两类："第一等"要求拉丁语和如英语、法语的现代语言，"第二等"只要求现代语言。第二等的免拉丁语（lateinlose）学校训练学生走向被认为无需大学教育的职业岗位，而第一等则为学生进入大学做准备。但直到 1870年，拥有第一等实科中学毕业统考合格证书的学生才能自动获得大学录取资格，而这种证书过去只颁发给传统文理中学的毕业生。也就是说，在尼采进行论教育的讲座之前，普鲁士开始融合职业和古典教育的某些元素，并取消传统文理中学在普鲁士大学录取中的垄断地位——这正是尼采和特赖奇克这些人不希望看到的。1890—1914 年间，普鲁士的实科中学从 138 所激增至 180 所；而文理中学只增加了 13 所，总数达到 367 所。在某些高级实科中学毕业统考合格的德国学生能够进入大学之后，德国大学注册人数从 19 世纪 60 年代末的刚过 13000，激增到了 19 世纪 80 年代中期的 30000。[43] 增长之巨让国家从原来的鼓励扩招转为开始担心"受教育人数"是否"过多"——如普鲁士文化部长 1882 年所言。

　　威廉二世在 1885 年给友人的信中抱怨说，在文理中学教课的"狂热语文学家的头皮"之下，每个古文句子都被"切得细碎，直到找出骨架方才罢休"。[44] 各路观察者都表达了同样的担忧，哪怕其中有些人并不认同皇帝以务实为导向的教育观。[45] "五十年前，"一位评论者在 1890 年说，"文理中学的学生之间存在一种共识、一种共有的神圣理念。如今，这种共识已被破坏，人们开始寻找新的理念……荷马和索福克勒斯、色诺芬和柏拉图曾被当作世俗的圣经。"[46] 尼采在抨击民主化、职业化、醉心于地位的教授群体之贪欲以及在他看来让教育图景一片凄惨的种种其他顽疾之时，也怀念地呼唤着新人文主义的过去。

以教育为要务的理论

在巴塞尔讲座的导论中，尼采以这个思想为自己的"论题"："我们的各教育机构原本建立在完全不同的基础之上，目前被两种趋势所主导；它们看似相对立，但实际上同样具有破坏性，且最终会造成殊途同归的效果。其一是尽可能**扩大教育**的愿望；其二是**缩减并弱化它**的愿望。"[47]他尚未找到这些愿望的源头，只是认为后者迫使教育为国家服务而使其丧失独立性。在具体的讲座中，情况则更加吊诡。老哲人批评广泛教育"民众"的理念既是"蛮族狂欢节"的蓝图，又威胁到"智识领域的自然尊卑秩序"；他攻击的对象可能是进步派或资本主义的教育目标。[48]尼采的角色表示，它们都要对教育体制"毁灭性的"扩张——和削弱——负责。进步派的教育目标不只是要扩大人文主义教育的覆盖面，更是要用人文主义来解放个体的"自由人格"。这种想法让"帮助年轻人表达自我"成了教学的要点。讲座认为，半成型的年轻人本应学会的是崇敬和严肃，但这些文理中学的学生却变得习惯于对最神圣的事务给出不明智的、不成熟的判断。于是自文理中学以降，学生都带上了老哲人所谓的"我们美学新闻业（aesthetic journalism）令人厌恶的标记"。[49]

但对真正的教育威胁更大的，是在技术官僚（当时德国

称为政治经济学家）治下的发达资本主义体系和原则。至少
这是年轻同道的想法："我能指出对尽可能扩张并传播教育的
最大声、最清晰呼吁来自哪里。扩张是如今最受欢迎的政治
经济学信条之一。"[50] 他认为，大批人都接受了这个信条（以及
与它捆绑的幸福观），这给教育体制造成了灾难性的后果："这
里发挥作用的道德准则是，要求……一种**速成**教育，以便让
人很快就能赚钱；同时它还是一种足够彻底的教育，以便让
人赚到**大量**的钱。文化还能被容许只因为它能为赚钱一事服
务，但需要的也就是这么多了。"[51] 迫使教育扩张的元凶——
德国的资本主义，也因此**同时**是迫使教育功利而狭隘的元凶。
资本主义逼文理中学和大学扩大受众、录取更多学生，又逼
它们关注经济实用性。这样的体制最终造就的，是尼采在十
余年后所谓的"末人"。

学校之争的一条重要分支涉及成年和未成年女性的受教
育机会。虽然早年间与尼采相谈甚欢的人中也有他视为严肃
知识分子的女性，但接纳任何庞大人群的诉求都令他不悦。
如果教育的问题部分在于排他性的式微，那么按照这个观点，
让人口的一半成为潜在的大学生只能加速其衰落。

1800 年之前的德语国家里很少有女子学校提供基础阶段
以上的正式教育。但在 1800—1870 年间，国家对女性教育的
支持显著增加。到 1872 年，新建的德意志帝国有 165 所市
立或州立的高级女子中学。但与同等的男子学校相比，它们
的质量、严格程度、定位都要逊色不少。女子学校毕业年龄

是 15 或 16 岁，而男子则是 18 或 19 岁。女子课程不包括拉丁语、古希腊语、数学和科学，它们强调的是缝纫、绘画和舞蹈。

1872 年，164 名教师（几乎都是男性）相聚魏玛，商讨改革女子高级中学的可能。他们否定了传统人文主义文理中学的课程，支持包含现代语言，但没有科学，只有少许数学的更加"现实主义"的办法。虽然这些人拥护教养的高贵语言，但这种女性教育的目的与为男性设计的教育的目的大相径庭。如会议的最终报告所言，女性需要接受教育和培养，以确保"德国的丈夫不感到无趣"。[52]

自 19 世纪 60 年代起，一些女性开始以旁听生身份参加大学讲座，1874 年至少有两名外国女性（都是俄国人）在哥廷根大学获得博士学位。但到了 1880 年，几乎所有德国大学都已经打击过以非正式模式为主的允许女性旁听的设置；1886 年，普鲁士颁布法令，重申禁收女性学生。毫不意外地，对包容性的要求仍然存在，且力度增强：19 世纪 80 年代，各种或新或老的倡议团体，如女性福祉协会、德国女性协会、女性改革协会，开始向州和国家议会提交请愿书。[53]

在 1908 年之前，女性都不能成为德国大多数大学的在册学生，但其他推动包容性的力量已经相当程度地改变了此时学生的构成。自 19 世纪 60 年代起，中产阶级开始对自己的孩子（不论男女）获得高级学术证书展现出更强烈的兴趣，他们希望由此带来的地位能给家族的物质成就增光添彩。个人和国家希望自然科学方面的大学培训和新知识能在商业上得到应用——这是扩大包容性的另一个动机。以德国印染和制药业为例，它们在 19 世纪后半叶发展成为经济的命脉后，便愈发追求与大学和大学培训的科学家更加密切地往来。此外，随着"第二帝国"的建立以及犹太人在德国获得完全合法公民权，犹太大学生的比例急剧上升。到 1885 年，犹太人在普鲁士人口中占比百分之一，但却在大学生人数中占比近百分之十。德国大学的留学生人数也在 1871 年后激增。1896年，普鲁士大学的 223 名女性旁听生中，有 53 个是美国人（近 30 个是德裔犹太人）。1872 年的尼采不会注意不到德国大学逐渐开放的缓慢进程。

人文学和人文主义知识的危机

时间迈向 20 世纪时，对教育未来的争论甚嚣尘上，而大学也在发生其他的变化。学生数量更多，也在学习不同的事物。在历史上把持着低级院系（传统上包括除法学、医学、神学外所有研究领域的哲学或人文学院）的学科，逐渐让位给自然科学和数学。1841—1881 年间，哲学院系在册学生中，哲学、语文学、历史学专业的学生比例从 86.4% 降至 63.9%；相较之下，数学和自然科学专业的学生比例从 13.6% 升至 37.1%。相似地，1868—1881 年间，哲学院系历史学、语文学、哲学专业的学生从学生总数的 60% 跌至 53.5%，而数学和自然科学专业的学生则反而从 20.6% 增至 32.4%。[54]

在这种变化的背景下，尼采做出了一系列论断，这对所有关心 21 世纪人文学科命运之辩、高等教育目的之争的人而言都不会陌生。他担心，随着享乐主义—实用主义教育观的得势和学生人数的下降，（新）人文主义学习很快就会风光不再。一旦如此，德国的青年和后代——他们已经在"世俗化"中，以及在宗教和真正圣事的"衰微"中迷失——很快就要陷入精神的贫瘠。[55]

与当时充斥着图表、给出文理中学学生具体应在古希腊语或科学上学习多少课时的改革论文不同，尼采给论战带来了既传统又特异的元素——他像信奉基督再临一般，把"净化的德国精神"当作发生改变最伟大而"神秘"的希望，又给出了一系列改善现状的想法：让语言教学有成效而严格；教会学生对德国的"伪文化"产生"生理厌恶"；用德意志古典主义作家（如歌德、席勒）的作品帮助学生培养欣赏古代范本所需的"形式感"；招募更能鼓舞人心的教师；让文理中学和大学的招生更有选择性，以便学术天分不足的学生能走上职业培训的实用道路；为有天分的贫困学生提供支持。[56] 文理中学和大学应该是精英式的、贵族式的——野无遗贤！虽然尼采在讲座之中，尤其是借老哲人和年轻同道之口给出了改进的建议，但与很多当时和现在的人相比，他都更清楚地知道真正的改革会是多么困难。

如今某些最热衷于维护人文学的人，如埃德蒙森（Mark Edmundson）和德尔班科，把"从人文学课堂走出来的学生能够且往往确实得到转变"这个论断当作信条。以德尔班科为例，他主张"当关于有意义生活的不同思想在学生内心和彼此之间得到竞逐"，伟大的作品推动并丰富他们的讨论，从而他们得到有效指导时，这种转变最容易发生。[57]尼采也认为大学生有能力处理这种有挑战性的、可能带来转变的材料。他让老哲人反复谈到"对知识忠实的德国式渴求"，它如今仍然近乎完好地锁在德国人民的心中。从 19 世纪 30 年代的第斯多惠到 2015 年的德雷谢维奇，很多作者都批评过"学术伦理"和人文主义教育的"悲哀现状"。德尔班科和他们一样写到了"金钱的污染"，认为对当前文化对金钱的痴迷是这些问题的关键诱因。[58]但在尼采看来，让学生主动渴望"真正"的学习之困难更加艰巨：

> 对古典希腊文化的感觉难得一见，它来自最辛苦的教学努力和艺术天赋，文理中学是在粗鄙的误解之下才宣称自己能够唤醒它。而且，在哪个年龄的人心中唤醒它？那些仍然年轻，会盲目地被时代最浮华的风潮和偏好所摆布，又对这一点毫无知觉的人：这种对希腊的感觉，**如果**能够被唤醒的话，必然会立刻变得暴躁，并在反抗所谓当前文化的无尽斗争中表达自己。对今天的文理中学学生而言，这样的希腊已死。[59]

尼采相信，克服现代之疾的最大希望是去迎接极为异域和远古的文化。但这样的相遇需要价值观的改变，而这种改变正是与古代真正的联系才能够带来的。化用尼采序言中的一句话，如果真正的教育是真正的教育所必需的，那么教育能从哪里开始？

老哲人描绘的这个场景在某些方面与第斯多惠在大学衰落的著作中勾勒的文化和教育之弊的循环极为相似，他还呼喊道："无助的野蛮人、现代的奴隶，被捆绑着躺倒在这转瞬即逝的时刻，遭受饥饿——永恒的饥饿！"当教学理念及其价值观所依赖的文化实际上"已死"，教师又怎能将它们复活？当教育机构不再致力于提供尼采所谓的"人文教育"（Humanitätsbildung），会发生什么？[60]

当年轻同道辞掉了教师职位，对向很快会去"找报纸看"的学生传授古希腊文化的徒劳之举感到绝望之时，老哲人鼓励他重拾信心。而哲人给希望提供的理由却加深了前教师的疑虑。老者断定，向好的变化（如"真正德国精神的更新"）将要发生，但这些变化的机制以及它们怎样才能开始运作却仍不明朗。在老哲人眼中，更加具体的进步渠道（如德意志古典主义）也有同样情况。他认为，正确地学习席勒和歌德，将帮助文理学院学生通向古希腊文化；但他也承认，现在的学生连德意志古典作品都读不了，遑论希腊经典。现在已经在"最狭隘、最受限的观点上"走得太远；这些现代学科学术的观点"在某种意义上是正确的，因为没有人有能力达到甚至看到这些观点的错误之处"。[61]年轻同道"声音中带着情绪"问："没有人？"随后，他和老哲人都陷入了沉默，《我们教育体制的未来》第三讲也在沉痛中结束。

通过哲人和同道的种种对话，尼采描绘了他在其他文章中所谓的"无休止的世俗化"。他在巴塞尔讲座的续作《作为教育者的叔本华》（1874）中写道，"宗教的洪水消退"，而"各门科学毫无节制地和极盲目地……劈散和分解一切得到坚信的东西"。[62] 康德主义者、黑格尔主义者（左右皆然）、马克思主义者在自己世俗化的历史哲学中饶有兴致地预见理性在历史中的实现；尼采不同于他们，理性进步的前景并不令他感到欣喜。[63] 在他看来，世俗化——或者尼采使用的德语词更直接的译法"现世化"（Verweltlichung）——并不必然意味着对理性思想和理性辩证普遍而共享的交流。它反而只能带来参差，带来"过于丰富的求知欲……不知餍足的发现之乐……对当前事物的轻率宠爱或者麻木背弃，一切都要从世俗的观点看（sub specie saeculi）"。[64] 在尼采看来，这正是现代人文学的问题所在：它们能否既保留学科知识的形态，又作为需要其从事者的信仰和崇敬的文化实践发挥作用？

尼采与洪堡

在《我们教育体制的未来》中，尼采对教养和学术的回应主要是对未来教学的一种激进而略显模糊的设想。不过其激进性并不总能得到认识。实际上，评论者常称他的教育讲座听似洪堡的"新人文主义"。[65] 这种论断不无道理：尼采与洪堡一样，认为教育过程的核心是通过对最高级机能的自由培养来塑造个人。因此可以说，尼采的教育模式吸收了新人文主义的民主情怀。尼采担心国家利益侵入大学，也与洪堡对大学和国家之间关系的忧虑相似。此外，尼采还和洪堡一样极力推崇某种包容。作为一个得到官方认证的"贫困生"，他担心有天分而经济拮据的学生得不到深造。（即便考虑到通胀，19世纪在德国做大学生的成本也呈涨势，而个人经济困窘的学生能得到的公共支持更谈不上充足。）尼采在巴塞尔讲座中反复暗示，没有这样的包容性，教育系统便不能有效促进智识的卓越。

于是，尼采不时会认同新人文主义的传统（及其包容精神）。讲座明确祭出"经典教育"（klassische Bildung）的理念，而这个词带有洪堡的味道。另外，《我们教育体制的未来》中几处关于希腊范本的论述，仿佛是在尝试引入德意志古典主义的精神——这是尼采许多同辈在讨论学校问题时的办法。老哲人动情地（甚至有些浮夸地）笃定说，德国学生必须有"这些教师、我们的经典德语作家，在他们追寻古代的旅途中也将我们卷在羽翼之下，一同去往那寄托着最深切的渴望的土地——希腊。"[66]

不过，除了这些相似之处，被尼采捧为现代德国人模范的古希腊和德意志古典主义与新人文主义者所崇敬的有着深刻的差异。以洪堡为例，他赞美希腊文化对不同属性的和谐平衡、体现出的对称和简洁等方面。[67]老哲人不认为研习希腊能够推动发展（或教养）的过程，以使德国人也具备这些素质。温克尔曼（J. J. Winckelmann, 1717—1768）曾赞雍容和庄静是古希腊文化的核心准则，并首先详述了德意志古典主义的理念，而后来的尼采颂扬的则是希腊人的"凶蛮"和"动物般的破坏欲"。[68] 如老哲人所言，"对文理中学真正的精华和革新，只能始于对德国精神的深刻而暴力的净化和革新"。[69]

洪堡及其同辈中没有人在论述教育改革和教养之时赞美"暴力的净化"。他们也不会欢迎尼采的老哲人所强调的限制自由："所有的教育都恰恰始自近来每个人都高度景仰的'学术自由'之反面。"洪堡认为学校和学生都需要学术自由，而且每个人（至少每个男人）都有潜力得到教养，发展出"自由自律的个性"，脱胎成为"完全的人"。洪堡在一定程度上受到了民主思想自我观念的启发，他的古典主义是自由式的。

不过，也不应夸大尼采与新人文主义的距离。洪堡尽管强调自由，但也认为教养要涉及"限制"（这是他著述中的一个关键词）和服从。[70] 据说他钦慕费希特在1811年就任柏林大学校长时高扬而严厉的演讲。费希特呼吁，为了更高级的自由，应严格规训学生。因此，尼采在巴塞尔的讲座中嘲讽鼓励"自由个性"（过早地）把握古代经典的教学之言论时，针对的不是新人文主义本身，而是（在他看来）它在19世纪的腐化。这组讲座在论及服从时使用的更激进的辞藻并没有让它们与新人文主义决裂，而只是让后者的某些元素更加极端。

最令老哲人烦躁的是"每个学生得到的待遇都好像他们拥有文学能力，他们都**被允许**对最严肃的人和物发表意见"，而"真正的教育却只会尽其所能地**压制**这种允许年轻人自由判断的荒谬主张，并让他们严格服从于天资的权杖"。[71]

老哲人对德国文理中学学生的鄙夷，是尼采在《查拉图斯特拉如是说》（著于 1883—1885 年）中对"末人"相似的轻蔑描述之先声：

大地变小了，使一切变小的末人在大地上跳着。他的种族像跳蚤一样消灭不了；末人寿命最长。

"我们已发现幸福。"——那些末人说着，眨眨眼睛。他们离开了难以生存的地方；因为人需要温暖。人们还喜爱邻人，靠在邻人身上擦自己的身体；因为人需要温暖。

生病和不信任，在他们看来，乃是罪过：他们小心翼翼地走路。还要被石头和人绊倒，那就是笨货！偶尔吸一点点毒：可使人做舒服的梦。最后，吸大量的毒，可导致舒服的死亡。

他们还干活，因为干活就是消遣。可是他们很当心，不让消遣伤身体。他们不再贫穷，也不再富有：贫和富都太费劲。谁还想统治别人？谁还想服从他人？两者都太费劲。

没有牧人的一群羊！人人都想要一样，人人都一样：没有同感的人，送进疯人院。

"从前全世界都疯狂。"——最精明的人说着，眨眨眼睛。

他们很聪明，所有发生过的事，他们都知道：所以他们嘲笑的对象没完没了。他们还互相争吵，但很快又和好——否则会影响他们的消化。

他们白天有白天的小乐味，夜晚有夜晚的小乐味：可是他们注重健康。

"我们已发现幸福。"——那些末人说着，眨眨眼睛。[72]

尼采对伤怀学仕之悲叹的每一次变奏，依靠的不是每则论断命题的真值，而是修辞的力量；按照肖的解释，尼采想让"我们〔读者〕在自己身上看到'末人'，同时觉得他是可耻的"。[73]尼采巴塞尔讲座中的可鄙师生、《查拉图斯特拉如是说》中的"末人"、《快乐的科学》（1882）中高傲的旁观者都预设了一种反理念：一种更健康的生活方式。尼采希望激起对另一种形式的道德权威的渴望。虽然他的作品中对可鄙形象的描述相当一致，但反理念和道德权威的新形式则不甚然。不过，人类**确实**需要这样一种完整的理念和有全面指导意义的道德权威——尼采似乎从未怀疑过这些。不过仍然未决的问题是：这种形式的权威来自何处？如何令人信服而忠实于它们？尼采作为基督教的严厉抨击者，在他看来，世俗化之所以是问题，是因为它让现代人离开了道德和精神上伟岸的模范，疏远了能够维持它们的生活方式，也就是古希腊人的范式。

尼采满眼只见追求舒适的自取灭亡，以及不愿为了更好的生活形态而承受或遭受他人痛苦的众人，他只能相信例外的存在；他从很早就认为教育的最终目的是促成这种人的成功。"我的宗教——如果我可以这样叫它，"尼采在 1875 年写道，"其任务是创造天才。"[74]此言响应了巴塞尔讲座的一个核心主张。在老哲人看来，文化是由天才创造、传播的，来自如希腊人和罗马人所知的"倾注一切"的训练和极致的严肃。因此，教育的目的应是成就天才；没有滋养，天才便不能茁壮——这不利于共同体或国家。《我们教育体制的未来》不时会把天才放到传统语汇的框架中，将之视为产出真正艺术作品的媒介，康德曾有此论。[75]尼采想到的肯定是瓦格纳，后者可能参加过巴塞尔的第二场讲座。年轻同道把天才说成瓦格纳想要成为的那种文化救世主——"救我们于当下之人"。这组讲座整体上提出，对于国族认同而言，天才应具有瓦格纳认为自己和自己的艺术所具有的那种意义。

老哲人以为天才的出身超越文化，有"形而上的渊源"。不过矛盾的是，一名天才也能具备一个迷失自我的集体的真正性质，并成为其象征：

> 要天才诞生，出现于一个民族；如实反映一个民族的整体形象和特殊优点的全部风采；以一个个体象征性的存在、用他永恒的作品展现这个民族最高贵的目标，并以此把他的民族与永恒相连、使它从不断变动的暂时领域中解脱出来——只有天才在他民族文化母亲般的怀抱中得到成熟和养育，上述一切才能实现。[76]

老哲人似乎并不在乎只有一小部分学生是这样的天才。他认为，一个天才能够对周围的人产生转变性的影响。讲座结尾便是哲人用一则比喻说明这一点：一个天才被置于乐团中，而其他成员则是粗疏的庸人——在他看来，这正是 19 世纪德国的特产：

> 不过最后，让我们放飞想象，把一个天才、真正的天才，放在这堆人中间。一些难以置信之事即刻发生。这个天才仿佛是通过灵魂的瞬间转移，到了这些蛮子身上；现在他们向外看去的只有同一只有灵性的眼睛……当我们观察这个乐团，看它最崇高的激荡和最深切的悲伤……你也会感觉到领袖和追随者之间一种既有的和谐应该是什么样，以及在灵魂的尊卑有序之中，万物是如何同心勠力创建这样的构造。不过你可以从我的比喻中猜出，我眼中真正的教育制度之样貌，以及我为什么毫不认为大学配得上这个地位。[77]

没有正当的纪律，学生数量有增无减，又缺乏适于天才的环境，普鲁士的学校提供的只是"无序和混乱的狂欢；简而言之，是我们新闻业和我们学者的文学特征"。[78] 因此，讲座描述的是德国学校自取灭亡的一种恶性循环。

而德国教育和文化的弊病最终只是更深层问题的一个表征，其根源是一个文化正奋力地在现代中——即上帝死后——寻找有意义的、可持续的生命形式。诸神和偶像的黄昏并不意味着宗教的终结。人类总是要动用这种承载着意义的技巧和习惯。尼采关心的是基督教的行状一旦散尽，取而代之的将是哪种活动，以及它们能否促成文化的强健。

尼采特别关心国家如何让自己渗透到所有其他形式的权威中，摆布其他共同体、机构和实践的内在目的和福祉，为自己更狭隘的利益服务。[79] 他认为国家自私自利、虚伪至极的"造神运动"，腐化了基督教，"因为百千次被用于推动国家政权的碾磨，基督教逐渐地病入膏肓、装模作样、虚情假意，一直堕落得与它原初的目标相矛盾"。[80] 在巴塞尔讲座中，尼采担心国家会篡夺教育机构（文理中学和大学）在文化和道德上的权威，并践踏广义的智识生活。但尼采认为健全的具体生活方式和价值观又是什么？哪些反理念和其他价值观能够优于那些"末人"指引自己可鄙生活时所使用的？

在巴塞尔讲座和同时期其他关于古代的文章［如《荷马的竞赛》(*Homer's Contest*)和《悲剧的诞生》］中，尼采提出了同一个问题：哪种生活方式能够维持一种与基督教不同或并行的文化？[81] 在尼采看来，基督教代表的是不健康的、特别现代的存世之法，其行为培植的是羞耻、愧疚、悲观和对另一世界的向往。人们需要新的、更健康的生活方式。

尼采认为，现代文化在新帝国得到了最为突出而病态的表达，其特点是通过教育和媒体机器培养和极力固化虚假的个体性。它是一种商品化的人格，无异于对偏好和意见的无力宣示，而这些偏好和意见实际上只是更宏观的文化势力和机制的产物。现代文化缺失的是能够帮助现代德国人抵御甚至克服新国家的这些表现的伦理资源。

尼采相信古希腊提供了这些伦理资源。然而，现代最深切的一个悲剧是，学者不再帮助人们，以有助于文化和生活的方式获取这些资源。学者成了现代的衙役，反而使古代干枯。《我们教育制度的未来》中的老哲人实际上把当代语文学斥为文化衰落的又一例证：

> 对永恒的问题深刻的探索逐渐被代以一种历史的、语文学的思考和询问：某个哲学家怎么想、没怎么想？某部文本是否应归属于他？甚至——对某经典文本的某种解读是否能合他人之意？如今我们大学哲学研讨会上的学生被鼓励着思考这些被阉割过的哲学问题，而这样的学术是语文学的一部分，我个人早已司空见惯。结果当然是，**哲学本身**完全被逐出了大学。[82]

讲座数年之后，尼采为一篇他暂定名为《我们语文学者》（"We Philologists"）的文章写了一些注解。他在此展开了在讲座中开始得到成熟表述的对自己学科的批评。尼采仍然认可自己的学科（毕竟是"**我们语文学者**"）；他只是哀其不幸。

尼采在 1875 年写道，真正的学术业已因为秉持着"虚假标准"的"大多数"学者的"无能而变得虚假"。[83] 曾经有一门真正的学科，有值得敬仰的学术文化，但它的堕落如今体现为一个知识分支的崩溃，其中"百分之九十九的语文学家……不应该是语文学家"。[84] 大多数进入语文学领域的人都把它当作一个职业，当作现代劳动的又一实例，他们从事着资深学者安排的、以智识产业专门化形式出现的散碎任务。

他们在这种幻觉之中盲目地工作：勤奋和关注细节会让他们把古代焕然一新地、完好无损地重新组织起来。这种现代的"学汉（der wissenschaftliche Mensch），诚是自相矛盾的存在"。[85] 在现代性的灾难展现在"学汉"周围时，他们却翻弄着故纸堆里的细枝末节。

产业语文学

在哀叹语文学如何运行得像工厂一样之时，尼采心中或许首先想到的是历史学家蒙森——他称自己的著作是"学术中的重工业"。为他赢得 1903 年诺贝尔文学奖奠定基础的《罗马史》（1854—1856）的出版，让蒙森成为了德国学术界内外的大人物。马克·吐温就曾记录了电车售票员在柏林街上认出蒙森时的激动之情。但蒙森实际上从未完成自己的罗马史，而是转身投入了巨大的精力组织大型数据收集工程——如今所谓数字人文的 19 世纪版。这些工程的规模堪比自然科学学术研究，并且打动了政府拨款机构而获得其慷慨解囊。到 19 世纪末，他旨在收集前罗马帝国疆域内所有拉丁语铭文的拉丁语铭文集成（Corpus Inscriptionum Latinarum; CIL），为此，他筹集了相当于现在 250 万美元的资金。研究古代世界的重大学术工程对普鲁士和之后的德国有代表性价值。蒙森写道，支持他工作的部长阿尔特特霍夫（Friedrich Althoff）相信"学术和国家之间有深刻的内在联系"，对"普鲁士的伟大和德国在世界中的地位"有不小的意义。[86] 蒙森 1873—1895 年间在普鲁士科学院——国家最重要的拨款机构——任常务秘书对此也有帮助。

蒙森毫不避讳自己居高临下的管理风格（"一人领导、多人劳动"，他写道），他麾下有百余名学者，他们像一支搜集大军一样集体行动，发挥着狭隘而机械的功能——创造了一种不只在人文领域得到广泛效法的模式。[87] 比如，他的组织活动就启发了德国天文学家奥维尔斯（Arthur Auwers），使后者成功地推行了在 1750—1900 年间收集和比较所有恒星观测数据的工程——恒星位典（Thesaurus positionum stellarum affixarum）。[88] 不过，虽然蒙森热衷于严格管理学者（他称他们为"工人"）并让他们专注于个人的技术任务，但他本人却对专业化感到担忧。

与很多 19 世纪德国学者一样，蒙森也慨叹所有知识统一性之理念的消逝。学者丧失了它带来的目的感，变成了"无主的旅人"，他如是写道。[89] "我们不是在抱怨也没有责怪，"他继续道，"果实成形时花朵必然凋零。而我们中最优秀的人现在发现我们已经成了专家。"[90] 一些证据显示，蒙森认为在他以自身行动大力推行的专业化文化之中，形成一定的规模或体量是维持新人文主义理念的办法。

蒙森的大人文学工程被安排在普鲁士科学院——也就是大学之外，因此其效果之一是促成了教学和研究的分家——洪堡极为重视二者的结合。不过洪堡宣称这些工程让科学院成为一种新的模范共同体。不管有意还是无意，他祭出的都是新人文主义描绘学院时的语言——此地与大学不同，其中"平等的个人"齐聚一堂追寻他们的智识事业，不考虑"阶层和等级"。[91] 哪怕生产方式具有工厂风格，学院在某个关键的方面，还是比 19 世纪末"全职教授"和朝不保夕的兼职讲师组成的大学更接近新人文主义教育改革所设想的以教养为务的大学。

但是蒙森的同辈（和稍后的评论者）并不支持他重塑新人文主义传统的尝试。哲学家狄尔泰在 1895 年谈到蒙森时写道："很难想象有人在写到基督教初期的时代时不带任何宗教情感。"在狄尔泰看来，这意味着全无认同感。[92] 年轻尼采所仰慕的巴塞尔学者大多厌恶蒙森，认为他是打消古典世界魅力之人、人文学科普鲁士化的元凶。蒙森在 1851 年痛斥了这些学者之一、语文学家巴霍芬（Johann Bachofen），因后者没有分辨哪些是关于古罗马语言、习俗、宗教、法制的"真正"知识，哪些是文学传承中"后世学者和诗人对愚昧传说的絮语"。[93]

巴霍芬回应道："蒙森真正关心的不是罗马和罗马人。那本书［《罗马史》］的核心是……［借助罗马］神化新普鲁士无尽的极端主义。"[94] 与巴霍芬一样，布克哈特也有这样的质疑：蒙森的工程虽然体量浩大，但是否为思考古代的成就留下了空间？格罗斯曼（Lionel Grossman）总结了蒙森批评者的印象说：蒙森及其普鲁士同事"抹杀了［古代的］辉煌和所有让它独一无二、异于现在、更加伟大、更富人性的东西"，把它"重塑成了与灰暗零碎的当代柏林相符的模样"。[95]

不论这些印象最终是否准确，它们的意思都很明确。蒙森基本不在乎古代文化如何能够帮助 19 世纪末的德国人认识自己、学习应该如何生活。他关心的是真实性：铭文是确实存在的对象，能够为标准化的机械程序所检验。碑刻的编辑者几个世纪以来都对出处不详的铭文或赝品感到困扰。为了去"伪"存"真"，蒙森设计了一套体系，把金石学推进成为一种专业化的、高度技术性的科学，并借鉴了语文学的现代批判方法。[96] 在他看来，19 世纪末历史研究的目标是为未来的学者提供资源，而后来者终有一天能够解读古典文化。同时，学者必须克制自己，一心一意地为未来构建资料库。

蒙森把"我们的吃苦耐劳"誉为德国知识制造业的最杰出的特质，也照此要求为 CIL 劳作的学者，让他啃书本、低薪酬的工人们不顾北非七月的酷暑，不停歇地寻觅整个罗马世界的碑文。这些工人的通信昭示着蒙森对他们施加了怎样的压力。一句来自 1865 年的话很有代表性："蒙森最近一封来信让我觉得我需要一刻不停地为 CIL 工作。"[97] 尼采在讲座中恶评了工厂式的语文学体系，说它"要对浪费掉的每一分钟给予惩罚"。

尼采笔下的危机管理

蒙森忙于组织信息之时，尼采正斥责学者同事们对语文学的真正任务视而不见。他认为，语文学的终极目的不是推进知识，或如蒙森所言，积累"过去的档案"；[98]而是要按照（理想化的）古希腊模范，培养更强大、更健全的人。真正的语文学家不是置身事外的观察者，而是爱古之人，他通过与遥远文化的热情相拥寻求自身的转变。尼采写道，每个值得探索的学术领域都应受制于"生活卫生学"——把一切所学融入当时当地文化的实践活动。[99]

尼采写道，专业语文学家"条分缕析地"拆散了古代及其模范文化，同时相信如此能够"如实地"重构古代，而为世界作出更大贡献。[100]然而，他们用无尽的历史化和批判性的显微观察，让古代世界愈发无关于当下。尼采呼应着歌德、席勒、施莱格尔而相信，古代希腊是一种天才的文化，引人敬畏，催人豹变。[101]它有从现代人的积习和臆想中解放他们的潜力。但语文学已经屈从于专业化及其斤斤计较精神之下。学科的局促让语文学家和如蒙森的古典学者变成了现代学术知识危机的最清晰的实例。他们积习已深、舍繁取简的历史主义已经让他们和学生彻底远离了希腊经典能给现代人提供的帮助，并损害了更健全文化中动人肺腑的一面。他们的现代知识阻碍了自己，也因此妨碍了现代文化的重生。

尼采所谓的"被客观阉割的语文学家"是另一种形式的"末人"——有教无文的自由派庸人、形象可悲的现代人。作为现代知识的又一种主体，他们被教育得自以为是勤奋的典范，但实际上只会"懒散地闲坐在一旁"。学术让他们变得"无力"，不能创造可以维系更佳生活方式的新文化。[102]大学及其次级机构（文理中学）逼迫学生自问：如何能为学科学术牺牲自我、在它的和价值中发现自我（和自己的职业）。但在尼采看来，这是个错误的问题；他们必须要问的反而是，如今的学术对我们的价值是什么？它是不是一项健全的、令人振奋的活动？还是说它像巴塞尔讲座中描绘的文理中学那样，助长的是一种像"不健全的病体"一样"肿胀"的文化？尼采在《我们语文学者》的注解中指出，学术知识最终应该关注当前的问题；古代的价值在于对它的研究如何能对我们的现在产生启迪。在尼采看来，这些主要不是认识论问题——他从不认为关于古代没有真相；问题关于伦理和存在。至少他在此处认为语文学本身并不坏。"对于语文学这个学科，"他写道，"没有什么好反对的。问题在于语文学者也是教育者。"[103]

在《我们语文学者》的注解中，尼采比较了语文学和宗教的衰落：

> 信仰神祇、天意、理性世界秩序、奇迹、（是为某种神圣存在的）圣礼和苦修的宗教都结束了，因为我们能够轻松地把这些事物解释为脑部损伤和脑部疾病的影响。毫无疑问，纯粹的而无实体的灵魂与身体的对立已经基本被消除。如今，疾病、灾难、不幸都由科学的假设和结论所解释。谁还相信灵魂的不朽？[104]

语文学者因此就像是这样的镇民：他们最先开始嘲笑在市场上奔走呼喊着"我在找上帝！我在找上帝！"的疯人，却发现"我们已经杀了他——你和我！"他们傲慢的嘲笑透露出他们不能完全理解上帝之死的道德意味，和他们一样的语文学者也不知道自己对古代造成了怎样的毁灭。他们罹患怀疑主义这种最有现代特征的疾病，却在一定程度上把这种病变成了学术的美德。[105]

尼采认为语文学堕落成一种怀疑举动，不过是已成定局的学科学术的又一种表现。曾经致力于知识和生活统一性的风气，业已堕落成了某种"苏格拉底主义"。不过尼采仍然认为语文学能够帮助现代人在即将到来的后基督教世界中发展出自己的生活方式。他写道，"学科学术"需要一种"健康的教条"、一种更高级的监管、一种形式的"监督"。单纯的"渴望知识"会像"仇恨知识"一样不健全。[106]

在赋予了自己"旧时代，尤其是希腊时代之子"的地位后，尼采在《不合时宜的沉思》中写道："我相信以我古典语文学者的地位，我有资格这样说——我不知道我们时代的古典语文学除以下意义之外还能有怎样的意义：以一种不合时宜的方式探讨我们的时代，即以对抗我们时代的方式探讨它；如此做的期待是，这会对未来有益。"[107] 语文学和研究古代的最终目的因此是更好地理解自己的时代、发展出引领更好生活的文化实践。在这个意义上，尼采对语文学的看法是一种毫不讳言的现在论。它与所有形式的教育、历史和科学的目的一样：在尼采认为不利于个人健全的现代中，塑造个体和集体的生活。人最应该重视的机制"莫过于自己的灵魂"，尼采在《我们语文学者》中如是说。[108]

　　如何追寻关于过去的知识这个历史问题，**以及**如何让它服务于生活，是贯穿在尼采始于《悲剧的诞生》的全部著作中的悖论。《我们语文学者》注解的结尾没有对此悖论展开另一番讨论，而是展现了其种种可能。想要真正有创造力的语文学者，必须提出一个基本问题：希腊和罗马的古典时代是如何成为现代德国精英教育之基础的？尼采写道，"有学者一心一意地致力于研究古代希腊和罗马"——几乎所有受教育的（19 世纪）德国人都会觉得这是理所应当甚至值得赞扬的。[109] 但这些专业化的学者（他也曾是其中一员）为什么要在文理中学中教育德国的未来精英？为什么古希腊和古罗马文化能成为现代德国的模范？尼采简短地表示，其原因是偏见。

　　尼采认为"古典时代"是一种双重投射。[110] 首先，罗马—亚历山大时代发明了一种明确的**希腊**古代；其次，欧洲人（尤其是 19 世纪的德意志人）在几个世纪中发明了希腊和罗马的"古代"，是为现代语文学的一部分。尼采认为希腊文化经历了以苏格拉底为代表的理性化；他的批评部分源于他对理性化之前的希腊文化的偏爱。在《荷马的竞赛》和《悲剧的诞生》中，他认为后世罗马人的古典希腊概念蒙蔽了这种之前的、在他看来更好的文化。正如亚历山大时代的人创造了自己理想中的希腊文化，现代人也创造了自己的古代希腊—罗马——不过他们是以"人"的名义进行的。

　　而语文学偏见也不仅仅是年代错位的问题；更多、更好

的历史既不能减弱偏见，也不能改善德国文理中学。问题在
于整个德国教育体系的思想基础："人"的连续性、道德优
越性和普遍性。尼采提出的改善方法是区分"属人者"（das
Menschliche）和"人道者"（das Humane）。[111] 拉丁语源的"人
道"指的是散漫浮游的抽象概念，而德语语源的"属人"指
的是人类生活的具体形式。"人"指的不是人类普遍的团结、
不是共同感、认同感或者共情，而是投射于某种过去之上的、
用以证明当前利益和关切正当性的模糊愿望和理念。古典的
人是被发明出的传统，而非普遍的见解。

尼采的论述不只关乎历史，还关乎道德。"人"以及最近
才出现的一大串派生词（如人文、人道、人文主义）给抽象
概念和漫想披上了道德的外装，轻易地蒙蔽了构成真实生活
的更加明确、具体、鲜活的差异。而按照尼采的理解，"人"
已经被用作一种道德理由，只要将它祭出，无需证据或证明，
便能解释世界并迫使人在其中行动。

我们将在以后的章节中看到，到 19 世纪末时，"人"亦
已被用作某个被构建的传统中的基本概念和形象：现代人文
学。仿佛"人"将一种共通的探索和知识形态维持了两千
年——从古希腊和古罗马到 19 世纪末的德国。正是在这个意
义上，历史主义和人的问题相交，构成了现代人文学的一个
悖论：如何追寻知识，并让它服务于生活？这种历史悖论与
自然主义的问题相似：关于世界的知识——用尼采的话讲亦
即"神经系统的产物"——何以具备规范的力量？"把人类重

新置回到自然之中"是什么意思？[112] 换言之，关于"人"的知识如何能获得规范之力，并塑造人的生活？

　　虽然《我们教育体制的未来》没有直接提出这个问题，但它强调了伦理期望和教学体验中的差距（这是 1900 年前后人文主义知识命运之辩的中心问题），并借此把历史主义变成了一个问题。巴塞尔讲座确实强调了在当前对古代学习模式进行创造性的重新构想的意义；而当前教学的失败既是尼采终其一生都在分析的现代性弊病的原因，也是其结果。为了让古代成为现代世界的一笔重要资源，现代语文学者必须战胜他们的所爱。尼采认为，把自己从这种悖论中解脱出来的能力，就是他认为既与现代人文学为敌、又不见容于研究型大学的天才。

第四章

实验室中的学仕

在 19 世纪中叶，把人文学科介绍给德意志人的不是语文学家，而是一位生理学家："现实一次又一次地以更加纯粹、更加丰富的方式，向忠实于其法则的科学揭示自身；神秘幻想和形而上猜测的最大努力相形见绌。"[1] 狄尔泰《人文科学导论》的题记如是写道。狄尔泰的两卷本巨著出版于德意志帝国建立十年之后的 1883 年，问世于上一章探讨过的关于教育、产业学术和知识的种种争论之间，为一个初兴的概念（即我们所谓的现代人文）提供了规范性的表述。作为一个一直对生理学和心理学感兴趣的哲学家，狄尔泰把自己的雄心壮志与 17 世纪英国哲学家、政治家培根相提并论——后者希望通过勾画一种"确定的"、归纳的方法，并打破闭塞"人类心灵"的偶像，来为自然科学带来革新。[2]

狄尔泰的题记引用了生理学家赫尔姆霍兹 1878 年就任柏林大学校长时的演说《感知的事实》（"The Facts of Perception"）。虽然狄尔泰曾在柏林师从语文学家柏克，并在 1882 年开始在柏林任教，但他当时并非赫尔姆霍兹的听众之一。不过这无关紧要：如德国人所言，赫尔姆霍兹的很多话语都有翅膀。赫尔姆霍兹在生理学家和物理学家同僚间颇具威望，也以杰出"科学代言人"的身份驰名德国内外。[3] 在 1871 年成为柏林大学生理学系主任时，他已经出版了两部演讲和论文集，受众不只有自然科学界的同僚，还包括各学科的学者和饱学的德国精英。数年之后，他的一部相当成功的译著，把维多利亚时代英国最有影响力的科学家之一廷代尔（John Tyndall）广为流传的著作介绍给了德国读者。[4] 赫尔姆霍兹代表的是一种新式的学者：和他的同事杜布瓦－雷蒙和魏尔啸一样，这些自然科学家不仅进行专业化研究，还主张并维护自然科学高出一等的正当性，认为它们在大学内外都有文化和认识上的权威地位。作为一个"科学意见领袖"小组（其成员只有地位突出的大学学者）的领军人物，赫尔姆霍兹及其同僚并不追求自然科学的民主化，或让它成为公众的知识，而是要把德国精英的权威性和正当性基础从文科教育转到自然科学上。[5] "对自然科学教育愈发活跃的渴望，正在受过教育的人中间躁动着，"赫尔姆霍兹在 1874 年写道，"我不认为它能被无视掉……被当作没有意义、没有成果的猎奇。我认为它是一种完全合理的精神需求，与推动我们当代精神发展进程的力量有深刻的联系。"[6]

不过，在《感知的事实》对自然科学的讨论中，赫尔姆霍兹谈到了它们满足"精神需要"的潜力，也以同等力度强调了它们的局限性。而让狄尔泰对这位大生理学家心悦诚服的，正是科学和学术分科间潜在的局限性——以及这些限制所蕴含的不同知识形式的可能性。《感知的事实》发表在大学讲堂中，听众是赫尔姆霍兹本院系的同事，而演讲的场合有三重意义：纪念国王威廉三世（1797—1840 在位）的诞辰，纪念国王在法国占领时期的 1807 年出资建立大学的决定，把柏林大学的前二十年（1910—1830）追封为诗人和哲学家的时代。在这个适于庆贺的场所和场合，赫尔姆霍兹显然感觉到一种发人警醒的需求。校长对他的同事说，德国人追求统一的斗争仅仅过了八年，国家就失去了"对人文的永恒渴望"；过去滋养这种渴望的，是大学及其持久的科目：学科学术，或基于大学的学科知识。他继续道，这所德国知名大学现在面临的问题是，它该如何克服到处泛滥的"对所有人文理念之益处的冷嘲热讽"。[7]

　　虽然在如费希特和施莱尔马赫的哲学家的助力之下，一所大学得到建立并获得名望，但如赫尔姆霍兹所言，七十余年后的现在，自然科学家最有能力捍卫这些"理念之益处"，并引领大学走过现代。赫尔姆霍兹把自然科学家这种新的学术形象地描述为"敏锐的思想者"，他们"对真理有不可遏制情感"并渴望"经验的事实"。[8]成就这些美德的是自然科学的"确定根基"，它们抑制了所有超出事实基础进行假设的倾向。赫尔姆霍兹知道他对认识局限性的发言可能会让院系的同事感到惊讶，认为它与德国哲学家们制定的"高调计划"

相比过于"卑微"，因为后者满足了他们对黑格尔所谓"绝对知识"的渴望。[9] 赫尔姆霍兹虽然不愿向柏林的同事摆出形而上的见解，但他确实给他们下达了道德指令：每个人行事时，都应该把自己当作"紧盯着真理和现实的凡人"。[10] 理想的自然科学家，他们应立志成为的人，要培养出对"法则般的规律性"近乎严苛的关注，并"忠于真理"。[11] 这是新时代的新美德，而自然科学家则要成为道德模范。

狄尔泰和许多同代人一样，都像赫尔姆霍兹一样坚定地致力于他们认为特属于现代的知识形式：（以大学为基础的）学科学术。最重要的是，狄尔泰和赫尔姆霍兹相信这个意义上的学科知识已经将人从神学教条和形而上狂想中解放出来，虽然两位学者都对这种知识更加唯心主义的起源仍然存有怀疑。[12]

不过，对于狄尔泰而言，还少了些什么。自然科学家在坚定不移地追求因果解释时，罔顾如理念、意义、价值等事物，在世界中给自己划出了明确的人类的、道德的存在方式。认识到这种空白之后，如狄尔泰的知识分子和学者预言现代人文学不只是一组专业化的学科，还是"人文本身"。[13] 现代人文学、于19世纪末和20世纪初先后在德国和美国得到制度化的学科形式的知识，以及定义和维护它们的文章，被许多19世纪末的德国精英和知识分子创造出来，用以弥补在自然科学上位之时，他们所感觉到的历史、概念和道德上的缺失。

在如狄尔泰和赫尔姆霍兹的学者为学术知识的权威性、正当性、局限性立论之时，德国大学正在经历深刻的、在很多人看来颠覆性的变化。如第二章所论，学生数量迅速增加。在 1820—1870 年的半个世纪里，数字一直稳定在 13000 上下。而就在此后的四十年中，学生大学注册学生总数翻了两番，国家在研究活动上的花费增加更甚，入学要求发生变化，女性可以入学，许多用于专业研究的工具和技术也得到革新。在柏林大学建校百年的 1910 年，这所由洪堡及其同辈所构想的德国研究型大学已经发生了根本的变化，虽然百年庆典的演讲之中还回荡着关于延续性的辞藻。

这些变化中的另一个关键元素是，一系列知识分子和学者尝试把一些之前相互独立的学科和领域，整合并制度化成一项基本融通的事业，归于"精神科学"（Geisteswissenschaften）（我们将它译为"现代人文学"）的大旗之下。[14] 从狄尔泰到我们的时代，"精神科学"的倡导者们对它的叙述中一直充斥着危机和衰落——资本主义、工业化、技术和科学侵蚀着人文学的文化正当性和认识权威性。历史学家林格（Fritz Ringer）用"学仕"一词指代思想几近反动的德国人文学者。他们抨击自由主义国家，不满自己的文化地位和权力在 1900 年前后丧失；这些人的特质，仍然适用于政治上或进步或保守的人文学支持者，不论他们强调的要点、认识的信条、辩护的策略有怎样的差异。[15] 在近一百五十年间，"人文学危机"的呼声已经构成了一种体裁，其特点保持了相当的一致性：对导致衰败的现代机构的焦虑，权威性和正当性的丧失，面对让人疏离并异化于自身、于彼此、于世界的种种力量时对"人"的呼唤。这些呼声通常会引向同一个相当自相矛盾的结论：现代性毁掉了人文学，但只有人文学能拯救现代性——在这种循环的救赎论中，克服现代性危机是人文学的使命。没有危机感，人文学既无目的又无方向。

还有另一则悖谬之处。虽然衰落论通常都做出相反的表示，但它们在不经意间证明人文学并非诞生于现代的动荡之前，而是出现在其中。现代人文学的核心论述响应了我们在第一至三章中考察过的行文传统，显示出那些让人文学捍卫者不安而警觉的力量也造就了人文学本身。对此，狄尔泰在历史上、修辞上、哲学上和伦理上皆是典型。他试图把现代人文学定义成一种特别的知识形式并加以维护，其基础很大程度上是这个论断：这些学科能够实现一种关键社会功能，即为现代的文化和社会危机令人麻木而衰弱的影响提供精神上的补偿。在 19 世纪最后的三十年里，这些所谓的劫难最突出的一个表现就是自然科学。狄尔泰《人文科学导论》的题记明确指出了自然科学是如何构成了人文学旨在提供的那种知识。在他看来，人文学的特质来自对世界科学的排序和祛魅；这既危及人文学，又使它们变得现代。危机既是人文学的命中之劫，又是它的存在之理。

狄尔泰、赫尔姆霍兹和其他论述知识局限性和可能性的人，都生活在魏尔啸所谓的"自然科学的时代"。[16] 魏尔啸这

位 19 世纪的德国医生既推动了病理学作为一门学科的确立，
又像赫尔姆霍兹一样是自然科学的主要普及者。1893 年，魏
尔啸在作为新当选校长向柏林大学同事发表的讲话中指出，
亚历山大·冯·洪堡（Alexander von Humboldt）在 1827 年德
意志自然科学家和医师大会上的开幕演讲标志着这个新时代
的开始——这是德国开始成熟的时刻，从诗人和哲学家的国
度迈向生理学家和物理学家的国度。[17]

　　但如第一章所见，对形而上体系的鄙夷并没有打消统一
所有知识的愿望；它仍然徘徊在如魏尔啸、赫尔姆霍兹和同
是生理学先驱的杜布瓦－雷蒙的学者们心中。这种愿望实际
上造就了他们对勃兴的自然科学的希望和矛盾看法。[18] 在赞美
"自然科学的时代"之时，魏尔啸也承认关于"人类心灵本质"
的问题仍然悬而未决。他还警告道，自然科学家无法回答这
些问题会给"神秘主义"和如反犹主义的非理性运动"敞开
大门"。[19] 杜布瓦－雷蒙曾在 1872 年就自然科学的局限性进行
过一场划时代的演讲。他和魏尔啸、洪堡一样，认为严守自
然科学的边界是真正的现代而自由的学术之大美。这三位在
19 世纪末的德国推动了自然科学大众化、合理化的实验室学
仕明白，坚持自然科学在认识上的局限性，在文化和伦理上
是一柄双刃剑。诚然，哪怕他们担心形而上学和神学之秘术
的回归，最终却还是在无意之中助长了现代人文学叙述文章
和自我解读的创作。

　　害怕自己即将无足轻重或地位衰落的知识分子和学院派

人文主义者（如狄尔泰）密切关注着自然科学家确立知识边界的举措。他们最终接受了自然科学家在承认自然科学的不足并请求解决这种不足时留下的这扇虚掩的"大门"。对 1900 年前后的大多数德国知识分子和学者而言，这扇"大门"的后面不是通向形而上狂思和神学设想的回头路，而是可能满足自然科学时代已知的社会和道德需求的资源——在尼采看来，这个时代的精神已因"世俗化"的动荡和宗教的"衰微"而贫瘠。[20] 不过，"大门"后有什么，以及像现代人文学这样定义不明又草创待发之物如何能满足这些需求，仍不明确。为了合理地宣称自己拥有文化和认识上的权威，人文学必须是合乎科学的（wissenschaftlich）：它必须体现出专业化、学科化，并展现出以大学为基础的知识的优势和实践。但人文学的学术又不能像上一章探讨过的大型的、数据主导的语文学工程那样；它必须**更**不同于自然科学。如哲学家李凯尔特（Heinrich Rickert）在 1890 年所言，它所需的是"非自然科学的"（nicht naturwissenschaftlichen）学科。[21]

生理学的兴起与穆勒门下的学仕

1850 年左右，有一个学科特别能够体现德国自然科学蓬勃的成绩和地位：生理学。而其中最能代表其权威性和正当性的学者莫过于杜布瓦－雷蒙、赫尔姆霍兹和魏尔啸。他们都曾师从穆勒（Johannes Müller，1801—1858），他百科全书式的《生理学原理》（*Elements of Physiology*，1838）训练出了德国第一代生理学家。穆勒在 1833 年受命执掌柏林大学医学院解剖学和生理学方向，此时实验生命科学的中心正开始从巴黎、牛津和剑桥转向柏林；而在黑格尔死后不过两年之时，普鲁士都城的智识和学术风貌也在发生改变。[22] 甫至柏林，穆勒就把大学的解剖观摩厅和博物馆改造成了"散发恶臭"、设施简陋的实验室。他不知疲倦地工作，讲授生理学和人体解剖，每周主持十三个小时的解剖实验，监督柏林的解剖学会和解剖博物馆，管理所有普鲁士大学的资格考试，还能挤出时间进行自己的研究和写作。[23] 穆勒认为，理想的生理学家既能仔细观察自然形态和物体，又能对其关系进行更具有哲学意味的理论设想。[24]

正是在刺鼻而拥挤的解剖博物馆和解剖学院里，杜布瓦-雷蒙、赫尔姆霍兹和魏尔啸遇见了这位巨匠，他在数十年里都被奉为自然科学之美、之理、之失的典范。三人在生理学领域站稳脚跟后，虽然最终都对恩师展开了批评，但他们还是把穆勒当作效法和超越的偶像。在黑格尔去世、唯心主义失势后的柏林，**他们的**穆勒拥护实验观测，强调工具和技术辅助（特别是显微镜）的意义，坚持实验的价值，试图以物理定律解释生命，致力于方法论。[25] 穆勒要求学生使用显微镜，并以此把研究生命过程与工具和技术联系在一起。[26] 他还以种种方式帮助学生成为职业自然科学家：确保学生能够使用工具和标本库，帮助他们出版研究成果，推荐他们走上学术（和相关）岗位，甚至还曾帮赫尔姆霍兹免于兵役。[27]

不过，穆勒的高足们在研究和职业得到发展之后，开始让自己区别于恩师。比如，杜布瓦－雷蒙讥笑穆勒的自然科学"理论教育不足"，是"活力论的狂想"，"数学概念"不充分；[28] 魏尔啸批评他坚持认为病理学的生成物是"确定、完成的事物"，而非"发展的"组织；[29] 赫尔姆霍兹或许更加温和，评价他因专注于形态学和解剖学技术，而更难接受源于化学和物理的方法。[30]

在杜布瓦－雷蒙、赫尔姆霍兹和魏尔啸看来，穆勒不只是一名学者（Wissenschaftler），更准确地说，他是自然科学家（Naturforscher）。他们都以自己的方式，把穆勒当作自然科学家的模范。例如，赫尔姆霍兹写道："有一个人启发了我们的工作，并把它引向正途：生理学家约翰内斯·穆勒。虽然在理论观点上，他仍然同意活力论，但在最重大的问题上，他是坚定不移的自然科学家。他把所有理论都看作假说，它们需要得到事实的检验，也只有事实能够检验。"[31] 由穆勒及其学生共同实践、理论化并最终推广的自然科学概念之核心是这样一种信念：自然科学最核心的元素是一组个人和集体的实践活动；通过这些活动，人按照不同的认知理念和美德得到塑造。赫尔姆霍兹、杜布瓦－雷蒙和魏尔啸最终实践和发扬的生理学，不只出产关于生物电、感官感觉或人类疾病的知识，它还发展了人类心灵、肉体、道德的潜力。生理学是一种自然科学的教养——或道德塑造。

杜布瓦－雷蒙、赫尔姆霍兹和魏尔啸试图使自然科学——

特别是生理学（对魏尔啸而言则是病理学）——在科学家群体内外都得到发展。作为备受尊敬的研究者，他们把自己特定的研究领域当作有其自身内在价值（新知识、学科连贯性、学术群体）的现代的、基于大学的学科来探索和理解。他们还认为自然科学是一项集体事业。这三位自然科学家不仅提出关于心理、神经和感知过程的理论，设计并进行实验加以检验，收集并分析数据加以完善和修订，还参加各种科学社团和协会；更重要的是，他们还为 19 世纪如雨后春笋般出现的专业学术期刊承担编辑、校读和撰稿工作。杜布瓦－雷蒙和赫尔姆霍兹是柏林物理学会的重要成员。魏尔啸 1847 年创办了《病理解剖学、生理学及临床医学档案》（*Archive for Pathological Anatomy and Physiology and for Clinical Medicine*），他和合作编辑想把它办成致力于培养"自然科学视角"的"得到悉心编辑"的刊物。这些活动都是赫尔姆霍兹所谓集体"知识组织活动"的一部分，他认为这种活动是每个现代学者的责任。[32]

在科学界之外的学术圈和更广阔的社会中，杜布瓦－雷蒙、赫尔姆霍兹和魏尔啸把自然科学当作一笔公共财富而加以推广；他们进行此举时的身份，时而是目标一致的文化和科学社团的成员，时而是独立演讲人和撰稿人。作为文化精英阶层中耀眼的成员，他们公布并维护了自然科学的承诺：了解自然世界、技术创新、社会进步和教养。1849 年，魏尔啸合作创办了另一刊物——《医疗改革》（*The Medical*

Reform）周刊，其目的是让医师带来的社会进步为公众所知，并以此确立他们的"科学"专业地位，进而证实他们的文化权威。[33] 杜布瓦－雷蒙、赫尔姆霍兹和魏尔啸进行各种演说：在公开讲座中面对同是文化精英的人群，在国民大会和集会上面对专家，在传统大学庆典上面对来自各个学科的教员。很多讲话都是在集体纪念和机构庆典中完成的，如任柏林大学校长时发表的讲话——在 1869—1893 年间，三人都曾于不同时段担任该职。

很多较公开而官方的演讲很快就在期刊或文集中发表，还得到了脚注和详细书目的支撑。虽然这些演讲的语调常像做法一般，且洋溢着对德国文化之伟大的虔敬，但写作技巧还是很高超。如电气工程师、同名工业巨兽缔造者西门子（Werner Siemens）所言，它们是在消除"迷信"，保证技术无限地进步和推进工业。[34] 它们还促使读者认为，自然科学和自然科学家能够提供"人文主义之所需"："维系人类的健康、福祉和道德"。[35] 在摆出自然科学有望立刻给社会带来实际的益处之时，他们也不忘把自然科学说成是博雅教育和教养的核心元素。

哪怕出身自然科学界，赫尔姆霍兹、杜布瓦－雷蒙和魏尔啸这些为人文主义教养和博雅教育发声的文化精英同时也是学仕。但他们与林格研究中描述的 1900 年前后的反动人文主义者不是同类。[36] 林格"学仕"的概念借鉴自马克斯·韦伯，后者在自己世界宗教社会学的论著里用这个词描述一个独特的文化阶层：在几个世纪里，中国政府的文职人员都出身于这个阶层。[37]虽然每个中国仕人的等级由他通过的考试数量决定，但这个阶层的总体特点是其接受过文化教育，或韦伯所谓的教养。对中国仕人而言，教养是通过"习文"而得到的知识。他们的权威性和正当性来自对文本的知识和与文本互动的能力。

把学仕这个概念转用到 19 世纪德国时，林格描述的是一整个因"教养上的不同"而区别出的精英阶层。其成员中有公务员和国家官员，他们所享有的特权和威望不仅来自他们的技术知识和技能，还来自他们接受的"通识教育"（借林格语），特别是传统文理中学的教育。[38]因此，除知识之外，德国教育体制还制造促成学仕阶层的社会纽带和社会差异。

林格和韦伯笔下的学仕的文化权威来自文学教养，尤其见于语文学和哲学；相比之下，魏尔啸、杜布瓦－雷蒙和赫尔姆霍兹这些实验室学仕的文化权威和正当性来自他们自然科学家的身份。而归根结底，让他们成为学仕而不只是自然科学家的，是新人文主义认为的"研究是一种教养形式"的概念。[39]这些实验室学仕用各自的方式采纳了先由康德和席勒阐明，后被费希特、洪堡和施莱尔马赫发扬的新人文主义文化观。康德在 1788 年写道，文化是"培养的是理性存在通过自由设立自己目标的能力"。他继续道，"艺术和科学"让人为理性权力的"统治"和"灵魂的力量"的提升作好准备。[40]对实验室的学仕们而言，自然科学已经如杜布瓦－雷蒙在

1977 年所写，成为"文化的绝对器官"，因此是道德转变的关键动因。[41]

在为现代自然科学奋力争取"文化权威和道德转变之源"的合法性地位时，实验室的学仕们也试图在以下两者之间取得平衡：一是他们眼中自然科学的严重功利风气；二是由语文学、哲学、历史学所代表的教养和学科学术的认知理念——知识统一性、对科学实践内在价值的专注，以及知识实践在伦理上的潜力。[42] 他们尝试解决这些冲突的办法，不只是如赫尔姆霍兹所言的赞美"人的力量通过机器（如蒸汽引擎、加农炮、织布机）而倍增"，还有把这些发展理解成新的人文主义的预兆甚至推动因素。自然科学是博雅教育和学习的现代形式，它能够改善社会的物质条件，还能推动"政治组织的进步和个人道德的发展"。[43]

然而，在实验室学仕们的地位于大学内外得到确立之时，他们开始对自己所成就并最终代表的文化之主导地位，甚至（在一些同辈人看来的）绝对权威，表达出一种矛盾态度。一方面，他们抗拒更重意识形态的唯物论同辈——如摩莱萧特（Jacob Moleschott）、福格特（Carl Vogt）、毕希纳（Ludwig Büchner）——无羁的乐观主义；在 1848 年革命失败后，这些人试图用自然科学引领政治和社会进步。另一方面，他们要维护自然科学、抵御愈发严苛而有组织的攻击；发出这些攻击的知识分子和学者想要找到非自然科学形式的知识和意义，即，不只是以观测和实验为基础的认知和伦理资源。如

是做的实验室学仕们说自然科学本身就是一种伦理资源，它
应被认为是其他非自然科学知识形式的"盟友"。[44]这当然意
味着这些其他学科提供了一些自然科学所不能之物。学仕们
声称自己在与现代教养的关系上拥有特权，因此侵蚀了语文
学、哲学、历史学的传统阵地，加深了这些领域的边缘感。
于是便有了狄尔泰在《人文科学导论》开篇大胆援引赫尔姆
霍兹以斥责人文学之弱点。不过，他们再次让大门留下了一
条缝隙。

赫尔姆霍兹论人文学和自然科学之关系

在 19 世纪 40 年代及 1848 年革命失败后，工业、技术和
自然科学始见繁荣之时，许多德国知识分子和学者都希望找
到一种融通而能带来平衡的知识形式。虽然有些人从具体学
科中寻求答案——德罗伊森（Johann Gustav Droysen）向历史、
柏克向语文学，但还有另一种最初无序而幼稚的尝试，想要
为一组学科的能力提供有力的解释，以对抗自然科学即将到
来的"绝对统治"。[45]时间虽然早已进入 19 世纪后半叶，且受
到自认为是自然科学家的年轻学者愈发强烈的抵制，但黑格
尔的哲学体系仍然主导着这些尝试。[46]黑格尔逝世的 1831 年
到 1860 年之间，"精神科学"只"零星"地出现，而其以复
数形式成组出现则更少见。[47]而这个词出现之时，基本也只见
于为大学学习编写的百科或教学导读，且以某种黑格尔式知
识结构的变体为基础。[48]这些编写受黑格尔启发的结构的作者

认为哲学和科学是"同义词"，而且若得到正确的实践，则具有同一个目的："保障"其他所有知识或科学形式的原理和关系。[49] 哪怕是在黑格尔的影响式微，各种形式的经验主义、自然主义、唯物主义在全德国上下取得影响力之后，精神科学仍像自然科学一样，被认为在理性的历史发展中位于更低的"层级"。[50] 德罗伊森哀叹研究历史的学者仍然不能把历史学确立为一个融通而特别的学科，他在 1843 年写道："诸精神科学仍然在疯狂地摇摆。"[51] 它们没有连续性，没有清晰的边界，没有融通的理论，没有自己独特的方法论。

1854 年，曾在柏林求学的苏黎世哲学教授基姆（Andreas Ludwig Kym）给出了一则论述，它将在该世纪余下的时间里，构成德语土地上基于大学的知识之框架："世界把自己劈成两半。自然是一半，历史或心灵［精神］是另一半。人类关注自然时，自然科学发展出来。人类关注历史或心灵时，人文学［精神科学］发展出来。这两半此后渐行渐远。"[52] 每一半都发展成了专属于某种知识形式的对象。人类通过自然科学了解自然，通过人文了解历史和心灵。这种基本知识划分的背后，是"对物质和心灵差异的根深蒂固的基本见解"。[53] 自然科学和人文学的划分并不只是认识上的、只涉及探索方法和对象之差异，它还是伦理上的。基姆称通过自然科学研究自然的学者为"现实主义者"，称研究历史和心灵者为"理想主义者"。[54] 每一种学者对自身和自己事业的理解都源于塑造他们的独特"世界观——它或是现实主义、唯物的，或是理想主义、精神的"。这两个分类既不是本体论的，也非逻辑上必然的，它们被包括在时间中，甚至按基姆所言，通过不同的角色得到示例：生理学家和神学家。

> 生理学家因其世界观轻视心灵而推崇机械力，神学家则希望心灵和自由。后者不能容忍通过脑神经运动解释宗教和道德的尝试，就像逻辑学家断不会承认思想不过是大脑的分泌物。倘若生理学家有勇气做出这样的论断，那他也必须证明哪些脑神经的复杂运动给我们带来了宗教，哪些创造了美德。[55]

如此概念之下的人文学本身没有正当性——基姆用神学家来代表它的从事者而强调了这点；它通过其对立面——基姆认为自然科学的所具有的本体论唯物主义——而得到界定。虽然基姆起初以为统一这些不同世界观是哲学的任务，但他的最终结论是，能协调它们的只有内在的目的论，而这只有神学家的有神信念才能确保。[56]

基姆将知识类型和具体世界观绑定，以此表达了许多知识分子和学者共同的愿望：他们想要用以对抗炙手可热的自然科学的，不只是另一个类别的理性。19世纪中叶的人们对哪个学科会取得文化权威和正当性争论不休，而基姆对自然科学—人文学科二元对立问题上更侧重历史和文化的解释，预示着一条走出动荡之路。法学教授昆策（Johannes Kuntze）在1856年写道，"只有瞎子"才看不到这样一种情况：

> 哲学猜想使学术体系成为完整的圆环，而现在的德

国哲学庸碌地啃噬着前辈的荣光……自然科学的繁荣势
头惊人、盛况空前，其巨大体量所带来的压力似要爆破、
至少要彻底改变知识的整体构造。人们感觉到，在人类
灵魂遭遇到这样的事变和劫难之后，知识肯定会重组自
己——时至今日，分裂、孤立和界限愈发清晰……知识
的世界中诞生了上百个世界，每一个世界都有自己的王。
或许会有共和时期、无王时期，但谁都不知道怎样才能
使统一的知识帝国得到光复。信仰和知识（或者更准确
地讲，信仰和研究）相互对立、剑拔弩张，似要展开决
死一战。自然科学和人文学成了敌人。而在这种对抗之
中，两个巨大的元素——唯物主义和唯心主义——相继爆
发：一种是坚如磐石的经验主义，另一种是形态多样的目
的论。[57]

赫尔姆霍兹论知识的派系之争

1862 年，越来越多的人开始尝试阐明一种能带来平衡的
知识，而距离狄尔泰系统性论述的发表还有二十余年，一个
自认为并非语文学家、哲学家，而是生理学家、自然科学家
的学者，对知识派系的争斗给出了最为连贯而清晰的讲解。
这个学者就是赫尔姆霍兹。在就任海德堡大学代理校长的演
说中，赫尔姆霍兹用精神科学一词探讨了大学的目的和学者
的责任。作为一名凯汉（David Cahan）所谓的"科学哲学家"
和得到推举的大学管理者，赫尔姆霍兹对同事讲，自己必须

探讨一个在大学内外现已十分普遍的说法：自然科学已经"脱离了自己孤立的路径"，正在撕碎"综合大学"（universitas litterarum）。[58] 不过他没有维护自然科学，而是在责备了对黑格尔持续影响的敌意之后，迅速开始寻找仍然能够统一大学的元素。他专注于事实，强调它们无处不在，以及大学上下的学者亟须对它们进行分析、组织和解读。对象（可以被收集、组织继而作为证据的物质存在和观测结果）的增长随着实证观测形式和技术的进步而加剧。[59] 古代碑刻上的铭文残篇、档案中的散碎记录、新收集的植物标本、实验室得出的精确测量，学术质料的体量已经让学者感到"晕眩"。想想 1861 年和现在都被视为天文学家的 17 世纪学者开普勒，在格拉茨（Grasz）的一所大学任数学和"道德"两种教职，"就让人发笑"——赫尔姆霍兹如是说。海德堡大学的新代理校长询问其同事：在（用另一种方式让学者晕眩的）黑格尔之后，在实验操作得到的过量证据之中，他们怎样"能够看到整体，［联系］整体的种种线索，并找到自己的路？"[60]

　　在某种意义上，赫尔姆霍兹作为建议和结论而给出的答案是清晰的：不管学科或领域为何，进行现代的、专业化的学术活动，就要以实验的方式、归纳的方法。赫尔姆霍兹继续道，把学者区别为自然科学家或人文学者（即精神科学界的成员）的，是他如何实现这种对经验研究的基本专注。赫尔姆霍兹所谓的人文学科包括宗教、法律、语言、艺术和历史研究，他还认为这些学科都有"心理学基础"。借助语文学和历史学这些他称为"辅助科学"的学科，人文学科也实现了相互关联——他在其他论著中如是说。自然科学家用"逻辑"归纳得到普适的规律和法则，而人文学者（如语文学家）最终依靠他的"心理触感"去"感觉出"各种离散的事实是如何契合的。[61] 在此后的几十年里，虽然赫尔姆霍兹修改了他自己的论述，但这种最初的方法论区别，仍然是德国大学知识产出的一种模糊却常见的样貌。它响应了认为大学已经成为重要文化机构的学者和知识分子的观点，因为像基姆不甚知名的解释一样，它对两种相互对立的、易于辨识的角色进行了区分，而两者各自代表了一种独特的知识文化：直觉的、解读式的人文主义者，与重证据的、寻找法则的、逻辑的自然科学家。

如赫尔姆霍兹所言，自然科学家和人文学者都进行"智识工作"，[62] 与所有技术活动一样，它必须通过重复练习而得到完善。在这个意义上，自然科学和人文学相似但又不同。虽然它们都致力于以经验为基础的方法和理念，但在认识和伦理的培养上又有各自的风气。赫尔姆霍兹用大笔勾勒出了二者的边界，粗略地提到了它们彼此有别的方法、证据观和实践。如他所言，自然科学和人文学培养的是不同的"心理活动"和道德属性。[63]

不过，这两种知识文化的价值并不相等。普鲁士主导的学术文化多年以来都把古典语文学作为学科的典范和教养的主要资源——不只适用于学者，还适用于所有文化精英；而赫尔姆霍兹却认为自然科学提供了更优秀的教育。他认为，除了语法可能是例外，人文学基本都不产出"严格、普适有效的法则"；但最终能让学者征服自然的，正是对不容"例外"的法则之追求。[64] 投身于这种永不动摇的任务，需要特殊的伦理技术和美德。赫尔姆霍兹说，真正的自然科学家依靠"钢铁一般的自我意识"，发展出只专注于不受个人"期待和愿望所干扰"的因果关系之能力。理想的自然科学家在他看来是一种机器一般的人，是为整体文化而造的技术工具。[65]

终其生涯，杜布瓦－雷蒙、赫尔姆霍兹和魏尔啸反复论称自然科学不只是"有用的"，更如魏尔啸在 1893 年借用洪堡和新人文主义语汇所写，是"诚实和美丽人格在自身之上的自由发展"。[66] 病理学家兼医生魏尔啸把 19 世纪初语文学中的新人文主义转译成了医学和自然科学的版本。自然科学不仅提供维持身体的技术进步，还给出了构成人类心灵和愿望的、受学科规训的实践、理念和价值，使个人和社会得到发展。"经典文献"长久以来都是培养"道德和审美情感"以及智识能力的基本资料，但现在，如赫尔姆霍兹在 1874 年所言，"我们必须指出这个教育史中的重要时刻……业已成为过去"。"在未来"，自然科学将发挥核心作用；"国家进一步的健康发展有赖于此。"[67]

像自然科学家一样思考，意味着按照自然能够被法则般的规律性解释一样思考和行事。如韦伯在 1917 年所言，这意味着要"依靠"从有轨电车到太阳的种种事物的规律性运行并依此指导自己的行为，认为"没有'神秘的、不可计算的力量'能够妨碍你的日常活动"。[68]习惯了自然科学的人培养出了将个人观察和经验与普适法则统一的能力；而从事现代人文学的学者，赫尔姆霍兹称，在试图获得这种法则性的知识时，面临的则近乎是"无法逾越的困难"，因此他们仅停留在具体层面。[69]自然科学家不只相信自然法则般的规律性，他们还有杜布瓦－雷蒙所谓"追求因果关系"，以把观测到的现象提升为法则的"冲动"，而这些法则又能被扩展成对其他未经检验现象的假说。[70]依照这种方法，魏尔啸解释道，自然科学家把每一项观测、法则和假说都当作进行永无止境研究工作的"杠杆"。[71]

对精确测量的专注，既能支持自然科学家尊重事实，又能培养对自然科学指导性的认知理念（即自然法则般的规律性）的信任。试图对生理或神经功能进行测量的行为能够迫使一个自然科学家——如赫尔姆霍兹所言——"非常缓慢地前进"，在一个时刻只关注一点。[72]他直接对比了理想的自然科学家数学式的严格和精确与接受语文学教育的文理中学学生的"松懈"——后者只是背下了专业语文学者随便搜集到的"一长串"例外。实验室的学仕们把可总结的知识交给自己，让其他学科（如语文学、历史学、宗教学）只能研究具体问题，并坦言自己对严格的重视无人能及；他们借此也宣称，在仍然致力于完整性、统一性和普适性的大学和智识精英文化中，他们接过了这些理念的衣钵。

1894 年，离世前数月的赫尔姆霍兹谈到，比起旨在宽慰或劝导个人的"道德说教"，自然科学能够更加有效地实现"人文"的目标。[73] 此外，这些目标有比单纯的实用"更为深刻的道德意义"。自然科学培养的美德和良善能让人类齐心协力，实现"人类的普遍目标，它们不能被局限于任何一人、任何一国一洲，而必然会把个人的工作［转变成］为人类目标而进行的工作"。赫尔姆霍兹称自然科学能够改造甚至拯救按传统在古典文理中学接受"文学教育"的"文化精英"这个"能够下判断的阶级"，让他们能够更好地"领导我们的国家，教育我们的后代，确保道德秩序，保存前辈知识和智慧的宝藏"。[74] 实验室的学仕们采纳并修订了新人文主义教养的语言及其核心理念与价值。[75] 他们这样做，不只是因为这是他们为自己的领域赢得更多支持的办法，还如下文所见，因为他们相信自然科学能够给个人和社会带来文明和修养。

自然科学的人文主义究竟是什么？

自然科学的人文主义的主要阐述者是赫尔姆霍兹和杜布瓦－雷蒙，它当然与在整个 19 世纪既是正统又遭攻击的新人文主义传统有重大区别。阐明这些基本差异当然是相当重要的，特别是"人文学"和"人文主义"在当时和现在都存在普遍的混淆。

第一，实验室学仕们拥护的人文主义与设备、工具、技术和媒介的关系之密切，其程度为其他学科（如哲学和语文学）所罕见。[76]（学仕们的许多同代人都认为生理学和其他自然科学预示着蚕食一切的反人文思想。）比如，研究生物电所需要的精确测量需要新仪器和工具，这让杜布瓦－雷蒙等自然科学家与柏林当地的工程师和机械师合作紧密。1841—1848 年间，杜布瓦－雷蒙曾与机械师哈尔斯克（Johann Georg Halske）共事，设计一种敏感到能够检测青蛙神经电流的电表；而后者在 1847 年不仅与西门子共同创立了西门子公司，还创立了哈尔斯克电报建设公司（Halske Telegraph Construction Company）。[77]杜布瓦－雷蒙在日后讲述他们的共事经历时写道："我们对各种机械方面的建议和帮助之需求，让我们来到［柏林的］工坊，在天才的匠人身边，我们学会了取用工具的种种方法。他们还帮我们熟悉了这些工具和仪器的构造，细致到每一颗螺丝，让我们仿佛在处理动物解剖一般。"[78]在这些工坊中摆弄这些设备以探寻杜布瓦－雷蒙所谓的"动物机器图"，模糊了人类、动物和机械在理论和实际层面的绝对界限。如杜布瓦－雷蒙所言，机器成为身体，而身体成为机器。[79]

与之相关的第二点是，跟通常与人文主义理念关联的学者相比，实验室的学仕们在其他场所实践自己的人文主义——不像语文学家、物理学家或数学家那样在研讨会的桌边，而是在柏林自然科学家初兴的"实验室"里。这些"实验室"几乎都不是专门辟出，配备所有必要设备、工具和供给的场所。年轻的赫尔姆霍兹和杜布瓦－雷蒙在做学生时，就曾经在自己的小房间、拥挤的过道和壁橱等一切能够建造装置的空间进行实验。[80] 如魏尔啸所言，自然科学家必须"接触真实事物"；为了实现这样的基础，归根结底需要能够负担、容纳、维持足够空间的"大机构"。[81] 在穆勒的学生们的推动下，实验室被确立为最初有些理想化的必要的实验和教学场所，也成了培养自然科学人格的空间。赫尔姆霍兹回忆道，1850年之前，"让学生能够"与他在书本中读到、讲座中听到的事物真实互动的、能够运作的实验室，在普鲁士凤毛麟角。[82] 而1877年，在杜布瓦-雷蒙用了逾二十年时间恳请教育部创建的柏林生理学会的成立典礼上，他讲述自己学科的历史发展时谈到的不是一系列发现和理论，而是生理学家的真实举措。他详细地描述了他们制造的工具、使用的机器、设计的实验设备、购买的化合物——他们学会"掌握"生命现象的所有方法。[83] 他隐晦地比较了自己新的"科学宫殿"与自己作为一个有抱负的自然科学家所面临的状况；谈到他曾被迫在自己的房间里进行实验，"青蛙和兔子让他和邻居起了冲突"。[84] 他还提到，实验室远不只是做实验的地方，它还是所有研究生理学的工具、媒介、供给得到收集和组织的场所。实验就是把仪器、图表、设备当成自己的身体，用它们进行观察和思考，并在一个让人能够学会如何像自然科学家那样观察和行事的、受控的场景中完成。"实验室"改造人。[85]

第三，实验室学仕的人文主义重数字和量化而轻文字。穆勒的学生们这样做的部分原因是他们都反感自然哲学，特

别是在他们看来是其关键特征的活力论。杜布瓦－雷蒙在
1894 年评论道，包括他的老师在内，被自然哲学吸引的学者
"不知羞愧地"依赖未经证实的生命力的存在，来解释他们没
有其他办法解释的机体之运作。[86] 杜布瓦－雷蒙和赫尔姆霍兹
的大部分早期实验工作都旨在建立另一种模型，使生命体的
运作能够通过观察、测量和对其内在因果机制的理论化而得
到解释。他们研究肌肉收缩、视觉、听觉等一系列心理、神
经和感知过程——它们在之前都被认为过于短暂而无法察觉，
因此不能适当地被分解成不同的单元，并通过量化思维得到
测量和理解。在这个过程中，两位科学家认识到机体的许多
过程和现象（包括发生在人类身上的），是未得到辅助手段的
人类感觉不能直接感受的。但是，在赫尔姆霍兹所谓的"人
工方法"和介入性机器、技术和方法的帮助下，原先不可知
的过程能够得到观测并得到更好的理解。杜布瓦－雷蒙用他
的电表量化了生命过程，并用更加唯物的、机械的语汇进行
解释。如他所言，在物理—数学方法及相关工具的辅助下，
自然现象因果关系的"数学图像"被绘制出来。[87]

　　尝试对生活特别是心理生活进行量化，对人的概念产生
了广泛的影响，其中最重要的是通过询问人类心灵中哪些能
够被观察而哪些不能。它用新的语汇重燃了身心二元论古老
争论的战火。对量化的强调不只涉及何物能够得到测试和发
现，还涉及规训未来的自然科学家和打消不可取的想法和概
念（如"生命力"）。当这些方法成为"自然天性"时，杜布

瓦－雷蒙写道："某些阻碍科学繁荣的生理学解释中的卑劣杂草，将会没有生长的土壤。"[88] 这些关于何物能通过量化思维得到测量和解释的争论，进一步明确了基于大学的学科性知识的两种文化之间的断层。

第四，实验室学仕的人文主义终结了科学优于技术——或认知（episteme）优于技能（techne）、理论重于实践——的固有等级和地位关系。[89] 他们虽然为被批评者斥为不纯粹的知识形式发声，但他们所拥戴而专注的许多理念和优点，通常与知识统一性理念和诸如语文学、哲学的学科关系紧密。他们表示，这些理念和优点是与单纯的机器以及熟练使用机器必需的高超技术、技能和知识密不可分的，甚至是由后者带来的。生理学家依靠技术和工具照见生命体、生命和最让人痴迷的人。[90] 自然科学家能够把对技术知识、数学计算乃至自然科学的简单工具性应用导向更高级的目标；如化学家李比希（Justus Liebig）在 1840 年所言，自然科学家能够把它们改造成"塑造智识和研究自然的媒介"。[91]

自然科学带给人类的不只是工厂里的又一根"杠杆"，或者制造新机器的方法；它们是一种现代独特的"智识文化"的核心元素，其终极目标是"真理"。[92] 在早年间的一次融合技术知识、技能（Technik）、实验探索与新人文主义学术理念的尝试中，杜布瓦－雷蒙和另外五名年轻自然科学家在 1845 年创立了柏林物理学会。作为没有大学职位的学者，他们希望把自己标榜成一个融洽的社会群体，反对生命论思想的持续影响，致力于对所有自然现象背后的机械过程的研究。不到两年，学会便有了六十一名成员，其中不只包括拥有博士学位的年轻自然和物理科学家，还有六名军尉（很可能来自普鲁士炮兵和军事工程学校及军校）和六名优秀机械师。[93] 由于对穆勒的生命力思想之残余的反感，他们团结在一起，每两周在柏林大学物理和技术专业教授马格努斯（Heinrich Gustav Magnus）的家中会面一次。马格努斯精致的房子位于库普费格拉本区（Kupfergraben），他在此建立了一座远超大学水平的私人实验室（但其大多数设备和每年 500 塔勒的经费则来自普鲁士 1817—1840 年在任的文化部长、教育改革者阿尔滕施泰因始自 1833 年的赞助）。虽然学会欢迎机械师和技师，且与柏林新兴的工业界有密切联系，但其核心成员还是自视为学者和自然科学家，他们的终极目标是"把技术世界带进大学"。[94]

最后，实验室中的学仕们称，比起依附于语文学和希腊—罗马古代研究的既有新人文主义，基于自然科学的人文主义更具解放性，即能够更可靠地培养人的自律。赫尔姆霍兹写道，按照自然科学的严格性和精确性塑造的人，会发展出"绝对可信的思维"，这会让他们依靠自己的心理能力，不会承认"自己智识"以外的任何权威。[95] 相比之下，赫尔姆霍兹轻蔑道，只接受语文学训练的学生判断争议问题时倾向于诉诸自己的老师，而这些老师所谓的权威判断很可能又是他们诉诸公认"权威"的结果。语文学带来如"懒惰和犹疑"的认知之恶。[96] 与此相仿，魏尔啸把自然哲学的形而上设想与其从事者对（政治和文化的）"各种专制权威形式"的服从联系在一起；而与专注于经验观察和精确测量的经验自然科学相联系的，是人的"主权"。[97]

在实验室学仕们的设想中，得到锤炼和尊奉的自然科学能够把一个自甘屈服于外在权威的未体自由的人——他受制于人类感觉的局限、被自私自利所孤立、没有能力渴望（遑论识别）普遍性——转变成现代的、受科学启迪的人类一分子。至少它能让被（重新设想的）人文主义所团结的自由先驱、被现代科学理性推动的精英改进社会。在 1862 年的代理校长演讲和此后三十年的公开演说中，赫尔姆霍兹反复论及，自然科学在认知和伦理上的优点，并不只适用于专业学者或大学，它们服务于德国公众和国家，并最终可以推及全人类。与杜布瓦－雷蒙和魏尔啸一样，赫尔姆霍兹也参与到了这场先后震撼了普鲁士和统一德国的关于中学教育和高等教育改革的激烈辩论中。[98] 他们几乎都没有偏离赫尔姆霍兹的公开发言：自然科学业已成为认知权威的主要来源，成为学科学术的模式，所以它们也应该成为文理中学和大学之教养的主要模式和来源。

自然科学的人文主义之局限

正当实验室的学仕们赞美归纳法和数学分析的力量，称颂对普适法则的关注能遏制形而上的想法时，他们也支持用道德和社会的规范和法则约束个人和社会。赫尔姆霍兹写道，让"教育发达国家"有别于"教育欠发达国家"的，是更优秀的法制和"个人的道德纪律"。[99] 如前文所见，对实验室的学仕们而言，自然科学在规训和教育专注于广义上自由派人文主义文化精英方面，有关键作用；它培养个人自由和理性自律，通过科学和技术知识维护国家和社会的权利和物质进步。[100] 本质上，经受着前所未有的工业化、技术变化、政治动荡以及神学与贵族权威之侵蚀的现代人，需要专家来帮助他们抑制过于人类的脾性，以免屈服于神学教条和形而上的狂想。他们要在帮助下理解自己在自然世界法则般秩序中的位置；他们需要自然科学家。实验室学仕采用了康德"负责保护公共理性之健全的自由主义卫士"的设想，并对它改造以适应"自然科学的时代"。[101]

　　不过，自然科学家也需要边界来限定自己所称权威的范围。他们需要边界来屏退和他们争权的势力——不仅来自传统的、制度性的权威（如忏悔式宗教和国家），还来自根基更牢固的知识形式（如语文学和哲学）。赫尔姆霍兹在海德堡的代理校长演讲正是此用。"如果自然和物理科学的优势是形式上更加完美，"他对同事讲道，"人文学的优势便是能够处理与人类情感——即带有种种冲动和活动的人类心灵本身——更为接近的更丰富的资料。"[102] 对赫尔姆霍兹而言，自然科学，尤其是以数学严格性著称的那些，比被他归为人文学的研究领域具备更一贯而全面的"学科性"（wissenschaftlich）。他表示，这是因为前者比后者发展更为完全。他虽然称自己无意"贬低"人文学，但又说自然科学书写严格的法则，而人文学知识"阐发""通知""传递新闻"。按赫尔姆霍兹所论，不管人文学能创造怎样的知识，这些知识都不能被轻松地总结成"规律和法则"。[103] 在他和其他的实验室学仕们看来，从个别扩展到一般的需求应该是指导性的认识理念。不管认识上的"财富"能够在人文学领域聚积多少，它们最终都要落在于自然和物理科学中得到最完全发展的经验的知识形式上。赫尔姆霍兹在描述自然科学和人文学的"关系"时，没有使用新人文主义的"知识统一性"一词。他写的是大学上下的学者"工作"的"联系"。现代学科性科学之统一性的源头不是先定的形而上实在或神创的宇宙，甚至不是致力于知识本身和培养理想知识分子的共同体，而是"人类智识支配世间的力量"。[104]

自然科学和人文学的学者创造的知识不同，因此在赫尔姆霍兹看来，他们确保人类理性主宰地位的方式也不同。日后成为现代人文学核心的正是这个区别，而不是方法、对象或认识论上的具体差异。赫尔姆霍兹写道，人文学的学者"直接"为这种人类之主宰开疆拓土，让"精神生活的内容更加丰富而有趣，区分杂纯"；而自然科学学者的工作则是"间接的"，试图把人类从"物质世界法则般的外在力量的侵袭中"解放出来。[105] 赫尔姆霍兹称，他认为人文学的任务"更加高级"，但也更加困难。人文学提供灵魂的救助和抚慰，为个人精神生活的"更丰富"的发展带来令人大快朵颐的食粮，而自然科学的终极目标是使人类从自然必然性的不仁的力量和重负中得到解救。按赫尔姆霍兹所论，人文学所积攒的财富主要属于个体，而自然科学的财富则属于全人类。

赫尔姆霍兹把现代学科知识分成自然科学和人文学，在回答认识论和方法论问题之时，也提出了同样多的问题。他还指出了新兴研究型大学的两个明确特征：一、不同学科创造的知识种类不仅有差异，在大学内外的价值也不同；二、这些不同知识种类的组织边界是两类学者之间的一条清晰断带，一边专注（机械的）自然、另一边专注（更复杂的）人类心灵及其产物。[106] 表面上，这种区别分割了两种知识文化之间的智识劳动和责任。自然科学无法抚慰它们所煽起的心灵焦虑。然而，这样的让步没有给非自然科学模式的合理知识形式留下什么空间；留给非自然科学知识的首要目的，是个人的道德慰藉和心灵救助。

赫尔姆霍兹不只是在基于大学的知识的秩序中指出了一条裂隙，他还在知识和价值观、真理和道德生活之间画下了清晰的分界。他认定现代人文学所关注的实体（宗教、国家、法律、艺术、语言）满足"某些精神需求"，而自然科学则关乎人类的解放和进步的可能。[107] 虽然自然科学在带来技术成果、力量和自由方面有无与伦比的能力，现代人文学也能为自然科学所不能。在赋予自然科学无限的能力上，连赫尔姆霍兹都有所顾忌而把一些保留给了人文学；这至少部分是因为他相信唯物论最好被理解成是一种形式上的或方法论的信念，而不是对世界真正存在方式的论述，更不是一种融洽的、自我维持的世界观。也就是说，他仍然相信人类思维不能被归约成物质，因此也不能纳入盛行的被动机械论模型中。[108]

杜布瓦－雷蒙论知识的局限和科学史

在谈到自然科学的不足时，学仕们远不是异口同声的。魏尔啸或许是赫、杜、魏三人组中最以科学为是的，他自信地表达了这个想法：要推进共同的"人文主义"，自然科学是无与伦比的资源。[109] 测量物理过程的新技术，会让人类在攻克德尔斐神谕"认识你自己"的人文主义难题上来到前所未有的位置。杜布瓦－雷蒙基本与魏尔啸一样乐观，但其文章中还是有些不同的基调，如 1872 年莱比锡的著名讲座"自然科学知识的局限"。[110] 他比魏尔啸甚至赫尔姆霍兹都更致力于为自然科学进行公开倡议。到 19 世纪 70 年代末，他基本不再出版新研究，而是专注于"通过典礼和重复"维护"科学的理念"——将自己的演说词改编成文章在《德国评论》（*Deutsche Rundschau*）和《大众科学月刊》（*Popular Science Monthly*）上发表，在自己生理学学会的被他称为"剧场"的讲堂里进行定期演讲。[111] 在莱比锡的讲座上（以及不久之后出版的文字版中），杜布瓦－雷蒙放大了赫尔姆霍兹对自然科学的强势权威性的矛盾态度。他还确立了一套修辞框架和概念用语，这将架构起数十年的知识秩序之争。杜布瓦－雷蒙责备自然科学界的同事禁不起形而上的诱惑，并力劝他们认识并接纳自己的无知。

但杜布瓦－雷蒙不只是重复别人谈到过的限制，他还像给德国划定政治边界的俾斯麦一样，对自然科学家可以合理宣称自己能知的范围，给出了两条绝对的界限：他认为基于"原子的力学"的知识与基于事物（和力）的本质的知识之间、知识与人类意识之间，过去有、将来也会有无法跨越的隔阂。杜布瓦－雷蒙的讲座像一场"意外的爆炸"，发于自然和物理科学的中心，即柏林大学生理学系主席之位。[112] 其文很快付梓，两周之内便售罄；一年之内又增印两次。

杜布瓦－雷蒙对听众（主要是大学教授）言道，他假定自然科学家可能获得的知识存在界限，这意味着知识的历史中最为持久的一些问题会得不到答案，如"机械世界观"和"自由意志"之间已有数百年之久的"矛盾"。[113] 不过杜布瓦－雷蒙与赫、魏二人一样，认为这些认识局限让自然科学家在自己"分析和综合"力量尚待开发的领域成为"先生和大师"。成熟的模范自然科学家明白，为了唤醒这些力量，他需要"谦卑地展现自己的无知"。杜布瓦－雷蒙应和康德"限制有可能带来成效"的思想，把制约、规训和局限与解放绑定。这些美德能够让学者进行自然科学实践，而不被缚在"行将就木的旧哲学思想"上的形而上学和神学"教条"所"侵扰"。[114]

杜布瓦－雷蒙还认为这些局限能让自然科学专注于自己的特色：追寻自然世界法则般的规律性。他的讲座总结道：

"面对［物质和力］的谜题，自然科学家早已习惯以大方的放弃坦言自己无知（ignoramus）。"[115] 作为柏林体操社（Berliner Turngemeinde）的创立者之一，杜布瓦－雷蒙推崇训练有素的体操运动员刻苦的锻炼和偶尔经受的疼痛。[116] 像体操运动员一样，科学实验也需要节制、克己、纪律这些能够塑造理想（阳刚）的体魄和心灵的美德；在意识问题上，理想的自然科学家也"必须义无反顾地"做出相似但更具决定性的坦言——自己"还将无知"（ignorabimus），并在与真理的关系中培养克制精神。

在力、物质和人类意识的局限之内，对于所有将自然科学转变为一组融洽的、自我维持的世界观的尝试，杜布瓦－雷蒙提出了两个问题。首先，他指出了自然科学能知范围（不只是现在所知范围）的明确界限，以此暗示魏尔啸的"大门"还会一直半开着。其次，能知在意识和主观性上的界限，破坏了许多 19 世纪知识分子和学者心中生理学的终极目标——完全基于被动而机械的自然模型，对人类意识和主观性给出全面解释。换言之，赫尔姆霍兹的理念无法实现。这条限制意味着自然科学永远不可能成为一种世界观，而精神、心灵、主观和人仍然要占据不能完全被知的位置。[117]

论自然科学局限的讲座出版五年之后的 1877 年，杜布瓦－雷蒙用大历史的语汇重塑了他对自然科学内在融洽和外在（即文化）益处的论述，以此阐述了他对自然科学迅速上位之文化意义的关注。在不到二十页的文章里，他把人类和文明在两千余年中的进步重述为科学逐渐取得的最终胜利，这不仅让人掌握了自然的力量，还让人发展出在世界中生活和行动的能力。自然科学既非关于自然世界所有知识的简单"总和"，亦不仅仅是这些知识在"克服和开发"自然上的应用，而不亚于"文明的绝对器官"，他如是写道。[118] 自然科学的历史发展逐渐消除了带来智识奴役的种种"奇观"——"鬼魂、灵魂、谎言、神话、猜测、偏见、欧洲中心论、迷信"，并代之以理性的、可预测的，因此更受管控的自然法则。[119]杜布瓦–雷蒙说他的科学史是人类的"真正"历史，因为它比其他历史都能更全面地揭示"世代研究者"的"集体工作"；他认为这些工作正是人类文化的巅峰，也给人类带来了解放的可能。[120]

归纳法、技术操作知识、对原因的渴求、实验技术、量化思维构成了确定的"阵地"，让人类最终可以在形而上学和神学无定的猜测中稳固自己。自然科学对人类文明的转变不是历史的偶然。杜布瓦–雷蒙坚称，"命运"业已将它注定。自然科学**就是**历史理性之力，而自然科学家则是施力之人。[121]

杜布瓦–雷蒙的历史自然主义基于一则明显的悖论。据他所称，现代自然科学的起源具有神学性质，源于基督教教条和实践。在他的解释里，宗教一元论最先引入了普遍、单一真理的概念。古希腊和罗马人的多神教让他们无法发展出他所谓的"对因果性的冲动"。[122] 他认为，在这种发现事物背后原因的冲动出现之前，古希腊和罗马人只把真理当作玩物来对待。直到耶稣基督宣布他来到世上是为了"见证真理"，**真理**才成为被认真追寻的对象。基督徒"令人赞叹地严肃"对待唯一绝对的真理、"万物的根基"，为人类进行"现代研究"提供了准备，而基督教的教条和实践"对自然科学有责任履行的克制作出补偿"。[123] 几个世纪以来，自然科学孕育这种"因果冲动"，它拔擢人类文明于非科学的（神秘、神学、形而上的）过去，送文明进入技术和物质进步的未来。

将自然科学的起源定位在基督的道成肉身和基督教神学与实践上的杜布瓦－雷蒙不仅确认，更是放大了自己在 1872 年莱比锡讲座中的暗示：自然科学的认识界限在某种意义上也是道德界限。如果一种现象不能（至少潜在地）按照自然科学的方法和设想得到解释，那么它实际上就不存在于自然世界。任何被认为超出这个界限的事物便不是正当意义上的知识。这本质上把只关乎道德的问题移出了知识和真理领域，放在了治疗效果、个人能力和情感的框架中。重要的是，杜布瓦－雷蒙感觉自己必须讲述自然科学最基本的价值观的传承，并宣称自己在一种业已存在了两千年的冲动中发现了它。他追溯其发展远至上古，直至神学的源头，并以此暗示现代自然科学是必然甚至自然之物。这种叙述能够解释热衷于为自然科学发声的实验室学仕们所表现的矛盾态度：他们不确定它是否能通过提供令人信服的规范和价值，而成为道德权威性和正当性的来源；甚至不确定它在最为功利的目的之外，能否维护自己的正当性。

　　不过杜布瓦－雷蒙超越了这种矛盾情绪。他写道，虽然自然科学代表最为卓越而高尚的"人类心灵奋斗"，但是它也发展了一些最底层而功利的本能。他把这些本能归在一个词的名下，而这个词成为了此后几十年中的德语流行词——文化的"美国化"。他解释说，这种现代弊病把所有的益处都降格成了直接的经济效用，还把"技术"变成了偶像。如果自然科学是精神训练的唯一来源、智识活动的仅存模式，那么人类的"性情［会变得］狭隘、枯燥、艰涩，失去文雅"。如果只是被孤立地付诸实践，自然科学就会"破坏心灵的习惯"，而这种习惯曾能让整个文化"在数量无定的国度中找到方向"。[124] 反讽之处在于，现代自然科学把德国人从形而上学和神学的镣铐中解放出来，却又把他们送进了失去人类想象力和创造力杰作的庸俗存在中。如果歌德如今还活着，他写不出伦茨、维特或浮士德。

　　和 19 世纪末的许多德国文化批评家一样，杜布瓦－雷蒙也哀叹伟大文艺的衰落，以及与此同时的功利思维的散播。他和尼采一样期盼着创造性天才的降世，但他这样做的理由并不是这些诗歌、绘画和其他创造性作品能够带来新知，而是因为他认为它们能够维系正常的生活。它们并不只是有待消费的文化产品。和其他实验室学仕一样，杜布瓦－雷蒙也认识到了自然科学教养的局限，特别是这种形式的教养无法满足某些文化、道德、社会和更为基础的人类需求。即便自然科学家最终能够把所有自然现象归约成单纯的机械力，并像赫尔姆霍兹所写的那样证明这种"归约"是自然现象允许的唯一可能，这种"客观真理"也仍然只是人类理性的一个观念，而不是关于自然内在性质的形而上的知识。[125] 自然科学的维护者和倡导者不论取得怎样的成功，它都不是能够澄清 19 世纪文化中所有形而上学和神学欲望的认识溶剂。实验室学仕们以文化权威性和正当性的语汇，展开关于证据和方法的对立概念的辩论，于是促成了一场关于能知和如何能知的更广泛的争论。他们由此为另一种资源清除了障碍：如果说这种资源在提供知识方面有所欠缺，那么它至少能够提供公共道德和政治理念。[126] 处理这项所谓的空缺，会成为试图定义现代人文学的知识分子和学者自命的任务。

对于从相信学术专业知识到支持文化批评的转变，评论家和学者通常将其论述为一种基于阶级的、政治上保守甚至反动的方案。但实验室的学仕们的政治倾向不同于林格文中某些更为正统的学仕，后者培养的是一种"高贵的"文化悲观主义、对工业化的敌视和对自由派民主的根本性怀疑。[127] 事实上，赫、杜、魏三人一直主张现代自然科学和自由国家的联盟；直到 19 世纪 70 年代，对帝国的失望削弱了他们对自由主义、对国家、对自然科学维系二者的能力的信念。

虽然自然科学家这些心态变化与局限之争密切相关，但它们很快就扩大了，开始包括对自然科学可能引来自毁的性质——它进步式的、推进式的现代性——的担忧。事实的逐渐积累、永不停步的探索、真理的转瞬即逝，这些魏尔啸所谓自然科学家的"半知识"改变了知识的状况。[128]19 世纪末，德国各个学科的知识分子和学者都如达斯顿所言，想要知道"在知识真相似乎得到加速之时，其权威性又会怎样"。[129] 对此问题，一些人给出了模棱两可的回应，另一些人则和以哀歌。无论如何，起初就很复杂的情绪——满怀信心与期待——变得更加复杂了。

1877 年，杜布瓦－雷蒙论道，只进行自然科学教养会带来非人化的后果，而抵御的最佳办法是"更多的数学"。[130] 他投身到这场激荡的教育改革争辩之中，宣称传统文理中学在致力于希腊语和拉丁语训练之时，至少也应同等程度地重视定量思维训练——他称之为"设想客体之间关系的技艺"。[131] 一种定量而非语文学的教化，既能确保德国人跟上"现代智识"的步伐，又能拯救他们于美国化。[132] 杜布瓦－雷蒙高呼，"圆锥曲线而非希腊文献"能让学生体味"事物的统一性"，并重振适于新时代的德国唯心主义——知识统一性能够通过新的教学法和不同的教育形式而得到实现。[133]

真理的碎片化

杜布瓦－雷蒙"（我们还）将无知"的宣言也燃起远在大学之外的战火。数年之间，它形成了与知识命运、高等教育和人文学危机相关的种种讨论，一直持续到 20 世纪。不过，如杜布瓦－雷蒙后来认识到的，他关于知识局限的著名讲座并非原创。他在 1880 年写道，只要翻翻"老哲学文本里的旁征博引"，就不会再错误地以为他对人类知识的怀疑和对唯物主义局限的认识有什么新的贡献。[134]

所以，莱比锡讲座为何引起了如此轩然大波？问题在于它是由谁、在哪里、为什么而发表的。[135]或许除赫尔姆霍兹之外，杜布瓦－雷蒙在1872年就是自然科学文化权威最著名的代表。彼时的杜布瓦－雷蒙在德国最有威望的大学的生理学系占据着穆勒开创的主任之位；他还是大学校长、生理学多个次级领域的奠基人、生理学学会主任，并在1876年起任科学院秘书——可谓自然科学全部制度威势的公共化身。此外，他的"将无知"宣言发表于德意志自然科学家和医师大会的第四十五届年会上；这个全民族的组织创立于1827年，是为了在政治分裂的德意志和学科化、专业化大学的离心力中，代表和维系知识统一性。杜布瓦－雷蒙为这群精英成员设下了固定的边界，这个受过高等教育的群体早已开始以自然科学及其被赋予的促进文化和知识统一性的能力自居。

到19世纪70年代时，自然科学已经达到了让大学教职和专业期刊黯然失色的地位。在对文化权威性和正当性的争夺之中，在公众提出的拥有多元化价值的文化事业中，它业已成为一种为各方所逐的资源（和工具）。一定程度上得益于新媒体和交流技术的扩张和新社会组织形式的增多，自发社团、出版物（包括期刊、书系、报纸）、巡回讲座和庆典构成了一张蔓生的网络，促成了自然科学在德国中产阶级中的流行。[136]

与这些在广阔而多样的公众之间培养并维持对自然科学

兴趣的努力相并行的是，身在大学的学者对学术界的同行和校外的文化政治精英进行演讲，以在学术和非学术机构中确立自然科学的正当性。诸如杜布瓦－雷蒙的学者不断为自然科学的教育、文化、政治、道德和社会收益发声，以博得公众和国家对研究所导向的专业化科学的支持。这些倡导者并不想把自然科学的实践从大学的精英限制中带出、送到心怀好奇但未经训练的公众手上；他们想要的是确保自己在认识权威核心机构（即大学）中的地位。

因此，当杜布瓦－雷蒙在 1872 年责备自然科学家越过了他们知识的界限时，他的批评是在自然科学权威性和正当性的中心发出的，并指向了那些对其组织状况有一定影响力的人。这会被后世视为德国知识史特别的一刻：对自然科学不可遏止的狂热达到巅峰，一些人的态度开始转向矛盾和顺从。当一位地位如杜布瓦－雷蒙的自然科学家似乎在消解自然科学全盛时的很多主张和设想时，很多杰出的自然科学家报以震惊或不屑。[137]

自然科学不只能够推进技术或物质的进步，还能促成文化、道德和政治的进步——对此潜力，并非所有学者都像杜布瓦－雷蒙一样持矛盾态度。有些人仍然认为自然科学有可能蕴含一种全新而不受拘束的人文主义。学者之中，对自然科学表现得最有信心的莫过于曾经师从魏尔啸的、达尔文"在德国最大的拥护者"——生物学家海克尔（Ernst Haeckel）。[138]在把杜布瓦－雷蒙的"将无知"宣言斥为"一堆谎话"的数年之前，海克尔曾宣称达尔文进化论背后的"进步法则"也作用于"人类的历史发展"。在人类生活的各个领域（社会、政治、道德、科学），进步都是"一条自然法则；从暴君的武装到祭司的诅咒，没有哪种人类力量能够将它长期压抑"。[139] 海克尔写道，在宣称人类知识的局限会"永远"存在时，杜布瓦－雷蒙就否认了这种科学进步和发展的观念。杜布瓦－雷蒙的"将无知"出于私心，发于他位于"帝都柏林"中心稳固的学仕领地；针对于此，海克尔总结道："吾侪当勇往直前！"（Impavidi progrediamur!）[140]

海克尔也确实勇往直前了。他在职业生涯中花了大量的精力把自己的思想发展成一种自然主义世界观，它更多地基于受歌德启发的形而上一元论，而不是严格的机械唯物主义。海克尔相信，自然科学业已证明超验（非物质）的心灵或灵魂并不存在，但也证明了自然不只是（被动而机械的）物质。在他看来，心灵和物质是同一物质的两种模式。他的一元论"既是物质的活化，又是生命的物质化"。[141] 另外，在试图将一元论（或彻底的自然主义，或唯物主义的其他相关形式）塑造成一种融洽的世界观时，海克尔或许比19世纪任何其他科普人士都更想说明自然科学能为实验室学仕认为其所不能：提供一种"满载着文化、道德、美学、历史和政治层次的对世界的系统性理解"。[142]

想要说明这样的世界观何以在实践中运作，海克尔和另外三名学者在1877年共同创立了《宇宙》（*Kosmos*）；这部期刊如其冗长的副标题所言，"致力于一种统一的世界观；它基于发展的信条，并与达尔文和海克尔以及其他诸多达尔文主义领域优秀研究者相关联"。[143] 海克尔和其他编者在创刊号中写道，自然科学长久以来都处在"所谓的人文学"的阴影之下，它还被迫过着"一种远离大众的秘密生活"。[144] "在达尔文麾下"，诞生了一个新的"改革学派"，旨在把"人类"放在属于它的位置，不让它作为某种无时间的例外居于自然之上，而是"正在其中"，使某种"统一而没有矛盾的世界观"终成可能。对海克尔等编者而言，这种新的一元论世界观也能把所有学术科目带到一起，从而最终实现曾经的新人文主义者的知识统一性之梦。但自然科学会为这种统一创造条件、设立规则。他们写道，那些声称特别关注"人类"的"科学"——人类学、心理学、历史学、伦理学、经济学、文化和语言研究——"最终都会成为自然科学"。[145] 在为期九年的生命中，《宇宙》发表了多篇从明显的自然科学视角（虽然它基于海克尔的一元论）讨论历史、文学、哲学和政治话题的文章，其标题如《实验美学》（"Experimental Aesthetics"）、《达尔文主义与塔木德》（"Darwinism and the Talmud"）、《原始文化中的政治状况》（"Condition of Primitive Cultures"）、《作为原始世界观的抒情诗》（"Lyric as a Paleontological Weltanschauung"）、《蚂蚁的道德》（"On the Morality of Ants"）。[146]

　　海克尔及同志们认为杜布瓦－雷蒙在悲哀之中低估了自

然科学家的能知，而其他人则认为杜布瓦－雷蒙没给任何其他知识形式留下空间。以哈特曼（Eduard von Hartmann）为例，这位柏林哲学家在颇受欢迎的《无意识的哲学》（*Philosophy of the Unconscious*，1869）一书中，声称通过归纳法得出了形而上的绝对者；他基本赞许杜布瓦－雷蒙设置界限的议题，但又说杜氏夺人耳目的辞藻之实际效果，是稳固了自然科学在认识上的垄断。杜布瓦－雷蒙设置界限的演讲以其认识上的谦卑著称，但这掩盖了认为"自然科学之局限就是'人类心灵之局限'"这种不知自省的傲慢。比如，这位生理学家断然否定活力论，只承认一种形式上的因果关系——与他机械论世界观相符的有效率的因果关系。自然科学局限之论的总体特点是一种"不可违背的教条"，它所标志的不是学科性的、基于大学的知识，而是"心灵的不可靠"。[147]

连一些自然科学家都同意，杜布瓦－雷蒙确立的实际上不只是自然科学知识的局限，还是知识本身的界限。以研究细胞生成和植物生理学闻名的瑞士植物学家奈格里（Karl Nägeli）发出警醒，反对让自然科学成为知识的唯一范式；他认为"每个自然科学学科本质上都要在自身内部寻找正当性"。[148] 给认识设限是为了揪出那些试图超出某种知识形式允当领域的举动。当一个自然科学家开始对"如何和为何"进行哲学化时，他就"不再是自然科学家了"，奈格里如是写道。[149]

对于杜布瓦－雷蒙通过撰写自然科学之历史来证明其权威性的尝试，其他人——如大部分学术生涯在维也纳大学度

过的历史学家洛伦兹（Otto Lorenz）——不以为然。洛伦兹
称，杜布瓦－雷蒙让"人文研究"屈于自然科学之下，使得
前者几乎成了历史和人类的偶然——虽然杜氏自称观点与此
相反。这位生理学家悲叹伟大艺术在"技术—归纳时代"的
销声匿迹，表明他对现代人文学的支持不过是一种"施舍"。
洛伦兹认为按杜氏所论，人文学有时是给文明社会带来慰藉
的装饰品、物质时代的道德支柱。如果不对它的"目的"和
"正当性"给出更加令人信服的解释，洛伦兹警告道，就不要
幻想"技术—归纳时代"会纵容这种昂贵而费时的娱乐。[150]

　　在针对杜布瓦－雷蒙而提出的更为严格的认识论关切之
下，是文化和制度权威的问题——不只关乎自然科学，还关
乎基于大学的、学科性的、专业化的知识。在 19 世纪 70 年
代，实验室的学仕们都在德国最为尊贵的柏林阐发了自己对
自然科学的维护；数十年间，他们劳神费力，在研究型大学
中确立了自然科学的权威性和正当性。他们希望得到更广泛
的非专家支持，但只需要这种支持为自然科学在机构中赢来
更优越的位置；如前文所见，他们实现这点很大程度上是通
过讲述它们的实践、目标、方法、理念、优点和历史（及未
来）。他们还奋力让自然科学于潜在竞争者（如教会或国家、
语文学或哲学）中脱颖而出。这意味着要确立并时刻维护学
科界限。学科知识的认识论和伦理学因此需要一内一外的双
线作战。

　　于内，面对不断增加的新事实、新形式的证据、崭新的

研究和——简而言之——持续的交流，实验室学仕们为自然科学的延续性和融洽性发声。魏尔啸尤其了解自然科学是如何打破大学内外的既定信念和传统关切的。他早在 1860 年就曾提醒道，许多自然科学家所赞颂的经验科学解放的、祛魅的力量，给别人的感觉却是"毁灭性的、革命性的"。[151] 自然科学不只接过了批判的衣钵，它们特有的学科内部构造——创造和证明知识的方式——还助长不稳定性和不断变化，削弱"某些偏见或信念的存在"。魏尔啸预见了对自然科学特有现代属性的忧虑，直截了当地描述新数据、方法和知识的不竭流动会让自然科学家（遑论非专业人士）面对他们无从得知整体的"碎片"。[152]

于外，实验室学仕们称自然科学的融洽性和延续性关乎作为一个整体和一种社会机构的大学——其权威性和正当性源于专家和专业知识。比如魏尔啸就认为，不论自然科学创造知识的步伐能带来怎样进步性的、追求真理的、具有潜在"破坏性的"认识效果，它们本质上是一股保守而统一的文化力量，保留下它们所破坏的东西。承担起这种任务的自然科学，也就承担起历史上"落在属于不同教派的超验事业上的"社会功能。[153] 自然科学或许无法解决身心问题这种形而上难题，但如魏尔啸最终所论，它们至少在 19 世纪 70 年代起可以支持某种形式的信念。"在科学中实际上有个信仰的维度，其中个人不再为传承下来的事实真相收集证据，而是让自己只受传统的指引。"[154] 在魏尔啸看来，自然科学的"信仰"与

"宗教的"信仰功能相似，也是关于个人和社会生活当如何进行的公共文化资源，也有一股"教条的暗流"。[155]

如前文所见，这种同质性要求一种特殊的自然科学教养，也需要能够就其作出示范并保障其边界完整性的榜样。但如魏尔啸在 1877 年所言，自然科学的文化和机构的状况自 19 世纪 40 年代起就发生了变化。在慕尼黑，面对德国自然科学家和医师协会的讲话中，魏尔啸说自然科学家不再"要求"得到认可和正当性，他们已经得到了。在 19 世纪末的"现在"，自然科学家的任务是巩固自己领域的"保守一面"：确定的事实，对证据和实验之价值的专注，以及对"猜测"和"个人意见"的断然拒绝。他们也要具备一种新的心态："温和"而"顺从"，或用杜布瓦－雷蒙语，即"大方的放弃"。[156]为了使自然科学保住其文化权威性和正当性，其从业者不能试图回答生命的某些"最为珍贵的问题"。[157]

虽然魏尔啸在 1877 年的慕尼黑讲座中应和杜布瓦－雷蒙，责备了某些自然科学家在他看来没有根据的乐观，但他的主要目标是驳斥数日前在同一场会议上发言的海克尔，后者认为自己的一元进化理论应该构成德国学校课程"大改革"的基础。[158] 至少有一件事上，魏尔啸和他以前的学生是一致的：自然科学进步和发现的速率现在已经"无法估量"。[159] 魏尔啸认为这种内在不稳定性是严密关注学科边界、恪守认识局限的原因，而海克尔则用它说明魏尔啸对形态学和相关的生物科学的最新进展有多么"无知"。魏尔啸没有紧跟这些发现和理论，已然成为"柏林知识垄断体"的一分子。[160] 魏尔啸和其他先驱自然科学家一朝来到柏林、坐到权势的中心，他们及其教席与国家资助的机构就把追求知识换成了对威望的迫切保护——他们成了学仕。

海克尔把握住了 19 世纪末对认识论的权威性和正当性争夺中的一个要素。他拒不接受自由派实验室学仕认为的维护自然科学的地位所必须的界限，反而表明他们的论述想要定夺的争执并不只限于认识论，还涉及伦理、制度和政治。在自然科学愈发能被校外的非精英人士接触之时，从保持对专业权威的控制之愿望出发，无法解决关于自然科学知识局限的争论。在海克尔的否定中，一个关键的方面是，他坚定地认为自然科学和"人文科学"没有本质上的区别。他断言，进化论的诸多错误和理解问题都能追溯到实验室学仕们培养的认识理念和美德上；在海克尔看来，它们就是要把自然科学"精确或简单地"归约为"实验形式的证据"。[161] 但这种共同的要求，他写道，

> ……来自"关于自然的知识必须精确"这种普遍的错误。认为一般被归在"人文学"条目之下的学科没有这样的知识，是普遍的看法。但实际上，只有少部分自然科学是精确的，也就是基于数学的那些，如天文学或高阶力学，物理学和化学的大部分，以及小部分生理学……在生物领域，现象过于复杂而多变，数学方法无法得到简单的普遍运用……这些领域需要的不是精确的、

数学—物理的方法，而是历史—哲学的方法。[162]

作为很大程度上以否定活力论自视的一组新兴自然科学家中的一员，赫尔姆霍兹致力于一种粗暴机械论的自然模型，其中物质是怠惰而无能动性的。在这样的模型中，物质和心灵截然不同，获取它们相关知识的方式亦然。于是，把大学分为自然科学和人文学，不只是对被动而机械的自然模型的一种合理适用，还是对这种模型的制度化，是对其权威的巩固。当海克尔把各种生物类学科捧为"历史自然科学"，因此是统一"精确"自然科学和"历史人文学"的"纽带"时，他威胁到的不仅仅是这种占据主导地位的被动的机械自然模型，还有整个 19 世纪中很大程度上按照该模型的规则组织起来的制度。[163]赫尔姆霍兹祭出科学统一性的理念时，他的目的是维护大学的相对自治和正当性。

1877 年，在魏、海二人最初的交锋之后，赫尔姆霍兹提醒柏林的同事们注意作为大学学者的责任："你们处在要负责任的位置。你们必须保护［大学］这高贵的遗产，不仅是为了自己的国家，还是为了让它成为最广阔人类群体的模范。"[164]此处，赫尔姆霍兹并没有论述科学在认识论上的统一性，更没有对各种科学背后的某种唯一存在做形而上的论断。但海克尔则不然。他对现代研究型大学的否定，源于他对这种大学所参照的被动而机械的模型之否定。按照他的形而上一元论，"历史的东西和机械的东西"、心灵和物质，是不可分割的。[165]但现代德国大学已然将上述划分制度化了，其方式是将自然科学与现代人文学隔离，使学者自我约束在其中更加差异化的领域里，把某些关于生活的问题从学术的适当目标中剔除。

虽然海克尔笔耕不辍，但他最终输掉了对机械论的学术争夺（他更加积极而历史的机械论败于其论敌更加消极而直接的机械论），也输掉了留给 20 世纪的两种文化模式和关于边界、局限、差异的无尽争端的制度之战。海克尔失利的一个持久后果，如里斯金（Jessica Riskin）所言，是自然和物理科学与道德、历史、美学、政治问题的进一步"隔离"。[166] 海克尔（再次）统一科学的尝试基本受挫，德国大学的学者便可以继续用学科约束自己和知识。我们将会看到，仍然在寻找某种能够带来平衡的知识形式的人，采用的主要是被海克尔拒绝、被实验室学仕推介的方案。但在实验室学仕们热切地将道德、历史、政治问题同科学隔离开来之时，他们也（如魏尔啸所担忧的）为处理这些问题的其他非自然科学的方法留下了空间。魏尔啸很可能认为海克尔就是其中一例。他对海克尔的驳斥预示了此后几十年中现代人文学的概念。与赫尔姆霍兹在 1862 年海德堡讲座中所言相似，魏尔啸也试图把这些需求和可能的回答严格限制在私人和治疗的领域。在 1854 年抨击 19 世纪中叶的超自然思想时，他写道，自然科学"把灵魂留给个体，让他们用个人的形而上学或教条来解释"。[167] 经验知识的不完备性允许甚至鼓励人们追寻补充性的解释或方式，以满足对生命"最宝贵问题"的兴趣。[168] 魏尔

啸认为保障自己和他人的这些个人追求安于私域，是受到良
好教育的精英的任务。关于灵魂、欲望和终极目的的问题缺
乏科学知识在文化、社会和政治方面的正当性。

于是，到了 1880 年，真理似乎不再有统一的认知、道德、
宗教或精神层面；它变得碎片化了。如洛伦兹、哈特曼和奈
格里的批评所示，对（由实验室学仕们定调的）自然科学局
限之争，很多学者和知识分子的回应都是在承认自己对自然
科学正当性和权威性的矛盾态度，特别是在它全面解释和培
养人类的能力方面。赫、杜、魏三人坚持自然科学的局限，
也为"自然科学时代"有所缺失的可能性留下了空间：这个
领域在很多人看来似乎就存在于自然科学的边界之外，其中
若真理和知识仍受制于自然科学机械和量化之理念，那价值、
意义创造、道德机制则不然。如果自然科学家不能再把自己
的目的理解为追寻真理和创造意义，或者至少像哲学等其他
学科之前那样对这些活动形成设想，那么他们就需要伦理和
道德的补充，即现代人文学。"精神科学"这个词在杜布瓦 –
雷蒙 1872 年的"将无知"演讲之后的十年里，才在德语里得
到广泛应用，这并非偶然——此时已与赫尔姆霍兹的初次使用
相去甚久。[169]

实验室的学仕们虽然认识到了自己在大学内外稳固自然
科学的权威性和正当性的努力已取得成功，但他们也希望确
保这种权威性和正当性的未来。这意味着不仅要承认自然科
学的局限，还要承认其尊位造成的空缺。如何解决？杜布瓦 –

雷蒙认可对"非自然科学学科"的需求，但他和很多同辈一样，认为不管能够填补怎样的空白，这些学科都不是认识性的；它们总体上关乎治愈、慰藉和文化，但不是知识。

在 1882 年的校长演说中，杜布瓦－雷蒙讥讽了德国最受爱戴的偶像歌德，称后者装作自然科学家却从未完全投身于"因果律"。歌德独特的思想——原型植物、变形、光理论——不过是"自说自话的半吊子胎死腹中的恶作剧"。[170] 歌德就像自己笔下的浮士德一样，不能理解"将无知"宣言中的智慧：知道自己不能知道，并满足于此。歌德是诗人，是令人惬意的歌者、有趣形式的创造者、人心的抚慰者，而不是科学家。杜布瓦－雷蒙和其他实验室学仕给自然科学家的能知设下了清晰的边界，但他们也把知识留给了自己。

实验室学仕及其同代语文学家、历史学家、哲学家的故事，与现代的两种文化之争、人文学之命运的标准叙述相龃龉。这样的叙事通常基于两个前提：其一，人文学指的是一个连贯的传统，至少可上溯至 14、15 世纪的"人的学问"，因此，人文学早于自然和物理科学。其二，人文学被自然和物理科学夺走了基础和意义，成为现代性异化和碎片化后果的受害者。按照这种理解，人文学的命运可被理解成世俗化这一宏大贬损论题中的一个插曲。[171] 现代性逐渐又不可避免地把人文学当作过去的又一种被附魅的元素而甩掉。按照某些世俗化故事的说法，在实验科学日渐增长的势力之中，现代性逻辑最终引向人文学的废黜。我们认为这都是颠倒事实。

现代人文学的兴起是 19 世纪末德国知识分子的一场保卫战，他们急切地想挽救自己眼中受到威胁的道德设想：自律的、有道德能力的人。随着传统宗教社群和政治纽带的削弱，饱学的德国精英祭出现代人文学，给它注入了创造意义和提供道德、社会资源的潜力——这长久以来都属于宗教社群和正统思想。19 世纪末德国文化精英所阐发的人文学，旨在满足某种文化和社会需求。虽然人们不再相信人文学，马昆德（Odo Marquand）在最近写道，但他们"依赖它们，因为……他们们别无所依"。[172] 不过，马昆德继续论道，现代人文学并不是一种对自然科学或其他历史进程之主导地位"不可避免的"历史回应。它们的文化和社会功能得之不易。整个哲学院系上下的学者（包括自然科学家），以"精神科学"的名义召唤出各种学科，希望开展一项文化工程，其目的是道德慰藉和高知专家的统一。他们的"历史进步"——从学科学术（自然科学以及后来的各种不同学科）到成熟而统一的一类知识，如狄尔泰 1883 年所言，基于"对精英阶层进行专业教育的需求"。[173] 这种需求存在的主要原因是，在面对世俗化、幻灭、厌倦和其他所有他们认为与现代性息息相关的道德焦虑之幽影时，这些饱学精英似乎是最为痛苦之人。在所谓的祛魅时代里，其他人仍然在奋力与固执的神祇、宗教、形而上学共存。而如韦伯在几十年之后所言，开始寻找其他慰藉的，主要是知识分子。

柏林大学校长、化学家霍夫曼（August Wilhelm von

Hofmann）便是其中一员。见证了古希腊文学带给个人的慰藉之后，他在 1881 年对柏林的同事说："阅读荷马给人崭新的生命。公务员们灰暗的脸庞，已被岁月刻下了乏味的官僚体制清晰的蚀痕；但《伊利亚特》洪亮的六步格意外地在耳边响起时，他们立刻容光焕发……圣经之于大众，即是荷马之于受过教育的人。"[174] 这便是服务于官僚和工业时代的治愈性的人文学。

第五章
现代人文学之慰藉

对于实验室学仕们之间的矛盾态度和观点间隙，把握最为明确者当数狄尔泰。在《人文科学导论》出版的 1883 年（此时已距杜布瓦－雷蒙的莱比锡讲座十年有余），狄尔泰已经开始使用赫尔姆霍兹"精神科学"一词的复数形式。如此，狄尔泰使自己远离了这个词的单数形式在 19 世纪 40、50 年代的黑格尔式用法，其隐含意指是某种唯一的、对立于自然科学但能被哲学补充的人类知识。复数的精神科学不是一个磐石般的巨大整体，而是一组尚未阐明但相互关联的学科，涵盖哲学、语文学、政治学文学、神学和政治经济学。在集结这些学科并说明其关系时，狄尔泰认为自己对现代人文学的所为，正如培根对自然科学的贡献：勾勒出通用的方法、证据形式和研究对象。

在《人文科学导论》开篇，狄尔泰写道，他的目标是组织起一些为满足某种社会"需求"而生的学术科目。[1] 他把当时的德国社会比作一台由无数技术高超的人的"服务"所维

持的"巨大机器"，这些人包括艺术、文学、历史、政治、哲
学和神学学者。在大学的任一上述学科中教学和写作的学者
不是"社会中有意识发挥创造力的成员"；他们更像是在"工
厂"工作，疏离于自己的"使命"。[2] 实际上，疏离塑造着现
代社会更广泛的现实——不只见于社会和经济制度，还体现
在艺术、文学和哲学目标，自我理解，历史意识，规范，价
值观和知识方面。从狄尔泰开始求学于柏林大学的 1853 年，
到他以该校哲学系教授身份去世的 1911 年，柏林从地方性城
市转变成了世界级都会。其人口增加了近八倍，从五十万到
四百余万；紧锣密鼓的工业化阶段把它重塑为一个"科学、
世界工业和机器、工作"成了"社会秩序唯一基础"之地——
狄尔泰在 1887 年如是写道。[3] 立足于柏林，狄尔泰叙述了德
国社会快速的、在他看来几近彻底的碎片化。不过他也认为，
现代性的混乱并非晴天霹雳。他认为，19 世纪末德国人所面
对的社会危机和需求业已发展数百年，但也因此有其历史性
的解决方案：现代人文学。杜布瓦-雷蒙撰写了一部自然科
学史，以使其认识理念成为规范；而狄尔泰撰写了一部现代
人文学史，以为其理念的正当性正名。

　　然而反讽的是，狄尔泰用整部《导论》说明，将人疏离
于彼此、于工作、于世界的力量也促成了现代人文学的兴起。
狄尔泰认为人文学之所以"现代"，是因为它像所有包括自然
科学在内的科学（学科学术）一样，都依靠经验主义的证据
和方法，以发现如赫尔姆霍兹和杜布瓦-雷蒙的生理学家所

谓的"法则性"。[4]

精神生活的不可比性

在柏林大学完成博士论文和第二篇论文（二者探讨的都是施莱尔马赫的伦理学）之后，狄尔泰于 1866 年接受了巴塞尔大学的教职，并在此开设历史哲学、逻辑学和关于施莱尔马赫的讲座，主持关于哲学方法的研讨课。他还开始研究一些更新的自然科学成果，最终开始对穆勒和赫尔姆霍兹"心驰神往"。[5]他甚至参加了希斯（Wilhelm His）的生理学讲座，并向希斯学习解剖方法。粗暴的机械论认为，自然是直接原因的相互作用，而在胚胎学家希斯身上，狄尔泰就会看到一个严格符合该理论的自然模型的倡导者。在希斯看来，胚胎的发育不过是"微小物质相互拉扯"的结果。[6]狄尔泰在日记中写道，二人的相遇给他的思想"带来了全新的动力"。[7]（他于 1868 年、尼采到来的一年之前离开巴塞尔。）

这种憧憬（后黑格尔派和反活力论的）自然科学的新智识取向，为狄尔泰的终生追求定下了基调：如他在 1883 年所言，自己要从所有现代形式的知识中消灭形而上学。从笛卡尔和斯宾诺莎到谢林和黑格尔，哲学家一直在"一层层地堆积假设"，徒劳地尝试在意识事实和客观现实之间建立"桥梁"。[8]但他们唯一的成功，却是煽起让人忽视真实生活的抽象争论。反观只专注现代科学（包括自然科学和人文学）的学者，则通过"解剖"经验创造知识。[9]狄尔泰认为这是历史事实。"形而上学原理和证明的时代"业已被经验主义知识的时代所取代，在后者中，所有正当或"现代"的知识都基于以实验数据为本的方法，并致力于取得可交换的、可得到（一般意义上的）证实的结果。[10] 不过，他还是在奋力思索他眼中（基于形而上学的，哪怕只是虚幻的）知识统一之瓦解给认识、伦理、社会造成的真实后果。形而上学和自然科学再没能维持一种统一的知识，因此（按照狄尔泰的理解）没能为个人和社会的"意义"保存资源，使人能够理解自己生活和整个世界的意义——对现代人文学的"需求"便来自于此。

狄尔泰认为，形而上学在历史和概念上的败退给一个"既定事实的帝国"留出了位置，各种科学在其中彼此划界，每一种都称占据了自己的"一隅"。[11] 以边界为特点的新兴科学，每一种都宣示自己的融洽性和正当性；这种新的知识图景反映的并不是拥有神圣秩序或理性的宇宙，而是大学、学院和其他知识机构的"社会运作"，它们由狄尔泰看作现代社会隐疾的劳动分工所组建。

在狄尔泰看来，赫尔姆霍兹首先代表的是一种后形而上学的思维方式，一种充满康德味道的、意在思考"倘若"（as if）的范导性（regulative）倾向。[12] 比如，这位生理学家就认为因果律（借康德语）是先验的（transcendental）而非超验的（transcendent）。这些规律虽然不能通过对自然进行经验研究而证实，但必须在实际中被假定为真。如赫尔姆霍兹所言，新的认识帝国基于对科学实践、科学共同体和支持这些共同体的理念和美德之机构的"信任":"在此,唯一有意义的建议是:信任与行动!"[13] 为了把自己从神学的教条和形而上学的荒唐之中解放出来,现代知识分子和学者必须**相信**现代科学。其次,赫尔姆霍兹还一直信奉"大学是统一性在制度上的体现"这个思想,与蒙森、尼采和整个新人文主义传统相合。

　　狄尔泰支持实验室学仕们开创的局限之论,他试图在哲学家李凯尔特所谓的"非自然科学学科"(即现代人文学科)中为信任确立一个相似的基础。[14]1883 年,狄尔泰以杜布瓦-雷蒙奠定的语汇讨论两类科学的差异。他借用杜氏关于第二种界限(意识统一性)的说法写道,人类的心理过程不能按照其"物质条件"来理解。[15] 他从这条借鉴来的前提出发,不仅试图将现代人文学与自然科学区别开来,还想确立其融洽性和社会正当性。不过,即使在《人文科学导论》和日后对首创于此文的许多概念和论点的修订中,他一直为两类知识的差异发声,但他还是保持着矛盾的态度。实际上,他从未能说明他在自然科学和现代人文学之间划出的基本区别是什么,以及指出这些区别为何重要。[16]

　　狄尔泰在《人文科学导论》里为自然科学和现代人文学划出的区别首先不是方法论上的。与赫尔姆霍兹一样,他也认为自然科学和人文学都是现代科学,因此都依靠经验主义形式的证据和方法。文学或宗教领域的学者就像生物学家或化学家一样,也要搜集和分析事实,通过概念进行总结,并坚持相似的认识理念和美德,如严格、精确、勤勉、注意细节、重视辩论。

这种区别也不是本体论上的——至少在狄尔泰的论述中不是。他和身后的追随者们极力避免指向身心二元论的暗示；他认为这种思想有经院形而上学和神学的痕迹，也有海克尔归于赫、杜、魏等生理学家的心灵—物质二元论的味道。[17]狄尔泰没有把生理学和语文学的差异放在研究对象中。比如，生理学和语文学阐释最终都关乎心灵现象。

那么，他将什么作为自然科学与现代人文学之区别的基础？伦理和政治的关切。差异在于伦理，因为狄尔泰认为它与能否过上在他看来自由而良善的生活有关。他认为差异的基础在于对人类在自然存在中的独特地位的优先关注。他认可杜布瓦－雷蒙的第二种界限（人类意识的统一性），也同意其推论——现代自然科学不能解释人类意识和主观性，因此坚决反对"自然科学构成了融洽而正当的世界观"的论断。狄尔泰称自己区分自然科学和人文学的"动机"直至"人类自我意识的深处和总体"。[18]现代的、因此在狄尔泰看来也是异化的社会不只需要一种新的认识世界的方式，更需要一种认识方式来宣示统一性、确保完整性、维护人类自律——19世纪德国知识分子相信，面对自然科学被动机械论模型的上位，这些都遭受了前所未有的威胁。

生理学家——如被狄尔泰称为"最早的一批'自然科学家［Naturforscher］'之一"的杜布瓦－雷蒙——在搜集、分析、解读物质事实上成果卓著，但他们仍不能解释狄尔泰所谓的"心灵事实"。[19] 它们异于"自然的机械秩序"，独立于自然科学家以其归纳法和对直接原因的不懈追寻已初能解释的自然事实。[20]

按照狄尔泰的勾勒，现代人文学的融洽和功能有赖于物质机制（粗暴、被动、同质、无生命）和精神生活（有生命、活跃、特别、不可归约）间的"不可比较"。[21] 这种不可比性是人文学和自然科学基本差异的前提。现代人文学诞生并实现了狄尔泰所谓"自给自足"的疆域，位于自然科学认识局限的边界。[22] 人文学的正当性有赖于自然科学独特论述的存在，这种被动机械论自然模型使自然科学隔绝于具有道德、政治、历史意义的问题。人类发现自己处在一个既"沉默"又"陌生"的自然世界，因此诞生了对不同的全新知识形式的需求。[23] 正是这种陌生，促使现代人文学发出了其独特的自我主张。狄尔泰写道，在这"死气沉沉"的自然之上，人文学"散发着生命和内省的光芒"。[24]

简而言之，狄尔泰支持一种特别的（虽然也被广泛接受的）自然模型，用它来定义所有的自然科学；他集结了一批原本相异的学科，把它们与自然科学并列，将它们命名为"人文学科"，最后又宣称它们能在认识和制度上垄断伦理和道德问题。通过夸大实验室学仕们对自然科学展现的矛盾和犹疑，狄尔泰指出，它们竦峙的权威已经造成了一个道德真空，并宣告社会需要一种新的知识形式以解决这个问题。他还给每个领域各分配了一种底层的人类学思想：在其一之中，人类不过是自然粗暴机制的一部分；而在另一之中，人是例外。为了掌控这些不同类型的知识，他采用了一种被他称为"双重视角"的康德式兼容论：人类既是精神事实的统一，也是身体、物质感觉的统一。[25]

康德终其一生都在用各种方法寻求这两种视角的统一；而狄尔泰则称它们"不可能出现在同一种思想活动中"，并认为它们是"两类科学"的基础。这两个领域便是自然科学和现代人文学成型、确定目标、得到其从业者的阵地。它们也激起了认为彼此处在对立领域中的学者之间的"对抗"。[26]

人文学的道德目的和历史正当性

按狄尔泰所言，现代人文学的终极目的是为"人"提供一种论述，以限制自然法则的解释力、确保人类之于自然世界的无上权威。自然科学家受到粗暴机械论自然的理想图景所指引，而引领人文学者的则是有目的的、独特的、不可归约的理想人类之样貌。后者让学者在构想人类自我意识（及其产物）时不仅仅把它看作是自然的。不过，狄尔泰认为在定义人文学方面，这种理想样貌及其功能不只能发挥启发作用；他表示，它能让人文学成为一座以保护人类自律不受侵犯为终极目的的固若金汤的堡垒："人类虽然一直在挖掘精神生活的基础，但它仍然毫发无损；人在自身的自我意识中看到了意志的至尊，对行动的责任，用思想征服一切的能力，以及在他个人自律的堡垒之中抵御一切的能力——他用这座堡垒让自己区别于自然。"[27] 在培养这种"意志的至尊"以对抗无意义的自然机制时，现代人文学使意义成为可能，使它既是个人的又是历史的，既是个体的又是社会的。因为人类不能再依靠拥有神圣秩序的宇宙或在社会中确立的尊卑体系来提供公共而持久的意义，他们必须依靠自己的力量发声、创造意义。狄尔泰认为，这正是现代人文学所做的；它让人类认识到"每个个体存在的意义完全是独一无二的、不能被知识所消解"，[28] 但还让他们明白个人的存在与某种延伸出这种存在的事物有关。终其生涯，狄尔泰都在把施莱尔马赫的文本诠释学（连同它所强调的部分与整体之关系）引入人类行为的道德和历史世界。每个人的存在"都以它自己的方式，像莱布尼茨的单子（monad）一样，体现着历史性的普遍存在"。每个具体人生难以领悟的统一、融洽和意义，在狄尔泰看来都是普遍人性和人类历史——社会现实的一个微观宇宙。

在狄尔泰的描述下不知餍足地寻求法则般的规律性和"不变结构"的自然科学家，只能把人类构想得与所有自然存在一样，都受制于普遍法则。他们无法解释人类何以逐渐"通过科学和技术"增加他们"在地上和空中的权威"，因为他们专注于寻找非时间性的规律。[29] 狄尔泰认为对于现代知识而言，这种对不变结构和普遍法则的探寻是必要但不充分的任务。他还渴望一种知识形式，它能把满载意义的具体生活置于对人类发展和解放的叙述中。在此，他赋予现代人文学一项基础而充满道德压力的任务——通过讲述模范人物的历史先例，以最终维护人类的能动性和自律性，使其免受工业、自然科学和技术之力可能造成的损害。

虽然《人文科学导论》是最早尝试确立现代人文学特殊认识论和方法论的长篇论述之一，但狄尔泰把很多笔墨都用于在宏大的历史叙事之中进行更为理论性的思考，就像杜布瓦－雷蒙在数年之前对自然科学所做的。杜布瓦－雷蒙试图通过延伸自然科学的历史至两千年前，来确立其正当性；而狄尔泰则想要说明现代人文学如何脱胎于自然科学，因而与后者有共同的源头——学科学术，以此来确立现代人文学的正当性。在概念上，现代人文学基于现代自然科学首倡的经验主义。但在历史上，它们虽然发展自自然科学，但最终独立于甚至取代了后者。[30] 杜布瓦－雷蒙的历史终于自然科学高歌猛进的时代，而狄尔泰则把自然科学的时代描述成一个始于法国大革命的"社会震荡"让社会地覆天翻的时代。[31] 他认为现代人文是这种历史动荡的结果，也是它得到历史性解决的手段。

狄尔泰追述了始于古代希腊、成于 19 世纪欧洲特别是德国的一系列知识形式和实践（从天文学、形而上学到哲学和心理学），如何诞生于满足智识、道德、社会需求的历史必然。因"科学的建设欲"而盲目的英法"实证主义者"（如密尔、孔德和斯宾塞）不能解释不同的科学是如何相互关联的。狄尔泰写道，因为他们不能解释这些科学发展的"起源"；[32] 最为重要的是，他们不能解释这些科学如何甚至能否塑造人类积累的具体能力。赞同实证主义者的"建设欲",以及实验室学仕们对自然科学专有教养的渴望,但认为二者都缺乏发展思维而予以拒斥,狄尔泰对明确基于人文学的、概念上融洽的、历史上必要的、让"智识教养"成为可能的一组学科给出了历史性的论述。[33]

据狄尔泰所论,现代人文学发展的历史正如杜布瓦－雷蒙论述中的自然科学史一样,也是人类从形而上学的荒唐中获得解放的历史。但为了让人文学的任务得以实现,读者需要理解并认同(仍处于原型阶段的)人文学是如何被其先前的实践者领会和身体力行的。换言之,这需要的正是人文学所能带来的那种知识。与亚里士多德、康德或与其同时代的孔德都不相同,狄尔泰认为形而上论述具有"历史性",因此只是非必然的"事实集"。[34] 如此,他论述道,形而上的错觉、关切和体系的积习难改不管是何种程度,都能够被克服。但是,"现代人"为了实现这种解放,必须"理解"对荒唐形而上学神话的"腐朽因循"是如何改头换面地于现在顽固地存在。消除这些荒唐,以及让全面发展的现代人文学成为可能,需要一种历史诠释学。首先,读者和初入门径的人文学者必须让自己"浸淫"于历史角色的"精神"或经历,其实现方式是涉入他们的"传承"——也就是使他们思想和经历得以成形的物质形式、客体内容和"著作"。[35] 其次,读者或学者必须通过能让现在的人产生某种体会以理解过去的方法,亲自"体验"这种间接经历。通过提供这种理解"工具",狄尔泰试图把"个人天赋"转变成"一种技术"以限制和约束每一位学者，并给人文学知识带来"某种程度的普遍性"。[36] 不过，不管人文学变得多么"现代"，狄尔泰指出，它们一直都会包括"一些非理性的成分，恰似生活本身"。[37]

　　虽然狄尔泰 1911 年逝世前一直在阐发自己的诠释学方法，但他在《人文科学导论》中把它用于"现代人文学的著作"，是为了重述人文学的历史、指明"需求"，即他宣称可以追溯到中世纪某个"问题"的、催生人文学的危机。[38] 这个问题最初是宗教意识和形而上学之间的一组二律背反，即全知全能上帝和人类自由两种观念之间，或客观自然秩序和自由两种观念之间明显的矛盾；经几个世纪的发展后，它演变成了如今"构成现代人"的问题。[39] 当知识"有目的的秩序"从"人性的总体"中脱离，狄尔泰写道，人类就丢掉了他们在形而上秩序中的位置，并逐渐发展出了构成他们的历史区别的"特性"——"一种现代科学意识"。狄尔泰认为这种发展之所以重要，不只是因为它带来了社会意义体系的分化——从艺术、宗教到法律、历史，还因为它造成了人类能力的分化。现代的个人不仅需要掌握常常相互矛盾的多种社会体系和与它们相连的种种身份，还要发展出特属于它们的各种能力、习惯和技巧（狄尔泰将其统称为"心灵之力"）。他写道，现代人仿佛需要学会让自己的各个肢体独立活动，并在愈发严苛、精确和分化的任务中使用它们。[40]

　　在狄尔泰的现代人文学历史叙述中，它最终把自己从人类历史的目的论解释中、从根植于"'人类'统一性"这个神学和形而上学观念的社会现实中解放了出来。他写道，这种分离的"速度……慢于"自然科学，主要是因为这些日后成为现代人文学的学科花费了很长的时间才围绕着对历史—社会世界的共识凝聚在一起。[41] 自然科学的学科首先脱颖而出，成为融洽的知识形式，是因为那些最初阐发它们的学者把它们组织在"以自然为机器"的共有观念周围。因此，这些学者更能够发展出共有的方法、证据观和实践。因为艺术、历史、社会、哲学和文学的学者之间不存在这种共有假设，他们追求的便是不同种类的知识，所以它们很大程度上独立于彼此，每一种都处在独特的"文化体系"中。

　　按狄尔泰所言，在自然科学逐渐"清除"形而上的"荒唐言论"、排挤神学原理之时，一种相似的模式开始出现在各种文化体系中：对个体关系的知识取代了形而上的大一统，因果概念取代了自然目的，法则取代了普遍形态，内在原因取代了超验原因，事实取代了传说神话。在自然科学用自己的机械论框架取代形而上学和神学框架的每一事例中，"自然"都发展成一种独特的现实，高居在人和人的历史—社会现实之上，形成对抗。简言之，狄尔泰用历史叙述把自然—文化之分投射到千百年之前，以证明他在《导论》开篇指出的两种文化之分是历史事实。在狄尔泰看来，这种分别是给现代人文学带来正当性和权威性的永恒危机。

一种新的形而上学？

同样，致力于历史—社会现实研究的具体科学（如语文学和历史学）之发展，让系统性地认识这种现实成为可能，但也造成了它的碎片化。比如，人文主义学者在 14—16 世纪所发展的历史"批评"让他们得以更好地研究流传下来的文本材料。但语文学方法的技术化、经验化，狄尔泰写道，也"破坏了传奇、神话和故事的网"，编织它的是千百年来的神权制度，其权威性不过来自代称神意。[42] 同样的批评方法还毁掉了历史—社会现实的全部统一感，而这些文本正是经由它才能够传承，也要通过它来得到理解。这是现代人文学的困境。

各种自然科学在围绕粗暴机械论这个共有的自然模型集结之前，创造的是关于自然的碎片化知识；诸如语文学和历史学的科学亦然，创造的是关于历史—社会现实的碎片化知识。于是，它们承袭的历史"问题"，便不只关乎人类自由之可能性，还关乎一种并非完全由自然世界粗暴机械论和自然科学道德局限确定的统一的意义和目的。现代人文学的"问题"是，它一直被它所不是的东西（即自然科学）定义，被一种对不可还原为纯粹物质的整体性的冲动或需求定义。

不论它的分析方法如何，也不管它在历史上通过"肢解"自己想要知道的东西而获得知识这个事实，狄尔泰写道，现代人文学享有尊位："作为鲜活总体的人类本身"被交予它。[43]他用一个个例子讲述了学者对人本身或其灵魂设想出"呆板、僵化的概念"来描述人类生活，但不可避免地无法解释"灵魂生活的总体状况"，而最终把"精神生活"贬为粗暴的机械论。对抗这样的机械化正是现代人文学的任务。[44]

在《人文科学导论》的结尾处，狄尔泰问道：现代人文虽然已经"用分析性探究取代了对精神领域的形而上学探究"，但是否又假"人"之名带来了一种特属于现代的形而上学？[45] 在《导论》出版之后，狄尔泰把大部分精力都放在了将心理学确立为现代人文学之"基础"（正如数学之于自然科学）的工作上。[46] 狄尔泰在 1890 年中期对这项任务进行了最为清晰的概念化，他区分了"描述性"和"解释性"的心理学。解释性心理学基于自然科学的方法和假设，如"因即是果"（causa aequat effectum），因此试图通过零散的单位"重构精神生活的整体"。[47] 它视角下的人类精神生活仿佛能被降格成"一系列生理过程"。[48] 而描述性心理学则从"受制于……经历［Erlebnis］"的心灵生活之"整体"出发，希望参照该统一体来描述部分之间的关系。[49] 狄尔泰认为，解释性心理学与赫尔姆霍兹和其他自然科学家的试验方法和机械论自然理念有关；而描述性心理学与如卢梭、歌德、蒙田和莎士比亚的作家相关——他称这些作家全面而融洽地讲述了心灵生活的过程和内容。[50] "我们总能听到这种说法：在李尔王、哈姆雷特、麦克白处能见到的心理学比所有心理学教材的总和还要丰富。"狄尔泰如是说。[51] 于是，在描述性心理学的协助之下，现代人文学的任务便不只是解释人的精神生活及其产物，还要理解人如何、为何在世间活动，以及他们"精神生活"的总体发展。这样的理解应该能够解释感知、动机、情绪之间的关系，以及它们如何与符合某些目标和价值并以此为导向而进行的生活相关。[52] 如《导论》中已经做过的那样，狄尔泰以自然科学和人文学所支持的经验形式不同为基础来区分二者。我们用前者"解释自然"，用后者"理解精神生活"。[53]

狄尔泰将关于"永恒世界"的知识让给自然科学，为现代人文学宣称占领了剩下的领地。"我们生活之中"作为"个人经验、即道德—宗教真相的形而上成分 [das Meta-Physische]"是一种新的非自然科学知识立足的明确阵地。[54] 被狄尔泰定义为所有历史理解"界限点"的宗教"经验"回到了他的叙述中，作为一种超越自然科学局限，但也能按照学术规范和逻辑连贯性进行理解的知识之阵地。[55] 从"自我反思的深处散发出来……[产生出] 这样的意识：意志不能被自然秩序决定——自然的法则与意志的生命不相符，意志只能被自然秩序之外的某物决定"。狄尔泰认为，这种对人类意识的不可归约性和人类意志的自主权的个人知识，能够带来"与我们生死密切相关的更高级"的知识。通过对秩序良好的无限宇宙进行思考，或者通过坚持承袭下来的神学教条，都无法触及一种有意义的、有秩序的现实；唯一法门是对"自己内心深处进行"极为个人化的"凝视"。狄尔泰认为，这就是为什么比起忏悔的基督徒，无神论者或许更能"身体力行这种形而上学"，因为前者对超验上帝的观念已经成为他们自己

"无价值的外壳"。[56]

对狄尔泰而言，这些鲜活的经验和生命的形而上学是诞生现代人文学的知识边界；在此，单个生命的不可测性确保了每个人的生命在个体和普遍层面的意义和价值。狄尔泰把这个意义上的生命理解为各个部分与单一整体的关系，并称每一个个体意识都能直接触及这种不可测的融通。另外，每个人的生命都体现出一种更高级的统一，它不仅专属于某人，还属于某种历史性的普遍存在（如某个文化）。[57]包括自然科学和人文学在内的现代科学缺少概念和语言，无法叙述这种个人或主观的、关于生命及其总体性和完整性的知识。因此狄尔泰继续做出如下论断：宗教传统提供了重要的、有意义的概念和语言，以描述人类生命内在的完整性，哪怕这些宗教的主观性和多样性与理解的界限产生了冲突和问题。[58]于是，狄尔泰对现代人文学的论述最后所主张的，是对人类（在个体和普遍层面的）不可测的统一性的意识。这便是他的主要遗产——现代人文学——的条件。狄尔泰认为，这种新的科学继承了培植学术范畴、概念和形式，以帮助人类更好地理解人类生命的终极融洽性和意义的任务；这种新的科学也接过了把内心经验与社会和历史现实相联、把具体生活的心理学转变成关于人类生活总体的一组融洽科学的重担。

狄尔泰用空间的辞藻——边界、局限、领域、独立——把人文学和自然科学的认知和历史差异，与他作为 19 世纪末德国学者已经熟稔的基于大学的知识形式关联起来。如语文学、文学、宗教等学科在现代人文学这个类别中找到了归宿，而化学、物理、生理学则居于自然科学。通过这个狄尔泰所谓的"双重视角"看去，人文学与其说是一种融洽的认识论任务，毋宁说是一种道德言语行为。它的融洽性和正当性问题不甚关乎它所**是**，而更关乎它所**做**、关乎它在具体场景中的所为以及受众认为它能做什么。[59]

与当时大多数德国知识分子一样，狄尔泰也试图为自然科学在制度和文化方面的上位寻找后黑格尔时代的解决方案。自然科学的胜利显而易见：政治影响力、国家资本投入、更多大学新生以及最重要的文化权威，全部在向自然科学聚集。在《人文科学导论》出版后的几十年中，仍在尝试找到一种能与自然科学分庭抗礼的知识形式的知识分子和学者，很大程度上采用的都是狄尔泰追随实验室学仕们的脚步提出的解决方案。在拥护粗暴而被动的机械论自然模型时，学者可能让自然科学隔绝于道德、哲学、政治问题；然而不管是否有意，他们也承认了这些问题之顽固，以及新学科设置下的大学无力解决它们。它们与自己形而上学和哲学过去的关系，与迷信和假定一个神圣有序的宇宙之存在的关系，需要被重构。这个得到了实验室学仕和"非自然科学学科"学者（如狄尔泰）叙述的历史进程，留下了一个空白。

哲学院系的分化和一个理念的终结

虽然狄尔泰把人文学之永恒危机的起源追溯到千百年甚

至两千年前，但更切近的原因可见于 19 世纪初德意志大学的制度状况——此时哲学院系（即早期现代大学曾经的文科院系）变得更为自治和专业化。在此之前，德语土地上的大学的哲学院系和全欧洲一样，接纳着一系列研究领域：从历史、语文学、修辞学、政治经济学，到生物学、化学、物理学的雏形。这些院系很大程度上也具有预科功能，使学生能进入更高级的专业院系，包括法律、医学、神学和驻扎在这些院系中、如今或可被称为服务类专业的各种领域和学科。

19 世纪上半叶，两种发展开始破坏这种相对的同质性和稳定性。随着柏林大学在 1810 年建立，知识的学科秩序开始缓慢地在整个普鲁士和其他德语区大学中成型。一些学者能够产出在同行看来原创而重要的知识，他们开始得到大学的优待；大学还先在语文学和神学，很快又在数学和物理学领域开设专业研讨会，希望能够复制这样的学者和学科知识。[60] 然而同等重要的是由普鲁士文化部长阿尔滕施泰因主导的教育改革（见第二章）。1834 年，作为长期改革计划的一部分，阿尔特施泰因给文理中学设置了必修课程并制定了毕业统考，是为文理中学学生学业之终点、获得大学录取的唯一途径。这种制度变化很快提高了哲学院系的威望和重要性。其教员现在可以合情合理地宣称，他们的任务不是给学生打基础，以便在传统中"更高级的"院系中深造。他们可以关注也确实关注于打造各个学科的职业学者——语文学家、历史学家、物理学家、化学家。[61] 最重要的是，19 世纪 30 年代的改革实际上让训练极为专业的文理学院教师，为他们参加需要深厚希腊语、拉丁语、历史和文学等学科知识的国家考试做准备，成了哲学系成员的责任。哲学院系成了职业学校，因此获得了全新的社会意义，也随即有了获得更多资金支持的希望。

"哲学博士"学位在几个世纪以来都是文理（或哲学）院系的大多数住民所无法企及的；这项殊荣在 19 世纪上半叶的逐步推广，进一步确立了哲学院系的地位和职业化。[62] 哪怕自己在体制内的地位有所改善，哲学院系的教授还是常常试图明确自己专业化的界限。19 世纪 30 年代，柏林大学的教授坚称所有大学的哲学院系都应该专注与"实际考虑"无关的教学和学术。[63] 直到基本完成职业化之后，柏林的哲学院系才开始在 1838 年的章程中规定，它只提供博雅教育。这种对教育理念看似迟来的成文规定体现了新人文主义高等教育理念制造的冲突：它宣称大学既应追求纯粹的知识，又为国家和社会提供实际的服务。[64]

正是在这个背景下，在柏林大学 1810 年建校时被勾画为一种制度规范（"学科学术"）的知识统一性理念，才开始在学校和官僚机构中成型。学科学术体现的不只是一种制度理念，更是一种广义的文化理念：在一个"所有固体都溶解在空气之中，所有神圣都已成凡俗"的世界中，它代表完整、融洽和正当的权威。1844 年，马克思认为学科学术是一种"统一"；形而上学、道德、宗教和所有意识形态中的矛盾和错觉都能通过它而得到解决。[65] 大约同时，左翼黑格尔派的米什莱（Karl Ludwig Michelet）更进一步写道，"历史的目的是世俗化［Verweltlichung］基督教世界"，其主要途径是"学科学术的圣火，它将给所有国家带去孕育生命的温暖，把处在神之偶像中的人类拔擢到现实中，这将由学科学术的真正保护者——德意志人来完成"。[66] 对德意志的饱学精英而言，哲学院系是学科学术的家。

　　哲学院系的学术职业化，以及它在学生录取和学科分化、增加方面的进展，让语文学家早在 19 世纪 20 年代就开始抱怨过度专业化和碎片化，并担心基于大学的学科知识、学科学术和"生活"之间的裂隙。[67] 到 19 世纪 60 年代，这些忧虑爆发成为一场关于"哲学院系所谓的不融洽"的争论，持续了几十年之久。一些学者，特别是那些开始自认是自然科学家的，认为维持统一性理念的唯一办法是把自然和物理科学从更宽泛的哲学院系中分离出来。

　　于内，维护哲学院系不受分裂之战，很大程度上也是一场维护地方的统一集体之战，这种集体能够限制迅速增长的学科共同体——它们遍及整个德意志和欧洲、在世纪末传遍世界，让地方共同体黯然失色。大学集体通常被地方传统所维系，这些传统包括庆典（校长演说、建设庆典）、尊卑秩序（不同院系之间、教授等级之间、学科之间），以及共有的时间和工作安排；而学术共同体则由分布更加广泛的社交形式，如期刊、年会、信件、档案库、方法、理论、国际组织，黏合起来。于外，哲学院系统一性之争让教授和饱学精英都开始担心大学作为可靠知识之要塞这项更宽泛的社会功能的命运。

如上一章所示，很多教授奋力维护哲学院系的统一性，即便他们在一套重视学科知识甚于一切的机构体制中如鱼得水。19世纪一些最受敬重的自然科学家，如赫尔姆霍兹、霍夫曼和杜布瓦－雷蒙等实验室学仕们，赞美"不分裂的［哲学］院系的共同工作"是挽救学术使命以免"萎缩"成专业分工的唯一"解药"。[68] 这些科学家同意专业化是创造新科学知识的条件，但同时（有时拐弯抹角地）又为能够保障社会和智识统一性的制度结构发声。赫尔姆霍兹1863年在海德堡大学的演说，如我们在上一章所见，便是个中范例。他声称自然科学在认识上能够自足，并认为它们是一组此前不相关联的学科，但又认识到自然科学的权威性和正当性有赖于大学独特但制度上统一的学术知识文化的权威性和正当性的存续。

由赫尔姆霍兹所阐明的辩论复杂动态贯穿整个19世纪。林格对德国学仕进行了著名的双阵营划分：直截了当反动者"正统派"，文化上并不悲观的、批判现代的观察者"现代派"。[69] 不过，不符合这个分析框架的知识分子和学者中也不乏典型的圈内人士，而非仅有圈外异类。鲍尔森（Friedrich Paulsen）便是其中之一；他或许**就是**1900年前后德国高等教育争论中的集大成者。身为柏林大学哲学教授的鲍尔森连同其他杰出学者，为1893年芝加哥举办的世界博览会列出了一份关于德国大学的参展目录。如目录的序言所述，展览的目的是向世界展示德国大学作为现代知识"孵化者"、全心全意投身现代科学的形象。[70]

在给目录的撰稿中，鲍尔森强调了他眼中德国大学的核心优势：对知识"统一性"的专注。[71] 与近百年之前的费希特和施莱尔马赫及几十年前的赫尔姆霍兹相比，他描述下的"统一性"标准强调的是知识的交流属性更在于制度和社会层面而非形而上层面。知识统一性构成了"心灵贵族"的"社会和学术互动"——鲍尔森此论应和了另一位新人文主义者谢林的设想。"就像曾经的教士那样"，德国学者——那些在学术威望和权力的最高层、最核心层得到培养和提拔的学人——代表着统一，也是"民众的智识领袖"。[72] 鲍尔森的语言表明，在世纪之交，身在大学的学者仍然认为他们理当拥有怎样的名望和权威。

这种统一性理念曾经对德国大学在历史上的成功发挥了关键作用，而鲍尔森认为其未来惨淡。他写道，虽然哲学院系长久以来都把整个大学的教员和学生维系在一起，并且在很大程度上维护着大学文化权威和相对自治的正当性，但大多数学科（从语文学、数学到历史学、自然科学）的讲座都具有"给专业人士的技术性知识教学"的特点。[73] 于是，来自其他院系（如医学和神学）的学生毫不意外地不再参加这些讲座。他的许多同代人（特别是语文学和历史学领域的）想要扭转这种变化，而鲍尔森则以就事论事的口吻说"劳动分工不可逆转。"事实是，现代知识的前提正有赖于此。令人深感忧虑的也正是不可或缺的——此言如今尤是。

与大多数批评基于大学的知识和专业化的人一样，鲍尔森之论不只是认识上的，还是伦理上的。无限制的学术专业化使得个人能力发展不平衡，阻止健康的冲动，助长伤身的动机，简而言之造成"片面性"，因此有害于人。[74] 虽然表面上受众来自世界各地，但鲍尔森却是在直接向同辈的德国学者们宣讲，号召他们忠于自己的"使命"，履行大学教学—研究共同体成员之职。哲学院系的分化威胁到这种情怀和生态的存续。它让这种能够界定智识使命之可能性的制度岌岌可危。

到了 1900 年，霍夫曼、赫尔姆霍兹、鲍尔森和传统哲学院系无数其他维护者基本已经输掉了这场制度统一性之战。1863 年，即赫尔姆霍兹劝海德堡大学的同事们保留人文学和自然科学的整体性一年之后，图宾根大学的教授们选择建立自然科学学院。新学院的首任院长马尔（Hugo von Mahl）于同年提醒其他大学"不要落后于时代"。[75] 海德堡大学于 1890 年选择拆解哲学院系。斯特拉斯堡于 1872 年新建的大学为哲学和自然科学设置了两个不同学院，但布雷斯劳、基尔和柯尼斯堡的大学教授们反对这种分化。在 1914 年法兰克福大学建校之时，其教员反对统一的哲学院系。柏林大学——德国最紧随新人文主义理念的一所高等教育机构——也支持分裂，不过这要在 20 世纪 30 年代之后。

回归康德以及重划知识边界

在 1883 年狄尔泰的《人文科学导论》出版之后，大学上下的学者都试图应对不断变化的知识状况，哲学院系内部的界线划分呈加剧之势。在 19 世纪 50 年代及 60 年代初就读于柏林大学之时，狄尔泰已经开始为知识确立哲学基础，以对抗自然科学的上位；他在描述这个时代的智识氛围时说，"兴起的自然科学"促人彻底重估何谓可靠的知识、如何对它进行组织。[76] 这个时代的特点是：对科学唯物主义相当激烈而一呼百应的争论。[77] 黑格尔的形而上学近乎崩溃，自然科学又逐渐上位，使得哲学家在这场唯物主义之争中尤其处于守势。对如狄尔泰的心向哲学的学者而言，之前世代的唯心主义形而上学不再可取。它作为基于大学的知识之正当性不仅被自然科学所动摇，年轻的学者也认为经验主义可信，因为如狄尔泰所言，"用它确实能办成事"。[78]

不过，这些学者中也有很多人认为各种科学唯物主义和有关经验的哲学（如密尔和孔德的）归约性太强，在被当作方法论框架用于研究人类文化和活动时尤其如此。以狄尔泰为例，在初识密尔作品的激动退去后，他得出的最后结论是密尔的方法终会因其"教条式严格"而失败。[79] 在包括狄尔泰在内的很多德国知识分子和学者看来，回归康德能够带来一条安全通道，让人穿过形而上猜测之狼和绝对被动唯物主义之虎的夹击。[①] 同样重要的是，他们认为康德式的革新能够把在各种科学之间划定新边界的权利交给哲学，使它回到学科尊卑体系中应属于它的至尊之位。但狄尔泰和其他德国学者想要回溯的康德不是那个启发了谢林、费希特、黑格尔唯心主义的形而上学家，而是一个经过批判的康德，他对知识来源的唯心主义论述受制于对它们经验来源的专注。[80] 这种回归与德国哲学在 19 世纪末更广泛的转向相吻合：不再注重建立宏大体系，而是更多地审视认识界限，更多地采用受到语文学启发的方法。[81]

这场回归康德运动的机构特征在一个广为人知的事实中得到体现：它基本成型于与马尔堡和德国西南地区（特别是斯特拉斯堡）各大学有关的种种学派。[82] 由科恩（Hermann Cohen）和纳托普（Paul Natorp）领衔的马尔堡学派专注于认识和方法问题，特别是它们与自然科学的关系，其目的是让康德所谓的批判体系得到进一步的系统化。西南学派或称巴登学派与文德尔班（Wilhelm Windelband）、李凯尔特和拉斯克（Emil Lask）有关，试图重建涉及伦理、价值和历史问题的更宏大的康德式工程。不管差异如何，这些新康德主义派认为一种得到新规训和新重点的哲学能够对当时最激烈的争论（如关于唯物主义、达尔文主义、人类意识、进化和自然科学局限的问题）进行裁判。新康德主义者不仅继续了狄尔

---

① 原文"狼""虎"分别为 Scylla 和 Charybdis，系荷马史诗《奥德赛》中的海怪。——译注

泰的事业，还为现代人文学划定了此后被广泛理解为其适当研究对象的内容：人类的产物、表达、创造和客体化。新康德主义者发展出了整套认识论、方法论和伦理学，以研究人类的创造——从诗歌、小说到法律规定和宗教传统。他们追随狄尔泰的领导，设下内外界限，并将它们系统化，希望以此确立一种能够自证合理性、不受制于自然科学的独特知识形式。他们阐述了一种独特知识域的可能，带来了一整套仍在塑造现代人文学的认知理念、实践和概念。[83]

西南学派明确号召回归康德，并试图勾勒出一种价值哲学——基本由文德尔班始自弗赖堡。他在 1882 年称，回归康德会找回哲学的科学和系统"性质"；他把这种性质与康德对知识的条件、局限和原则的"批判性研究"相关联。文德尔班希望通过这种区分，把哲学拔擢为科学之科学。各门科学或"解释"原因（如实验心理学），或"描述"具体对象（如历史或植物学），而哲学则审视让所有其他科学成为可能的条件。[84] 哲学的目的是探明让具体科学得以运转的底层原理和条件，以做出具有普遍真实性的论断。文德尔班（像狄尔泰曾对现代人文学之总体所做的一样）称，为了使哲学实现这个目的，它需要一种方法。

通过专注方法而非研究的具体对象（如心灵或自然），文德尔班不仅改变了差异点，还扩展了可能的学术方法类型，使它们超越了经验学科中的主流类型。他指出了两种方法：其一是起源法，其二是批判法。前者关注某一类事实甚至价值观的经验有效性（通过解释价值观如何发展并被当作事实所接受），后者关注文德尔班所谓的"理想或一般人类"所共有的价值观或规范作为标准的有效性。[85] 起源法试图通过指明直接原因确立"事实有效性"，因此它在知识上的有效职权范围之覆盖某一"特定领域"——某些事实在其中发生或某些价值在其中得到接受的个体或局部状况；而批判法试图确立价值观作为标准的有效性，即，某一价值不只**是**作为历史事实被接受，更**应**被作为普遍和必须有效的东西而被接受。文德尔班想要避免德意志唯心主义者在形而上学上的失度，也想避开萦绕在后黑格尔时代自然科学上的各种唯物主义和自然主义幽灵；他试图开发出一种关于规范与价值观的独特科学。与狄尔泰一样，他希望通过区别事实和规范分隔出一个认识领域，其中特属于人类的有目的行动和意义创造的形式不仅可以得到科学的（即系统性的、能被经验证据检验的、基于某种方法的）理解，还可以被区别于自然的粗暴机制，并（他认为）因此得到保护。自然科学蒙蔽了这种区别，他如是论道。[86]

1883年，文德尔班迁至当时在德国控制下的阿尔萨斯地区的斯特拉斯堡大学。虽然该大学认为自己的起源上至16世纪的人文主义文理中学，但它在1872年被重组为新帝国的大学，以符合当时席卷德国中学和高等教育的一些改革要求。重要的是，斯特拉斯堡大学并不以常见的四院系（哲学、法学、医学、神学）设置建校，而是以五院系。它是第一所建立之初数学和自然科学院系就分离于传统哲学院系的德国大学。[87]

　　1872 年，文德尔班到来的十年之前，也是大学正在组建之时，狄尔泰向文化部提交了一份专家报告，推荐采用新设置。总的来说，它所论述的不是哲学院系是统一的整体：

> 大学实际上已经被分成了两半，每一半都有自己的内部组织。其一是哲学院系的数学—自然科学部，它是医学和技术科学院系的基础；其二是哲学院系的历史—哲学部，它是神学、法学院系及教学实践的基础。[88]

十年之后，狄尔泰在《人文科学导论》中为学科学术所做的，也是文德尔班对斯特拉斯堡大学所为：提议让大学被分成两个不同领域：物质（physis）和精神（psyche）、存在（res extensa）与认知（res cogitans）。[89]

　　1894 年 5 月 1 日，文德尔班进行了自己就任斯特拉斯堡大学校长的演讲，题为《历史与自然科学》；他在演讲中否定了现在这所由他所带领的大学中受狄尔泰启发的组织形式。他说，"自然科学和人文学的分裂"虽然"普遍"，但"并不是个可喜的发展"。"前文科院系"在理论上的组织形式，与在之前的唯心主义哲学狂潮过后为具体科学注入活力的种种活动和思想之间，存在隔阂。[90] 文德尔班向同事承诺一种康德主义哲学，它能够把所有知识形式组织起来，并对所有知识形式背后的"目的的神圣汇聚"有所暗示。[91]

　　文德尔班所做的实际上是勾勒出一种区分"自然科学学科和历史学科"的新机构秩序。文德尔班应和赫尔姆霍兹和狄尔泰"所有现代科学都是经验的，因此以关注经验形式的证据为根基"的预设，认为生物学家和历史学家都在某种程度上依赖"可观测的事实"和"经验"，它们已经通过学科性、系统性的知识"而被提纯，在批判中成型，且得到了概念上的检验"。然而，他继续道，虽然有这些共性，但分划双方的学者最终会碰到不可弥合的差异：这并不在于他们是否重视经验事实，而是在于如何重视。[92]生物学家寻找的是"自然法则形式"的普遍（即保持相同之物），而历史学家在"被历史决定的形式中"寻找特殊。文德尔班主张另一种不同于自然科学—现代人文学的划分：关于法则的科学和关于事件的科学，并为前者和后者分别冠上了自己著名的术语"确立规律的"（nomothetic）和"描绘个体的"（idiographic）。虽然文德尔班说这种区别本质上是方法论和逻辑上的，但它也能被理解为一种"存续与规模"的差异。[93]两个领域的科学都是经验主义的知识形式，以某种方式不同于形而上学的知识形式——他如是说；二者都依赖以经验、事实、方法为基础的证据观。与此相关，两者也都关注世界上的对象。于是，文德尔班试图在生物学家和历史学家之间划下的更有意义的区分，强调的便是他们重视的规模与存续不同。他们首要的关注肯定与方法有关，但比起具体步骤的逻辑，更关乎认识目标和意图。确立规律的科学认为普遍的、相同的、不变的事物更具"学术价值"、更值得投入，而描绘个体的科学认为具体的、偶然的、特殊的事物更具"学术价值"、更值得投入。前一种学者研究相同，后一种学者研究差异。两个学术探索领域的区分，在于基本倾向上的差异：学者如何处理并理解自己研究的目的，而不是某个具体研究对象甚至具体方法上的差别。比如，研究语言的学者可能寻找某组语料底层的、普遍的结构，也可能关注某一首诗中的独特形式。文德尔班写道，"划分的区别"在于"知识的目的在形式上的性质"。[94]

　　学者遭遇并最终评价经验事实的方式之差异，便不仅是体现在方法上，更基本地是体现在伦理上。这些方式较少受制于方法或逻辑，而更多是由（理想）学者的人格所决定的。而文德尔班也对他所偏爱的学术人格直言不讳。他称那些致力于"描绘个体的"独特性的学者，偏爱鲜活的直觉甚于"确立规律的"死气沉沉的抽象；他们探索的是人类的生机，而非"缺少感官性质、尘世气息的"不变法则。[95]自然和物理科学家仿佛是反讽地在抽象和虚像的世界中工作，隔绝于只能通过具体而了解的、脉动的真实生活。

　　文德尔班与狄尔泰一样，把这些学风上的差异，与两类科学更基本的道德区别相联系。按自然科学确立规律理念训练的学者从自然的机械论图景出发，以法则般的规律性看待人类；而按历史科学描绘的个体理念受训的学者，则触及"个体人类生命……独一无二的"价值。文德尔班认为，人类极具特殊性的概念上至基督教神父笔下的"人类堕落与救赎"，下至19世纪德国历史性学科的兴起。他写道，将它们联系起来的是对"人性最深层本质"毫不动摇的专注，以及对会威胁到这种本质（也因此威胁"个体自由"）的普遍化抽象的抵制。在文德尔班看来，所有正确地描绘个体的知识形式中，存有一些"不能表达的、无法定义的元素"。[96] 正是在这种超越所有形式、事实、理论的，思想能够给出相关"信息"的无法言喻的独特性中，文德尔班称能够发现指向"目的之神圣汇聚的暗示"。[97]

在其生涯中，文德尔班逐渐把历史当作是现代人文学的一般形式，并最终在 1910 年的一篇文章里把他的（康德式）批判方法重构成了一种基于历史的、探索文化研究原理的"文化哲学"。[98] 文德尔班在使用"文化哲学"一词时，如拜塞尔所言，化用了"文化科学"一词；后者由他曾经的学生、后来在海德堡的同事李凯尔特首先使用于 1898 年，以描述李式所谓的"非自然科学学科"[99]。李凯尔特在 19 世纪 80 年代末参加过文德尔班在斯特拉斯堡的讲座，但很快就于 1892 年出版了新康德主义哲学力作《认识的对象》（*The Object of Knowledge*）而青出于蓝胜于蓝。他于 1896 年获得了弗赖堡的教席，在此成为海德格尔的论文导师，且与前校友马克斯·韦伯有短暂的重逢。于 1915 年来到海德堡后，他继续尝试把文德尔班的价值哲学扩展成为一套更为强韧的历史哲学，以及更为宏观的关于标准的哲学。[100]

1898 年，李凯尔特和数名弗赖堡大学哲学系同事商讨能否组建一个学术社团，以"并立于"自然科学家近八十年前创立于布赖斯高的弗赖堡物理科学家学会。据李凯尔特汇报，第一次参会的学者出身于"神学、法学、历史、语文学、政治经济学，或也有哲学家"，命名的问题随即产生。生物学家、化学家、地质学家、生理学家从不怀疑将他们绑定在一起的称号是"自然科学人"，但如李凯尔特所述，当天聚在一起的人们不能立刻认识到是哪种"共通的活动"让他们的组织融洽，虽然它们假定其存在。"诚然，我们同意用'文化科学学会'一词，但没人反对的唯一原因是，没人能提出更好的。"[101]李凯尔特的同事请他在学会的首场讲座中探讨的，正是这种持续的"缺失"——不只缺少一个能用的名号，更缺少关于共通方法、兴趣和任务的共有概念。

在题为《文化科学与自然科学》的讲座上，李凯尔特像前辈狄尔泰和文德尔班一样，以诊断"'科学组织的复杂问题'是如何出现的"作为开篇。[102]经验科学现已按重心划入两个团体，一方是法学家、神学家、语文学家、历史学家，另一方是物理学家、化学家、生物学家、地质学家。而在"自然科学人"能够阐释自己之时，另一组人还是不能为自己的事业找到通用的名号——尽管哲学家仍在努力；更为重要的是，他们甚至对自己共有的"兴趣、目标、方法"缺乏清晰的概念。[103]这种无能的部分原因在于历史的优先性问题。李凯尔特和狄尔泰一样，都认为自然科学的发展远早于任何能被认为是人文学的东西。在整个19世纪中，自然科学已经固化成了一种"自然科学世界观"。它的前提、方法、实践基于一种形而上的、方法论的自然主义；对此，它的从业者和自称信奉它的公众都知之甚少。自然科学已变得"不言自明"，而德国所有文化精英都靠着它智识资本的"利息"过活。李凯尔特表示，"已知真相"和"以为真相"之间的差距给出席他讲座的学者们提供了机会。他们因为反对自然科学无可匹敌的（在他们中的很多人看来日渐无理的）权威而走到一起，都在寻找"非自然科学学科"——它们像自然科学一般融洽而相对自治，却又不是自然科学。[104]

与曾经的老师文德尔班一样，李凯尔特也反对狄尔泰"精神科学"的用词，他认为这个词有"灵魂"的味道，因此混杂着关于"精神生活"的形而上设想。[105]哪怕这些带有形而上学味道的假设是对的，李凯尔特也认为它们最终无关乎"非自然科学学科"最需要的东西——"一种关于方法的学说"。他认为狄尔泰和文德尔班在这方面都没能完全成功。狄尔泰反复尝试寻找自然科学认知办法的替代品，却失于形而上二元论；而文德尔班的分类不过是用另一种形而上学的区别（具体—普遍）替代了狄尔泰的（心灵—自然）。[106]李凯尔特用深受康德影响的另一组对立要素替代了前辈的物质—心灵、自然—心灵、确立规律—描绘个体的二元组：自然—文化。他笔耕不辍，试图通过方法论来界定这些领域。研究自然的学者用自然科学方法；而他主要通过历史方法研究文化。不过李凯尔特的预设建立在每个领域特有对象的质量之上。用自然科学方法的人研究"自发"生长于地球的自然产物，而用历史方法的人研究文化产物，它们是人类有目的行为所创造的、被附以"价值"的对象。[107]

李凯尔特虽然有更先进的概念和更精确的术语，但他基本接受了狄、文二人对自然科学的解释，这让他更轻易地把自然科学斥为僵化的文化权威。自然符合的是粗暴的机械论：怠惰、反复、可预测。它只是没有内在价值、优点、目的的一系列变化。按照这样的模型研究自然现象，就是用概念和数字让个体对象形成能够被计数、比较并最终得到总结的平滑而同质的形式，再通过这些概念和数字寻找法则般的模式和规律。能让学者预设这样一种被动而怠惰机械论的实践，使得任何对象都不需要在方法论上具备"独特性和个体性"。[108]李凯尔特与狄、文二人一样，在重视相同和重视差异之间，看到了一条知识的断层带。

把自然看作怠惰的机制，而科学史基于其上，让李凯尔特"'通过自然科学的方法和实践可知为真'之事与'被以为真实'之事间存在差距"的论点合乎情理。他断定自然科学永远不能穷尽真实的"内在多样性"，永远不能解释某对象的"特殊性"。[109]永远会有一种如文德尔班在 1894 年所说的"暗示"，指向"目的神圣的融洽"，超越人类知识。[110]于是，李凯尔特所勾勒的知识具有道德必然性，人们需要它来更好地触及世界。这个世界不是由可预测的、被动的机制构成的，而是充满能动性、目的和价值；它圆满、深邃、有意义、更接近神祇自发的创造之心——它是人类活动和文化的世界。

李凯尔特所谓的自然科学之"明显"（自然主义的自然

性[111]）所刺激到的，并不只有新康德主义者。杜布瓦－雷蒙劝
自然科学家以"大方的放弃"加入自己"无知的人"宣言，
这让很多人感到疲惫而挫败。[112] 在 1908 年回顾 19 世纪的最后
几十年时，生理学家费尔沃恩（Max Verworn）就描述了"颇
具杀伤力"的"将无知"宣言带来的"肃杀的颓败感"。[113] 杜
布瓦－雷蒙也注意到了这点，即使没有缓和口吻，也至少有
所调整。在 1876 年一场发表于科学院的讲话中，关于如何能
够最好地在他所设下的界限内行事，他建议"自然科学家"
同事们不要假定拥有真理，而是要去"力求"之。毕竟，探
寻本身便是"更高级的善举"。[114] 用现在的话讲，他是在让科
学家们专注于研究的过程而非结果。就像罗马皇帝塞维鲁给
正在英格兰北部作战的战士的最后警告一样，杜布瓦－雷蒙
也劝告同辈自然科学家："夫子勖哉！"[115]

杜布瓦－雷蒙定下的是克制——如李凯尔特在 1898 年的
哀怨，是一种在"真实"阴影中的生活。[116] 如拉特瑙（Walther
Rathenau）在同年所写，成为自然科学家所需要的自制和禁
欲能够系统性地压抑"猜测的渴望"、幻想乃至生活本身；他
本人也是一名训练有素的物理学家、日后德国工业界的翘楚，
并最终成为魏玛共和国的外交部长。[117] 自然科学通过疏离于
鲜活的人类经历的粗暴机械世界中的实验、工具、观察而得
以成形和传播，它们创造的知识不能满足"我们对知识最深
切的渴求"——这是人类和其他形式存在的区别，也是"存
在的绝对目标"。[118] 自然科学知识就是"没有兴味"的，它无

关乎"人类的、道德的、经济的、社会的、国家的问题……遑论物质和心灵及二者关系的本质"。[119] 但是,这些都没有影响拉特瑙对自然科学的专注。只要它还能从"技术的潘多拉魔盒中拿出流动性和舒适性",他总结道,"就没有对现代人文学的需要。"

但是拉特瑙像 1900 年前后的许多人一样,无法摆脱这个想法:自然科学的统治地位有一天可能会挖空文化和人类生活。

> 我们需要为自己的奋斗寻找目标,需要信念来应对我们搜集的所有知识。我们需要鲜活的心灵和崭新的想法……事实上,在自然科学的知识之外,还有恰因为更加个人而更加自由和丰富的知识。因此,我们从旧碑文上抹去那僵化的"我们将无知"之敕令,用坚定的手笔在未来的大门上写下:我们将创造(creabimus)![120]

反讽的是,自然科学的上位酝酿出了让自然科学成为必要的危机,或至少创造出了让这种说法令人信服的条件。

科学家、工程师、学者和知识分子们,与拉特瑙本人一样,培养出了达斯顿所谓的"暧昧现代主义:既痴迷于新、又眷恋着旧"。[121] 始于实验室学仕们的矛盾态度和局限之论,盛于拉特瑙等人在 19 世纪 90 年代直截了当的宣言,很多自然和物理科学家在更大众化的著作里表达了自己的"悲伤、渴望和无力"——这不仅是一种认识论立场,还是一种社会和伦理观点。如西门子在 1886 年所言,支配"自然科学时代"

的一条很明显的法则是"文化不断加速"。电气工程师、工业家西门子敏锐地抓住了时代的矛盾，发现科学进步创造了物质财富，但毁掉了"理念上的"财富；从辛劳的农事中解放了工人，但又把他们拴在了工厂里；结束了出身的统治，但代之以资本的统治。[122]

自然科学家面对持续不断的压力，要带来愈发实际的好处——这损害了科学追求真理的事业。一项很快就可能被证伪或得到重大改变的新科学发现，能被赋予何种程度的重要性？如果科学真相应该是那些"最坚固的"，达斯顿写道，当被揭示的也和其他一切事物一样转瞬即逝，那么"大写的真理"的命运和价值又是什么？[123] 与（自然）科学真理的短暂可靠性相对立，如狄尔泰和追随他脚步的人们所描述的现代人文学的真理，会更加持久、真实、有人味。对差异、特殊、不可归约且难以言喻之物进行研究，反而会比研究自然的法则式规律性和相似性更让人接近普遍。

李凯尔特与越来越多志同道合的知识分子和学者在这些思想的激发之下，尝试挺过另一场"意义危机"——"历史主义危机"。虽然他用最明白的言辞表达了现代人文学的困境，即将其反动的自我概念确定为"非自然科学学科"，但他也第一个认识到专注于自然科学的局限，会把所有的认识可能性都限制在自然科学的自我理解和语汇之内，而（如李凯尔特所言）不去探寻知识"本身"。[124] 把现代人文学的本质说成是"非自然科学学科"，就是用 19 世纪自然科学的概念、理念、历史、实践和优点来构想所有可能的知识。

对李凯尔特而言，比"让自然科学的界限决定所有知识的界限"更危险的，是历史主义两个挥之不去的幽灵：虚无主义和相对主义。历史主义或是为偶然而武断的世界观取舍提供华丽的学术外装，或是断绝了心怀一套融洽而正当的世界观来生活的可能。但李凯尔特仍然相信一种历史科学和与此相关的文化科学能做到客观，因此也就能从二者中得到意义。如若不然，便只有盲目的、怠惰的、无意义的自然机制——他如是担心。

信念与学术生活

另一位与狄尔泰、文德尔班、李凯尔特截然不同的新康德主义者马克斯·韦伯，也像他们一样，试图将自然科学区别于其他学科（如经济学、历史学、哲学），很大程度上是因为他拒绝用他所认为的大多数自然科学背后的粗暴机制来思考人类行为和主观性。宽泛地看，这种尝试确实是康德式的，也与狄尔泰及紧随其后，同样尝试为现代人文学确立理论基础的人们思路基本一致。从狄尔泰到韦伯，寻找"非自然科学学科"的学者轻易地接受了19世纪中叶如赫尔姆霍兹和杜布瓦－雷蒙的生理学家和物理学家所勾勒的自然模型和对自然科学的解读。如我们在第四章所见，这个模型主要是为了使对有机生命的研究能契合康德对自然的理想图景，即自然是怠惰而消极的，受制于普遍而必然的法则。韦伯反对"没有概念（或理论、或范畴、或其他理性思维形式）也能收集到事实"这种实证主义看法，也反对孔德式的知识等级论。在这个意义上，他与后黑格尔时代，由自然科学所主导的理论环境中的许多德国学者和知识分子是同道中人，都只能接受经验形式的知识（从生理学、语文学到生物学、历史学）业已在制度上压倒了形而上学和神学的事实，也只得忍受对它所造成的后果深切不满。他自己的思想深受此前三章所考察的问题和学者之影响。

然而，与李凯尔特、狄尔泰、尼采以及 19 世纪末无数德国学者不同的是，韦伯反对危机言论，尤其反对很多持续数十年之久的、把现代人文学与自然科学彻底分离的尝试中体现的焦虑和敌意。为何如此？

我们会在下一章中看到，韦伯致力于学科学术，但他不认为它能把人类从现代性的废墟中解救出来。人文学的好处与所有现代科学一样，在于眼前而非终极遥远。李凯尔特似乎在这一点上理解自己的同事兼朋友。1920 年，即韦伯去世的一年之后，李凯尔特以《自然科学概念形成的界限》的第三版向韦伯致敬。20 世纪的前二十年里，在德国智识和大学生活中充斥着尼采的"离经叛道的浪漫主义和感伤的唯美主义"之时，李凯尔特在该版序言中说韦伯"坦言"自己"忠实于"学科性的、基于大学的学术，即科学。虽然李凯尔特个人还想要更多——一套普遍而必要的价值观的完整体系，但他称自己尊重韦伯对学术的投入，以及韦伯认为随之产生的克制心态。李凯尔特在献词的结尾赞扬了亡友对学科局限、清晰思想、"限制因素"的不懈投入，以及对身边事物的重视。学者韦伯以其克制的素质，成为一种生活方式的模范：它广博丰富，可以取法，充满活力。[125]

但当一个大学内外的许多人都坚称当前需要的不只是约束和限制之时，投身于这样一种学术人生又意味着什么？另外，鉴于他也以重视"价值自由"和"价值中立"这样的概念而闻名，韦伯充满宗教色彩的"自白"（sich bekennen）何以准确地描述他与学术和学术知识的关系？

李凯尔特在 1898 年给弗赖堡非科学同僚讲座的结尾处，通过比较伦理心态给出了一个可能的答案。李凯尔特在此论道，与自然科学一样，"自然"（从逻辑上讲）也不过是"一种理论文化的产品"。与其他这种产品（如艺术或法律）一样，"自然"是人类理性的产物，因此它也满载价值观——这是自然科学家必须考虑到的。自然科学的认识理念、优点和价值不只内在于证据的方法和观念，还存在于其自然模型中。[126]因此，为了进行自然科学实践，并做出关于"自然"的知识论断，自然科学家必须假定自然作为一种"理论文化产品"的价值"绝对有效"。他们必须假定"自然"——毋宁说是受制于法则般规律性的自然之像（见第四章）——普遍且必然有效；不然，他们就没有能够指导自己工作的认识理念、规范和价值。

李凯尔特还写道，当然还有另一种看待科学及其可能财富的方法，不需要预设这种"绝对有效"。为了说明这另一种观点，李凯尔特化用了尼采的一则寓言。在宇宙某个遥远的角落里，存在着无数个闪烁着光芒的太阳系，其中曾有一颗星星上的聪明小动物在某一天发明了知识。这是"世界历史"最值得骄傲的一刻；但也就是一刻。呼吸之间，这颗星崩塌了，聪明的小动物也灭绝了。李凯尔特解释道，在尼采看来，这则有关动物知识的星际故事说明，"人类智识在自然之中看起来是多么卑微、暗昧和短暂，缺乏目的而武断随意"。认识到自己和自己文化的最高价值和概念没有普遍且必然的有效性，而只是说崩溃就会崩溃的东西，至少也会让人感到不安。但李凯尔特还注意到，按尼采所言，我们或许也可以认为"我们"人类就像那些外星动物一样，有幸躲过了"认识自己价值观之脆弱"的重压。尼采认为，这种命运尤其有益于现代学者，因为这让他们能够进行自己仔细而专业的工作，又不用询问为什么。[127]

　　在李凯尔特看来，尼采的寓言是前后一致的——鉴于尼采热衷于探究真理对生命的价值，也是符合逻辑的；但李凯尔特也发现它令人不得安宁。一方面，尼采的寓言彻底否定了李凯尔特在所有工作中的努力：确立文化科学（以及价值研究）和自然科学的普遍性与必然性。另一方面，寓言所隐含的观点必然也是星辰中那漫长一刻的产物；它对自然本身潜在而未明言的投入，就是它所否定的人类智识之产物。李凯尔特便认为，一种试图逃出自己存在状态，同时要求当代大学中的文化也担此重任的观点，"是现代学者想要跳过自己影子的无谓尝试"。[128] 任何不借助普遍而必然的价值观，妄图逃出有限自身经验和文化经验的尝试，都注定失败。于是李凯尔特总结道，以韦伯为例，把学术当作一种生活方式而投入其中，需要预设学术的绝对价值，并且让日常行动受其指导。学术的终极价值，即人从事它的根本原因，不能完全得到理性的证明，但在实践中又必须假设其存在。虽然李凯尔特反复尝试将价值观系统化并确保其客观性，但与狄尔泰一样，他还是感到它们不能完全通过经验主义的方法甚至完全理性的方法而得到彻底解释。价值观是李凯尔特所谓"不真实国度"的一部分；在这个非历史性的国度中，价值观不受历史和自然科学领域中特有的变化和冲突之影响。[129] 虽然这个国度的存在独立于人类智力和物理现实，但李凯尔特相信它能够被知晓。为了追求这种知识，并发展出一套能够确保它的全面而科学的体系，李凯尔特投入了他大部分的精力。与前辈康德、狄尔泰、文德尔班一样，他也相信价值观的冲突是表面上的，最终能够被理性所化解。

　　韦伯则没有这样的信念。他既不相信超验的价值国度之存在，也不相信历史能实现这种终极和解；他相信的是价值观的"永恒冲突"，以及围绕它们形成的"不可调和的"生活方式。[130] 在此信念基础上，他想要（历史性地、经验性地、哲学性地）了解这些不同生活方式及相关的理性行为方式是如何产生的，它们又塑造了怎样的人。李凯尔特重述韦伯"自白"三年之前的 1917 年，韦伯做过一场更公开的宣告：把投身学术、相信学术当作自己的志业。这也是个非常个人化的宣言，揭示了现代人文学的冲突是如何塑造了他自己的生活，也向生活在祛魅时代的、不只是自诩为知识分子的每一个人直白地呈现了智识工作的范围和意义。

如本章所见，韦伯的许多前辈对现代人文学的信念都源于过高的期待。这能够解释为何狄尔泰把危机当作构成人文学自我证明的要素，以及他为何让危机成为人文学所需，又承诺它能够在个体和群体的层面改变人类生活。这并非孤例。包括文德尔班和李凯尔特在内的同代人所确立的，不仅是一个多世纪之后自然科学和人文学（及更广义的人类科学）之间看似无解的对立，还是一种关于底层差异的正统学说：确立规律与描绘个体、普遍与特殊、自然（由不变法则和必然所构成的国度）与文化（由自由和自发性构成的国度）、事实与价值、已然与应然、普遍主义与建构主义、定量与定性。这些差别又构成了一套认识理念、习语和价值观；它们后来不仅逐渐被称为"非自然科学学科"，更得到了"人文学科"之名。

这些 19 世纪的描述和差别不只是来自认识论上的敏锐见解，也不只是实际工作的结果，还是既大胆又防备的道德自我塑造行为。[131] 大胆在于，这一行为宣告现代人文学是唯一能够提供博雅教育和道德教育的正当资源；防备在于，这一行为是在回应自然科学的兴起和自我包装，并将人文学的使命建立在对强大的反人文学（因此反人类）势力进行抵抗的基础之上。现代人文学便开始以这种方式依赖危机了；危机明确着它的基本社会功能。

我们所探讨的思想实验也持续到了现在，其设想是某些被称为"人文学"之物既可以有严格的学术性，又处在一个独特的位置——它们研究意义创造、价值、主观，也只有它们能解释甚至塑造人类行为和意图、人类能动性和目的；换言之，这个假设就是，现代人文学之所以独特，是因为它们作为方法和道德塑造（或称教养）的正当性都能得到维护。[132] 当其他探索形式或知识类型开始关心这些问题，它们常被说成是做出了"人文主义式的"表现（这就是更现代的"人文主义"社会科学概念）。如斯莫所言，自相矛盾的是，正是在这些时刻，人文学科要求不同的呼声最为清晰：重定性思维，轻定量思维；质疑方法论；崇尚解读，拒绝实证主义；在知识对象之外，也关注知识主体；特殊与一般并重。[133] 但如我们在前一章中所言，就算那些认同现代人文学的人基本接受了源于 19 世纪德国的那种自我理解，如何将其付诸行动及制度化也一直在引起争议。在把现代人文学描绘成对"精神事实"的系统性研究，以及解决个人和社会反复发作的意义危机的一个途径之时，狄尔泰重新激发甚至激化了一种矛盾，它始于新人文主义者对"学科学术"与"教养"之相容性的坚持。而与 19 世纪初的情况一样，机构政治又使矛盾加剧，并影响了决定性的争论。

第六章
马克斯·韦伯、学术与现代的克制

　　1905 年，狄尔泰的学生施普兰格尔向同受现代科学"混沌"与"无限"之苦的学生们说出了"安慰的话语"。这名二十三岁的哲学学生写道：你们"需要总体"，而且让"生活优先于学术"终将把你们带回"文学和哲学无尽的智识和精神工作中"，你们会在此找到"生活本身直接的创造力"，获得你们最高级的道德形态。[1] 四年之后，在洪堡具有里程碑意义的传记之中，当时在柏林大学任教的施普兰格尔说得更加明确：他把这种"创造力"归于德国的新人文主义。

　　像施普兰格尔一样，最渴望通过回归德国新人文主义传统，实现生活与现代知识统一的，莫过于参与自由学生运动（Free Student Movement; FSM）的学生。这个运动由各色学生团体构成，最初形成于 1900 年前后。每个团体都想要吸纳和代表"没有被整合"的学生；这些学生没有参加主导德国大学学生生活的传统学生团体，尤其是颇有势力的兄弟会（Burschenschaften）——这些精英学生团体始建于 19 世纪初的拿破仑占领时期，具有民族主义性质（因此也有颠覆色彩）。为了与之分庭抗礼，自由学生运动的学生团体不仅吸收了典型德国大学生（男性、新教徒、中产或上层阶级），还接纳了刚获得入学资格的群体：犹太人、女性、工人阶级出身的学生。[2] 这些团体最初认为自己的使命是："不论政治或宗教信念"，团结所有学生，并于共同体匮乏处培养之。[3] 它们组织文学俱乐部和系列讲座，帮助学生寻找公寓和兼职，举办体育和社交活动。这些活动对新注入的中低层学生、女学生和犹太学生尤为重要，因为大多数既有的学生社交形式都将他们排除在外。[4]

　　但是没过几年，自由学生运动就扩大了自己的纲领，拔高了自己的目标；它化用了 19 世纪新人文主义的语汇，使其适于"现代主义精神"。[5] 在施普兰格尔给出"安慰的话语"的 1905 年，魏玛一场自由学生运动集会的组织者邀请年轻哲学生贝伦德（Felix Behrend）把这些动机发展成一套融洽的哲学纲领。贝伦德参考了费希特、洪堡、席勒和施莱尔马赫的著作，赞颂了"个性的自我培养"、学术共同体、学生的团结、知识的统一和学术自由。[6] 他还把这些理念与"以谋职为务的"、过度专业化的教育现实相对照，称这两种情况普遍存在于自然科学和人文学中。[7] 在通过了贝伦德按照新人文主义思想制定的章程之后，魏玛集会上的学生向席勒之墓敬献了花环，并宣布："我们满怀欣喜地确定，你在我们心中唤起的理想主义之魂会永远活在德国年轻人心中。"[8]

学生们对高等教育未来的担心并非杞人忧天。几十年来录取人数增长，官僚体制转型，学科不断重组和专业化，让基于大学的学科性知识的智识和文化秩序（也正是自由学生运动希望通过新人文主义理念恢复的秩序）最终开始被颠覆。他们所经历的重大变化之一，便是大学内外的德国文化和智识精英都不再尊崇古典语文学。当然，半个多世纪以来，语文学家一直在抱怨过度专业化，抱怨它让古代希腊和罗马研究失去魅力。新的情况是，正在古典语文学的学生数量下降之时，非科学领域的学生人数却日益增多。以柏林大学为例，1910 年时逾三分之一的学生属于这些领域；[9] 到 1924 年时，学习现代语言（德语、英语、法语）的在册学生人数已是学习古典语言人数的六倍有余。[10] 曾经是学科模范的古典语文学不仅失势于自然科学，还败给了其他新兴学科，其中不只有国别文学和语言研究，还有音乐、艺术史和宗教。

学生对大学阶段拉丁语和希腊语兴趣的消退，部分归咎于全系统的教育改革。在中学阶段，学生在 1898 年后要得到大学录取，不用上传统人文主义文理中学，只需在文实中学和实科高中（Oberrealschule）接受教育；后者是更加"现代"的中学，不仅要求更多的数学和自然科学、更少的希腊语和拉丁语，还要求更多的现代语言。高中阶段的学生在希腊语和拉丁语上投入的时间更少，来到大学后就更不容易学习古典语文学。另外，想要进入中学任教就必须参加的公务员考试——"教学资格考试"（Lehramtprüfung）——也得到改革而更加专业化。到 1898 年，国家要求考生从四个专业领域（"现代语言"是其一）中选择一个，每个领域都有自己的讲座和研讨会规程。[11] 1900 年，学习德语或历史也能指向清晰的职业路径。也是在这个时期，后来以现代人文学之名一起为人所知的各个学科逐渐得到制度化。仅在柏林大学，1883—1916 年间，在这个领域范围内（尤其是现代文化和语言研究方面）就开设了二十个研讨会和研究所。[12]

从狄尔泰把现代人文学建设成抵御自然科学和现代性摧残的堡垒的最初尝试开始，此后数十年里，它在大学中获得了稳固的地位，而且这是在发生了剧变的制度中完成的。随着方法、理念、研究目的的增多，关于方法、技术和学科差异的争论也成为了大学的固有特点，哪怕它们形如碎片，不断重复着同样的区别。[13] 研究所和研讨会的激增让最初和蒙森的"大人文学"（见第三章）一起被引入普鲁士科学院的情怀风气、机构组织、权威形式开始遍布于各个大学，让学术管理者和学术组织者的权威得以与有教席的全职教授令人折服的权威相提并论。马克斯·韦伯在 1909 年总结道，"资本主义商业模式的上位"已经给德国高等教育带来了剧变，让"综合大学"（大学是为专注学习的学者构成的团体之理想）成为"虚幻"。[14] 正是在这种变化的高等教育体系之中，在这些条件之下，现代人文学在制度中成型。在新的领域、前所未有的资金支持、令人振奋的想法的维系之下，现代人文学科以各种方式得到繁荣。而让人文学科蓬勃发展的势力和结构恰恰也危及它们自己立下的宏愿：意义，价值，以及如施普兰格尔和自由学生运动领袖所谓的生活。危机是一直是为现代人文学正名话语中的核心元素；它现在也成了人文学科存在于机构中的条件，因此便有了人文学的永恒危机。

再造洪堡

自由学生运动和施普兰格尔试图化用 19 世纪初的新人文主义理念，这恰恰唤出了某种虚幻，以及一个被认为先于自然科学时代的时期——彼时主导大学的是语文学和哲学，它们代表着知识的统一和源于古代希腊罗马的学习传统的延续。这种"虚幻"也让人想象出了另一种机构：在册学生更少，教授专注，学生投入——这些都是洪堡传统再造工程的一部分。

19 世纪 90 年代末，在为洪堡立传而进行研究之时，柏林历史学家格布哈特（Bruno Gebhardt）在科学院的档案中发现一份来自 1809 年左右的文件。它由洪堡本人所写，是一则备忘录片段。格布哈特把它收录在成书的传记《政治家威廉·冯·洪堡》中，视之为德国研究型大学的奠基文本，及其持久理念和规范的来源。格布哈特以此启发了更广泛的尝试，并让它们合乎情理，以恢复并重新利用被归于洪堡的大学理念（即洪堡所言的"智识自由的庇护所"），实现当前目标。[15] 除了贝伦德为自由学生运动撰写的宣言之外，各个政治派系的教员——从保守民族主义者施普兰格尔，到更接近自

由派的雅思贝尔斯（Karl Jaspers）——都提倡与贝伦德取法
洪堡为自由学生运动所著纲领相同的原则。

洪堡肯定在柏林大学的创建中发挥了关键作用；鉴于该
机构在整个 19 世纪的中心地位，他也对很多指导德国研究型
大学的规范和理念产生了重大影响。不过，洪堡的广泛理念
能够被用来打磨德国教育和研究机构应该如何得到组织的种
种概念。[16]1909 年，洪堡当时最为热烈的推崇者之一、柏林
的教会历史学家、（与蒙森一起）提倡“大人文学”的哈纳克
（Adolf Harnack）试图说服皇帝威廉二世建立几个完全独立于
大学的研究所，以使德国的自然科学更具国际竞争力。[17] 哈
纳克是最早领悟并掌握如何利用现代研究型大学官僚体制的
学者之一。他向皇帝进言，自己的方案能够利用德国高等教
育体制（其财政资源、基础设施、训练有素的公务员组成的
庞大网络），以实现洪堡所设想的可能性。皇帝听取了他的意
见，在 1910 年 10 月 11 日柏林大学百年庆典上宣布建立威廉
皇帝学会（Kaiser Wilhelm Society），并任命哈纳克为首任主
席。反讽的是，对洪堡传统最为重要的借用，没有像自由学
生运动与全德国许多教员和知识分子理解的那样，用于新人
文主义大学；而是如哈纳克所言，用在了“学术重工业……
工作的机械化，以及对收集和处理材料（而非用精神理解它
们）的过分强调”上。[18] 德国知识分子和学者在尝试恢复洪堡
传统时，也在比以往更加用力地对它进行再次发明。哈纳克
明确承认这点，在祭出洪堡的同时，拥护一种得到彻底改观

的传统。

在这个意义上，自由学生运动想要恢复的是一种（想象中的）机构的健全，它像工厂一般的特点对批评者和维护者而言都已显而易见。自由学生运动的大部分动机和令人服膺的辞藻也正是取自这种理想和现实的差距——重构传统与当代世界的差距。其领袖反复将"大学应该如何"的规范性论断，杂之以"大学现状如何"的描述性诊断。

青年的形而上学

在运动的前二十年中，自由学生运动的领袖试图与更广阔的德国青年运动保持紧密联系；参与这些运动的组织政治态度各异，"漂鸟运动"（Wandervögel）也在其中。该运动旨在让男青年熟悉自然，培养如保持卫生、体育锻炼、禁绝饮酒的个人习惯；它和许多青年群体一样，团结以"与一切虚假作斗争"。[19]自由学生运动的领袖也试图让更多人接触到他们称内在于新人文主义教育的财富，他们认为实现这一点的方式是让自由学生运动对所有非学术话题保持"严格中立"，且拒绝进行任何明确的"政治活动"。[20]在一战前的几年中，关于这个立场是否成功的内部争论开始摧垮运动本身：一个派系最终对它的温和自由主义展开谴责，并抨击它代表所有学生的"主张"在政治上是幼稚的，在制度上是无效的；[21]而另一派则批评主张更直接政治行动的成员的"社会主义"倾向。夹在中间的是数量最多的学生人群，他们担心大学会变成政治和社会冲突的战场。到 1913 年时，自由学生运动内部关于目标和策略的冲突已经公开化。来自慕尼黑的学生领袖克拉诺德（Hermann Kranold）认为运动对"'党派'一词的恐惧"掣肘了它对改革的渴望，他提议自由学生运动分成两个组织：一个旨在代表所有学生的组织；一个学界党派，致力于"明确而有内容的方案"。[22]

　　这些自由学生运动的内部冲突——新人文主义的再造、政治与大学的暧昧关系、对人文学的沉重期待——凝聚在了一位冉冉升起的批评家的文章和演讲中。此人即是本雅明，他作为弗赖堡和柏林的自由学生运动领袖，于 1912—1915 年间名噪全国。与很多政治左倾、呼吁大学改革的学生一样，本雅明的思想很大程度上来自维内肯（Gustav Wyneken）；这位颇具感召力的教师、作家被本雅明深情地称为"德国青年之父"。[23]本雅明和其他受维内肯吸引的青年男女基本都来自中上层家庭。据本雅明之弟格奥尔格（Georg）的妻子兼传记作者希尔德（Hilde）所言，本雅明兄弟是这样一群"智识精英"的一部分：他们对自己的养育和教育有诸多不满，比如老辈人"压抑"所有真正的智识渴求，教育机构与国家和军队的狭隘利益"同流合污"，德国中产家庭的"资产阶级道德"虚伪地呼唤新人文主义教育理念，还假借自由的辞藻。[24]维内肯给这些年轻人提供了不妥协的、反权威的、全方位的批判，使他们能够反讥德国最重要的道德机构（即国家出资的学校和大学），以及那些认为艺术、文学和哲学知识（博雅教育）

是德国精英阶层必要的资格证明的资产阶级父母。维内肯向他的信徒们保证，他们拥有的"内心之真"使他们成为唯一能够推动文化更新之人。[25]他还认为他们不应错把促进机构改革和政治行动当成自己的真正目的；他们的真正目的是，实现他们作为历史最终推动者的命运。[26]

1912年，本雅明开始了在弗赖堡大学的学业。在此后的三年里，他穿梭于弗赖堡和柏林，在地方和全国自由学生运动中承担各种领导职务，出版了一系列文章，探讨德国青年运动、教育改革之迫切需求以及他所谓的"青年的形而上学"。本雅明应和维内肯称德国学生有救世般的使命：不仅要改革自己的大学，还要给整个德国社会、最终给人类带来革新。用纯净心灵的力量中"跃动的感觉"，学生们会带来"新的现实"。[27]

1913年10月，本雅明旅行至布雷斯劳，并在此做了一场论述自由学生运动已分裂成两派的演讲。[28]一方是布雷斯劳派，他们把注意力分给了"社会事务"，即通过地方改革活动对"公共生活进行复制"，且缺乏"与学生运动精神的内在必然联系"；[29]另一方是他本人所属的弗赖堡派，他们试图通过"新哲学教育"改革生活本身，这种教育可以让"青年和文化价值"在阅读、讲座和讨论中得到碰撞。[30]本雅明相信，只有走上这后一条道路，"青年"才能实现呼唤他们的历史使命——实现"大同之学"（universitas）。[31]

回程路上，本雅明于德国中部的卡塞尔逗留，准备参加第一届自由德国青年日。1913年10月11和12日，逾两千名来自全德国的青年相聚迈斯内尔山，参加一场很快就会被视作自由学生运动转折点的活动。[32] 这场活动的组织方是形形色色的青年和学生改革团体，它半是节庆（包括民间舞蹈、体育比赛、禁酒讨论），半是关于自由学生运动未来的文化和政治辩论。本雅明对这场活动的讲述体现了维内肯派愈发沮丧的心情。他悲叹"寻找自我"、政治"行话"以及远足、舞蹈、歌唱让"两千名年轻现代人"无法专注于任何"智识事务"。令他深感遗憾的还有，对"共同人性"的表达被反复淹没在"反犹的嘲弄"（如"伊萨克松"[①]）和带有军事色彩的口号（"磨利刀兵！"）声中。[33]

次年夏天，本雅明回到柏林大学继续学业，并被选为该大学自由学生运动组织主席。他又进行了两场讲座，其内核是认为高等教育不过是技术培训的维内肯式批评。他写道，让学生找回真正的"创造力"，重建所有学者的共同体，并最终使当前得到解放的不二法门，是再次培养对"知识统一性的专注"，并身体力行地用它"反抗职业生活"。[34] 本雅明和维内肯派同道们想要的不只是大学教育的民主化，还想把大学重建成一个不受制于经济和国家需求之地。

哪怕是在迈斯内尔山遭遇重挫，本雅明还是坚持认为，学术和大学如果保持纯粹，免于政治冲突或远离他所谓的"异体"，就能够获得新生。[35] 本雅明受到了一种受维内肯启发的

---

① 即 Isaacsohn，典型的德国姓氏，在犹太群体中尤为常见，意为"以撒之子"。——译注

黑格尔主义思想的鼓舞——知识的根源是人类心灵的内在过程。本雅明相信，心灵反思自己、表达自己的活动，是智识统一和权威的唯一源泉。这种纯粹的智力活动不受经济、政治或社会利益制约，为知识之统一服务。[36] 哪怕在自然和物理科学家基本抛弃了知识统一性的理念后，本雅明和维内肯派仍然坚信该理念的一种极具形而上学色彩的版本。按照 19 世纪新黑格尔派的传统（不过也带有一种很多黑格尔左派会反对的形而上学论调），他们相信所有信仰和政治冲突、不同的知识概念和形式、相互争夺信众的道德规范，都能通过智识和道德学习的发展过程（或教养）实现和解。在他们看来，教养不只是一种个体过程，还是一个演进了两千余年的全人类层面的过程。这个发展过程的最重要的领域（即理性完成其和解任务之处），在于"理念财富，在于客观精神的表达，如语言和学术、法律和道德、艺术和宗教"，即现代人文学。[37]

通过把这个我们称为现代人文学的领域，与职业的或其他技术、物质的利益对立，本雅明和维内肯派像狄尔泰定义精神科学、文德尔班定义描绘个体的科学、李凯尔特定义文化科学那样，给出了一个负向的定义。不过，狄尔泰及其后继者强劲的抗衡势力是自然科学，而本雅明和维内肯派认为扮演这个角色的是意识形态、政党政治、派系利益。他们相信，人类能够通过艺术、文学和学术参与到普遍的、理性的历史进程中，它超越美学、宗教、历史、法律和政治的具体特例，让人能够直面"生命"本身。

1914 年 8 月，在德国对俄宣战之后，自由学生运动的内部分歧迅速激化。[38] 兄弟与右倾的民族主义利益同列，而包括维内肯派在内的左倾群体对大学展开了更为尖锐的批评，甚者如慕尼黑的一名学生领袖伯恩鲍姆（Immanuel Birnbaum）开始主张把自由学生运动变为一个"学界行动政党"。[39] 自由学生运动的一些杰出成员，包括赖兴巴赫（Reichenbach）兄弟汉斯（Hans）和伯恩哈特（Bernhard），则更为左倾，加入了围绕"旨在联系政治与哲学"的刊物《觉醒》（*Der Aufbruch*）形成的小组。[40] 另一些人日后加入了建立于 1914 年的马克思主义革命运动斯巴达克斯同盟（Spartacus League）。本雅明很快就开始表示种种疑虑：对维内肯"**客观精神**"的形而上核心，对学生的历史使命，对人类的前景，以及对维内肯的"理论"是否能配得上他的"愿景"。[41] 到 1914 年 10 月时，本雅明得出结论，大学是一片"泥沼"，"荼毒"了他拥抱真正知识［或"精神"（Geist）］的尝试。[42] 虽然学业未辍，且先后撰写了学位论文和教职论文，但本雅明放弃了早先的期望，不再认为基于大学的艺术、文学和哲学研究能够通向使人类得到转变的道路。

大学阴影下的智识工作

1917 年夏末，在战争期间有关大学目标的激烈争论中，一组慕尼黑的学生邀请马克斯·韦伯就"以智识工作为职业"展开系列讲座，其中一场讨论学者的工作。[43] 这些学生是自由学生联盟（Free Student Alliance，FSA）巴伐利亚分部的成员；该组织由前自由学生运动成员组成，领导人是伯恩鲍姆[44]和兰道尔（Karl Landauer），二人都曾是以维内肯为核心的更广阔学生群体的成员。他们举办系列讲座的想法似乎来自另一个维内肯派人士施瓦布（Alexander Schwab）的文章《职业与青年》（"On Vocation and Youth"）。文中谴责了当时使用"职业"一词将有产出的、有职责的雇佣劳动区别于"艺术、所有与技术无关的学问、哲学与宗教"消遣的现象。[45]"职业"一词受到伯恩鲍姆和兰道尔的青睐，因为它不仅意味着现代工厂和大学中所进行的劳动，还暗指一种更加全面而完整的生活方式。这是通向现代生活之疾的进路，但也可能是一条出路。[46]

慕尼黑的学生会受到马克斯·韦伯的吸引，这是情理之中的。自由学生联盟的主要领袖是与本雅明同道的维内肯派，拥护与德国研究型大学关系密切的新人文主义理念——追求知识本身、教养和学术自由；而这些理念在彼时似乎正因学科专业化、国家干预、工业资本主义的影响以及最近的战争而岌岌可危。韦伯在多年的著述生涯中兼具局内局外的双重身份——在 1900 年辞去了海德堡大学经济学教授职务后他就不再担任学术职务；他的出众之处在于，他是理想大学博学而笃行的维护者，而这种理想又在很多重要方面与自由学生联盟成员渴望的机构相符。

比如在 1908 年，韦伯就曾挑战负责普鲁士教育的部长阿尔特霍夫的权威，指责他违背学术自由和价值的理念；具体问题涉及经济学家伯恩哈特（Ludwig Bernhard），他得到了德国最大、最有威望的高等教育机构柏林大学的全职教席。文化和教育部以及阿尔特霍夫本人事实上长期把持着所有教员任命的最终权威，不过在做出最终决定之前通常会与教员团队进行密切讨论。但在这个时间，阿尔特霍夫在韦伯看来就是安排了他中意的人选，其原因与质量毫无关系，只是因为伯恩哈特的研究计划与国家的物质利益相一致。

更让韦伯不满的是，阿尔特霍夫得到了很多学者的支持。1909 年，柏林大学历史学家伯恩哈克（Conrad Bornhak）撰写了一篇文章，强调雇用爱国者担任大学教员的重要性——还能托付谁去训练年轻人忠诚地为国家和教会服务？对伯恩哈克这样的保守派学者而言，爱国精神与对自由探索之学术理念和美德的公开承诺并无冲突。反对国家就是反对理性本身，而强调国家的伟大就是强调一个客观真相。

韦伯认为这种想法既荒谬又危险。他撰文回应伯恩哈克，称为了国家而"在大学生中培养政治服从性"，势必会给德国大学和学术带来灾难。出于这种原因而提供资金和支持，会让学术自由遭到"阉割"，阻碍"真正"的学术人格的"发展"。[47] 他讥讽道，还不如把大学放在教会的影响之下，起码这样它们就不会追求金钱和权力。

事态的发展却上演了他的担忧。韦伯最初强烈支持战争。德国于 1914 年 8 月 1 日对俄宣战；次日，他激动不已，到海德堡的兵营请求入伍，但却被认为年龄过大且身体不适于作战，失望而归。他接受了在军署的职位，试图通过写作影响德国的种种战争政策——从占领比利时，到升级潜艇战，再到授予归国士兵投票权。但到 1917 年夏，他得出了战争实际上已经失败的结论。毁掉德国的，是德国人不能自行思考。他写道，"官僚家长制这种熟悉的结构"，让德国人惯于作为"客体而非能动主体"行事。[48] 德国蔓生的官僚机构中拥有证书的专家，以及文化精英中的文学鉴赏家，都没有展现出明智地、有创造力地掌握当前问题的能力，而德国教育对这个状况难辞其咎。出身于这些把目标设置为"真正政治培养"和道德教育"场所"的大学，学者、知识分子、官员都应对"不加反思地服从国家及其机构"负有罪责，且直接造成了国家和德国人民所面临的灾难。

　　1917 年 11 月 7 日，在与自由学生联盟集会的书店相连的一间小剧场里，韦伯在面向近一百名学生进行演讲时，上述种种一定都浮现在他和听众的心头。是年始于"芜菁之冬"——在每日 1500 卡路里的配给下，这种一般用作饲料的根菜成了德国人的口粮。虽然战败还不是定局，但停战已是所能期待的最好结果。与此同时，上百万的年轻人已经死去，大学在册学生人数暴跌。在这样的环境下，该如何考虑学者这个职业？本雅明和维内肯派的同道（其中有一些便是邀请韦伯来慕尼黑的人）称大学生的使命是知识、大学和"人类改革的缔造者"。[49] 这是极端的呼吁，但它不乏感召力，也确实源于德国现代教育体系的著名建筑师洪堡所设下的宏大道德目标——他在百年之前把大学描绘成国家道德文化的"巅峰"。

不过韦伯肯定没能让听众满意，他没有在演讲的开始阐述理念，而是从经验出发直白地详述了学术生涯的真实风险和责任。他细致地说明了大学——虽然仍被呼唤为理想的共同体——如何被制度问题所困扰，其中很多还在恶化：糟糕的教学、工作歧视、劳动力的临时工化和剥削、随便的雇用程序，以及对学者使命愈发专业化、商业化也因此愈发枯燥乏味的理解。[50]

对上述种种，他的听众肯定心知肚明。但对于如何改革学术工作的状况、如何转变大学这种机构，韦伯没有给出建议，甚至没有给出很多希望。他反而开始讨论在这些状况之下的现代学术，能否成为一种有意义的、可持续的生活方式这个问题。他说，德国的"青年"对此希望甚微，他们反柏拉图的洞穴比喻而用之：如今的学生不再认为"学术的真理"能促使他们打破枷锁、脱离洞穴虚假阴影，反而感到学术和大学是"阴影的把戏"，在他们渴望自己的新生之时，转移他们对生活本身的关注。[51]

至于专业化，韦伯称它是学术生活的基本属性。他不仅认为它是既成事实，似乎更是确认了专业研究比道德塑造（或教化）更具价值。他甚至说，与那些用过去唯心主义理念质疑现在的秩序的人相比，专业化对德国学术的威胁更小。

如果说在战前，韦伯担心的是保守派学术与国家过于一致，那么在德国政治和秩序摇摇欲坠的现在，他同样担心的是装成"先知"、试图在教室里塑造学生灵魂的教授。想要在讲台上填补意义空白的教授们发现狂热的德国青年是迫切的听众，尤其是在大学里，"灵感"和领袖魅力在等待思想自己光顾的学者的日常生活中仍然发挥着重要作用。[52] 教授以逝去或未来的和谐和圆满之名，在课堂里就学科界限和知识碎片化展开训诫和抨击。他们这样做不仅损害了自己的权威，还削弱了大学的正当性。他们这是越俎代庖。他们想要的是明日黄花，甚至很可能只是镜花水月。在前一个世纪里，专业知识急剧扩张。有太多的学科观点，太多相互冲突的道德理念，太多的领域中有太多的多元化，任何负责任的学者都不可能摆出将它们全部整合的希望。韦伯的上述发言实际上就是在宣告，新人文主义的、洪堡式的大学使命，即"引领人通向更高级的道德意识"这个在多年之中让德国学者深感困扰又抓住不放的使命，不再可行。学生进入的是一场骗局。

那么要做的是什么？韦伯认为，在这样一个历史时刻，在当代大学的环境下，过精神生活的前提是教授先要履行一种特别落在他们肩上的责任，即认识到大学只能提供有限的"道德指导"，或者给出各种既有的世界观。大学不是灌输终极道德价值的机构；它们的目的是促进学术，并按此方向教育学生；"如果它们不只要提供知识和理解，还要给出信仰，就超出了学术的界限"。学者有责任（韦伯认为这是一项义务）履行自我克制，并灌注给学生一种毫不避讳的坦诚。此外的一切都会违背学术伦理，滥用和破坏学术权威与自由的正当性，剥夺了学生发展自己在智识和道德上的能力与信念的空间。

为了维持学术乃至现代大学的完整，某种形式的克制是必要的。对韦伯而言，这种道德克制有义务的强制力、信仰的约束力。即使不能只进行学术或理性的考量就选择追随学术的召唤——毋宁说尤其是在这种情况下，某种程度的信仰也是必需的。大学的道德目标是通过学术克制，打造一种明确的个性。大学有独一无二的条件，能把学生塑造成成熟、独立、有反思精神的主体，使他们拥有"清晰思考和'知道自己想要什么'的能力"。出于这个原因，大学也必然不能告诉学生如何生活。它们能教学生理解不同价值观如何相互抵触，以及按照自己的价值观行事会带来哪些具体的社会影响，这是拥有"真正个性"的一部分——韦伯在之前一篇文章中如是说。"他要服务的理念""他要敬奉的神祇"，最终都是个人良知上的事情，应该取决于一个人热情之所在。

祛魅的世界

正是在这个角度上，韦伯提出了他颇有争议的著名概念"世界的祛魅"。[53] 在韦伯看来，这种祛魅不只是主观心态上的问题，它本质上是一个延伸了数世纪的历史过程。有人可能误以为这是丧失宗教信仰的问题，是后来的 20 世纪整个欧洲和北美的理论家所谓的世俗化的另一个说法。但极为虔诚的加尔文宗信徒已经在 16 世纪开始了对世界的祛魅，韦伯在《清教伦理与资本主义精神》中称，其方式是否认天主教圣礼具有"魔力"。[54] 他认为加尔文宗对天主教圣礼教条的否定，是他们尝试发展自己道德方法和原理的一环。这是人类围绕重复和规则确立习惯和生活方式，并以此为生活带来秩序的一例，韦伯称之为"禁欲主义的理性化"。[55] 此例中的理性化并不意味着拒绝宗教归属、信仰或实践，也不意味着脱离或排斥神圣或超验的存在或力量。甚至可以说，按照加尔文《基督教要义》（1536）所言，这种规则化的虔诚（不只是对不可见事物的信仰），是"认识上帝所必要的"。[56] 按照韦伯的理解，这种理性化的、更讲究方法的虔诚，是把日常伦理实践及其法统根源，从超验的源头转移，重新配置在更加世俗的规矩和结构中。理性化即规律化。[57] 虽然这些规则具有压迫性，但也是可调的、弹性的、柔性的，可以按照群体和个人的具体需求塑形。

在慕尼黑，韦伯请听众承认，不管他们是否相信魔法、鬼魂或超自然力，他们都按照在一个祛魅的、理性化的世界中应采取的方式生活。为了强调自己的观点，他对听众说，"我们搭乘电车，对车子为什么会前进一无所知，除非你是专业机械师。"而听众也不需要知道。他们只需要知道自己能够依靠电车准确而安全地到达目的地即可。虽然他们应该不会认为电车承载着道德意义或它是反映宇宙秩序的小宇宙，但确实会因为隐隐地相信让整个系统运转的专业技术和知识而"调整"自己的行为，比如，每个早晨的同一时间都会习惯性地去等车。这种日复一日的理性信仰就好比是日常生活的实际守则。而相比之下，韦伯在他处写道，"野人"没有文明，按韦伯的理解，这意味着他们没有得到这种习惯性信任的规训。但出于同一个原因，"野人对他的工具的了解，是我们比不上的"；他们用这些工具创造自己的生活，因为他知道（哪怕只是隐含地知道）某物怎样与有意义的整体相适，它是自己所处的宇宙的怎样一部分。[58] 而文明人则展现出一种根深蒂固的信仰：他的日常生活所依靠的所有事物都是人类智识活动的产物，因此也受制于各种形式的知识、创造和控制。[59]

韦伯认为，当人们认为经验科学把世界归约为粗暴的因果机制时，会产生文化和宗教冲突，祛魅和理性化的过程在历史上就围绕这些冲突展开。韦伯在 1915 年写道，在很多人看来，这种因果归约所带来的自然形象违背了这种伦理假设：世界实际上是"神所安排的宇宙，也就是在伦理上趋于合理的宇宙"。[60] 现代人文学和自然、物理科学拒绝将解释力赋予原则上不能被知的力量和势力，于是成为祛魅的推动者。现代学科学术，不管是语文学还是物理学，都剥去了世界中某种形式的魔力或神秘；它们祛除或否定魔力，正如 Entzauberung 这个德语词的字面所示。

韦伯在《新教伦理》中写道，生活"可按照完全不同的终极价值和目的来加以理性化"。[61] 这些不同的理性化形式最主要指的是"形形色色"用来规定和约束人类生活的智识行为。[62] 它们继而意味着权威和信念上广泛（但可能不完全）的变化——体现在维系日常生活的传统、制度和知识形式上。韦伯向他在慕尼黑的听众指出，在自然科学的时代，实验室学仕们费尽心力试图使其显得自然而必然的世界，一个人的身体、声音、词语能毫不费力地、魔法般地以极高的速度和效率穿越城市、大陆、海洋的世界，[63] 如今已是寻常。当韦伯在用"野人"的"魔法"与德国饱学精英对现代学术和科学的信任进行对比时，他把前者当作一面精英或许可以用来照见自己的镜子。[64] 因此，"野人"和学生的分界线并不是合理与不合理、理性与非理性的泾渭之别，而是一条曲折界线，勾勒着多种多样的学科、思想和规则，它们构成了不同的伦理传统，这些传统又是人行事和生活的资源。[65]

韦伯知道，伴随着祛魅的规则之激增和转变会给心灵带来重负。理性框架（如那些引导学生日常生活的理所当然的习惯）会随着时间积累变得顽固而陌生；曾经对个人生活有意义的规则和结构，会变得没有人性、没有意义，只带来压抑。如韦伯在《新教伦理》中所言，现代生活就是这样会让人感觉像是"一只铁的牢笼"，自由的、有意识的、有意义的行动在其中是例外。[66] 生活的理性化形式也可能毁掉它们本应关照的生活。它们之所以失能、造成损害，并不是因为纲纪和规矩必然具有压迫性，而是因为它们没能帮助人和群体承担起智识或道德负担，反而可能得到固化，让人感觉不再需要进行判断和寻找例外。它们失能之时，思考某条规则最初的原因、某条纪律存在的理由便几乎不再可能，认同这些生活方式也变得无法想象。一个祛魅的世界会变得"阴暗"而"冷酷"。[67]

现代人文学术和科学助长了意义危机，而这种意义危机又使得学生渴求"真正的体验"、让他们的教授在课堂里装作先知。人们实际上试图使大学中的知识返魅。韦伯说学术文化中"所有对'体验'的追求"，都来自"软弱"。"因为，面对时代宿命的肃杀面容，而无能正视之，即为软弱。"[68]公共意义的危机不是靠许愿就能驱散的。

作为回应，韦伯对无定的现代世界中的高等教育和智识工作的状态、目的和前景进行了纠正性的分析，它惨淡又令人暖心。他对听众讲，如果学术和科学能够有所作为的话，"那就是颠覆并毁灭这种信念：世界之中**有任何东西**叫'意义'！"目的和意义独立于人类行为而内在于世界。像弗洛伊德日后在《文明及其不满》（1930）中的论述一样，韦伯也劝听众接受现代生活的种种挑战，避免恶化它们的行动（如放弃学者的正直）。在韦伯的讲解中，学术是一种有意义的、有深刻道义的、有激情的生活方式，即便他否认大学像很多人以为的那样具有道德目的。学术也能成为一种志业。

韦伯与人文主义知识的危机

据说参加演讲的听众全神贯注，深受吸引，但很多人认为韦伯让学术不再具备任何真正的意义和价值——这又令他们无法接受。哲学家洛维特（Karl Löwith）在多年后写道，在出席者看来，韦伯的每一个词都"回荡着人的重量，让他极富个性。他拒绝给出简单的答案，正与他问题的尖锐性相匹配"。[69] 洛维特回忆了自己作为年轻学生聆听一位学者教诲的经历；这位学者三年后的去世只让他一呼百应的个人魅力更有传奇色彩。洛维特笔下的韦伯不只是关于宗教、祛魅和理性的著名理论家，更是现代学者的典范（虽然是德国式、带有男性刻板印象的）：尖刻、犀利、自律，但又有人性、有想象力、有激情；既致力于受方法论所指导的学科学术，又因个性中具有能够带来转变的道德力量而鹤立鸡群。[70]

1919 年夏，柏林一家颇具口碑的出版社——东克尔与洪布洛特（Duncker & Humblot）——分册出版了《学术作为一种志业》和另一篇讲稿《政治作为一种志业》。到 1933 年时，已有二十余种回应该演讲的文章或书籍付梓，其他文本中无数的旁注、脚注、评注更是不胜枚举。战后德国领衔天主教哲学家兼知识分子舍勒（Max Scheler）称这部出版的讲稿"是这个不幸的我们所归属的时代中，最具毁灭性的文件"。[71] 大多数批评韦伯的人像他本人一样，探讨的不是一般的知识危机，而是——如他的朋友特略尔奇（Ernst Troeltsch）于 1921年所言——具体的"人文学危机"。[72]

让很多人深感担忧的是，威望如韦伯的学者似乎都抛弃了教养、学科学术和大学三位一体的传统。特略尔奇称这场演讲是对大学和学术的"宣战"。[73] 他和许多时人都认为韦伯给出的只是个人对智识公正和学术严谨的辩护，而不是对历史危机的解答。一个批评者甚至说韦伯把学术研究和大学学习变成了"值得敬佩的自取灭亡，是经由斯多葛式的英雄主义通向死亡的道路"。[74] 对大多数德国文化精英而言，韦伯对学术的看法或是一种惨淡的存在论自由主义（existential liberalism），是假托成英雄现实主义，实则屈服于现代性的绝望降书，或者是价值中立的实证主义。韦伯捅了一个生长了数十年的马蜂窝，惹出了成群的想法。它们想要重生、更新和修复的不仅是学术和政治，还有在现代世界中能够有意义地生活和工作的方式。

使知识返魅之梦

争论的条条款款很快就被韦伯最严厉的批评者所确定，他宣称自己给出的是韦伯所支持的学者之克制的对立面。[75]"我们说不！"是卡勒尔（Erich von Kahler）对他所谓"旧"知识的恣肆而激烈的批驳之核心。[76] 与很多回应韦伯的人一样，卡勒尔也是现代人文学的拥护者。他是出身于一个维也纳富裕犹太家庭的年轻文学学者，在海德堡生活、学习，并在此地与贡多尔夫（Friedrich Gundolf）结下友谊。后者也是文学学者，还是《精神运动年鉴》（*Jahrbuch für die geistige Bewegung*）的编者。该刊物专注于诗人格奥尔格（Stefan George）和所谓格奥尔格派（George Circle）玄奥而反动的政治思想。贡多尔夫曾数次向该派成员阅读了卡勒尔的文章《学术的天职》（*Der Beruf der Wissenschaft*），后来又促成它在柏林的出版——由格奥尔格的出版商邦迪（Bondi）。[77]

卡勒尔把自己和读者摆在了一个历史"荒原"的边缘，人类在此被死亡、灾难侵暴，最重要的是被意义沦丧侵暴。[78] 陈在身后的是"旧"知识，摆在面前的是"新"知识的可能。

讽刺的是，卡勒尔把"旧"知识（学科学术）及其维护者，与现代世界及其力量、过程和它所造成的灾难联系起来。在此，人文学的危机又被当作一种象征，显示出一种被异化、割裂的社会生活的危机，这种危机曾在几十年前促使狄尔泰思考除主流知识形式之外的选择。传统知识观念背后的预设是一种唯名论的实在（既不可知也不可遇），它与持这种"旧"知识的学者现在坚持的认识局限相一致，是业已固定、不可置疑的。自然科学家和人文学者都把自己当作祭司，介入他人与这个知识国度的接触。大学先成为工厂，又把自己重塑成各种封闭领域的主人，唯恐有失地守卫着它们的边界。它们所构筑的世界，在那些并不完全安于其中的人看来，就是一片不断变化的土地，其边界和分界主要用以排除他人、保护稳坐其内者。但最重要的是，专业化学科知识的图景并不能为应该如何生活提供指导；它只是为现代大学的智识劳动分工提供了范本，并促其制度化。它代表的是一群最乏味的东西——"现代学人"——循蹈的老路。[79]

虽然韦伯是活力四射的学者，其著作不完全落在哪一个学科之中，但他出版了自己关于学术的讲座，因此成为这类人的魁首。卡勒尔笔下的他不仅是"旧"知识冥顽不灵的辩护者，还是冷漠无情的老师：面对"年轻人涌现的不满"，这位著名教授只是事不关己地告诫年轻的听众，不要对老师或大学有太多期待。[80] 相比之下，卡勒尔则称自己是代"青年"而言，与他们一样渴望"知识的新起点"。

哈勒尔继续道，基于大学的学科（如生物学、生理学、心理学），是"旧"知识如何把生活降格成"现实的阴影"，"让世界祛魅"。大学所训练的人无休止地用学术分割知识、理论、概念、对象乃至他人，使他们变成"愈发分散的、被内在包含的"独立存在；大学不让他们询问自己为什么、应该为什么而生活。卡勒尔认为，这就是韦伯所讲述的"生活智识化"的真实体验。[81]

卡勒尔笔下的现代学科知识仿佛是一块硕大无朋的体系，既对立于"生活"又污染了它。他试图用一种全面的历史叙述来支持自己的对立观点：实验室学仕们鼓吹的那种自然科学智识和道德塑造，破坏了柏拉图式的（更笼统地说，古典式的）用真理构筑的人的优渥（eudaemonia）。在 20 世纪初追求知识，是对"古代"的倒行逆施，抛弃哲学能够救治灵魂的观念，向现代大学在意边界与局限、培养学生准备就职的规范低头。这是在这个意义上，知识脱离了让邀请韦伯讲话的学生们感到"无法忍受"的生活。[82] 按卡勒尔的理解，韦伯的祛魅世界中，除了原子化个人的理性猜想之外，不存在任何意义。只有人在主张（或争夺）意义——通过肆意判断和赋予价值，而这些价值又没有被绑定在任何关于生活的公认而牢靠的真相之上。

卡勒尔引用韦伯言道，这种"价值多神论"，乃是"旧"知识最具灾难性的后果。现代学术已经把鲜活的真善美分解成了价值相等但度量不等的散碎的研究对象。这种解体是当前危机所造成的灾难，而这场危机的真正原因可上溯至两千年前，是"悲惨"而"残暴"的"世界祛魅"史的部分。[83] 卡勒尔抓住了韦伯的这个说法，并反复使用。他认为虽然这个历史过程远至古代，但其全面发生则始自早期现代：从 14 世纪的奥卡姆，经由 17 世纪的霍布斯，到 18 世纪的休谟。三人改变了初生的自然科学方法寻找有意义记号的位置，从神创宇宙转向了"无实质的理性"。不过，卡勒尔认为带来"技术理性"这个概念的罪魁是一个德国人——康德。这个概念描绘的自然世界只剩下了最有效率的、最直接的因果关系，再无他物。[84]

卡勒尔把理性、目的和人类的衰落讲述成一种形而上学层面的惨痛损失——神圣的存在被消灭、技术理性的虚假形式对真实鸠占鹊巢，他想让读者感受到对"新"知识的需要。他的《学术的使命》满是对仍然有魔法的、充盈着丰富意义的世界咒语般的呼唤，还反复吟诵着有机力量的"统一""存在的独一性"（即"我们只存在一次"这个概念）。[85] 对卡勒尔而言，"旧"知识还没有彻底让世界祛魅，但更重要的（也有些吊诡的）是，他认为正是这种"旧"知识能而且会使其返魅。每种新的科学发现都揭示了生命"令人敬畏"、玄奥难解的力量。虽然并不自知，但那些沉迷于现代理性祛魅之力的人，也正在为一种"新的魔力"铺平道路。[86] 脱胎于"旧"知识的"新"知识的降临，也预示着向这样一个世界的回归：其中，真相、道理、宗教之间的沟壑会被填平；不同社会身份——学生、官员、学者、商人、政客、丈夫、妻子——会完全融为一体；价值观的冲突会被消解；大学中专业化的学科会再次成为整体。如今被阴影遮蔽、仿佛存在于"另外"世界的真善美，最终会得到揭示。[87]

卡勒尔基本没有告诉读者，这种未来知识除了蕴含着对当代"现状"的否定，还包括什么。救赎的机制是清晰的，它的到来的历史必然性亦然，但具体的前途却不然。就"新"知识展开的答辩不过叙述了衰落，宣示了玄奥难解的资源——灵感、感觉、艺术直觉的闪现——有救治之功效。在这方面，他是狄尔泰的追随者，后者也指出了一种社会"需求"，并如卡勒尔所盛赞的，提出了一种"开创性的、奇妙的尝试……把生活的种种表达（如语言、艺术、政治、经济等等）视为一体"。"新"知识会是一种"对神圣的敬仰"（religio）、一种包容万物的生活方式。[88]

人文学与历史的意义

维护卡勒尔所谓"旧"知识的人通常会诉诸文化和认识

权威；它来自学术知识的化身——理想学者，以及塑造他的机构——大学。不过在韦伯的论述中，造成当前危机的部分原因，正是这种将权威知识与大学混同的习惯。[89]它说明一些颇有权势的知识分子拒绝承认，很多人不再认为德国的一所核心机构令他们信服、值得他们信任。哪怕是为韦伯辩解的人，都会使用卡勒尔的关键语汇（"新""旧"知识的对立），甚至采用他的某些关键批评——它们可上溯至尼采和蒙森，乃至第斯多惠和 19 世纪 30 年代的其他新人文主义理论家。在德国，沐浴黄昏的偶像不只有一神教的神祇，还有那些骄傲的现代信仰中的诸神——大学和现代知识。

在现代人文学方面，德国知识分子和学者所面临的最顽固的认识论问题，是人文学是否最终是历史主义的产物，并因此不可解脱地受它约束和限制。[90]1922 年，特略尔奇明确表达了对"旧"知识的认同，虽然他也指出韦伯的慕尼黑讲座是当前"学术危机"的一份重要文件；他进一步把这场危机说成是"历史思想乃至全人类的危机"。[91]他认为这场危机的一些方面与现代大学造成疏离的状况有密切关联，但他还和韦伯一样，相信这些状况现在是大学的"要素"。问题在于该如何应对。这便是特略尔奇认为历史主义不只是理论问题，还是伦理和教学课题的原因。

特略尔奇认为，正如自然主义源自实践于大学的自然科学的某种极端形式，历史主义也源自实践于大学的历史学的某种极端形式。一门学科带来了"可怕的自然主义、所有生命的废弃"；而另一门则带来了"相对论怀疑主义"，终结了对超越具体历史背景的证明、原因和价值的探寻。[92] 在 19 世纪的最后几年中，历史主义的问题在不同学科中反复上演：文学中，是关注文体还是历史背景；哲学中，是重视论述的严格性还是对思想和概念历史演变的认识；历史学中，是认为这个学科本身要专注于经验事实，还是它需要整合这些事实的理论。在 20 世纪的前二十年中，历史主义的认识论和伦理问题形成了一种普遍的文化焦虑：历史之中没有人类能动性，因此除了时间的熔流铸就的意义之外，没有其他意义。现代人文学已经成了关于变化、差异和特性的科学，因此便成了焦虑的主舞台；它正出自历史主义的精神。特略尔奇认为走出当前危机的唯一办法是通过"历史哲学"超越历史。[93] 他转向哲学，称它不只是一种"精确的、实证的科学"，不只是韦伯似乎曾不屑地称为又一门"专业学科"的东西。[94]

其他很多自命维护"旧"知识的人同意特略尔奇的看法，也认为韦伯没能正视哲学。李凯尔特对韦伯演讲付梓的回应近乎哀嚎：在韦伯看来，连现代的、基于大学的哲学都没有保留住古希腊哲学的"柏拉图式激情"。[95] 李凯尔特和如科恩（Jonas Cohn）的其他新康德主义者以为哲学很大程度上逃过了（或本应该逃过）现代研究型大学的剧变（或畸变），且保住了康德在近一个世纪前赋予它的独一无二的权威性。然而，终 19 世纪而言，很多德国大学和学者实际上把哲学转变成了一种精准的、（如一位学者所说）"语文学式的"学科，与当时无处不在的词语"生命"无关。

　　二人身在德国最有威望的两所机构——李凯尔特在海德堡大学，接替了恩师文德尔班的教席；科恩在莱比锡大学，于文德尔班监督下取得教授资质——维护着代表"旧"知识的、学科化的、基于大学的哲学。[96] 一方面，他们和韦伯一样，捍卫在具体学科中耕耘的学者得之不易的专业知识之权威性和正当性；他们因此反对卡勒尔颠覆知识和大学的企图。但另一方面，韦伯只把哲学认定为又一门"学科"，也令他们望而却步。像该时代很多其他哲学家与有哲学思想的德国知识分子和学者一样，李凯尔特和科恩也希望哲学能够救文化于危机。[97] 李、科二人所使用的语言，与哀叹他们把哲学降格为认识论审查和方法论苛责的哲学界批评家惊人地相似，[98] 都在呼唤一种"常明之理"（philosophia perennis）；这是一种教导人如何生活的智慧，贯穿在早期现代和现代欧洲的智识历史中。它是一场认识论和伦理学之梦，梦见理性克服了它的社会和时代差异，成就了一个整体——这似乎正是韦伯所反对的。

自由主义、民主和狭隘人文学的兴起

　　卡勒尔呼唤"新"知识所激起的热潮肯定不只意味着对不同学术形式的渴望，还意味着基于大学的知识在权威性和正当性上的普遍衰减。"我们所有的文化之柱石，凡基于知识者皆已崩塌"——严厉反对现代科学中一切相对主义味道的

数学家廷格勒（Hugo Dingler）在 1926 年写道。[99] 称自己代表无数人的廷格勒于 1940 年加入了纳粹党。他的疑问是，韦伯所吹捧的学者美德（现代学术的"严格、彻底、纪律"）与作为生活资料而不只是学术分析对象的艺术、历史、文学和哲学有什么关系？对事实的难填"欲"壑，是对知识的渴求，还是自由消费主义的表现？[100] 对学科边界、界限和领域的严格审查，是在急切地聚敛专业特权和社会地位，还是在拼命地尝试对现代知识肉眼可见的过剩进行控制？

20 世纪 20 年代，韦伯的很多批评者改写了对学员专业化的已有数十年历史的抱怨，把它变成了对他们眼中韦伯的自由主义的尖锐攻击。韦伯在海德堡的同事，为躲避纳粹迫害于 1934 年来到俄亥俄州立大学任教的经济学家、社会学家萨尔兹（Arthur Salz）称，感到自己有扶大厦于将倾之责的韦伯是"大学教授"之圆满、是"包容而自由的"国士。[101] 换言之，韦伯是小资产阶级自由派人士，他想要维持秩序，并且展现了一种德国特有的、让如韦伯一般的自由派人士十分受用的"习惯"——将大学和知识混同。[102] 萨尔兹认为这能解释为什么国家可以通过监督大学的官僚体制，拥有相对不受约束的权力来控制知识。[103] 在最后这一点上，萨尔兹和韦伯实际上是一致的，虽然萨尔兹仍然希望大学能做得更多。

在整个魏玛共和国时期，另一组怀疑所谓韦伯式自由主义的德国知识分子和学者把这些批评转变成了更加直截了当而具有威胁意味的话语，他们称多种敌对力量（民主、自由主义、实证主义、专业化、技术）有瓦解或污染新人文主义者所谓知识统一性理念之虞。不过他们没有像 19 世纪初的新人文主义者那样，把这种统一性说成是认识或伦理规范，而是想把其根基定位在他们所谓的日耳曼独特文化中，以及（到 20 世纪 20 年代末时）民众（Volk）中。这些呼声在魏玛共和国不足为奇，此时人文学者中有相当一部分都归附或同情国家的各种保守立场和政党。[104] 同情或归附自由派的学者，包括当时的历史学家梅尼克（Friedrich Meinecke）指出的"理性的共和派"，则要罕见得多。[105]

随着纳粹党人在 20 世纪 30 年代初上位得势，这些政治保守派学者中有不少改写了新人文主义概念和语言的目的，使其公然与民族主义和种族主义意识形态相符。1934 年，在两年前加入了纳粹党、很快就得到"希特勒的教育家"之称的克里克（Ernst Krieck），不屑地说韦伯是"自由主义最后的英雄"，是一个已成过去的时代及其制度的化身。[106] 但是，对克里克这种与自由主义和民主为敌的人来说，学术自由主义之癌已经扩散到大学之外，开始侵害德国饱学精英的道德生活。十余年之中，克里克一直在发表相似的论点。在 1920—1922 年间出版的五篇文章中，他热情地支持了卡勒尔对"新"知识和"新人性"的呼唤。克里克当时与围绕反动现代主义思想家范·登·布鲁克（Arthur Moeller van den Bruck）建立的团体"青年保守派"（Jungkonservativen）相结交，他在这些早期文章中说明了整体、统一和总体的辞藻何以能被顺畅地改动，服务于"反自由、反民主、反议会、反共产"的政治目的。[107]

现代人文学的方法和情怀

韦伯批评者们哀怨而愈发尖锐的呼声——将各种价值观和世界观融汇或整合成一种普遍的"世界图景"（Weltbild）、使"新人性"得到恢复，实际上是（甚至在意图上也是）在呼吁结束自由的智识、道德、政治秩序——至少自尼采在巴塞尔抨击德国教育制度的 19 世纪 70 年代起，这种秩序一直都是该制度的中心。这便是为何特略尔奇认为韦伯的演讲不仅是这种知识危机的基础，还是更具体的"现代人文学危机"的基础。虽然也有自己的方法之辩和内部转型，但自然和物理科学基本没有受到也不太可能受到当前危机的影响——他如是预测。只要它们保持自己与技术之间互惠互助的关系，并且继续创造经济利益，它们就会在大学内外得到支持。在这方面，他是对的。

不过，在特略尔奇和他的很多同辈看来，当前的危机更关乎存在和伦理，而非经济和政治；而且自 19 世纪末起，现代人文学就把这些问题揽在了专属于自己的领域中。于是，特略尔奇推而论之，真正的危机在于"现代人文学"，因为只有在这个领域才能正当地提出和回答关于"存在之意义"的问题。不过，鉴于特略尔奇极为渴望知识的圆满和道德的清明，他也担心"人文学危机"可能最终会演变成一场"革命"，预示着"针对民主和社会主义启蒙、对无限构成我们生存的理性之自主，世界开始了声势浩大的反动"。[108]

1929 年，在近三十年前重塑了洪堡传统、受到各个政治派系学生支持的施普兰格尔，在于柏林科学院的演讲中证实了特略尔奇的担心。他说，从韦伯给出"'产生价值的判断'在学术中没有合适位置，现代人文学只研究'规则、结构或事件'都是合理的"这些"令我们难安"的论断开始，此后十年中一场更年轻的"运动"以及它所带来的"新前景"出现在了韦伯之论的对立面。虽然施普兰格尔称自己仍然忠实于"老一辈"的学术理念，但他明确被韦伯的年轻批评者们所折服。他相信，像这些年轻人那样"塑造世界观和价值观"构成了现代人文学的"根基"。[109]施普兰格尔援引罗塔克（Erich Rothacker）——这位在施氏看来是该"运动"思想家典范的哲学家，后来也在 1933 年加入了纳粹党——写道，现代人文学科的概念和方法，源于"意志和选择"。[110]施普兰格尔认为罗塔克及其同辈正确地认识到"人文学中最有成效的知识工具"既非新康德派的认识论，亦非语文学的严格方法论；而是人文学之中"生命和知识已经生长在了一起"这个简单的事实。[111]真正的"人文学者"，施普兰格尔总结道，最终依靠的是"非理论或超理论的假设"。现代人文学的根基不是逻辑论述、经验证据或对因果关系的探寻，而是一个人生命的不可归约性甚至常常不可言喻的独特性。施普兰格尔认为人文学不在于现代学术的技艺、操作、方法、技术，而在于个体独一无二的生活方式——他称之为"人文学的风格"。在他看来，这些不同的"风格"是自立而自持的观点和价值自发的、非技术性的产物。[112]

施普兰格尔于是便处在了一个有利位置，能够对当前当下的人文学是什么、应做什么展开讨论。在 1909 年对洪堡的研究中，他把"我们新人性概念的内容"与新人文主义者和他们的"完人"（uomo universal）进行了区分。这个内容不再是古代希腊罗马，而"只是经典德语文学和德意志唯心主义"。[113] 只重视特属于日耳曼人的心理和精神，以及施普兰格尔是非犹太民族主义保守派学者的事实，让纳粹主义者利用现代人文学，并把它们从精神科学（人类科学）改为精神历史（Geistesgeschichte）的举动，特别符合施氏和其他德国知识分子和学者（如罗塔克）的心意。他们不仅领导了"运动"以反对韦伯所谓的价值中立的学术，还加剧了现代人文在几十年中特有的危机、反对、在场思想和反动的感觉。[114] 这些人与卡勒尔甚至本雅明的圈子中的成员一样，祭出的"危机"同时也是使人类从现代的动荡中、从现代所释放的理性和科学组织的毁灭性力量（异化、资本主义、技术、官僚体制、自由主义）中得到恢复的机遇。不过，本雅明和维内肯派唤出的是完整、统一和生命的唯心或形而上概念，而这些右翼知识分子在这些概念中注入了一种反自由、反民主的力量。他们又把这些概念同一种"新总体"绑定；而这个"总体"太过真实——崭露头角的纳粹政权及其种族主义、民族主义方案。[115] 他们还试图把学者的严谨和专属于日耳曼人的精神和民众相联系。[116]1933 年，纳粹党夺权一个月之后，施普兰格尔不仅开始攻击民主、多元化和西方的唯物主义，更宣称他相信韦伯的"价值多神论"能够被超越——通过国家社会主义党的国家、民众和民族。[117]

祛魅的大学和返魅的人文学

当德国大学围绕智识劳动分工构建自身、组织对德国青年（至少是成为大学生的那一小部分）的教育，并把"学术专家"树立成理想学者时，它们将自己转型了，因此也把塑造人类的核心制度变成了官僚化的资本主义操作。正是这种"工业"特点，如韦伯在 1917 年所言，使德国大学有别于大多数教育和知识机构。[118] 对韦伯而言，现代德国大学的兴起让祛魅的过程以前所未有的方式具有了机构形态和教育功能，也产生了前所未有的效果。

不过如其他领域中一样，祛魅没有让有意义的生活形式不再可能。它确实磨灭了这些诉求或期待：大学应反映"理性"秩序——这是一种不待人类宣示就内在于世界自身的意义，大学应是宇宙的映像或连通神定秩序的圣物。它也磨灭了对学科学术能引向真正存在、艺术、自然、神明和幸福（即知识和生命的圆满、丰富和统一）的期待。虽然这些通向超然或其他受仰慕状态的途径，如韦伯所言已经"消失"，但其他的路径，不管是否通向超然，仍然是可能的。[119] 而寻找它们，是贯穿德国哲学传统的特征：从写下存在形而上"理性需求"的康德，到称现代人文学是"人类自由堡垒"的狄尔泰。[120]

　　韦伯的祛魅史是这段历史的一部分。在这方面，引领他的问题不只是这种需求在何处、如何挥之不去，还是它曾得到了怎样的变化和转向、它未来能得到什么形态。在韦伯看来，对这种**全面**而**完整**的意义之需求不是一种人类学特征；它反复出现在不同的文化中、贯穿在祛魅的具体历史进程中，尤其见于知识分子——他们一旦脱离了直接的物质需求，就开始寻找成体系的、有规律的方式来安排自己的生活。随着"魔力"逐渐（甚至完全）被压制，韦伯在《经济与社会》中写道，"知识分子会力求以各种方式在无穷尽的决疑中使他的生命具有一种普遍意义，从而与自身、与他的同类乃至与整个宇宙达成统一。这就是把'世界'看作一个'意义'问题的知识分子"。[121] 韦伯在此和在他处一样，认为祛魅的尝试必然会产生重新附魅的尝试。[122] 虽然他从来没用过这后一个词，但他如此解释附魅的循环：对"魔力"的信念愈发"被压抑、世界的过程愈发被祛魅而失去其魔法的意义，把世界和某种生活方式有意义地规制成一个整体的需求就愈发急迫"。[123] 现代人文学为这个循环提供了范例。从诞生于赫尔姆霍兹和 19 世纪中叶其他知识分子笔下，再到 20 世纪 20 年代韦伯批评者们的论述，"人文学"反复被知识分子和学者们祭出，为一个让人感到缺乏意义和价值的世界提供道德补偿。使世界返魅的实际上就是人文学。

对现代人文学在 19 世纪后半叶发展的讲解，也可以被理解为康德文化解释的变体；他把文化理解为智识活动的领域，其中"美的艺术和科学……虽然不能使人在道德上变得更好，但还是使人文明起来，它们从感官癖好的专制那里赢得了很多东西，并为人类统治自然作了准备"。[124] 对康德和千千万万拥有相似信念的知识分子、学者而言，遭受种种限制、被打上"有限的自然存在"烙印的人类，能够通过文化这个领域实现超脱。在整个 19 世纪，对教养或知识统一性理念的每一次呼唤都以这种文化观为前提，而韦伯则把它变成了研究对象。研究文化，就是研究这种超越"日常生活"的渴望，以及它呈现出的种种形式（艺术本身、自然主义、哲学体系、宗教、现代人文学）。现代人文学（精神科学）用韦伯的话来讲，是为解决神义论问题或意义问题而进行的长期文化工程的结果。康德将这项工程称为实用人类学；狄尔泰称之为精神科学；李凯尔特称之为文化科学；而我们会在下一章中看到，20 世纪的美国人则称之为人文学。

学术作为一种生活方式

在《学术作为一种志业》近结束时，韦伯对学生听众们说，"在我们的历史处境"中，

> 学术是**专业化**的工作，由职业的**专家**完成，目的在于获得自我理解及认识客观事实。学术不是灵视者与预言家发配圣礼和天启的神恩之赐，也不是智者与哲学家

对世界意义所作的沉思的一个构成部分。[125]

先知，韦伯在其他作品中写道，"不召唤圣灵"；他们"以道德约束人"并告诉人该如何生活。[126] 学生在教授和大学上寻求这种"约束力"，认为教授和大学具有某种神性，还拥有他们所缺少的道德自律。韦伯对听众讲，向你们许下完全而普遍救赎之愿景的教授，正在误导你们。

不过，韦伯也理解学生对道德明晰和道德引导的向往。他认为在他进行讲座的 1917 年和讲稿发表的战后 1919 年，摆在德国人面前的巨大的实际问题和政治问题也是伦理问题——怎样将理想主义和现实主义结合，以创造一个伦理和智识圆满的更好的未来？通过把一个源于宗教的词借为现代之用，韦伯探讨了对理念的需求，以及基于经验评估世界的需求——它们既是为了满足内心的渴望，又能够对现实进行直率的讲解；这出现在他讲座的标题中的词是"天职"（Beruf），它可以被翻译为"使命""职业""工作"。为了阐明"在一个能够颁布使命的神祇业已离去、静默或被现代理性结构淹没的时代，存在一种真正的心灵使命"这个悖谬的想法，韦伯搬出他对加尔文宗的分析——它虽然见于十多年前的《新教伦理》，但也作为他对世界宗教广泛研究的一环而被反复提及。

在韦伯看来，"志业"有两层意义，一个是传统的宗教意义——来自神的使命，另一个是职业上的意义——某人的工作或就业。志业既指专业化的个体形式，也指组织的社会分类或形式。按照韦伯对 16 世纪法国神学家加尔文的解读，履行某人的天职既是按照个人信仰行事（某人在感召之下的行为或对某具体事业的投入），又是融入一个社会世界中的超个人的理性组织。这种专属于西方的天职概念可能是对意义问题的一种解答。

韦伯继而认为，意义问题，或人们感受到的意义缺失，不是某种宏大而必然的世俗化进程之结果，也不是宗教信仰和实践普遍衰萎的后果。对加尔文《基督教要义》进行解读的韦伯在《新教伦理》中写道：

> 以尘世公正与否的标准来衡量上帝的最高旨意不仅是毫无意义的，而且是亵渎神灵的，因为只有上帝才是绝对自由的，即不受制于任何法律的。我们只有根据上帝自己的意愿，才能理解或仅仅知晓上帝的意旨，我们只能牢牢抓住永恒真理的这些碎片。其他任何一切，包括我们个人命运的意义，都隐于黑暗的神秘之中，我们绝不可能洞悉这种神秘，甚至提出任何疑问都是一种僭越行为。[127]

加尔文宗认为一切超越规定生活秩序的意义都被神秘笼罩，而天恩之赐完全不取决于人类行动。加尔文宗于是把古代的禁欲主义理念和实践借用于新的生活秩序：这是一种内心的现世禁欲主义，其目的不是把人类抽离这个世界，而是要让人类通过理性地控制并反思自己在现世中的行动和生活，积极地、忠实地敬奉上帝。

随着加尔文宗和基督教信仰控制力的衰弱，整个欧洲和北美的人们开始使用"天职"一词来指代在世界或工作中，通过行动规制生活的具体方式。一个人工作不只为了赚钱，还为了成为比他更宏大的某物的一部分。劳动分工和专业化不是待解决的问题；它们是新现实中的道德解答。在现代西方世界中，过有意义的生活便是投身于一种职业并被它所转变。借用韦伯在《政治作为一种志业》中的表达，学者不只"从"他的职业中过活、从中谋生，还"为"它生活、从他在社会世界里扮演的角色中得到意义和价值。[128]

按照韦伯的阐述，这种学术天职是一种形式的禁欲主义。学术实践是一种特殊的伦理传统，有自己的"道德势力"。[129]好的学术实践不是让学术受制于技术思维，或受制于对生活或经验的所谓更深刻的理解，而是要让评价当前状况成为可能、让按照自己的价值观在当今世界生活成为可能。体现学者的天职和人格的，是以自我约束驾驭一组明确的伦理和技术能力。在这条道路上追求知识，要求学人内心具备一种独特的属性；这种属性有其自己的理念和价值观，被韦伯总结为"唯一明确的学术美德"——"智识正直"。[130]

凡此，韦伯言下的学术和大学是一个整体，一种传统、实践和制度。与其他种种基于大学的现代学科一样，现代人文学不能或直接或间接地让学生和任何其他人更好，但也不只创造能得到技术性利用的知识。[131]韦伯为学术和大学能提供给学生的财富发声：让人类能够通过计算支配自己，掌握地球的专业知识；不同思维方式的塑造和训练，使他们能够理解自己、他人和世界；还有最重要的，对自己、自己投身的事业、自己所处世界的"清明"。

韦伯对慕尼黑的听众说，教授所面临的道德任务，是让学生能够找到自己的视角，从这个视角出发，他们能够根据自己的终极理念对重要事务做出判断。[132] 世界上，大学拥有得天独厚的条件，能把学生塑造成成熟、独立、反思的主体。它们能够教学生理解不同价值观如何相互冲突，按照自己的价值观行事会产生怎样的社会影响——这如韦伯在之前的文章中所言，是拥有"真正个性"的一部分。[133] 鉴于道德信念和价值观能引导和塑造人的生活，韦伯认为它们必须得到阐述和思考。人们必须对自己关心之事负责。认识到世界非道德的实质——自然道德秩序无法得到揭示、天赐善意无法得到显现、历史无法通过理性解决协调道德冲突——是伦理责任的发端。韦伯思考了在一个意义常被质疑和反对的世界里，学者的道德能动作用。当他们理解自己天职所蕴含的责任并躬行之，他们就能够完成创造或培养理性学科、实践和制度的必要工作，并借此在现代维持有意义的生活。但志业——明确的、创造意义的生活指令——需要悉心培养和资源投入，以免完全被经济和国家利益吞噬，或堕入纯粹的争权夺势。

激活韦伯的天职概念显然涉及规则约束的实践和热情洋溢的投入之间的冲突。在一篇发表于"学术作为一种志业"演讲之前数月的文章《社会和经济科学中"价值自由"的意义》（"Der Sinn der 'Wertfreiheit' der soziologischen und ökonomischen Wissenschaften"）中，他解释了对学者而言，这种冲突如何在方法和情怀的关系中得到显现。[134] 在此，他用直白的教学语汇展开对学术方法的讨论：大学的目的是用学术方法和技术"教育"和培训学生，还是按照某种伦理、文化或社会风气和某类德行"塑造"他们？把学者是否应该"坦言"某种价值信念和世界观这个较为抽象的问题，与他是否应该在"学院指导"的环境中如此做这个更有限的师生关系问题绑定，韦伯把一个表面上的方法论或理论问题与一个伦理问题联系起来，也借此把方法与情怀相关联。[135] 在为价值自由立论时，他称学者为"教师"，其职责是区别作为学术方法产物的被决定事实，以及他们对这些事实"是否合意"的实用判断。在大学任教时，学者有责任在面对前者时忠于自己的训练，而对后者做出合理但受环境制约的决定。

学者在某种条件下会做出怎样的决定，取决于他如何理解并履行自己的天职。例如，韦伯认为一种天职架构能够帮助学者认识到自己和学生之间的力量差异。他写道，在大学教室中，尤其是韦伯最常进行教学的讲堂里，"在一个听众——甚至连持相反意见的人——被迫保持缄默的场合，表现自己坚持信念的勇气，是太方便了些"。[136] 身处同一制度中的教授和学生占据不同的权力位置，也因此有不同水平的权威和地位。于是，教授在没有合理而允当的批评提供质疑或反驳之时做出某些价值判断便是"不负责任的"。对韦伯而言，教授—学生关系之间，还有另一种与此相关但更为深刻的差异。学生"渴望知道、学到某些东西"，因此来到讲堂，怀揣着智识得到满足、假以时日教授的知识能属于自己的希望。[137]在这个意义上，教授—学生关系也是一种教学或教育的关系。如果教授把自己当成终极道德信念的直接来源和模范，从而"转嫁"学生对知识的渴望，使其具备明显的道德意味，那他就辜负了教师一职，因此在韦伯看来也就有失为一个学者。他背弃了作为学者帮助学生获得知识并明晰自身道德信念的责任。通过强调价值自由在教学上的显著性，韦伯承认大学并非价值中立之地。它充斥着价值——满载智识和道德愿望。正因如此，作为学者和教师，教授有责任改变出人头地的方向：不追求在讲堂中展现专业个性、阔论一呼百应所带来的直接满足感（即不关注自己），而追求他们和大学能够正当地提供的智识和学术财富。他们有责任身体力行学术理念和价值。

韦伯认为他对学者天职的解释只在当前历史和制度条件下有意义。他强调，在过去的"四十年"中，这些条件发生了剧变，特别是在大学中。首先，他发现大学和更广阔的文化都被知识和价值观的异质化所改变。20世纪初大学状况的特点是"价值多神论"、知识分化以及制度的工业化和官僚化。其次，这些新的条件释放出了此前基本被羁縻在大学的自由组织中的对超越和统一的渴望。相比之下，韦伯称，纠缠着今天的大学和学者的，是教授的"个人崇拜"和"自命不凡",以及学生得不到满足的渴求。[138] 鉴于这些状况,韦伯清晰地表明了他对大学教育目标的结论:它不应再渴望塑造文化人——体现某文化最高理念和价值观的人;而应专注于塑造受到规训的、致力于方法和技术的、因"智识正直"这唯一一项美德而有别于众人的学者。[139] 这种克制在韦伯看来拥有义务的力量。现代大学的权威性和正当性取决于它培养的是怎样的人。为现代大学辩护的最主要方式是诉诸其风貌。

学术领袖的魅力与人文学的宿命

20 世纪 20 年代的德国提出的一直得到争论和误解的问题之一是:韦伯所谓学术的价值自由,或常被蹩脚地译为"不涉价值"的学术的概念,到底是什么意思。美国社会学家以20 世纪中叶计划将韦伯美国化的帕森斯(Talcott Parsons)为首,支持这个概念,并在建设一种能服务于现代自由国家、有严格方法论的科学社会学时,将韦伯奉为奠基人。

德国哲学家、法兰克福学派领军人物霍克海默也有相似理解。1962 年的一次会议上,他在回应帕森斯时讲述了自己求学时期参加韦伯两场志业讲座的经历,并在谈到《政治作为一种志业》时说道:"讲堂中人满为患。沮丧与失望的情绪仿佛触手可及。两三个小时中,我们听到了对俄国制度非常公允的定义,听到了对各类非政治性顾问何以得到组织的精妙论述。一切都是如此精确、如此严格而学术、如此不涉价值,我们回家时郁郁不已。"[140] 霍克海默继续道,韦伯拒绝用他在学术上的机敏构建一个更好的社会，这是因为他信奉的价值自由限制了他的思想，使他陷在了自由"资产阶级社会"的价值观里。

另一方面，在德国移民格特（Hans Gerth）和年轻的美国社会学家米尔斯（C. Wright Mills）颇具影响力的左派评论中，韦伯是个努力克服自己怀旧情感的思想者。他们所编的《马克斯·韦伯社会学文集》（1946）中首次收录了韦伯两场志业讲座流传广泛的英译本。二人在导读中表示，韦伯曾勉强地倡导技术理性。他终究是一个"没落"的自由派，在他看来，"人文主义者的没落和专家的支配地位"，是"西方"现代性中"自由的机会趋于萎缩"的另一个证据。[141]1958年，社会学家、文化评论家里夫（Philip Rieff）在为《代达罗斯》（*Daedalus*）"科学和现代世界观"特辑所撰文章中，介绍了格特和米尔斯对《学术作为一种志业》的节译（他们将其译为《以科学为业》）：

> 韦伯也对灾难进行了科学的设想。在该文中，他勾勒了我们当前所有灾难的模式。韦伯是个诚实的、热心的科学家；当他构建完自己的模型，发现自己被囊括其中后，便安于此。在他的思维方式中，没有脱身之法。[142]

我们认为这完全错误。学术（包括现代人文学术）的天职并不需要消除学术中的价值观，使其获得一种消极意义的、免于所有价值的自由；它寻求的是让"价值判断的自由"（Werturteilsfreiheit）——全面的学术判断所需的自由——成为可能。在这个意义上，"价值判断的自由"最好被理解成免于亨尼斯（Wilhelm Hennis）所谓的"学术教导中的偏见"的自由。[143] 在倡导"价值判断自由"之时，韦伯没有要求学者采取无法实现的中立立场或没有视角的观点——他讥讽人可以"让事实自己说话"这种想法；[144] 他告诫学者，不要从学术和大学中寻找救赎或终极意义。韦伯担心的是，如果学生或教授开始需求并渴望某种不受任何学科实践所约束的知识，如果他们期望过多、承诺过多，便有可能丢掉进行学术活动的自由，也会让大学如履薄冰的正当性遭遇危险。

　　让韦伯众多同辈难以忍受的是：对人类生活理性化的伦理局限和后果，韦伯或许说出了最令人信服的诊断，却没有给出令人满意的治疗方案。[145] 在拒绝提供解决方案的同时，他强调，在现代人文学内部，就精神价值和灵魂建设能力的明确道德主张和论断，存在着"持续不断的矛盾态度"。[146] 安德森（Amanda Anderson）对此有正确的见解：人文学让人感觉与传统上等同于价值观、虔诚、道德论断的宗教或其他领域相亲近，这就是上述矛盾态度的来源。现代人文学常常受到一种令人不适的认同感制约，这种认同感要求回归到知识的统一性、人性或超验探索的纯粹性，或者回归到作为目的的知识本身。人文学的永恒危机至少部分体现在这种持续的不满中、对回归不得的失望中，存在于它因反应而形成的内核中：现代人文学不像"人的学问"那样对照神学的他者而得到自我定义，它一直都需要某种对照物来界定自己——自然科学、政治、工具理性、技术、经验主义、实证主义、唯物主义等等。

韦伯知道，那些认同现代人文学的人中，人们对大学有过多期待的冲动尤其强烈。至少在 19 世纪末期之后，关于价值观、理念和意义的问题在大学里就被分离于自然和物理科学，并被限制在如历史学、语文学和哲学的不同学科里。[147] 但也正是在这些曾被视为与自然科学对立的共通方案的学科中，意义在现代大学里仍被认为是可能的。但在韦伯看来，价值观和道德信念并不专属于哪个知识领域；它们无处不在。

因此，韦伯否定了一致性理念。[148] 不同学科和不同知识形式有着不同的认识理念和目的，因此它们有"自身特性"。[149] 对于德国人就两类学科知识边界的争论，他还动摇了一个关键的前提假设——自然科学和现代人文学来自一个共同的源头：学科学术，或理性本身。按照狄尔泰和受其影响的其他人所撰写的知识史，现代人文学科更为发达，因为它们与严守技术性的自然和物理科学不同，能够对自己的过程和原则进行反思。韦伯否定这种受形而上学扭曲的历史以及它所支持的知识统一性理念，这也削弱了"现代"人文学的对立功能：它们以负向形式成形并得到正名，是非自然科学学科，是去除了自然科学物质而实用利益的纯净世界中的独特之物。

人文主义学问的早期形式（如"人的学问"）与现代人文学的差异在于，前者的活动对标神学（有时补充，有时对立）。在这些早期形式看来，知识是技术技能、记忆和学术的产物，可以被用于多种目的。但在后世的形式看来，知识永远带有其更高级起源（人类心灵和理性）的痕迹。至于现代人文学，知识的终极根源一直是且仍然会是人类智力的内部原则和过程。[150] 人的科学是人类心灵的科学，而这应该能让它们正当地宣称自己可以垄断关乎道德和意义的问题。于是，弥合方法与情怀、学术与生活之隔阂的要求，便源于这种更深层的渴望——理性的产物应回归它们在人类之中原初的统一。19世纪末，如杜布瓦－雷蒙的名人所撰写的科学史称这类愿望合乎情理，但赋予它们有限而次要的地位。在现代人文学于反对中初成之时，它们就像是尚无章法的仓库，堆放着一些残存的甚至华而不实的关切；但狄尔泰等学者逐渐为这些关切招来了责任，继而宣称它们是现代人文学优势的、特有的领域。

　　通过否认现代人文学常嫌模糊的形而上学基础，韦伯能使人文学立于无解的矛盾之中。他否认 19 世纪初的德意志知识分子和学者为人文学设想的最初概念：人文学本身就是目的，将人文主义知识的历史形式，与受形而上学影响的、不受制于神学、与科学并行的人文主义相关联。在现代大学中，道德教育和知识生产的功能一直相互冲突。按照韦伯对当时现状的讲述，没有天然存在的或世俗或宗教的救赎或解决办法，不可能存在一种共通的、公有的"礼教"。实验室学仕们在五十年前勾勒出的空白不会消失，知识和生活的隔阂也会随之存在。韦伯曾批评，相信"能知为真"与"感觉为真"之间的隔阂能得到彻底弥合，是危险的妄想；他坚持认为大学没有在这些隔阂之间建立联系的作用。他不仅质疑了所有通过现代人文学解决或满足这些渴望的明确方案，还清晰而有力地否定了它在制度上的正当性。如果在大学之中直接灌输终极信念和价值观是不合情理的（或者至少是不切实际的），那么现代人文学——至少韦伯同代人所构想的现代人文学，即自持自证的知识形式和道德价值——在大学中则无立锥之地。

1930 年，哲学家沃克（Erik Wolk）在回顾韦伯讲座在过去十年中激起的争论时说，韦伯是"现代人文学危机的典范"。[151] 沃克并不是说韦伯对危机与矛盾进行了模范式的分析，而是说他**就是**"典范"。韦伯以自身展现了现代学科性人文学所能做到的，体现了它带有"悲剧冲突的情怀"——在渴望有领袖魅力个人的同时又致力于"学科的去个性化"。[152] 他把学科性的、专业化的、克制的思考，变成了一个具有明确道德属性的范例，展示着在当前条件下一个人能够如何身体力行智识工作。他体现了人文学危机中的矛盾：它们既可以是学科知识，又可以是道德培养；既可以是方法，又可以是风气。在这点上，韦伯与施普兰格尔及人文学革命者们大相径庭。他同意终极价值不能被彻底理性化，不能由客观而通行的形式进行表达。但他认为，正因如此，它们才需要被学科化而成为有用的资源，即使不能完全成为生活的基础，也至少可以引领生活。

　　像弗洛伊德对现代文明所做的一样，韦伯也呼唤永恒的矛盾、永恒的斗争——简而言之，永恒的危机；他拒绝认为某种元知识或基于大学的话语体系能提供一种统一的、普适的生活方式。这便是在现代世界中，作为一个有智识的成年人而生活的意义。年轻人或许可以在被要求辞拒时表达抗拒而免于指摘，但真正的成年人（即教授）不行。而在韦伯看来，人文学永恒的危机并不是对完整性不再的悲悼，而是承认现代人文学最初想要解决的需求实际上是一种要素——为现代人文学正名的正是危机。

　　永恒危机之持久是因为它让任何具体的危机都不能被彻底普遍化，并因此失去时间性，不再紧迫；永恒的危机还让任何具体的危机都不能被具体化，并因此变得偶然而短暂。[153]危机为文化精英和知识分子提供了一个在探讨中度过智识和社会变革的框架——因此人文学便有了时下性、现代性甚至反动属性。

第七章

美国的危机、民主与人文学

1904 年，在美国东部巡游之时，马克斯·韦伯遇到了一种让他余生都深感兴趣的机构：美国学院。虽然正忙于完成《新教伦理与资本主义精神》，但他还是抽时间参观了哥伦比亚大学、哈佛大学、哈弗福德学院、西北大学等学校。[1] 在可爱整洁的校园里，他受到教育、宗教和社交活动"混乱泥潭"的吸引。[2] 在他眼中，美国学院既不是给有钱人镶金的学校，也不是训练专家的学院；它完全是另一种东西，让他花了好一番功夫才找到描述的语言。在此后的数年里，韦伯一直在文章和讲座中改善他对美国学院的讲解，称它是一种独特的社会—教育机构，并反复把它和德国高等教育机构相对比。

在参观美国高等教育机构时，韦伯看到这些机构正在把年轻精英（通常是新教白人男性）塑造成有公民意识的领袖。美国学院最初由宗教派系创立以培训教士，它们的建设围绕学生生活的严格纪律进行。它们要求出席教堂活动（通常一日数次）、开设固定的课程、严格监督学生举止。这种学院培养计划终于第四学年一门由院长教授（院长一般都是有圣职的牧师）的道德哲学课程；该课程旨在以共通理性和共有社会信念为基础，传授新教道德、人格和教条。这门结业课程告诉学生宗教信条如何与现代知识相契合，以及二者如何与生活相关。真理在科学、道德和宗教层面上是统一的。[3] 在参观西北大学之后，韦伯在致母亲海伦的信中说，学校强制要求遵守教规令他感到"难以置信"。[4] 学生必须对自己出席的"教堂记录"负责；他们不仅要**听取**布道和诵经，还要聆听最新的神学学术成果（韦伯参观当日讲的是哈纳克的《教条史》）；在本周橄榄球和棒球安排得到宣读之后方才解散。韦伯离开埃文斯顿时（Evanston），深受美国本科教育的社会生活和情怀风气震撼；他写道，其"成果"清晰可见："无尽的智识刺激"、对艰苦而严肃工作的习惯、经久不衰的友谊、长久的社交形式。一个美国商人在芝加哥向韦伯保证，"学院养育的人"不只学会思考世界，还会在世界中行动、为世界而行动。[5]

然而，不过七年之后，韦伯在德累斯顿的一次德国大学教授和教师集会上，给出了不同的讲解。他说，美国学院已经把自己变成了大学，其规模、教学内容，有竞争力的研究重点甚至能和德国最好的大学相媲美。[6] 韦伯援引自己在美国的经历，解释了这些新建的美国机构如何采用了德国大学的模式但又进行了调整，以适应另一种文化、服务于不同的目的。它们不仅把学生塑造成了资本家性格，自己也变成了"制造企业"——领导它们的校长都在不遗余力地争夺人才、资源和金钱。[7]在演讲《学术作为一种志业》的 1917 年，他称德国大学正在经历"本质上的美国化"，它们已经与其他"工人与生产工具分离的资本主义企业"几无二致。[8]

韦伯散漫的观察，是 1870—1914 年间美国高等教育发生转变的旁证。特别是一战之前的十多年，是维赛（Laurence Veysey）笔下"美国大学崛起"的最后阶段；崛起的过程始于内战，包括大规模的扩张、研究文化的兴起、学院教育中一些经久不衰元素的引入（如专业、选修、通识教育）。[9]1870 年，美国共有学院和大学 300 所，学生总数 5.2 万人。到 1910 年时，这两个数字分别增长为 1690 所和 140 万人。如哈佛这种更加古老而稳固的学校不再像曾经那样，是致力于塑造未来领袖"道德人格"的机构。如今的哈佛是研究型大学，其使命包括职业培训和创造新知。

在很多人看来，这些变化的部分原因是美国经济扩张和工业化进程加速导致的对新知识和更多劳动力的需求，它们代价不菲。德国大学和美国大学的区别仍然存在，虽然美国取法德国学界的记录十分丰富；一些对美国高等教育转型的批评，回荡着早年间反对韦伯《学术作为一种志业》演讲的声音。例如，教员、校友甚至一些学生，都感受到了知识碎片化和与此相伴的统一性丧失的冲击。问题的所在常常是是否应代之以一套固定的、共通的课程。1922 年，《新共和》发表了一系列讨论大学和学院教育现状的文章，关于一套统一课程的争论开始进入大众视野。一些作者悲叹撕裂美国大学和学院的"离心力"。一些人——如密歇根大学校长伯顿（M. L. Burton），指责艾略特（Charles Eliot）以及他于 19 世纪末在哈佛设置的、取代了规定共通课程的选修课系统。[10] 另一些人则认为，美国学院课程混乱的根本原因是现代的碎片化效应，与自然科学的上位关系尤其密切。

　　于 1913—1924 年间任阿默斯特学院校长的哲学家米克尔约翰（Alexander Meiklejohn）有论，科学家以为"知识没有统一性"，并且让这个无根据的假设在大学课程和他们自己的学术中得到制度化。米氏写道，科学"建立在它们所击垮的旧模式的废墟之上……因为又一种思想模式崩溃了，他们便认为思想模式不复存在，知识中的统一是无稽之谈"。[11] 知识的加速已经摧垮了对真理的展望。不过抵抗，或者说恢复，仍然可能。北卡罗来纳大学校长、心理学教授切斯（Harry Chase）认为，"现代思想"的任务是找回"知识的统一性"。[12] 这会是一场攻坚战，但是值得——涉及的问题至为重要。切斯慨叹，大学不能沦落到"对什么是知识没有明确的信念。"切斯和其他人呼吁，用一套旨在为知识和道德提供统一讲解的课程取代 19 世纪的道德神学课。但是自然科学家不愿意把自己的研究当作道德教育的资源，更不愿加入知识统一性的名下。文学、艺术、哲学和历史教员则较为配合。从哥伦比亚大学于 1919 年开设"当代文明"起，大学和学院开始设置通识教育课程，以重新把握追寻真理之途上的统一性，这关乎知识也关乎道德。[13] 大约从 1930 年起，十几所学校的文学学者、哲学家和历史学家集结在一起，组建起一种新的制度结构，宣称对道德和价值问题有垄断地位。他们把这种新的制度结构称为"人文学"。

作为一组融洽的、在大学和学院中得到制度化的学科的"人文学"，主要是美国高等教育在 1930—1950 年间的发明。如前章所述，德国知识分子和学者数十年来都在尝试建立功能上对等的非自然科学（或我们所谓的"现代人文学"），但把"人文学"变成一种机构组织理念的，是 20 世纪初的美国人。重要的是，把"人文学"从其古典语文学根源处解脱，并宣称它们是民主之资源的也是美国知识分子和学者。

英语中的"人文学"一词的出现当然远早于 20 世纪的美国。它似乎在 19 世纪初开始流行，是古典研习的同义词，是"人的学问"（humaniora, studia humanitatis）及其相关的人文主义学习和学术的英语形式。1819 年，尼柯尔森（William Nicholson）的《不列颠百科全书》将"人文学"定义为一个复数名词，指"被称为'人道文识'的语法、修辞、诗歌；苏格兰的大学里有被称为'人文学者'的教授从事相关教学"。[14] 在 19 世纪大部分时间里，学者、作家、机构领导一直使用"人文学"一词指古典文学和学问的研究。

1902 年，在对宾夕法尼亚优等生学会（Phi Beta Kappa Society）发表演讲时，宾夕法尼亚大学英语教授、莎士比亚学者谢林（Felix E. Schelling）谈到了"过去和将来的人文学"。

老一辈们成功地培育了古典学（他用这个词指古希腊和罗马文学），而谢林认为现在和将来的人们需要去培养一种"更加广阔的人文学概念"以对抗一种前所未有的威胁："现代人文学正直面一场让之前所有威胁都相形见绌的攻击。""我们正在为教育本身中的自由博雅原则而斗争，而最糟糕的是我们的敌人在内部，"谢林如是说，"实际用处是现代教育最为险恶的敌人，也是阻挠更高贵的人们触及他们极力争取的更高级精神生活的主要障碍。"[15]

对谢林而言，科学和技术教育在美国学院和大学中缓慢但近乎全面的胜利——古典学院课程的解体，以及关于自然和物理科学更"现代"的课程的上位——导致一种狭隘，使人类的全面能力遭到无视。[16]他承认，它们的方法和（在他看来）与它们共生的"技术"教育带来了巨大的实际效益。（谁能否认跨大陆铁路带来的便利？）但它们也助长了一种功利心态，它可能会把"所有人类事物"降格成对经济价值无穷无尽的算计，因此让"自由博雅"的追求变得无用而没有价值。

谢林的话语是20世纪30、40年代芒福德（Lewis Mumford）、阿多诺和霍克海默对现代科学技术在文明层面展开全方位批评之先声，他警告说技术（他用这个词指各种科学技术在文化上的影响和势力之总和）有抹杀人类本性之势。于是，"将来的人文学"便不只是对希腊和罗马经典的研习，它代表着一种文化需求——对抗这种新的心态，使人类与技术仍然有别的需求。在谢林的用法中，"人文学"一词不是指明确的知识形式或具体的学术财富，而是旨在唤起一种被负面定义的社会需求。谢林的话语呼应着数年之前李凯尔特在德国对"非自然科学学科"的呼唤，他把"非科学"当作眼前文化危机的解答。

谢林虽然没有给"将来的人文学"赋予明确内容，但认为它们蕴含着（也因此挽救的是）一种自由博雅的态度，并表示在未来，不致力于生成财富和解决技术问题的博雅教育将是专属于人文的领域。在对宾夕法尼亚优等生学会演讲的结尾，他把"科学"贬为工具性知识，即工程师的"机械技能和精确技术"。谢林结尾时的语言抽象水平愈演愈烈："将来的人文学"将是"非技术的研究、非职业的研究，不管其内容……是什么"。它的任务是"教育、拔擢、树人"，并以此克服一场文化危机。[17]

谢林的辞藻标志着美国的氛围在新世纪之初的一场重大转变。关于"人文学"的论述远离了"人的学问"和语文学的目标（它们与古希腊和罗马文学研究或与"古典"研究相关、更狭义且常带有技术性），而是转向了狄尔泰和他身后的德国学者祭出的现代人文学。在谢林演讲之后的几年里，这个词还得到了新的制度意义。学者、作家、知识分子、大学校长和院长、私人慈善基金会领导乃至企业管理者都开始效法谢林在费城演讲中开创的方式，使用"人文学"一词。他们用这个词指一组学术科目，它们不同于更具技术性的教育形式，且能够培养人类独有的能力，如自主性、道德洞察力、自由主义倾向。

虽然谢林把他对"将来的人文学"的展望投在了当前危机的背景之下，但首先把这种展望置于明确的制度语汇中的人之一，是哈佛大学法语文学教授巴比特（Irving Babbitt）。[18]在 1908 年出版的《文学和美国学院》中，巴比特关注了研究型大学在美国的勃兴，以及传统本科学院教育与此相关的、同样迅速的衰落。巴比特说哈佛的艾略特在维护自己所设立的选修课体系上是"纯粹的卢梭派"，因为他认为"得到良好指导的十八岁青年"非常适合选择自己要学习的课程，其原因是"每个十八岁青年都是一个极为复杂的组织，不存在、也不会存在复制品"。巴比特讥讽地评论道，在这样一个体系中，"所有世代的智慧都比不上一个懵懂的二年级生的偏好"。[19]选择和区分是巴比特的人文主义概念之特点，它与尼采对"给年轻学生以独立"的看法有相似之处。巴比特认为人文主义不同于人道主义，论称后者指对"人类总体"的同情，而前者在"关怀上更具选择性"。他写道，"人文主义者"关心个体的完善，而非"拔擢人类整体"。[20]

巴比特还正确地否认了后世作家喜闻乐见的一则论断，它源于对公元前 2 世纪罗马剧作家泰伦斯（Terence）一句著名台词的普遍化解读："我既为人，凡属人者皆不应与我相异。"（Homo sum, humani nihil a me alienum puto.）[21]这种不带反讽的解读把本句当作普遍人文精神的格言（这句话实际上是剧中主角在被邻居说吵闹时的回嘴），让泰伦斯的台词有了

"人文主义知识有教无类"的意味。[22] 但巴比特发现，在筛选和组织读什么、与谁读、为何读的问题上，最重要的便是选择、区分和品味。他和尼采的看法一样，都认为现代社会中榜样泛滥，尤其是反面典型。开始充斥美国学院和大学的专业学者所树立的榜样，尤其具有危害。"人文学，"巴比特写道，"如今需要得到维护，以防物理科学的侵蚀，一如它们曾经需要对抗神学的侵蚀。"不过他认为对文学威胁更大的是，在撰写论文的过程中形成的、由科学化或专业化心态产生的自相残杀之弊："让文学研究丢掉人味、将我们学院的语文学专制固化的，莫过于证明自己能胜任一个文学领域的教席。"[23] 在此，巴比特也与伤怀学士（第二章）和 20 世纪 20 年代批驳韦伯《学术作为一种志业》的德国知识分子同气相求，都认为学术和大学的状况是更普遍的文化衰退的一个症状——和原因。但批评韦伯的人们呼吁"新"知识，而巴比特则想至少在研究者的领域里，彻底去除以德国"学科学术"为范本的专业化学术；这些领域中有目的的研究活动，遭到了他眼中各种形式现代科学的无视或否定。他认为德国研究的理念是一种恶性力量。这种学问上的工业经营"把一切都语文学化了"；它把文学、历史、宗教和其他有意义的文学形式贬为"对事实无尽的堆积"。[24] 这些让人文学沦为妖魔的力量，使人文学有了前所未有的必要性。"一个量化的时代"需要人文学来"制造有质的人"。在巴比特和他所感召的新派人文主义者看来，现代大学真正的失败之处在于，它们抛弃了自己对书本和思想，乃至对人员的择优和筛选的目的。如今需要的是一种"宗教般的限制"来训诫被现代文化所释放的低贱而自私的热情，并以此把人类个体的眼界提升到理性和无私的高度。[25] 他们想让人文学来实现近乎枯竭的新教思想不再能够完成的功能：维系和灌输价值。

制度建设

在美国，如历史和文学等学科的学术，还在以巴比特不会赞许的方式演化着。它变得愈发系统化、专业化、关注方法——愈发德式。不过，知识分子和学者为自己学科正名的方式，还保留着巴比特试图赋予人文学的目的感，只是不常有巴比特文章中的反抗色彩。这种目的感对制度产生了影响。虽然学者自 19 世纪末起就开始呼唤各个学科"树人"的力量，[26] 但直到 1900 年左右研究型大学在美国上位、传统学院课程消亡之时，曾经各自为政的学科（语文学、文学、艺术、艺术史、历史学、哲学、宗教）的学者才开始合力打造"人文学"，使其在文化上补偿自然和物理科学技术造成的道德和精神缺失。到 20 世纪 30 年代时，此类学者开始在整个美国的学院和大学中，为这些主张赋予组织形态。[27] 美国的知识分子和学者没有创造自己的话语体系，他们效法德国同道，重复危机的辞藻，把人文学塑造成岌岌可危的受害者和占据先机的拯救者。

1928—1941 年间，美国学院和大学在"人文学"名下设置了许多课程和综合项目。[28]这些课程和项目不只复兴了希腊和拉丁语言文学研究（即谢林所谓的"过去的人文学"）；还试图在现代研究型大学的环境下，对各种业已分化出的专业学科（从艺术史和英语到宗教和哲学）进行组织，把它们导向一个共同的目标。据称，团结这些学科的不是一组共有的学术方法、认识理念、价值观或实践，而是它们满足一种文化和社会需求的能力，即，如1941年一名观察者所言，"在现代条件下"对"人类文化和价值观进行回顾"。[29]

到1950年时，美国许多顶尖大学都已经把这些承诺（及其反面）制度化于系部结构中，成为如今我们所知的"人文学"。许多新的人文学方案与引入通识教育项目的长期努力有关；它们的倡导者表达了熟悉的愿望：知识统一、目的明确、道德价值，以及在科技的离心力面前重整独一无二的人性。与通识教育的情况相似，人文学在其支持者口中能够对社会的缺失进行弥补。对其社会价值的讨论不可避免地始于一段对文化衰落的陈词滥调；这场衰落发生于美国历史中格雷夫（Mark Greif）所谓"人的危机的时代"——其时，各个政治派系的知识分子和学者都担心，现代西方的新技术和社会状况要"掐断人文主义的悠久传承，让重视学习、相信人道、尊重人的能力的丝缕断绝。"[30]与三十年前的谢林和1920年回应韦伯的卡勒尔一样，他们都唯恐"人"的本性被改变。

然而，"人的危机的时代"也是乌托邦设想的时代；是时，整个欧美的知识分子、政客、科学家、作家，都在为人类的尊严摇旗呐喊，论证普遍的人权，并不断发出何谓做人的探问。在国际会议的议题中、联合国文件的标题中、课程改革备忘录中，"现代""人""人类""人文主义""人文学"不仅见证着人的问题的经久不衰，还表明对该问题的回答乃至对答案可能前提的思考屡屡无功而返。[31]1950 年，出生于法属加勒比地区马提尼克岛的诗人兼政治家塞泽尔（Aimé Césaire）把这些课题统斥为"假人文主义"，它们没有让"一个著名作家、一个学者"反对仍然在人类旗下肆虐的殖民主义。[32]这个问题虽然以质询为形式、以探索为主张，但它既然关乎人文学的崛起，便同时还是这样一种论断：一小组学科可以正当地宣称自己可以垄断一种严肃的回答。

1934 年，《科学》发表了一篇旨在描述"人文学"作为的文章。文章由美国学术团体协会（American Council of Learned Societies）秘书长、后来又担任主席一职的历史学家利兰（Waldo G. Leland）撰写，是一篇高密度的四页报告，详述了"人文学"的"范围""任务""最终目标""关切""主要活动""主要问题"和"可能性"。利兰总结道，虽然"人文学"传统上指与文学研究，但今天的"集合名词"指的则是"广阔而复杂的一组研究，其中有很多都高度专业化，但都与一个共同的终极目标相关：为人类精神经验的恢复和解读作出贡献"。人文学与自然和物理科学、社会科学一起，构成了知识的"三角"，但它的正当性和重要性来自它能够处理"人类存在"的精神需求。[33]

利兰认为知识的这种三元组织，标志着现有学科和领域的"联邦"朝向更加复杂而分化的机构发展这一趋势的高潮。一旦得到制度化，每一个"盟邦"便有了固定的功能。不过，19世纪70年代后的德国知识分子和学者描述一个相似的功能主义①体系时，使用的是自然科学—人文学（精神科学）二元组；而利兰则追随其美国同道，从1930年开始将经济学、心理学、政治科学、社会学定为社会科学，把它们从人文学中一并区别出来。利兰写道，社会科学是人文学的"延伸"；它们使用人文学的"数据"（见于艺术、语言和文学的"精神的具现"），也使用自然和物理科学的资料，以研究相互"关系"中的人类。[34]

这种知识的三元划分，在制度上解决了20世纪初科学知识和价值观念的关系之争。虽然在整个20世纪20年代，德国的知识分子和学者还在探讨着已经持续了几十年的学术和价值观之辩而没有得到明确答案，[35]但美国人已经至少在制度层面结束了自己的争论：他们强制实行（或被迫接受——取决于某人在争论中的立场）了一种明确分划的智识秩序：人文学科培养价值，自然和物理科学收集和分析经验事实，社会科学是二者的中介。这种多变的中介功能，使社会科学成为飞速变化的美国研究型大学中，关于价值观和规范之地位的焦虑和争执的一个机构性宣泄口。

---

① Functionalism，指认为社会模式和制度的相互依存和互动对维护社会统一有重要作用的理论。——译注

　　相比之下，在这种新的制度秩序中，人文学的角色和功能从最初就得到了明确的宣示。虽然斯克利普斯学院早在1928年就引入了为期三年的"人文学"项目，围绕"古代世界""1750年之前的西方文明""现代世界"等课程展开，但芝加哥大学两年以后开设的"人文学总论"课程才是全国的先例。在刚从耶鲁转来的年轻校长哈钦斯（Robert Maynard Hutchins）治下，芝加哥的教员们于1930年接受了"新方案"。这项全面的课程改革把人文学和科学院系分成了五个"司理单位"（人文学、社会科学、物理科学、生命科学和一所负责监督通识教育的学院），各由两名院长管理。[36] 每个分部都要求本科生学习一门为期一年的概论课程。人文学分部的概论课程，如1931年负责设计该课程的委员会（由两名历史学家和一名语言学家组成）所写的，是将让学生初步了解"作为连续体和整体的人类文化史"。[37] 但在距离教员接受改革不过三年后的1933年，哈钦斯开始公开抨击"新方案"，称它患上了困扰"整个现代世界"的"信息病"：我们把信息误以为科学，把事实误以为思想，把杂乱的数据误以为知识；鉴于信息、事实、数据没有达到我们希望的高度，我们如今便看到了对科学、思想和知识的厌弃。[38] 哈钦斯想要一种比"人文学"概论课程所能提供的"更加激进的视野"。[39] 他的课程改革思想很大一部分来自他与年轻哲学家阿德勒（Mortimer Adler）在"巨著"荣誉课程上的合作。在来到芝加哥之前（他将在此地度过余生的大部分时光），阿德勒正在进行一个受托马斯·阿奎那形而上学所启发的课题——设计一套能够组织所有科学和知识领域的方法论和分类法。阿德勒挖掘了阿奎那的思想，寻找永恒的、理性的知识范畴和不受时代制约的人性概念。受这些百科全书式渴望以及阿德勒在智识上的莽撞吸引，哈钦斯招募他参与一项计划：在一组现有公认真理的基础上，为现代研究型大学重新设计一套博雅本科教育方案。

随之而来的，是对研究和现代学术在本科教育中作用的高度个人化的争论。连本科生的报纸《栗色日报》（*Daily Maroon*）都参与进来——通过发文嘲讽"新方案"的维护者是没心没肺的实证主义者，并歌颂哈钦斯和阿德勒的"巨著"课程。[40] 他们的方案将"西方世界最伟大的著作"（以及他们所谓的不受时间局限的、受形而上学影响的真理），与他们认为主导自然物理科学和社会科学的麻木经验主义对立起来。

不过，嘲讽的真正对象是专业化学术的想法和把知识当作研究的概念。此处的知识指的不是某种已经存在的，会在具有转变力的、不受时间影响的遭遇中得到揭示的东西；而是某种有待创造的、需要无尽追寻的，并最终会被时空约束中的人类所替换的东西。哈钦斯在 1934 年写道，这两种不同的知识概念造成了"教育和研究的根本对立"。[41] 阿德勒和哈钦斯相信，本科生应该阅读他们认定的巨著，汲取其中永恒的真理，而不受现代科学的或然论断影响。阿德勒基于他从新托马斯主义原理中得出的固定范畴设计了一套课程，这便是他为大学筹划的形而上学方案。哈钦斯把阿德勒的认识论转变成了一种政治原则。他写道："若不承认各种风俗传统之下的自然道德法则——真、善、美——对所有人来说都是相同的，世界文明则不可能存在。"[42] 在哈钦斯看来，芝加哥的"巨著"课程是对抗困扰现代大学的实证主义、经验主义、技术至上观念的最佳方式。它带来融通、确定和统一。

巴尔的摩派

20 世纪 30 年代中叶，普林斯顿的一组教员很可能组织了最早的"人文学"项目。[43] 得名"巴尔的摩派"是因为他们常在位于拿骚街拿骚楼对面的巴尔的摩餐厅会面。如历史学家麦卡利斯特－格兰德（Bryan McAllister-Grande）所述，这个小组的召集人是古典学者、基督教辩经师、《国家》（*Nation*）杂志编者莫尔（Paul Elmer More），成员来自古典学、英语和哲学系部。作为一个全国闻名的、一呼百应的新人文主义领军人物，莫尔在普林斯顿校园里颇受欢迎，而与他齐聚巴尔的摩的教员们都和他一样感受到了文明的危机：在他看来，罪魁祸首是让人类"化为齑粉"的德国研究型大学和学者；是受杜威启发的进步派教育者，他们毫无虔敬地回避人类和神明的权威；是现代科学，它们的实证主义教条在莫尔看来贯穿数个世纪，上迄培根。[44] 如"巴尔的摩人"、哲学教授格林（Theodore Greene）在 1942 年所言，莫尔和他的小组还有一种愿望：创造一种制度上的"平衡"，以对抗科系、学院和

"数不胜数的课程"，它们扼杀了"人类种种关键兴趣和成就"的所有统一感。[45]

如麦卡利斯特－格兰德所言，管理层中也有巴尔的摩派的支持者，包括高斯（Christian Gauss），他是普林斯顿现代语言专业首批教授之一，并在 1929—1946 年间担任该学院院长。高斯与莫尔有私交，并且也像莫尔一样，认为把自己纳入人文学名下的教学和学术的补偿作用十分重要。"信奉科学的人告诉我们，如果人文学只愿意承认科学、物理、化学、生物专业化分支的重要性，"高斯在 20 世纪 40 年代初写道，"我们很快就会发现自己不仅没有失去什么，还因重建现代研究路径而收获颇丰。"[46]但科学无关乎正义、美或民主的价值；它也让"现代人"遭遇前所未有的"毁灭之险"——在此，高斯指的不仅是技术上的毁灭，还是他认为支撑国家的基督教理念和信仰的毁灭。他表示，只有复兴人文学、复兴他所谓的"人文主义态度"，才能给科学无休止的扰动施以道德约束。

最初名为分部项目的人文学特别项目（Special Program in the Humanities; SPH）于 1936 年的普林斯顿迎来了第一批本科主修学生，并且在 28 年间，每年授予约 16 个学士学位。[47]由多个院系教师组成的委员会负责监督该项目，并用高密度的个人建议和教学诱惑本科生前来主修。委员会还组织了系列讲座和研讨会，并在整个大学中扮演"人文学福音传播者"的角色。[48]1957 年毕业于普林斯顿、在人文学特别项目中获得学士学位的文学学者萨义德（Edward Said）在其自传中说，他的人文学课程"在组织结构上具有草率的历史感"，这些课程让他接触到的文本，成为他学者生涯中写作和教学内容的"一切的基础"。[49]1943年，普林斯顿准备重新设计本科课程，并引入愈发规范的三分结构（自然科学、社会科学、人文学）时，人文学特别项目中有五名教师加入了负责监督人文学分部组织的人文学委员会。[50]在这五个人的助力之下，普林斯顿中的人文学倡导者们都认识到了它的终极功能在于道德。1942年，校长多兹（Harold Dodds）致信洛克菲勒基金会（人文学特别项目的主要赞助方）道，人文学是"人类价值"和人类反抗"技术和机械"之暴政的最后防线。[51]

1938年，普林斯顿大学请五名学者就"人文学的意义"进行了为期三周的讲座。在这场活动的"催化"之下，作为美国高等教育中的一种机构制度和意识形态势力的人文学，在以后的几十年中得到了发扬和成功。[52]虽然这些演讲人参考的都是自己的学科（哲学、神学、艺术史、历史），但如一位旁观者所言，他们关注的都是"在一个社会愈加体制化、科学愈加机械化的世界中……人文学的本质和价值"。[53]身为巴尔的摩派，同时还是人文学特别项目创立者之一的格林在谈到这些讲座时认为，人文学不是"学术奢侈品"，而是保护"人类自由、尊严和价值"的"性命攸关的力量"。[54]哈佛哲学教授佩里（Randolph Barton Perry）指出，美国学院和大学有一段时间都把具体课程和课题集结在"科系之下"，但最近开始把这些科系组织成"系部"，最常见的设置是"物理科学、生命科学、社会科学和人文学。"这种新的知识组织将博雅的非实用性学习与"人文学"混同，被佩里不屑地认为是"摸索统一性"的返祖现象，他担心这会让真正的博雅学习沦为"整体的四分之一"。[55]包括著名艺术史家（德裔移民）潘诺夫斯基（Erwin Panofsky）在内的其他演讲者也给出了相似的论点：现代人文学延续了文艺复兴人文思想的悠久传统；它们融汇了专业知识，满足了其他知识形式（尤其是科学）所不能满足的社会需求。对每一个演讲者而言，"人文学"都远不只是一套方法。它们代表对某种文化理念的信仰，它们是一种态度。

在二战期间及之后，美国知识分子和学者一直在推广人文学，不过更加迫切，因为他们清晰地感觉到战争恶化了博雅教育的在制度中的（用当时的语言来说，"文明中的"）困境。他们的举动面临怀疑：人文学不是社会所急需的。"当务之急是打赢战争，"战争部长斯蒂姆森（Henry Stimson）在1942年说，"否则这个国家就别想有博雅教育。"这句话出现在《纽约时报》的一篇文章里，题为《搁置博雅教育的新方案》（"New Plans Suspend Liberal Education"）。[56]

在这种反对之外，但也因为这些反对，人文学在机构中得到了更新更大的形态。1942年秋，斯坦福大学古典学、日耳曼语言、宗教、罗曼语言、斯拉夫语言、历史、哲学和音乐系教授组建了"人文学院"。[57]这是个本科学院，如校长威尔伯（Ray Lyman Wilbur）在 1941 年所言，其建立目的是平衡"及早实行专业化的压力和对人类活动有融通理解的需求"。[58] 芒福德于 1942 年来到帕洛阿尔托（Palo Alto），成为该学院首任院长。他把人文学的目的形容为"对人类文明的……深刻复兴与革新"。[59] 人文学创造的是"战斗的一代……他们赏识值得为其生、为其奋努力、为其战斗，并在需要之时为其死去的一切"。[60]

从战后到 20 世纪 50 年代初，普林斯顿、耶鲁、哈佛和约翰·霍普金斯纷纷效仿，或把"人文学"设置成一种综合性的系部类别，或（如哈佛例）将其设置为一组必修课程。[61] 战后的美国，在私人基金会的财政支持和项目促进之下，得名人文学的机构设置方兴未艾；大学管理者为之设置的目标也愈发具有公众属性和明确的国家属性。在一系列专著和委员会报告中，支持人文学的论述转变成了官僚和机构唱高调的文章例如洛克菲勒基金会的《博雅教育的重生》（*The Rebirth of Liberal Education*，1945）、斯坦福的《人文学展望》（*The Humanities Look Ahead*，1943）、美国学术团体协会的《再探博雅教育：它在民主体制中的任务》（*Liberal Education Re-examined: Its Role in a Democracy*，1943）；人文学被赞颂成一种必要且必然具有民主性的"运动"，超越了战前新人文主义者更有贵族意味的追求。[62]

早在 1935 年，洛克菲勒基金会的理事们便投票决定扩大其八年前才建立的人文学部的权限，从支持语文学和考古学方向的个人学术，扩展到支持图书馆、博物馆、戏剧、广播节目和与"人类灵魂新文艺复兴"有关的事业。一年之前，一个特别委员会就提出过同样的措施，但又表示"基于一种封闭式研究的人文学领域项目"与基金会的宏观目标不一致。[63] 不管差异如何，这些报告和声明无一例外地把人文学塑造成一种对象是人类的统一的探寻和关切，超越单纯的方法和技术。

在《自由社会的通识教育》(*General Education in a Free Society*，1945)中，一个由哈佛教员组成的委员会认为美国教育"最为需要的……是一种统一的目标和思想"。[64] 他们总结道，鉴于战后美国"信仰乃至无信仰种类繁多"，宗教以及本科课程明确的宗教基础便不再可能。这些"离心力"又被战后美国社会各领域炙手可热的专业人士进一步放大。因此，美国学院和大学不应用制定好的、通常有新教背景的课程塑造基督教绅士，而应该塑造自由的道德主体，能够辨别"专家的真假和良莠"。[65] 该委员会写道，在这种项目中，人文学的角色是通过"搅动对理想的想象""探索价值领域"，让年轻的哈佛本科生理解"人与自身的关系"。委员会对这种道德任务和严格的认识论任务(判断"真假陈述")进行了对比——他们把后者归于自然和物理科学。人文学启发价值、寻找价值；科学则服务于"一个严苛的主人——物理现实中的粗糙事实"。委员会应和了利兰对社会科学终结作用的描述，称它们融合了自然科学和人文学的方法以进行解释和评价，并在本科教育的背景下，使学生适应"公民的任务"。[66]

但到了 1945 年，虽有哈佛委员会表示社会科学对人文学和自然、物理科学兼收并蓄，但利兰的"三角"更像是个等腰而非等边三角形。社会科学家们抱着功能主义的心态，不遗余力地支持量化方法，且有"工程般的知识观"，他们认为自己在方法、社会效用以及反对现代科学中解读的稳固性和价值观方面，可与自然和物理科学家侪匹。[67]不论是自然、物理还是社会，大学内外的"科学"都冠名了一种知识，它如朱伊特（Andrew Jewett）所言，把一切信念和兴味都贬为"冷峻而无关道德的事实"。[68]借着付梓五年内售出了逾四万本的《通识教育》，哈佛的教员们不管多么无心，都强化了这种三元框架；其中的诸科学是一种未经分化的钝器，专家可以用它实现由人文学所保管和打磨的道德目的。[69]

哈佛大学校长柯南特于 1943 年设置通识教育校委会的四年之后，麻省理工学院教员于 1947 年任命了教育调查委员会，以检验该校的教育原则是否仍然"适用于战争灾难和社会动荡中浮现的新时代的状况"。在 1950 年的报告中，该委员会提到了威胁美国民主及其人民"主动性和个体性"的"力量"。委员会写道，比核战的危险更为深刻和"微妙"的是"顽固〔于美国社会中〕的、所有组织和机构（工业、财政、教育、劳工）控制权的增长和集中的趋势"。报告继续道，这种"趋势"已经将麻省理工的本科课程机构化，使其过于僵化，缺乏想象力，缺乏个性，有失自由博雅。为了对抗体现在大学及其学生上的技术和实用的倾向，委员会认为麻省理工应该致力于"博雅教育"。[70] 实现这个目标的最佳方式是增加"人文学"必修课程的数量，并建立一所人文学和社会科学学院。

这种制度举措的高峰于 1965 年出现在联邦层面。其时，国会投票立法设置了人文学国家基金，法条中将人文学与"科学和技术"并举，并且略带不祥地预言人文学将会让人类"成为技术的主人，而非其没有思想的奴仆"。[71]

谢林谈到"将来的人文学"近五十年之后的 1948 年，另一位教授兼卫斯理安学院领导、刚从美国学术团体协会执行主席一职上退下的克鲁斯（Cornelius Kruse），称自己见到了人文学的到来，或至少看到了它承诺的韧性。那是在俄亥俄州立大学哥伦布分校 75 周年校庆上，美国的一些企业和文化精英在为期两天的庆典上相聚，谈到了宏大的社会理想：通用汽车副总裁论"科学与技术——人类的仆人"；美国原子能委员会创始人之一论"为生存而教育"；神学家尼布尔（Reinhold Niebuhr）论"我们的朝圣之旅：从希望的世纪到困惑的世纪"。身为哲学教授的克鲁斯曾煞费数十年苦心，在哲学上完成了对悲观主义的驳斥；他发表了一场现已不为人所知的演讲——"论人类对人文学的需求"。无论如何，这场演说在世纪中叶明确了人文学在文化、制度、政治和社会上的规范功能。

重现着谢林的遣词方法，克鲁斯也诊断出一场文化危机，痛斥现代的道德贫瘠，认为人道而博雅的学问正遭受威胁，劝导听众支持人文学以"拯救人类"。[72] 克鲁斯对听众说，人文学一直受到"人文主义需求"的指引，它"最优先关注的是人和人的灵魂"。[73] 在俄亥俄中部的一所公立大学中，通过研究各种文化和语言向人文学展开胸襟，不仅是与这种"灵魂"的相遇，更是一种保卫它的行动。与之前的谢林一样，克鲁斯也强调在整个文化遭遇到科学和技术变化带来的动荡时，人文学的治愈作用——"宁静、稳定、互相赏识"。[74] 克鲁斯演讲的修辞效力有赖于听众或读者对克鲁斯诊断的认同——文化衰落威胁到了**人类**（而不只是某种文化），也来自一种展望——**人类**能够得到恢复和重生。克鲁斯引导受众参与到人文学这项个体和全人类层面的救赎工程中来。过去和现在所需要的，都是一套正确的学科和一个适当的制度空间，以将其付诸实践。在整个大学的学术领域里，学者认识到了科学能带来的财富有限，并转向人文学——特别是（如下文将要看到的）很多人在那时才开始称为"西方文明"的文学和艺术以及"巨著"之物，把它们当作科学技术时代的药石。[75]

欧洲移民的种种人文主义思想

渴望统一、融通和与现代性离心之势（技术、资本主义、信息、科学）相抗衡的力量，是 20 世纪上半叶形成中的美国人文学话语体系的特点，它呼应了德国关于知识、历史、大学和人文学危机的辩论。在两次世界大战之间，很多欧洲知识分子都在探索新人文主义思想。然而，与卡勒尔对新知识的呼唤一样，除了最初都诉诸人类之外，除了都诊断出文化衰落、期待未来能带来救赎之外，他们共同观点甚少。天主教徒（他们又分为传统派、现代派和超现代派）、共产主义者、新教徒、达达主义者、未来主义者、自由派被大相径庭的认识、伦理、政治和社会取向扯动，哪怕他们所有人都像杰洛拉诺斯（Stefanos Geroulanos）所言，宣称自己占有某种形式的知识或实践，能够救人类于现代的孱弱、肤浅、衰败和普遍的丧心失魄。[76]

在 20 世纪 30 年代初，德国犹太裔学者开始逃离纳粹德国之时，欧美的人文主义思想开始时有交汇。[77]然而，美国知识分子和学者的各种人文主义思想仍然纠结于这样的担忧：在大学之中、在读书的公众之间（他们或身处校外，或与学校有关系，专业化、职业化程度每个十年都在增加），人文学的权威性和正当性到底如何？美国知识分子和学者的忧虑并不常能打动德国移民。在这方面，卡勒尔的故事很有代表性。1938 年，曾在 1920 年回应了马克斯·韦伯的《学术作为一种志业》的德国犹太裔文学学者卡勒尔逃到美国。五年之后，他出版了《人即尺度》（*Man the Measure*）；他解释自己试图以此"重新解读历史，不通过探讨，而通过重述，让解读从事实的排布中自发生成"，并以此"书写历史，而不是写历史书"[78]。卡勒尔在"人"的历史中迈过了近七百页的沉重脚步后，终结于对"人文学"之命运的一声疲惫的叹息：他写道，在这个世界里，"经验事实"哪怕"在被某种指导性的整体观点解读和串联之前，自身是没有意义、没有价值的，仍然能够无差别地统领一切"。人文学悲哀的状态——它们不能融通、缺少"公众支持"（卡勒尔没明确说谁是"公众"）——是"我们文明危险状况的一个症状。在这场最为严重的人类危机中，没有什么"比人文学能够带来的统一知识"更为迫在眉睫、更为性命攸关。"他如是坚称。[79]

1957 年，俄亥俄州立大学一些教员提名卡勒尔担任刚刚创设的梅尔尚（Ralph D. Mershon）教席；支持该客座教授职位的资金，来自一名曾任俄亥俄国民警卫队军官的校友的一笔七百万美元捐赠的一部分。[80] 他们上书院长，称卡勒尔是得到国际认可的人文学者，是少数能把俄亥俄州立大学转变成"文化本质和文化史领域的理论及应用性跨学科研究重镇"的"人文主义者"之一。[81] 院长最终统一了，而卡勒尔也成为1959—1961 年间首批两位梅尔尚客座教授之一，他主持了一个"人文学科教员研讨会"，并讲授了讲座课程。

20 世纪中叶，俄亥俄州立大学把自己建设成了一所运转良好的中西部公立大学，把实用和博雅的教育带到了整个国家的社群中——这兑现了国会旨在帮助各州建立新大学并扩展现有大学而订立的 1862 年莫雷尔法案（Morrill Act）的承诺。[82] 但俄亥俄州立大学并不像它北边的邻居密歇根大学那样，是一所国际知名的研究型大学。德语、历史、哲学、英语等科系尤其如此。力荐卡勒尔、使其得到任命的教员们——如美国文学学者、反新批评理论宣言《复归历史主义》（"Historicism Once More"）作者皮尔斯（Roy Harvey Pearce）——想要一位顶尖学者带他们领略人文学特有的先进学术技术和方法。[83]1959 年，皮尔斯和某些更偏好研究的同事想要借助卡勒尔的到访，来赢得管理层对设立一所人文学会的支持。在一份题为"为梅尔尚人文主义研究学会博取支持的提案"（Proposal for Support of a Mershon Institute for Humanistic Studies）的备忘录中，皮尔斯把人文学定义为"一组致力于研究人的科目，它们把人视为一种不同于某种社会或社会学实体的存在，且不是一种生物学产物"。他在结论中不仅宣称它们处在危机中，还提出了一种解决的方向："如今人文主义研究的危机不仅在于它们社会功能的式微，还在于它们就算重新被赋予了这些功能，也不能足够迅速地发展出使其维持这些功能的方式和方法。"[84]

意料之中的是，卡勒尔否认了皮尔斯"人文学'危机'能被方法和学科知识克服"的假想。实际上，如凯特勒（David Kettler）所言，对于皮尔斯利用德国移民提升俄亥俄州立大学初生人文学科系学术正当性和威望的计划，卡勒尔兴趣甚微。卡勒尔的教员研讨会围绕"危机"的主题展开；在 1961 年和成员最后的交流中，他斥责他们纵容了"过于咬文嚼字的争论"，不可自拔地专注于"某些书籍"，从而忽视了"共同的终极目的"："时代的人类危机"。

危机是堕入崩溃前的最后一刻，是生命的众多片断零星对具有控制力的形式的碾压。在此刻，只有在根本上对体系、对其框架和控制方法进行拓展性的重组和革新，才有可能应对这种无序状况并结束危机。当然，整个人类历史中都能看到危机……［但它们］没有当前危机这种令人恐慌的共时性，因此也没有迫在眉睫的普遍性和全面性；出现这些性质的主要原因是我们世界的技术一体化、全世界交流之迅速、事件及其反应的聚积。然而，我们科学技术的不断进步带来了人的内在危机——通过促进依从性和标准化；通过不断的物质变化困扰人的意识而造成个人与彼此、与自己的疏离；通过扫清传统和记忆，并以此危及个人和群体的身份。[85]

在 1920 年对韦伯的回应中，卡勒尔认为专业化学术是当时德国和全人类所面临的危机之主要原因。而在 1961 年的备忘录中，他指出科学技术是动因，并强调了它们是如何把零散的危机转化成一种"普遍人类危机"。为了得到这场危机的"全面图景"，他写道，教员们需要"学科"。但是，就像他在回复韦伯时所说的一样，他解除了学科与现代大学里的专门化知识之关联；他认为以方法和严谨理念为导向的、从学科和历史角度出发的知识（即他在 1920 年所谓的"旧"知识）不足以应对当前危机。就像他在当时呼唤"新"知识来处理危机一样，他又一次呼唤能带来转变的知识，以重塑人类的统一。不过，关于这种将来的人文学，他没有给出什么细节，而只是把它描绘成一种非专门化、非"机械式"的知识，它能够让学者"接受现象世界，把它当作我们所得到的真实"。[86]

卡勒尔用呼唤新知识回应韦伯的现代知识"意义缺失"之论；对此，德国领衔天主教哲学家舍勒在近四十年前就表示过不屑。他同意韦伯的诊断，虽然关于前方之路他得出了截然不同的结论。舍勒写道，在呼唤"新"知识时，卡勒尔试图进行"革命"，其对象成长于"两千年的西方史：学科知识的基础和方法都是理性的（即归纳或形式演绎的），且没有预设"。这种智识和道德的学习过程在 20 世纪初德国人所谓的"学科学术"中达到了顶点。然而与卡勒尔不一样的是，舍勒不认为这种"西方"特有的历史代表普遍学习过程的一个阶段："我们今天称为'学科学术'之物只是某一种世界观（即西方世界观）的产物；只有在这种世界观保持威信之时之地，才可能有学科学术。"[87]卡勒尔从没承认或理解过这一点。不管是在 20 世纪 20 年代的德国还是 20 世纪 50 年代的美国，卡勒尔和他的新人文主义前辈一样，都渴望一种知识能超越历史中某种世界观特有的实践、理念和美德。他拒绝认为专业化的学科性知识（学科学术），尤其是在整个德国和美国研究型大学中得到制度化的那些，是对理性本身一种不完全的、片面的发展。卡勒尔应和了年轻的学生领袖本雅明在形而上学和世界历史上的壮志，认为"让世界保持人味"的唯一方式是以完整形态重构历史——这意味着既包括过去又包括未来的圆满。[88]卡勒尔的"革命"实际上是一种重建工程，这让他在俄亥俄州立大学得到的热情拥戴显得特别有反讽味道。

虽然卡勒尔渴望超越研究型大学的专业化学术，同时又不完全摒弃它的情怀，但和他一起在哥伦布大学任教的同事们却把他当作研究型学者的典范，一个能够为他们在俄亥俄州立大学将现代人文学制度化的尝试正名的权威人物。

为人文学辩解的美国人也试图在历史中寻找法统；到世纪中叶时，他们中有不少都把意大利文艺复兴拥戴为现代人文学"实质精髓"的源头。[89] 在 1948 年俄亥俄州立大学的演讲中，克鲁斯画出了一条绵延不绝的线索，连接着 14、15 世纪人道文识传统与战后美国的人文学。不管是 15 世纪的佛罗伦萨还是 20 世纪的哥伦布，他认为，与"人文学"绑定的一直都是"人文主义信念"，其"首要关切便是人及其灵魂"。[90] 在他的描述中，人文学是共通的"人类事业，当人真正感觉到自己是人时，它最紧密地倚居在人心之中……它以多种形式展现了……人的内在价值"。见于 20 世纪美国大学和学院的人文学一直都是人文主义思想的一种形式，它不只是一种课程设置，还是一种统一的、不可归约的人的奋斗。

早期现代学者转向古典文学，以从专制而呆板的教会（至少许多 20 世纪学者如此声称）中解放人类灵魂，而战后美国学者则发明了人文学，以从技术的机械论和暴政的巨怪中解脱自己。如佩里在 1938 年所言，人文学不只是"某些知识门类的种名"，它们提供道德资源，使"愈发失去人味的状况中"，仍可能有"某种状态的自由"。[91] 他继续道，这种"状态"可见于意大利文艺复兴的人文主义，它"意味着人类心智的解放，使其摆脱宗教狂热、宗教执着和宗教权威；意味着将被来世崇拜贬斥的自然和世俗价值重新树立起来"。[92] 文艺复兴人文主义思想在它所标榜的普遍性和延续性的维持下，可以被"带入所有"需要"自由之恩泽"的时代和地方。于是，嵌在人文学中的便是由不断的威胁和尝试构成的历史，如佩里所言，它"凸显"了自己的根本目标：在任何时间地点抵御"反人性的势力"。然而，最为切近的威胁是制度性的："美国技术高等教育的上位、工具性学科的增加和职业实用性"。[93]

克里斯特勒与文艺复兴修正主义

二战后的数十年中，文艺复兴学者，特别是研究 14—15 世纪意大利历史、文学和哲学的学者，开始参与到美国学界广泛的行动中来，试图通过将现代人文学的历史追溯到几个世纪之前来为其正名。20 世纪中，有各种尝试意在确立（或否定）文艺复兴人文主义知识与现代人文学之间的延续性；如德国犹太裔移民克里斯特勒（Paul Oskar Kristeller）和意大利人加林（Eugenio Garin）的历史学家，能够帮助我们厘清背后的动机。克里斯特勒和加林的学术关系持续了逾五十年（1837—1994），他们不只辩及对人文主义的解读，还说明了文艺复兴人文主义的问题何以成为现代人文学的问题——专注方法与渴望道德转变的混合。[94] 一端的史家加林，生涯大部分时间都致力于证明意大利对现代哲学的独特贡献，把彼特拉克和布鲁诺之间的两个世纪（约 1350—1550）描绘成这样一个时代："人类完全改观的态度"在一种新的"哲学方法"中得到表现；这种方法欢迎历史和语文学见解，以指明曾经生活在世界上的人类生命的模范形式。人文主义是一种新态度，它引向一种截然不同的"现代思想"，让人能够更全面地欣赏人之为人，欣赏人类这种具有深刻历史性的存在。[95]如汉金斯（James Hankins）所言，从意大利人米兰多拉（Pico della Mirandola）的拉丁语著作，到康德、黑格尔、尼采和海德格尔亲古希腊的、新人文主义的德语著作，加林看到了一种传承关系。[96]另一端的克里斯特勒则强调现代哲学人文主义思想与文艺复兴人文主义知识形式（如"人的学问"）之间的断裂。他认为"人文主义者的大多数作品都无关哲学——哪怕用这个词最模糊的意义来理解"。14、15 世纪的意大利人文主义者"不是或好或坏的哲学家，他们根本就不是哲学家"。[97]

克里斯特勒把文艺复兴人文主义思想限于一小组认识实践、把"人的学问"限于一组技术课程，他肯定认为这是对不良学术的拨乱反正。他的无数论文中散落着朗朗上口的标志性语句，显示出一种高度学科化的学术情怀："现代学术已经受到了各种偏见的太多影响"；"完全客观或许无法实现，但它应该是历史学家以及哲学家和科学家永恒的目标和标准"。[98]他认为这些约束体现了理想的文艺复兴学者及现代人文学者特有的美德。而加林的文艺复兴人文主义者（或在 15 世纪意大利，或在 20 世纪德国）进行的是一种"道德探索，它在人类之中的实践和推进是为了人自身"[99]；克里斯特勒的语文学和历史学实践，一如现代人文学者的"先祖"之所为。[100]

卡勒尔在离开德国之前阐述了他对"新"知识的渴望，克里斯特勒发展自己对文艺复兴人文主义更为收敛的见解也远在拿到哥伦比亚大学教职的 1948 年之前。克里斯特勒在德时曾师从名家，包括海德格尔、耶格尔（Werner Jaeger）和维拉莫维茨 – 莫伦多夫（Ulrich von Wilamowitz-Moellendorff），受到传统的学科学术教育，并接触过 20 世纪初弥漫在德国大学中的危机感。他肯定了解过为解决危机而草拟的各种人文主义思想。[101]1934 年逃离德国后，克里斯特勒先在意大利工作，后在美国取得了永久的位置。正是在美国，他开始区分"他在文艺复兴中发现的语文学、文学、修辞学人文主义，与他看到身边正在涌现的对人文主义思想非历史的、常带有政治色彩的种种解读"。[102]"人的学问"并非如克鲁斯和格林等美国学者所谓的"人文主义信条"或"人文主义信仰"，也因此不太可能是现代人文学的前身；克里斯特勒认为，它们是一组有松散关联的实践，蓬勃在种种社群和机构中。克里斯特勒将人文主义历史化，不只是为了把文艺复兴人文主义思想当作学术实践，与其他更不具历史意义的讲解区别开，还是为了反对当时正在美国蔓延的、他所谓的"工具化解读"。[103]

克里斯特勒笔下的人文主义者更具历史性而更少哲学性，更娴熟于技术而不热衷于理论，他们在 20 世纪的美国大学的制度中没有明确的位置。他在 1961 年写道，"所谓的人文学"是 20 世纪美国大学的发明；盛行的知识分类"在有关学习和教育的公开讨论中已被视为理所当然：我们已经习惯说自然科学、社会科学和人文学"。[104] 这种组织将人文知识和科学知识并举，并造成了对文学、艺术、音乐、哲学、语言学、考古学、古典语文学这些学科到底在做什么的困惑。它们创造知识吗？它们主张客观吗？它们削弱了科学吗？它们宣示真理吗？它们提供道德支援吗？

克里斯特勒认为历史这门学科代表了人文学在美国基于大学的知识"方阵"中"岌岌可危"而令人困惑的位置。他写道：

> ……（我们大都）会承认［历史类］学科包括可靠而既证的经验知识元素。另一方面，英美的用法似乎不允许"科学"一词被用于历史知识。但我看不到怎么能避免以下的二选一：我们或必须同意扩展"科学"一词以包括历史知识，并开始讨论"历史科学"；或必须承认有一类可靠的经验知识不具有一般意义的"科学性"。[105]

历史在认识论上的模糊地位代表了更广义的现代人文学的状况。克里斯特勒总结道，鉴于这些最近才被统称人文学的学科不明确的位置，它们在美国的维护者们必然不能阐明人文学"作为某些知识分支的状态"。他们转而"用一种相当模糊的方式"强调人文学的"教育价值"。与这种美国趋势形成对比的是，克里斯特勒申明了人文知识（若非"人文学"的话）在认识上的财富和优点——在此背景下，他主要把这些好处与历史学科相关联。"历史方法的目的一贯如此：在可见证据的基础上确立人类过去的事件。追求这项任务时的严谨，展现了一个智识和道德学科的健全，既有益于参与研究的学者，又让间接参与的学生和读者受惠。"[106] 与克鲁斯及其同辈愿意认定的相比，意大利和德意志的早期人文主义者所追求的直接目标更寻常，更倾向技术。[107]

不过克里斯特勒也承认，人文主义实践能够也确实被用于各种目的。他甚至以一种他（呼应韦伯的用词）称为"自白"的形式，讲述了人文主义学术实践能被用于怎样的目的：

> 我相信关注历史，特别是文化和智识史，是基于一种信念、一种我完全赞同的信念：人类的过去中所包含的文学艺术作品、哲学科学思想乃至政治行动和社会制度代表着一个由精华构成的领域，我们或可参与其中。我们受命保存它、借用它、传承它，不是因为它正巧在此，而是因为它有价值、有意义。[108]

克里斯特勒展现了他作为学者的双重信念。方法论上，他是一个现代的、经验主义的学者。哲学上，他是柏拉图主义者、相信有一种稳固的现实存在于外部，"是人类对真理的论断之基础"。[109] 克里斯特勒的双重信念与一种来自古希腊、传承至 18 世纪初德语区的知识等级体制相契合，它重理性的、演绎的思维，轻具体事件或对象的研究。克里斯特勒认为前者即哲学，后者是历史（historia）。在他的论述中，像他一样的人文主义学者的使命，是对某一现象或历史时期给出经验上的准确讲解，并最终对全面的论述作出贡献。历史有哲学之志——它试图解释整体。通过参与对全和真的无尽追求，学者个人"贡献于传统"，成为"连绵不绝的传统的一部分"。与卡勒尔不同，克里斯特勒一直致力于"旧"知识及其新人文主义理念，以及学科性的、基于大学的知识：他相信知识统一性理念，相信研究是对真理的无尽追求，相信探究知识应与个体道德的塑造过程相结合。"我乐观地相信，"克里斯特勒在提到美国同事时说，"我们经常听到的关于文科和人文学的浅谈，意义就在于此。"[110] 他与韦伯一样，也认为学术（"学科学术"）是一种志业，也是对"人类尊严"的见证。[111]

努力与（德国）研究型大学传统取得和解的，并不只有卡勒尔和克里斯特勒。1936 年，移民美国的三年之前，托马斯·曼批评了"学科学术与教养的分道扬镳"，以及教养被贬为"人文学的培养"；到 1945 年时，美国知识分子和学者盛赞托马斯·曼"再造并重燃了发自'歌德时代之精神'的人类观念"。[112] 与海德格尔在达沃斯展开"为人的意义"之辩，并于 1933 年逃离纳粹统治的十年之后，德国哲学家卡西尔（Ernst Cassirer）于 1944 年指出了同样的问题，也在自己的著作里给出了基本相同的回应；这本名为《人论》的书让他为美国的新读者所知。他写道，人的"问题的真正危机"，在人能够支配自己生命的一切正当权威都不复存在时，方才显现出来。但这种危机能够得到解决：通过认识到人类可以掌控自己的生命，可以通过文化这种人类借由艺术、文学、宗教乃至科学实现自我解放的过程获得自由。[113] 美国读者欢迎卡西尔的论断，它好似杜布瓦－雷蒙对自然科学局限的论述——科学家在宣称自己享有对物质领域的知识的绝对垄断时，也否认了它能够"触及、洞察、掌控存在总体性、真正现实的宏大方面"。[114]1952 年，于 1935 年逃离德国、在伊斯坦布尔旅居十载、当时在耶鲁任教的奥尔巴赫（Erich Auerbach）悲叹"人类生命"如何"遭到了标准化"，同时指出现代学术——"唯一尚存普遍有效性的思想体系"——已经"成为我们的新神话"。[115]他的回应是呼吁把语文学重新导向人类。把这些在美德国移民中的许多人团结在一起的，除了他们的母语，还有他们都渴望用一种人文主义知识取代培养他们的学科形式，渴望一种像尼采"快乐的科学"那样仍然是"学科学术"的新学术。

　　战后的美国知识分子、作家、学者和他们在欧洲的同道一样，接受这种人文主义思想。如霍林格（David Hollinger）所言，"学院派人文学越来越多地吸收国家的学术性对话"，涉及文学、哲学、艺术以及被认为基本不属于自然科学和物理学的领域和问题。各种人文主义思想的蕃育象征着缓解这种效应的可能。[116]到 1960 年，曾于 20 世纪 30、40、50 年代的小刊物——如《党派评论》（Partisan Review）、《凯尼恩评论》（Kenyon Review）、《巴黎评论》（Paris Review）——起草过新形式的文学、文化和政治批评的作者中，有很多已经成为学院派，因此受制于机构的认识和伦理理念——它们曾在前半个世纪中经历剧变。在这一长段战后时期中，美国学术文化，特别是被认为属于现代人文学的领域，在机构惰性的裹挟之下，经历了"从放养到严谨"、从方法论的模糊到清晰、从综合式的全面到分析式的精确。[117] 但人文学的关键实践活动、它对自己实践的价值和使命感的自我认识和反思，没有以同样的方式演化。皮尔斯和卡勒尔在俄亥俄州立大学用相似关键词而各执一词，这点明了战后美国机构中人文学状况（让一些人无所适从）的复杂性。围绕相互矛盾的指令和证明展开的抽象论述（如皮尔斯和卡勒尔的）常常相互交叠，说明那些想要维护人文学之人的自我理解有多么模糊。这点让克里斯特勒沮丧甚至愤怒。在这些状况下，诉诸危机表达着这样的渴望：对一种业已消退的呼声的回顾与回归，再次发明与再次想起。

后学科化的人文学

虽然研究型大学具有向心力，对权威性、专业性知识的垄断也日益增强，但它们从未能完全掌握现代人文学划给自己的东西：人对于艺术、文学和哲学的信念和希望。人们还在阅读、撰写和思考书籍和其他文化对象。这些活动不只出于"职业上的愿望"，依照学科的、学术的理念进行；还会出现在"非学科性的、未经规训"的阅读方式盛行的场景中。[118] 不完全由专业人文学者的学科约束力决定的阅读活动，在与大学中确立的知识秩序并行或相似的机构和社会空间中的持续存在，本身并不足为奇。但现代人文学话语体系的修辞之力与智识和情感力量常常蒙蔽了这些可能性。

1954 年 6 月 23 日，美国电话电报公司（AT&T）的二十名中层经理（全部为男性）及家人共同庆祝一场为期十月的培训项目的完结时，使用的蛋糕装点着一支蜡烛和如下信息：

以爱与吻

致

"人类"

1954 级

如 1955 年巴策尔（E. Digby Baltzell）在《哈泼斯》（*Harper's*）的一篇文章中所言，这些人刚在 AT&T 设于宾夕法尼亚大学的管理者人文研究学院完成了学习；他们的课程包括哲学、文学、艺术和科学，日程中还排满了来宾讲座和博物馆参观。[119] 在此，借用狄尔泰的比喻，人文学被说成是一座"堡垒"，抵抗美国大企业中层管理者所谓的狭隘技术知识。它们正是"组织中人"急需的对抗力量。[120] 与更早和同时的通识教育计划一样，AT&T 为管理层开设的项目想要传达一种共通的知识。人文学代表一种渴望；奥布里（Timothy Aubry）写道，该公司认为人文学"是社会分裂和机构专业化的解药，它能促成具有民主价值观的统一自我，提升学生独立思考的能力"。[121]

AT&T 的人文学院并不是第一个把商人和巨著带到一起的项目。哈钦斯成功地给芝加哥大学引入近乎全面的通识教育的 1947 年，他与阿德勒一起创立了巨著基金会，意在将他们对"巨著"的信念传播到大学之外。基金会在全国范围内支持读书会的建立，出版低价简装书籍，并在 1952 年与"不列颠百科全书"联合出版了《西方世界巨著》(*Great Books of the Western World*)这套包括 443 部"巨著"的 54 卷书系。阿德勒带领由 90 名研究生组成的研究团队，历时七年，监督这套百科前两卷——《西方世界巨著总目》(*A Syntopicon of Great Books of the Western World*)——的编纂。这部《总目》半是百科半是目录，有 102 章；每章都专注于一个"大概念"(从"天使"到"世界")，由一篇文章、概述、参考书目和阅读建议组成。参考书目总计 162000 条，指向具体的卷数和页数，使得读者能够找到并加入对某一主题的"讨论"。阿德勒写道，《总目》是一种"智识工具"，不仅让读者参与到绵延两千年的持续讨论中，还揭示了"西方思想传承"这种"鲜活机体"的"内部构造"和统一性。[122]

沃尔特·佩普基(Walter Paepcke)是阿德勒和哈钦斯巨著课程最早参与者之一，他是美国容器公司的总裁、芝加哥大学理事。他与身为欧洲现代艺术和设计鉴赏家的妻子伊丽莎白(Elizabeth)一起参加了哈钦森在芝加哥城里教授的，面向董事、商人以及他们妻子的巨著课程。1947 年，哈钦斯建议佩普基资助拟于 1949 年 6 月 27 日在科罗拉多州阿斯彭(Aspen)举办的、为期三周的纪念歌德诞辰二百周年集会和音乐节。阿斯彭当时只是一个采矿小镇，坐落在两千四百米高的洛基山下，他和妻子刚刚在此购置了一座维多利亚式的老屋。受到庆典成功的鼓舞，也在它所颂扬的宏大世界概念——如"教养"、世界文学（Weltliteratur）、人性、普遍交流——感召之下，佩普基于1950年建立了阿斯彭人文主义研究学会（Aspen Institute for Humanistic Studies）。不出一年，在媒体大亨卢斯（Henry Luce）的鼓励下，他就决定把学会项目的重点放在美国的企业、文化、政府领袖上，并开设后来成为学会一块招牌的管理者研讨会。这个研讨会是他在芝加哥参加的巨著课程的高山化、贵族化版本；它虽然是静修人文学之所，但其目的是将围绕艺术、文学和哲学展开高谈阔论，与培养美国顶尖专家和决策者的共同道德承诺结合起来。阿斯彭学会用人文学追求战后的自由共识，并让高雅文化和工业资本主义的融合合乎情理。[123] 通过将管理者的管理者（基本都是男性）聚集起来，它还让战后的专家和米尔斯在1956年所谓的"权力精英"在配置和管理人类福祉时，把现代人文学当作一个核心元素。[124]

　　虽然这些专注于人文学的管理层人文学研讨会、读书会和学会有着各种各样的直接目标，但它们都有一种共同的预设：与某些书籍和思想不分学科地直接相遇，能够改变每一个人。只让学者和大学能够接触普遍的思想和理性本身，是对共有财富的武断控制，本质上是一种非理性之举。而用巨著思想让高等教育和文学文化民主化的尝试，也会被赋予这些思想以表面一致性的预设掣肘。让某些书籍成为巨著而其他作品只是好书（甚至一般作品）的，是前者有能力让受过和没受过学科规训的读者都触及被认为是超越时空的真理。虽然阿德勒和其他巨著思想的倡导者试图把"接触真理"一事平民化，但在他们看来，自己想要平民化的真理只是一种超验的真实，而不是民主思辨满载冲突、永无休止的产物。

不管是在管理层培训项目、大学还是政府机构里，人文学在文明的危机中都被描绘成一项关乎人文主义、人类能力、人类本性连续性的紧急工程。甚至在后学科化的形态下，现代人文学也能发挥相似的社会功能。

现代人文学意味着直面长期困扰现代人类、使其苦闷的幽灵：资本主义、技术、科学、所有可能扭曲人类的新势力。现代人文学不仅作为现代大学的一部分展开行动，还与大学并行、若即若离——它接过了源自 19 世纪 30 年代普鲁士、见于世纪之交的美国和战后文人文化的对学术专业化和学术研究的批评，即便它受益于这种学术不断产出的成果。[125]

在 20 世纪 30—60 年代的高潮之后，人文学遭遇了新的挑战和机遇：批评和美国文学日益强化的专业化，联邦对科学和工程领域持续不断的资金支持，女权主义，平权行动，人口变化。高等教育入学率在二战之后激增，这部分得益于退伍军人法（GI Bill）和各州的大力支持；录取率在 20 世纪 70 年代时趋于稳定，在 20 世纪 80、90 年代后才恢复"增长势头"，达到 18—20 岁人口的 65%。[126] 随着对苏冷战和"全球性民族主义"的到来，战争刚结束时的明确普遍渴望和诚挚的人文主义思想严重受阻。[127] 但在 1930—1950 年间得到制度化的人文学科基本完好，在机构和社会中发挥着相似的功能。它们在二战刚结束后就被祭出，是为了保护普遍价值，对抗当代世界的"机械论、军事化和拜金"；而在 20 世纪 60—70 年代时，它们的功能是提供一种（美国特有的）道德和政治约束，对抗共产主义、苏联的技术理性和后殖民民族主义的动荡。[128]

例如，后结构主义理论于 20 世纪 70 年代在美国大学中兴起，却没有破坏它们的机构稳定性和组织力。通过让人文学和科学在大学中的既有分界更加分明，通过重申后结构主义理论家们（更常见的情况是：这些理论家在美国的学徒）想要替换掉的现代范畴，该理论甚至以某些方式巩固了稳定性。更有甚者，20 世纪末 21 世纪初"理论"的许多关键人物都以同样的对立概念搭建自己的著作，把科学功利的、技术的、职业的理性，与漠然的、自由的、批判的人文学相对立。福柯认为自己的课题是启蒙性的——批判人类的局限以"超越它们"，如同一次又一次地解放人类。[129] 德里达呼唤"新人文学"，把它描绘成一种能够带来无限制批判能力的哲学科目，还把它与"科学和技术"并举，认为两方都可以带来实证主义、实用性和某种权威的存续。[130] 最近，有学者指认"人类世"（Anthropocene）是对人文学秩序的终极挑战。但与其前辈一样，历史学家查克拉巴蒂（Dipesh Chakrabarty）把人类和地球当前所面临的或许最大的挑战——人为气候变化——说成是对人类的"道德要求"，并最终重申人文学是"讨论"

道德问题的"领域"。一方面，查克拉巴蒂表示"道德生命和动物（生物）生命"之间持续千百年的划分必须被质疑，他还正确地认识到这种划分一直都支撑着对人文学和科学的分割。他认为，在这个意义上，气候变化代表着人文学的"一个关键转折点"。另一方面，查克拉巴蒂又坚称气候变化要求诸如共情的心智能力，这只有"人文学才能培养"。[131] 如此看来，人类世的"新"人文学似乎也不会很新。它要保持对道德关切的垄断，而这在 19 世纪末之后便是现代人文学的特点。它的维护者还会继续坚持人文学"对意义的垄断"。[132] 如狄尔泰在一个多世纪之前所言，只有现代人文学能让人类理解他们的世界，而不仅仅是解释它。

梅南德（Louis Menand）有论，在 1970—1990 年间，"人文学经历了一场革命"，其研究议案和本科课程得到扩展，开始包括如"性别和种族差异之意义"的问题和其他种种关切。[133] 但其标志性特点——心态上的危机意识和反动性的自我理解——得到了保持，不管文学、哲学、性别研究、种族研究的各路学者给智识和机构带来了多么深刻而重大的变化。把这些新知识形式掌握在现代人文学当中，给美国大学带来了之前被排除在外的新的学者群体，但也迫使上述学者用承袭自现代人文学的表达——其认识理念、功能主义的自我理解、危机思想——讲解自己和自己的关切。数十年里，人文学都把批评和批判性思维揽给自己，借此宣示自己在祛魅、揭穿、启示上有特别的能力，并最终能够解放人于历史、自然和他人。不管是巴特勒（Judith Butler）高度理论性的后人文主义，还是格林布拉特（Stephen Greenblatt）与死者的新历史主义对话，人文学一直宣称只有自己掌握着批评，并把自己塑造成人类价值的监护者。[134] 为了让这种论断、这种自我理解合乎情理，现代人文学需要"祛魅的世界"，也需要把这种道德灾变归咎于科学。只有这样，它们才能维护自己作为意义、价值、人类最后护卫者的地位。

　　同样，20 世纪 80—90 年代的"真经"之战，再次证明了人文学高光时代的基本逻辑。战后的美国大学扩充了自己涵盖的人群；此时，西方经典的多文化批评者和保守派维护者不仅都认可人文学的价值，还承认它特殊的社会功能——若不是因为双方基本都同意我们的道德和民主发展取决于双方论战的结果，斗争也不会如此激烈。在所有重新设想人文学的尝试中，谈论人类的"义务"（借格雷夫语）仍然存在，就像给出任一可能答案的机构组织仍然存在。[135] 同时，人文学仍在存续，哪怕把它确立为共同文化和博雅教育事实核心的、始自 20 世纪中叶的尝试已经瓦解，破碎成了 20 世纪 60 年代就已经开始出现的、按学分分布要求（distribution requirement）配置的自助菜品般的课程总纲。[136]

结论

　　从第斯多惠、尼采和阿诺德到布卢姆和布朗，人文学倡导者们业已表明，他们善于指出掌控现代社会的工具逻辑，以及人文学术和教学应有的非工具开放性之间的基本矛盾。这些倡导者却较少着力于反思他们所参与的危机和衰落的论述，特别是其矛盾和影响。很多学者都忽视了现代人文学衰落论的延续性，以及现代人文学的实践和自我认识在多大程度上发源于、有赖于这些危机论述——在德国如此，在美国或许更甚。危机不仅被五花八门地祭出以描述人文学的困境，它还是人文学的根本理由。[1]

　　于是，危机论的经久不衰便不能被蔑视为贝尔（David Bell）所谓的"人文学疑病症"或科利尼的"危言耸听"。[2]谈论危机是在德国和美国先后得到发展的现代人文学不可或缺的特点。这种讨论与波德（Rens Bod）和特纳（James Turner）等学者最近在寻找人文学术跨越不同文化、绵延数个世纪的融通传统时所指出的方法一样，既对人文学的自我理解和目的感至关重要，也是人文学的一种构成要素。[3]我们的意思不是这种危机论应该得到支持甚至被当作必需，但我们确实认为，对这种论调及其复杂性展开严肃的思考，对于我们理解现代人文的形成、演化和可能的未来是必要的。

历史学家罗杰斯（Daniel Rogers）发现，危机并不像19世纪巴塞尔的布克哈特所希望的那样，一般都能带来新的思想和与世界交互的新方法。在危机和剧变的时代，人们容易"在应对之时，缩回承袭而来的、发自本能的价值观"。[4] 于是，永恒的危机便能导致一种无尽重复的状态。在很大程度上，人文学的永恒危机就是如此。虽然人类的生命和生活方式因世界大战、种族灭绝、殖民主义遭受了灾难性的损失，但在 1900 年前后的德国首先得到阐明、后来在美国得到发扬的现代人文学话语体系，保持了相当程度的稳定。世纪之交，预言着"非自然科学学科"或"将来的人文学"出现的种种思想实验始于文化批评，终于把现代人文学当作亟需的解决办法。它们还指出了时至今日仍被认为是人文学独有的理念和感受：重定性思维，轻定量思维；怀疑方法论；崇尚解读；反对实证主义；关心知识主体，不只关心知识对象，还关注知识主体；重具体而轻总体。[5] 在此，危机感有助于把离散的学科和知识形式转变成一种现在得名现代人文学的文化工程。但危机话语也把我们这样自诩人文学者的困在了承袭而来的矛盾、对立和假想中。它还让人文学者无法看到悖谬的关系、对立的好处、多样的目的——它们在数百年间都是知识的创造和传播中的特点，也是最犀利的危机思考曾坦然直面的东西。

首先，危机论促使人文学进行负向的正名和自我认识。如我们在整本书中所示，对现代人文学进行定义或维护的许多最重要的尝试，不仅是对立式的、还是防御性的，让人文学和各种威胁相搏：科学、苏联、技术、功利、实用性和职业性、权威、宗教。这种思维当然有其好处，如揭露压迫性的权力结构、揭示思想在世界中的影响。我们如今所探讨和应对的人文学概念，正直接来自于此。但对立思维也会产生没有意义的区分，用它们最近才被要求去反对的东西，抹杀了学习和学术的历史传统，蒙蔽了一直包裹着它们的复杂方法。比如，技术知识和技巧、实用智慧和训练、专业和职业培训、科学的历史，长久以来都是所有语文学实践和阅读活动的要素。对认识和技术在机构中的划分，是现代人文学得志后最具破坏性的后果之一，它蒙蔽了知识形式之间的分界可以多么偶然而不固定。[6] 同样，宗教实践和传统、制度和团体在几个世纪以来，都与人文主义的、语文学的和科学的知识、实践和传统紧密纠缠在一起。

其次，危机论掩盖了"将古老的、基本属于西方的人文主义传统进行调整，以适用于更加现代的、平等的、民主的目标"有多么困难。考虑到"人文学在塑造当家作主的公民方面有独一无二的能力"这个论点的盛行，这些底层的矛盾便尤为重要。[7] 在论述美国大学历史和未来的三部曲中，纽菲尔德一直试图为大众教育恢复"教养"的旧概念，认为当代民主形式可与教养兼容，后者可以有力地巩固前者。在谈到自己 2019 年的一场讲座时，他写道："我发现这些工人阶级学院中的工人阶级学生提到了最时兴的经济度量：向上流动性。他们专注于教养这个没人用的词。它意味着大众的教养：可以说，高等教育的核心目标就是教养所有人。"[8] 维护人文学的进步派不只担心它被认为可有可无或遭到边缘化，更担心它被预算所遗忘；他们一直都在努力避免这样的暗示：人文学的两种承诺——个人发展和民主价值观——之间有重大冲突。但实际上，深刻而持久的冲突乃至互不相容确实存在于教养和民主之间，维护博雅教育的自由派应该诚实地面对之，而不是把它斥为保守反动派和精英分子的应激反应。

洪堡和他的德国新人文主义者同道认为教养是大学学习的一个基本目标。在他们看来，教养绝不是简单的个人发展（不管蹩脚的译法怎么表达）。它永远有"形象"（Bild）的意味，即一个人超越了自己所屈从的自我的形象。没人能够轻易塑造自己。这个过程需要权威性的文本、图像、模范、传统、实践，一个人就是在这些方面得到塑造。它预设可以信赖、值得批判性参与的模范，即榜样（Vorbilder）。塑造的过程既是主动的也是被动的；解放既需要服从，借用洪堡的关键术语来说，也需要约束。

教养在德国大学中的制度化工程，在基本方式上借鉴了关于自我的民主思想。洪堡在 19 世纪初强调了任何人在理论上都能通过人文主义教育发展出自己"完全的人类属性"。但他和他的同辈也清楚，大多数人（大多数年轻人）没有成功的机会和毅力。洪堡设想中的支持教养的大学也无法收容大量学生。洪堡以及数百年来的人文主义学问所展望的人文主义教育，其基础是智识和道德之师徒关系的亲密实践。在德国研究型大学中，这样的运作得到采用和调整，见于必然具有排他性和私密性的研究性研讨会场景中。如洪堡所言，一种由"个人或个性的自律"所展现的更高级的自由当然是目标；但整合矛盾（如研究型大学的社会功利性和自治性）的大师洪堡认为，实现它的唯一办法是培养并不一定符合民主价值观的理念和美德。在这种传统中，理想学者对他之前的智识传承既批判又敬畏。洪堡想要大学造就独立的思想，但他也认为教养不只是对一个人独特心智力量的磨砺和规训。事实上，哪种个性的人能够最终从这个过程中脱颖而出，永远没有明确答案。如黑格尔所言，教养是一种"苦修"。它需要莫大的投入，蕴含着生存的风险，对经受它的人和负责监督它的共同体来说皆然。黑格尔和洪堡二人都认为，塑造一个自我必然要经历一段时间。教养能够也应该有欢乐的时刻，但没有激烈的斗争则决计不可能实现，也肯定不会一蹴而就。

　　如第三章所论，尼采曾痛斥普鲁士将洪堡人文主义教育体系民主化的尝试，其理由并不只是反对社会平等。他论称大众教养是一种自相矛盾，它会让教养变得日常，并牺牲人类的巨大潜力，以满足国家对高技术顺民的迫切需求。德裔哲学家阿伦特（Hannah Arendt）在 1958 年的文章《教育危机》

（"The Crisis in Education"）中也有相似论述。"正是为了每个孩子身上新的、革命性的东西，"她写道，"教育必须是保守的。"人文学科的教师"不应去教导生活的艺术"——这在阿伦特看来是她美国同事的错误目标；他们应该引领年轻的心灵对自己在自己身处的"旧世界"的位置形成一种认识，这个旅程需要对世界进行严谨的学习。[9] 特别是在现代世界，放弃了"权威或传统"的教育让学生反受其害，阿伦特如是写道。同样，特里林（Lionel Trilling）也认为德国的教养理念蕴含着"严格的训诫，并且要求服从"。[10] 它意味着塑形、构造、培育，但也意味着被塑形、被构造、被培育。20 世纪 70年代，特里林在谈到博雅教育现状时认为，阻碍美国推行"教养"（他使用了德语词 Bildung）的，不仅是美国人自行其是的天性，还是他们不愿意只专注于一种自我及其发展。他论称，美国人想要多种自我以及随之而来的对可能性的感觉。

在纽菲尔德看来，转变性的教养似乎只能通过教授批判性分析技巧来实现；这个过程把实用和博雅带到一处，与自律自治、自我表达、个人创新的民主价值观非常一致，也高度顺应美国公共高等教育在战后的黄金时代。[11] 但如果洪堡、尼采、阿伦特是正确的，那么教养之中还有其他必要的美德：谦卑，以及服从于更优秀者、使自己受其塑造的意愿。在赞颂个人主义、自力更生、自行其是的美国文化中，这些德行似乎不仅过于古老，还是在向权威低头。许以民主当然不意味着消除作区分、下判断的可能，但认为教养的规模可以急剧扩大，且本质上可与民主相容的人也应该认识到，自己在把一种全然不同的人文学观念借为己用之时，也在与这种传统的道德和哲学机理唱反调。

试图重拾教养以为当代目的服务还有另一个与此相关的问题。这种传统的一个核心特点——对它的接纳和调整见于黑格尔和杜布瓦-雷蒙、青年本雅明和哈贝马斯——是相信理性及其"异物"（感觉、非理性、神话、宗教）能够通过智识的、道德的、社会的学习过程（即教养）得到调和。虽然这个传统的局中人对这个历史过程会有怎样的具体形式和变化意见不一，但他们都以为其最终结果会是一种无疑、明确地属于欧洲或西方的现代性。这种历史发展论为他们所主张的标准、理念、实践——包括现代人文学之必要性——赋予了合理性。在整个 19 世纪中，研究型大学和学科知识在大西洋两岸都被塑造成了普遍的学习过程的主要推动者。长久以来，某种人类形式和制度生活一直都被认为是必要的、普遍的；我们并不清楚，一种条理分明的、富有成果的教养概念何以能够不再因循此说。

最后，人文学的危机论助长了过高的期待：现代人文学被塑造成一种救赎，能够解决反复以"现代性"之名出现的这场更大的危机。在面对意义的丧失、人类的堕落乃至面对生命在地球上的生存威胁之时，令韦伯信服的那种学术生活方式会让人显得心胸狭隘、冷漠无为，总之不像个完整的人。在 1983 年的《世界·文本·批评家》中，文学学者萨义德哀叹盛行于当代文学批评领域的"智识劳动"的"专业化和分工"，斥责了"膜拜职业专家"及其充斥行话的理论、对方法的执迷、对世界的漠视"所造成的毒害"。萨义德提出一种能够重新整合世界、文本和批评的"世俗批评"，以救书袋学者之弊。[12] 它应该是"怀疑性的"，"对自己的错误保持反思"，并最终是"对抗性的……既不能被归约成一种教条，也不能被简化为对某一具体问题的政治立场；而且如果它要存在于世间并同时具有自我意识，那么它的特性就是它与其他文化活动的区别"。萨义德的"世俗批评"重现了现代人文学中盛行的永恒危机论的许多基本特征：总体上表达了对专门化、方法、劳动分工之不安的文化批评；一种负向的、防卫性的自我定义；对延续性和传统的主张；不想与鲜活的生活"失去接触"的愿望。[13] 不过，它最显著的成分是萨义德为它设想的一种救世主般的目的。在讲解一个世俗学者应该如何阅读文本后，萨义德转而讨论被认定为一个合格的故而世俗的学者"必需的意识"[14]［借艾兰（Michael Allan）语］。他写道，"世俗批评意识"是"张扬生命的，而且从本质上说，它反对种种暴政、统治和虐待；它的社会目标在于为人类自由而产生出来的非强制性的知识"。[15] "世俗的""非强制性的"人文学会让我们自由，但我们要先允许它改变我们。

　　一种"世俗的"人文学将如何实现这种解放？萨义德把奥尔巴赫奉为"世俗"学者之典范；萨义德及妻子梅尔·萨义德（Maire Said）于 1969 年合译了这位德国语文学家的文

章《世界文学语文学》（"Philology of World Literature"）。在写于二战流亡伊斯坦布尔时期的名作《摹仿论》（1946）中，奥尔巴赫称，若没有离开德国，他便无法写出此书。萨义德写道，奥氏的意思是，他在流亡之中丧失了"实质上由图书馆、研究所、其他著述和学者所象征着的文化的真实在场"，成为一个"远离理智、民族和社会环境的流亡者"。[16] 但奥尔巴赫在文化上的迷失也把他从平常事务会强加于他的"研究方法和道德规范的窠臼"中解放出来。[17] 把奥尔巴赫从基于大学的学术规范中解脱，流亡让《摹仿论》成为一部非学科甚至超学科的著作。萨义德表示，"世俗批评"会通过抵制或反对所有强加于人的文化，从而复制奥尔巴赫的经历。世俗批评或世俗学术会带来解放，而没有学科、专业、方法、技术的强制力。名副其实的"世俗"学者能够自主地、直接地与文本和世界建立联系，并因此能够追求解放心灵的任务。

　　萨义德批评文学院系的经典和课程中"以欧洲为中心"的特点，以及更广义的"以欧洲为中心的人文学"，但他并不对自己其他的范畴（如"文学""人文""人文主义者""人文主义学者"）进行同样的批评。而且整篇《世俗批评》几乎都没提到大学。世俗批评似乎不专属于哪种文化，也不需要自己的"礼教"。萨义德最主要的关切是指摘哪些文本被包括和排除——呈现——在这些固定范畴中、在名为大学的应该稳定的机构中。在《世界·文本·批评家》的结论"宗教批评"中，艾兰发现萨义德把"世俗批评"与"宗教""文化""东方主义"相对比。[18] 在萨义德看来，这后三种现象每一种"都起到了一种终结性的中介者作用，遵循超人性、超自然和来世性的权威切断了人类的探索、批评和活动"。[19] 于是，萨义德最终没有对照自然科学、技术或资本主义来定义他的世俗人文学，而是对照宗教和文化帝国主义。他把历史上的神学和宗教问题转化成了人文学的问题。若得到正确的实践，人文学会推回到宗教，而不只是占据宗教的缺失所创造的空白。

萨义德的"世俗"批评以这种方式声称可以完成现代人文学至今已被反复托付了逾一个世纪的任务——作为一种道德力量面对严峻的挑战。不管是萨义德的"世俗批评"、狄尔泰的"精神科学"还是菲利克斯·谢林的"将来的人文学"，现代人文学一直被说成是高等教育中道德教育和意义之所在。

在《永恒的危机》中，我们一直关注"人文学"，它一般是一个关键的讨论元素，但历史上与智识、道德、政治、社会课题有紧密关系。"现代人文学"意味着一组共有的感受、叙述、目标，以及将它们制度化于学院和大学的尝试。从此出发，我们的结论不是"近来将它们的历史延伸至数百年之外、扩展到不同文化的尝试，必然是不当或错误的"，但我们确实认为，比起为了人文学而对**人**或人文主义思想所进行的反复呼唤，或者在不同文化和时代之间寻找**人文主义**学术范例的尝试所得的结果，今人想象中的"人文学"更加年轻而具体。它仍然带有为数不多且相对年轻的诞生地的种种印记。现代人文学及其对知识的历史和目标的底层感受和假设的形成，与现代研究型大学在德国和美国的兴起同时发生。像生长它的机构一样，现代人文学作为某个具体时代和世界的产物而出现——而不是历史、理性本身或不言自明且稳固不变的人文主义思想的产物。

让现代人文学具备普遍性（或至少全球性）力量的，不是人类或者某种宏大历史过程，而是更具或然性、更加年轻的研究型大学和学科知识。萨义德应和从第斯多惠和尼采到布卢姆和德雷谢维奇的伤怀学仕们，也哀叹"专门化"和"专业"及其异化效应，对业已（再次）成为学仕课题的东西感到失望：它被名为现代大学的官僚机器所俘获。这是萨义德"世俗"人文学的祛魅世界，它受制于时空，更具体地讲，受制于某个机构。增泽智子写道，"世俗、现代和西方尽人皆知的不平衡和多样性"，"与现代大学"从19世纪德国到美国再到如今世界各地"相对平均而统一的扩散，形成了发人思考的对比"。[20] 虽然从柏林到巴尔的摩再到北京，各地大学有重要的不同和改动，但被19世纪末的德国和20世纪初的美国所重新发明的大学在全世界都得到了应用和调适。现代研究型大学在构成感受和维持规范上无处不在的力量，最显见于如萨义德者的抵触——它常常伴随着这种力量的施行。

"只有在西方，学科性的、专业化的知识才于现已被认为理当如此的发展阶段存在。"韦伯在1919年写道。在他看来，这个观点不意味着官僚体制、经验观察、数学、医学或科学只存在于西方文化或西方上层文化中。它们和其他无数理性知识的形式也在其他地方蓬勃发展，特别是中国、印度、埃及——他如是想。他用了近十年时间研究这些知识文化，同时在撰写关于"作为管控生活的体系"的五种世界宗教（佛教、基督教、儒教、犹太教、印度教）的社会学。每个体系都代表了一个独特的计算和理性文化，充满了自己的"高雅学问的学校"，年轻人在其中被浇灌以该文化最高级的实践、理念和美德。他写道，让西方（特别是德国）知识和理性文化不同的，是其"专业化和专门化达到了一个在文化上具有支配意义的程度"；它们成了经济和国家的"基石"。对这种独特文化及其主导伦理，韦伯的用词是"资本主义"——"我们现代生活中最致命的力量"。[21]

与韦伯一样，我们也认为现代研究型大学象征着这种伦理，尤其是它赋予职业化和专门化的价值，将其作为权威性和合理性无与伦比的形式。它实现这一点的方式，是把客观的、物质的知识形式（书籍、工具、实验室）与人的主观发展相结合。研究型大学创造知识、塑造人类，维系着一套独特的感受、范畴、实践和美德。它在受其规训者身上培养出一种情怀。人文学诚为研究型大学的体现，与科学不遑多让。

在种种条件下，现代大学的认识和伦理组织得到确定——以及支持和正名，如我们在之前的章节中用详细的历史、认识论和机构政治说明的那样。这些条件保证了它在目的和价值上的冲突，主要由人文学背负：治愈价值与认识价值；自由博雅的价值与功利实用的价值；道德塑造与方法；知识与信息。自然和物理科学很大程度上让自己摆脱了涉及道德关切和道德塑造的问题、博雅教育的理念以及它们在产业和国家中功用方面的不良用心。韦伯所谓的资本主义精神对大学和智识生活最深刻的改变，并不是它带来了贪求和无尽追寻知识、名望或收益的伦理，而是它把道德关注和反思变成了一种名为现代人文学科的具体而专业化的事务。

我们该如何打破这种预先设定好的任务令人厌倦的反复？在一本讲述同样冲突各场演出的作品结论处，从我们已经探讨过的两部文本中寻找答案似乎有重复之嫌，何况它们的基调长期以来伴随着让人感到阴郁甚至颓丧的绝望。但这就是我们想要通过回顾韦伯的《学术作为一种志业》做到的。

如第六章所言，在韦伯出版了两篇志业讲稿的 1919 年，德国文化精英基本都把他对政治和学术的看法斥为一种惨淡的自由主义，徒有英勇的现实主义之表，实则或是向现代性绝望的投降，或是没有灵魂的技术理性。在此后几十年中，韦伯在大西洋两岸树立起首先由他的魏玛批评者们塑造的相似形象：从帕森斯把韦伯拥戴为方法严谨、价值中立的原初社会学家，到霍克海默否认这一点。韦伯在美国与在德国一样，都被描绘成冷静、中立学术的质朴倡导者，全无德国知识分子所谓的"担当"。连更为同情韦伯的读者，如出版了志业演讲首部广为流传英译本的格特和米尔斯，都不认为价值中立这个概念表达了韦伯在方法论上的信念；他们认为这是韦伯在尝试挽救早已有之但现遭威胁的丰厚财富，如学术自由。

认为韦伯试图以其价值中立的概念保护岌岌可危的自由——及其下的更多东西，这不无道理。但这些解读的不足或者说错误在于，它们没能察觉到一条我们认为能够走出人文学永恒危机的道路，一条韦伯仅是指向的路。我们此言并不意味着，韦伯指出了克服仍在制造危机论的物质和文化状况之办法；在学院和大学遭受全球疫情和经济危机的影响之时，这些状况很可能还会愈演愈烈。此言也不意味着我们所描述的路是走出危机论传统的唯一途径；这种传统曾在现代人文学生长于德国和美国之时发挥作用，但早已失去其生发之力。危机论充斥着防卫保守和过度承诺，且如我们所示，在政治、历史、认识和伦理上有诸多盲点。它的持久已将一些思想变成准则，这些思想曾经损害了学者、大学的信誉，削弱了伪人文学预言家一呼百应的信奉者的力量。以为大学尤其是学院派人文学能近乎垄断智识工作，是一种太过常见的自负。

在 20 世纪，人文学的倡导者们紧抓危机的辞藻，许下过分的承诺；随着这些承诺"灵魂建设、世俗转变"的呼喊所依赖的道德架构和文化权威日薄西山，它们也显得愈发极端。这些倡导者大都避免了一个基本问题，而呼吁某些学科和大学整体去殖民化的学者则一直在有理有力地坚持发问：现代人文学怎能让某些概念和制度形式看似必要而普遍，从而蒙蔽其殖民传统，巩固对承袭的概念不加批判的使用？ [22] **或者用**

本书的用语来说，现代人文学是如何使一组实际上承袭而来的、有限的立场和冲突得到巩固，而它们的价值和功能已经被人文学的永恒危机所决定？

　　前文中论及的以常见方式解读韦伯的人，误解了志业演讲的核心冲突：生活于祛魅世界中的左右为难——它既是负担，又是可能。在充斥着价值观和道德论断的世界，智识工作有着无与伦比的重要性。智识工作的目的是，为这个世界促成有意义的可能的生活形式。

　　吊诡的是，为了保护那种能够在现代大学中维持学者使命的道德教育，需要某种形式的道德克制。"价值自由"是韦伯给这种克制的定名之一。这个词通常被翻译成"价值中立"，从韦伯开始使用的那天起，就被用来证明他在认识论上是个天真的实证主义者——而这在我们看来是错误的。韦伯否认"学者能让事实自己说话或能完全中立"这种看法。学术需要某些理念、价值观和美德。实际上，韦伯认为学术所必需的价值观，正像是今天的道德教育倡导者喜欢摆出并用以抗衡研究训练的那些：包容、智识正直、勇敢、对智识和价值多元性有原则的信念等等。

　　在韦伯看来，大学应该传递这些既属学术又属道德的价值观。他认为大学具有独一无二的素质，能够把学生塑造成成熟、独立、反思的主体，具备"清晰思考的能力并'知道自己想要什么'"。[23] 如第二章结尾所示，大学不应逃避价值观，它们应该引导学生尽心尽力地反思他们以为属于自己的价值观。它们应该教学生明白，他们自己的道德主张和价值必然会与其他人产生冲突，而按照自己的价值观行事也会造成具体的社会结果。为了让这种教学以学术方式进行，学生和大学教员都需要"价值自由"。按照韦伯的理解，价值自由的效应是，人必须为自己的自由负责，因此要对自己的终极信念和价值观负责。专业化的学术和现代的学科性大学都不能限制或维系一个人最高的理念和挚爱。在韦伯看来，学生"应该服务的理念""应该敬奉的神祇"，最终使学生必须由他们自己找出，应该取决于他们的热情之所在。[24] 选择追随学术的召唤并接受其理念和价值，不能（事实上尤其不能）单单通过学术慎思考而得到正名。某种程度的信仰是必须的。

　　时间迈入 20 世纪，韦伯在思考：鉴于政治家和学者对一个看似极不确定的未来负有责任，他们应该如何理解自己的制度和生活？一百年之后，他面临的问题仍摆在我们眼前。我们的自由派的制度和民主没有许多人想象的那般坚挺——极右运动上位、不平等加剧、无尽的战争、无能的文化和政治精英都在动摇人们对自由民主必然性的信心。就在我们撰写这段结论的现在，一场全球疫情不只在传播疾病和死亡，还在散布认识和存在的不确定感，连最稳定的社会都为之动摇。历史、市场或理性无形的手没能把我们带向普遍的健康、和平和繁荣。今天阅读韦伯的志业演讲，能让我们重温危机时刻冷静、质朴、守序思考的道德紧迫性。值得一提的是，诚如韦伯所言，在学术和政治领域，伦理学能够且常常"以道德上灾难性的方式被应用"；这些用法让人无法诚实而负责地思考我们身处的世界。

在《学术作为一种志业》中，韦伯没有表示——更没有承诺——他 1917 年的慕尼黑听众深谙的智识生活之状况能够得到彻底改善。韦伯明显不愿做出上述表示，对此，批评者通常认为这是一种辞拒的表达，但我们认为这是一种更加面向未来的、充满希望的表达，它呼吁解除负担、轻装上阵。这适用于 1917 年，也适用于甚至更适用于 2021 年。韦伯最终关注的不是恢复一种衰落的制度，或者重塑某种文化权威。他并不想重现神话式的大学，或者复原某种与某个特定文化阶层或某组自命的知识分子息息相关的知识形式。韦伯最终所关切的，是智识生活的状况和可信知识的可能性。他想要理解学术、教育和更广义的智识工作能够免于真正威胁、得到繁荣的条件，并助力于这些条件的创造；而这些威胁中最重要的之一，便是它们让学者产生了不经反思的回应，即他们的危机论。这也是我们的愿望。

致谢

　　与本书有关的合作远不限于它的合著。在每一个节点上（节点有很多），我们都得到了来自人文学者同事们至关重要的反馈和支持。本书的目标不是去判断人文学是否处在危机中，但我们要说自己是幸运的：能够有如此众多优秀而慷慨的同事，能在一个人文学方法论派系隔阂甚少、坦诚交流甚多的时代展开工作。

　　《永恒的危机》还得益于编辑们的技术、见解和敏锐的心思。我们首先把本书的一些核心思考写成文章发表于《刺猬评论》（*Hedgehog Review*），该刊的编辑麦克雷（B. D. McClay）、奥斯堡（Leann Davis Alspaugh）、托尔森（Jay Tolson）帮助我们把最初的灵感整理成了更加融洽的思想。我们在本书中的思考，也得益于对纽约评论经典书系（New York Review Books Classics Series）中两本著作——《反教育》（*Anti-Education*）和《领袖魅力与祛魅：两次志业演讲》（*Charisma and Disenchantment: The Vocation Lectures*）——导读的撰写工作；我们也非常高兴有机会与书系编者弗兰克

（Edwin Frank）合作，他融合了诗人对韵律和词语的微妙感觉与哲学家对逻辑和严谨的专注。我们在芝加哥大学出版社的编辑戴森（Elizabeth Branch Dyson）一开始就是课题的一分子，她一而再、再而三地帮助我们构建。毫不夸张地说，如果没有她的鼓励和见地，就不会有《永恒的危机》。感谢拉路（Steve LaRue）和埃科拉诺（Vince Ercolano）让我们的文辞更加清晰，感谢麦克菲（Mollie McFee）和施瓦布（Christine Schwab）让出版过程顺利而惬意。

注释

导论

1　见 Reinhart Koselleck, "Krise," in *Geschichtliche Grundbegriffe: Historisches Lexikon zur politisch-sozialen Sprache in Deutschland*, ed. Otto Brunner, Werner Conze, and Reinhart Koselleck (Stuttgart: Kotta, 1982), 3:617-50; Reinhart Koselleck and Michaela W. Richter, *Journal of the History of Ideas* 67, no. 2 (April 2006): 357–400.

2　Karl Marx, "Address to the Communist League, 1850," in *Two Speeches by Karl Marx* (Vancouver: Historical Research Bureau, 1923), 5.

3　Jacob Burckhardt, *Weltgeschichtliche Betrachtungen* (Berlin: W. Spemann, 1905), 192.

4　Benjamin Schmidt, "The Humanities Are in Crisis," *Atlantic*, August 23, 2018.

5　Stefan Collini, *Speaking of Universities* (London: Verso, 2017), 1–25.

6　Collini, *Speaking of Universities*, 87.

7　Kyla Wazana Tompkins, "Are You Okay Tobe White: Some Comments on the 'Race' Keyword at the MLA Plenary Session for the

Literature of People of Color," *Professor Tompkins Is Out of Order*（博客），
January 14, 2020, https://outoforder.substack.com/p/are-you-okay-tobe-
white. 对危机共识的讨论，见 Abigail Boggs and Nick Mitchell, "Critical
University Studies and the Crisis Consensus," *Feminist Studies* 44, no. 2
(2018): 436

　　8　"其他学科提供关于事物的知识，人文学科提供关于人类的知
识。"Geoffrey Harpham, *The Humanities and the Dream of America* (Chicago:
University of Chicago Press, 2011), 17.

　　9　*The Report of the Commission on the Humanities* (1964) 直言人文
学是对国家和个人有用、为市场所需的技能。见 https://publications.
acls.org/NEH/Report-of-the-Commission-on-the-Humanities-1964.
pdf. 受洛克菲勒基金会赞助、成立于 1978 年的人文学委员会（The
Commission on the Humanities）在《美国生活中的人文学》（*The
Humanities in American Life*，1980）中赞颂了人文学带来的"种种不同
技能"。Commission on the Humanities, *The Humanities in American Life*
(Berkeley: University of California Press, 1980). 美国人文与科学院（The
American Academy of Arts and Sciences）在《问题的核心》（*The Heart
of the Matter*, Cambridge, MA: American Academy of Arts and Sciences,
2013）中直截了当地说社会需要人文学来"塑造灵活而有创造力的劳动
力"（https://www.humanitiescommission.org/_pdf/hss_report.pdf）。

　　10　例如 Talbot Brewer, "The Coup That Failed: How the Sacking
of a University President Exposed the Fault Lines of American Higher
Education," *Hedgehog Review* 16, no. 2 (2014), https://hedgehogreview.
com/issues/minding-our-minds/articles/the-coup-that-failed-how-the-
near-sacking-of-a-university-president-exposed-the-fault-lines-of-ameri.

　　11　见 Helen Small, *The Value of the Humanities* (Oxford: Oxford University

Press, 2013), 29; Eric Hayot, "What Happens to Literature if People Are Artworks?" *New Literary History* 48, no. 3 (2017): 460.

12　Wilhelm Dilthey, *Wilhelm Dilthey Gesammelte Schriften* [WDGS], 26 vols. (Stuttgart: B. G. Teubner, 1961–1966), 1: 6.

13　Helge Jordheim, "Dealing with Contingency: Progress, Crisis, and the Role of the Humanities"（未出版讲稿）, Beirut, September 2019.

14　这是 2008 年 10 月 23—25 日召开的第一届人文历史国际会议提出的假设（会议地点：University of Amsterdam Doelenzaal, Singel 425, Amsterdam）http://www.historyofhumanities.org/wp-content/uploads/2015/07/mohamsterdam2008.pdf. 亦见 Rens Bod, *A New History of the Humanities: The Search for Principles and Patterns from Antiquity to the Present* (Oxford: Oxford University Press, 2014).

15　见 Juliette A. Groenland, "Humanism in the Classroom," in *The Making of the Humanities*, ed. Rens Bod, Jaap Maat, and Thijs Weststeijn (Amsterdam: Amsterdam University Press, 2010), 1:199–229; Ian Hunter, "The Mythos, Ethos, and Pathos of the Humanities," *History of European Ideas* 40, no. 1 (2014): 11-36.

16　Jacob Burckhardt, *The Civilization of the Renaissance in Italy*, trans. S. G. C. Middlemore (New York: Macmillan, 1904), 300.

17　见 Brian Stock, *Ethics through Literature: Ascetic and Aesthetic Reading in Western Culture* (Lebanon, NH: University Press of New England, 2007), 26-29. 关于本段和以下段落中隐含的阅读历史，更细致的讨论见 Chad Wellmon, "Sacred Reading from Augustine to the Digital Humanists," *Hedgehog Review* 17, no. 2 (Fall 2015): 70–84.

18　Francesco Petrarca, *Letters from Petrarch*, trans. Morris Bishop (Bloomington: Indiana University Press, 1966), 49.

19 同上书，51.

20 Christopher S. Celenza, *Petrarch: Everywhere a Wanderer* (London: Reaktion Books, 2017), 205.

21 Celenza, *Petrarch*, 199, 205.

22 Paul F. Grendler, *The Universities of the Italian Renaissance* (Baltimore: Johns Hopkins University Press, 2004), 205; Celenza, *Petrarch*, 205.

23 Francesco Petrarca, "On His Own Ignorance and That of Many Others," in *The Renaissance Philosophy of Man*, trans. Hans Nachod, ed. Ernst Cassirer, Paul Oskar Kristeller, and John Randall Jr. (Chicago: University of Chicago Press, 1956), 72.

24 Ian F. McNeely and Lisa Wolverton, *Reinventing Knowledge: From Alexandria to the Internet* (New York: W. W. Norton, 2008), 79.

25 Alex J. Novikoff, *The Medieval Culture of Disputation: Pedagogy, Practice, and Performance* (Philadelphia: University of Pennsylvania Press, 2013).

26 对 1200—1800 年间大学更细致的讲述，见 William Clark, *Academic Charisma and the Origins of the Research University* (Chicago: University of Chicago Press, 2006), 本文参考 34–38.

27 Christopher S. Celenza, *The Intellectual World of the Italian Renaissance: Language, Philosophy, and the Search for Meaning* (Cambridge: Cambridge University Press, 2018), 94.

28 Salutati, *Epistolario*, 转引自 Celenza, *Intellectual World*, 55, 57.

29 Walter Rüegg, "Das Aufkommen des Humanismus," in *Geschichte der Universität Europa*, ed. Walter Rüegg (Munich: C. H. Beck, 1993), 1: 394.

30   Paul Oskar Kristeller, "Humanism and Scholasticism," in *Renaissance Thought and Its Sources*, ed. Michael Mooney (New York: Columbia University Press, 1979), 85–105, 99; 另见 Grendler, *Universities of the Italian Renaissance*, 209.

31   Augusto Campana, "The Origin of the Word 'Humanist,'" *Journal of the Warburg and Courtauld Institutes* 9 (1946): 61.

32   Martha Nussbaum, *Not for Profit: Why Democracy Needs the Humanities* (Princeton, NJ: Princeton University Press, 2010), 55. Gayatri Chakravorty Spivak, "Critical Intimacy: An Interview with Gayatri Chakravorty Spivak," Steve Paulson 采访 , *Los Angeles Review of Books*, July 29, 2016, https://lareviewofbooks.org/article/critical-intimacy-interview-gayatri-chakravorty-spivak.

33   文艺复兴对古代知识的各种应用，见 Gerhard Oestreich, "Die antike Literatur als Vorbild der praktischen Wissenschaften im 16. und 17. Jahrhundert," in *Classical Influences on European Cultures A. D. 500–1500*, ed. R. R. Bolgar (Cambridge: Cambridge University Press, 1971), 315–24.

34   Leonardo Bruni, "The Study of Literature," in *Humanist Educational Treatises*, ed. and trans. Craig W. Kallendorf (Cambridge, MA: Harvard University Press, 2002), 103.

35   Kristeller, "Humanism and Scholasticism," 22.

36   见 Notker Hammerstein, *Bildung und Wissenschaft vom 15. bis 17. Jahrhundert* (Munich: Oldenbourg, 2010), 103. 对克里斯特勒基本定义更为晚近的评价，如 Christopher S. Celenza, "Humanism and the Classical Tradition," *Annali d'italianistica* 26 (2008): 25–44, and Douglas Biow, *Doctors, Ambassadors, Secretaries: Humanism and the Professions in*

Renaissance Italy (Chicago: University of Chicago Press, 2002).

37 Kristeller, "Humanism and Scholasticism," 89.

38 James Hankins, "Two Twentieth-Century Interpreters of Humanism: Eugenio Garin and Paul Oskar Kristeller," *Comparative Criticism* 23 (2001): 4.

39 Anthony Grafton and Lisa Jardine, *From Humanism to the Humanities: Education and the Liberal Arts in Fifteenth and Sixteenth-Century Europe* (Cambridge, MA: Harvard University Press, 1986), 68–71.

40 见 Brian P. Copenhaver and Lodi Nauta, *Lorenzo Valla: Dialectical Disputations* (Cambridge, MA: Harvard University Press, 2012) 导论, 1:xv–xvii.

41 Lorenzo Valla, *Elegances*, 转引自 Celenza, *Intellectual World*, 184.

42 Grafton and Jardine, *From Humanism to the Humanities*, 124.

43 见 Grafton and Jardine, *From Humanism to the Humanities*.

44 Walter J. Ong, *Ramus: Method and the Decay of Dialogue* (Cambridge, MA: Harvard University Press, 1983), 313.

45 Anthony Grafton, *Defenders of the Text: The Traditions of Scholarship in an Age of Science, 1450–1800* (Cambridge, MA: Harvard University Press, 1991), 8.

46 见 Chad Wellmon, *Organizing Enlightenment: Information Overload and Invention of the Modern Research University* (Baltimore: Johns Hopkins University Press, 2015), 45–76.

47 Hunter, "The Mythos, Ethos, and Pathos of the Humanities," 16.

48 同上书, 14.

49 Oxford English Dictionary, 词条 "humanity," sec. 2a, "Caxton tr. J. de Voragine Golden Legende 121 a/2. He floured in double science...

that is to saye dyuynyte and humanyte." 此例和更宽泛的讨论，本书受惠于 Ann Blair, "Disciplinary Distinctions before the 'Two Cultures,'" *European Legacy* 13, no. 5 (2008): 577–88.

50　Erasmus, "On the Method of Study," in *Collected Works of Erasmus*, ed. Craig R. Thompson, *Literary and Educational Writings 2* (Toronto: University of Toronto Press, 1978), 24:683. 见 Rüegg, "Das Aufkommen des Humanismus," 392; Grafton and Jardine, *From Humanism to the Humanities*, 147–49.

51　Mary J. Caruthers, *The Book of Memory: A Study of Memory in Medieval Culture* (Cambridge: Cambridge University Press, 1990), 156. Augustine, *On Christian Doctrine* (Oxford: Oxford University Press, 1997), 9. 见 Jean Leclercq, *The Love of Learning and the Desire for God: A Study of Monastic Culture* (New York: Fordham University Press, 1982).

52　Stock, *Ethics through Literature*, 39.

53　David Lines, "Humanism and Italian Universities," in *Humanism and Creativity: Essays in Honor of Ronald G. Witt*, ed. Christopher S. Celenza and Kenneth Gouwens (Leiden: Brill, 2006), 338–39; Grendler, *Universities of the Italian Renaissance*, 229.

54　Walter Rüegg, "Themen, Probleme, Erkenntnisse," in *Von der Reformation bis zur Französischen Revolution (1500–1800)*, Geschichte der Universität in Europa 2, ed. Walter Rüegg (Munich: C. H. Beck, 1993): 50; Grendler, *Universities of the Italian Renaissance*, 229–36. 关于 16 世纪耶稣会会士对"人的学问"的制度化，一则在历史上相对应的不同论述见 John W. O'Malley, *The First Jesuits* (Cambridge, MA: Harvard University Press, 1993).

55　关于这种割裂，见 Robert Black, *Humanism and Education*

in Medieval and Renaissance Italy: Tradition and Innovation in Latin Schools from the Twelfth to the Fifteenth Century (Cambridge: Cambridge University Press, 2001).

56　Grendler, *Universities of the Italian Renaissance*, 248.

57　Clark, *Academic Charisma*, 34–43.

58　Franz Eulenburg, *Die Frequenz der deutschen Universitäten von ihrer Gründung bis zur Gegenwart* (Leipzig: Teubner, 1904), 205, 309–14; Peter A. Vandermeersch, "Die Universitätslehrer," in *Von der Reformation zur Französischen Revolution (1500–1800)*, Geschichte der Universität Europa 2 (Munich: C. H. Beck, 1993), 199.

59　*Grosses vollständiges Lexicon aller Wissenschaften und Künste* (Leipzig and Halle: Zedler, 1739), 13:1155–56.

60　Cicero, "Pro Archia Poeta," in *Cicero*, vol. 11, Loeb Classical Library 158 (Cambridge, MA: Harvard University Press, 1923), pt. 1, chap. 3, pp. 2, 8.（相关中译可见《西塞罗全集·演说词卷下》，人民出版社，2008。——译注）

61　Gellius, *Noctes Atticae*, 13.17, http://penelope.uchicago.edu/Thayer/E/Roman/Texts/Gellius/13*.html.（相关中译可见《阿提卡之夜（11—15卷）》，中国法制出版社，2020。——译注）

62　见 Grafton and Jardine, *From Humanism to the Humanities*, 219.

63　Grosses vollständiges Lexicon, 1155.

64　所有康德引文均来自 Akademie Ausgabe: Immanuel Kant, *Gesammelte Schriften*, ed. Königlich Preussischen Akademie der Wissenschaften, 29 vols.（已出版）(Berlin: Walter de Gruyter, 1902–). 下文所有引文都会附以简短的标题、卷数及页数。另见 Kant, *Kritik der Urteilskraft*, 5:433.

65   Kant, *Streit der Fakultäten*, 7:22, 19. 另见 Hunter, "The Mythos, Ethos, and Pathos of the Humanities."

66   F. A. Wolf, *Prolegomena to Homer*, trans. Anthony Grafton, Glenn W. Most, and James E. G. Zetzel (Princeton, NJ: Princeton University Press, 1985), 55–56.

67   可参考 Wellmon, *Organizing Enlightenment*, 101–7, 108–122; Multigraph Collective, *Interacting with Print: Elements of Reading in the Era of Print Saturation* (Chicago: University of Chicago Press, 2018), 243–59.

68   Wilhelm Schlegel, "Vorlesungen über schöne Literatur und Kunst" [Lectures on literature and art], in *Vorlesungen über Ästhetik I: (1798–1803)*, ed. Ernst Behler (Paderborn: Ferdinand Schöningh, 1989), 484.

69   Friedrich I. Niethammer, *Der Streit des Philanthropinismus und Humanismus in der Theorie des Erziehungs-Unterrichts unsrer Zeit* (Jena: Frommann, 1808), 9.

70   同上书, 36.

71   同上书, 72.

72   评论, "*Der Streit des Philanthropinismus und Humanismus in der Theorie des Erziehungs-Unterrichts unsrer Zeit*, dargestellt von Friedrich Niethammer," *Allgemeine Literatur-Zeitung*, September 1, 1808, 3.

73   Niethammer, *Der Streit*, 15, 17.

74   同上书, 16.

75   同上书, 59, 76.

76   同上书, 8.

77   同上书, 357.

78   *WDGS*, 1:3.

79   Odo Marquard, "Über die Unvermeidlichkeit der Geisteswissenschaften,"

in *Apologie des Zufälligen: Philosophische Studien* (Stuttgart: Philip Reclam, 1986), 98–116, 105. 马夸德详述的人文学的补偿理论 (Kompensationstheorie) 或精神科学 (Geisteswissenschaften) 阐发了 Joachim Ritter, "Die Aufgabe der Geisteswissenschaften in der modernen Gesellschaft" (1962), in *Subjektivität: Sechs Aufsätze* (Frankfurt am Main: Suhrkamp, 1974), 105–40.

80　Simon During, "Losing Faith in the Humanities," *Chronicle Review*, December 18, 2019, https://www.chronicle.com/interactives/20191218-During.

81　F. A. W. Diesterweg, *Ueber das Verderben auf den deutschen Universitäten* (Essen: Baedecker, 1836), 52.

82　Eduard Spranger, "Der Sinn der Voraussetzungslosigkeit in den Geisteswissenschaften," in *Eduard Spranger: Gesammelte Schriften* (Tübingen: Max Niemeyer, 1980), 6: 155

83　同上书 , 155, 152.

84　同上书。

85　同上书 , 180.

86　Harpham, *Humanities and the Dream*, 22（见尾注 8）。

87　作为理论探索对象之一的语文学，见 Pascale Hummel, "History of History of Philology: Goals and Limits of an Inquiry," in *Metaphilology: Histories and Languages of Philology*, ed. Pascale Hummel (Paris: Philologicum, 2009), 7–28.

88　如 *The Trans-Saharan Book Trade: Manuscript Culture, Arabic Literacy and Intellectual History in Muslim Africa*, ed. Graziano Krätli and Ghislaine Lydon (Leiden: Brill, 2011); *The Transmission of Learning in Islamic Africa*, ed. Scott Reese (Leiden: Brill, 2004).

89　Rajeev Kinra, "Cultures of Comparative Philology in the Early

Modern Indo-Persian World," *Philological Encounters* 1, nos. 1–4 (2016): 225–87.

90　例如见 Sheldon Pollock, Benjamin A. Elman, and Ku-ming Kevin Chang（张谷铭）, ed., *World Philology* (Cambridge, MA: Harvard University Press, 2015). 对波洛克（Pollock）更广阔课题更具纲领性、于我们而言更具批判性因而有益的叙述，见 Islam Dayeh, "The Potential of World Philology," *Philological Encounters* 1 (2016): 396–418.

91　Sheldon Pollock, "Future Philology? The Fate of a Soft Science in a Hard World," *Critical Inquiry* 35, no. 4 (2009): 932.

第一章

1　Hugo Münsterberg, "The St. Louis Congress of Arts and Sciences," *Atlantic Monthly* 91 (1903): 671–84.

2　杜威和詹姆斯语引自 Julie Reuben, *The Making of the Modern University: Intellectual Transformation and the Marginalization of Morality* (Chicago: University of Chicago Press, 1996), 91.

3　同上书, 17—35.

4　Peter Galison, "Introduction: The Context of Disunity," in *The Disunity of Science: Boundaries, Context, and Power*, ed. Galison and David Stump (Stanford, CA: Stanford University Press, 1996), 1

5　Lorraine Daston, "The Academies and the Unity of Knowledge: The Disciplining of the Disciplines," *Differences: A Journal of Feminist Cultural Studies* 10, no. 2 (1998): 68.

6　同上书, 81.

7　Friedrich Schelling, "Lectures on the Method of Academic Study," in *The Rise of the Research University: A Sourcebook*, ed. Louis Menand, Paul

Reitter, and Chad Wellmon (Chicago: University of Chicago Press, 2017), 87.

8　转引自 Jordi Cat, "The Unity of Science," in *The Stanford Encyclopedia of Philosophy* (Fall 2017 ed.), ed. Edward N. Zalta, https://plato.stanford.edu/archives/fall2017/entries/scientific-unity/.

9　见 Roger Chickering, *Karl Lamprecht: A German Academic Life* (Leiden: Brill, 1993), 120.

10　R. Steven Turner, "The Prussian Universities and the Research Imperative, 1806–1848" (博士论文 , Princeton University, 1973), 331–41.

11　转引自 Turner, "Prussian Universities," 338.

12　见 Thomas Albert Howard, *Protestant Theology and the Making of the Modern German University* (New York: Oxford University Press, 2005), 139, 170–72; Theodore Ziolkowski, *German Romanticism and Its Institutions* (Princeton, NJ: Princeton University Press, 1990), 253–54. 在一些论述德国大学的经典德语文本——如鲍尔森 (Friedrich Paulsen) 的《德国大学与大学研究》(*Deutsche Universitäten und Universitätsstudium*) (1903) ——中，知识统一性是被珍视的理念，而不是探讨的对象。

13　Theodor Adorno, *Minima moralia* (Frankfurt: Suhrkamp, 1969), 128.

14　Theodor Adorno and Max Horkheimer, *Dialektik der Aufklärung: Philosophische Fragmente* (Frankfurt am Main: Fischer, 1988).

15　Adorno, *Minima moralia*.

16　Anne Harrington, *Reenchanted Science: Holism in German Culture from Wilhelm II to Hitler* (Princeton, NJ: Princeton University Press, 1996). 此处歌德引文见第 5 页。哈灵顿对纳粹和德国整体论的重点讨论见 175—185 页。

17　Charles McClelland, *Berlin: Mother of All Research Universities,*

1860–1918 (Lanham, MD: Lexington Books, 2017), 113.

18　转引自 Fritz Ringer, *The Decline of the German Mandarins: The German Academic Community, 1890–1933* (Hanover, NH: Wesleyan University Press, 1990), 189.

19　Michael André Bernstein, *Foregone Conclusions: Against Apocalyptic History* (Berkeley: University of California Press, 1994).

20　Anthony La Vopa, "Specialists against Specialization: Hellenism as Professional Ideology in German Classical Studies," in *German Professions, 1800–1950*, ed. Geoffrey Cocks and Konrad Jarausch (Oxford: Oxford University Press, 1990), 37. 关于视现代性为疾病的言论，见 Michael Cowan, *The Cult of the Will: Nervousness and German Modernity* (University Park: Pennsylvania State University Press, 2008).

21　Jean-François Lyotard, *The Postmodern Condition: A Report on Knowledge*, trans. Geoff Bennington and Brian Mussimi (Minneapolis: University of Minnesota Press, 1984), 33, 34. 原版题为 *La condition postmoderne: Rapport sur le savoir* (Paris: Minuit, 1979).

22　Frederick Beiser, *After Hegel: German Philosophy 1840–1900* (Cambridge, MA: Harvard University Press, 2014), 15

23　Chad Wellmon, *Organizing Enlightenment: Information Overload and the Invention of the Modern Research University* (Baltimore: Johns Hopkins University Press, 2015), 123–50.

24　语文学家沃尔夫颇具影响的《古典学研究概览》(*Outline of Classical Studies*, 1807) 仅是其中一例。Friedrich August Wolf, *Darstellung der Altertumswissenschaft, Museum der Alterthums-Wissenschaft* 卷 1, ed. F. A. Wolf and P. Buttmann (Berlin, 1807), 1–145.

25　转引自 Rüdiger Safranski, *Schiller oder die Erfindung des deutschen*

Idealismus (Munich: DTV, 2004), 307.

26   Kant, "Idee zu einer allgemeinen Geschichte," 8:29

27   Friedrich Schiller, "What Is Universal History and Why Study it? An Inaugural Academic Lecture," in Menand, Reitter, and Wellmon, *Rise of the Research University*, 33.

28   哈贝马斯犀利地探讨了席勒对这个后来被称为"工具逻辑"的问题之思考，见 Jürgen Habermas, *Der philosophische Diskurs der Moderne* (Frankfurt: Suhrkamp, 1985), 59–64. 对席勒演讲的背景解读，见 Peter-André Alt, *Friedrich Schiller: Leben, Werk, Zeit* (Munich: C. H. Beck, 2000), 604–13.

29   Schiller, "What Is Universal History," 33.

30   同上书。

31   Wellmon, *Organizing Enlightenment*, 184–85.

32   Schiller, "What is Universal History," 37.

33   同上书 ,35, 37.

34   同上书 , 37.

35   Safranski, *Schiller*, 315.

36   Schiller, "What Is Universal History," 43.

37   William Clark, *Academic Charisma and the Origins of the Research University* (Chicago: University of Chicago Press, 2006), 85, 378–80.

38   Friedrich Gedike, "Report to King Friedrich Wilhelm II of Germany," in Menand, Reitter, and Wellmon, *Rise of the Research University*, 15.

39   Schiller, "What Is Universal History," 34

40   Karl Marx, *Zur Judenfrage* (Berlin: Rowohlt, 1919), 9.

41   Schiller, "What Is Universal History," 42.

42   比较康德的论断"普遍历史的'概念'能够提供'慰藉'"，见

"Idee zu einer allgemeinen Geschichte," 8:30, 29.

43　Ziolkowski, *German Romanticism and Its Institutions*, 240.

44　拉·沃帕比较了席勒和费希特对智识完整性的概念，他也认为新人文主义者对知识完整性的概念是一种怀旧——现代性是完整的障碍，而不是促进完整或让完整成为可能的力量。La Vopa, *Fichte: The Self and the Calling of Critical Philosophy, 1762–1799* (Cambridge: Cambridge University Press, 2001), 220–22.

45　另见 Ziolkowski, *German Romanticism and Its Institutions*, 246.

46　"Editor's Preface," in *Fichte: Early Philosophical Writings*, ed. and trans. Daniel Breazeale (Ithaca, NY: Cornell University Press, 1988), 138.

47　同上书.

48　Fichte, "A Plan, Deduced from First Principles, for an Institution of Higher Learning to Be Established in Berlin, Connected to and Subordinate to an Academy of Science," in Menand, Reitter, and Wellmon, *Rise of the Research University*, 70.

49　见 La Vopa, Fichte, 341–44.

50　Geoffrey Galt Harpham, *What Do You Think, Mr. Ramirez? The American Revolution in Education* (Chicago: University of Chicago Press, 2017), xiii.

51　Fichte, "A Plan," 75.

52　Schelling, "Lectures on the Method of Academic Study," 89. in *German Philosophy 1760–1860: The Legacy of Idealism* (Cambridge: Cambridge University Press, 2014), 平卡德（Terry Pinkard）对谢林著作的这个方面给出了清晰的讲解；尤见 175–80.

53　Pinkard, *German Philosophy*, 177.

54　Schelling, "Lectures on the Method of Academic Study," 92.

55　同上书, 100.

56　Wellmon, *Organizing Enlightenment*, 162–69.

57　1802 年，普鲁士谋臣贝姆开始支持在柏林建立一个高等教育机构的提议。见 Rudolf Köpke, *Die Gründung der königlichen Universität zu Berlin* (Berlin: Gustav Schade, 1860), 145. 1807 年，贝姆发出了征集提案的呼吁，并联系了语文学家沃尔夫和其他名流。

58　Schelling, "Lectures on the Method of Academic Study." 86.

59　同上书。

60　Chad Wellmon, "Touching Books: Diderot, Novalis and the Encyclopedia of the Future," *Representations* 114, no. 1 (2011): 65–102

61　Schelling, "Lectures on the Method of Academic Study," 87.

62　同上书。

63　同上书, 97.

64　同上书, 102.

65　同上书。

66　同上书, 103, 104.

67　对这些当地基础设施的更多论述，以及洪堡和同事如何把大学设想成一种组织媒介，见 Wellmon, *Organizing Enlightenment*, 218-20.

68　Schleiermacher, "Occasional Thoughts on German Universities in the German Sense," in Menand, Reitter, and Wellmon, *Rise of the Research University*, 62.

69　Richard Crouter, *Friedrich Schleiermacher: Between Enlightenment and Romanticism* (Cambridge: Cambridge University Press, 2005), 146.

70　Schleiermacher, "Occasional Thoughts," 54.

71　同上书, 48.

72　转引自 Crouter, *Friedrich Schleiermacher*, 145

73   Schleiermacher, "Occasional Thoughts," 61.

74   同上书 , 49, 52, 53, 54.

75   同上书 , 48, 49.

76   Schleiermacher, "Occasional Thoughts," 66.

77   同上书 , 53.

78   同上书 , 55.

79   同上书 , 60.

80   尤见 Peter Moraw, *Gesammelte Beiträge zur deutschen und europäischen Universitätsgeschichte* (Leiden: Brill, 2008), 3–54.

81   Schleiermacher, "Occasional Thoughts," 60.

82   见 Schleiermacher, *Hermeneutik und Kritik* (Frankfurt am Main: Suhrkamp, 1990), 75–98.

83   Schleiermacher, "Occasional Thoughts."

84   Wilhelm von Humboldt, "On the Internal Structure of the University in Berlin and Its Relationship to Other Organizations," in Menand, Reitter, and Wellmon, *Rise of the Research University*, 108.

85   例 如 见 Mitchell G. Ash, ed., *Mythos Humboldt: Vergangenheit und Zukunft der deutschen Universitäten* (Vienna: Böhlau, 1999).

86   见 Rüdiger vom Bruch, "Langsamer Abschied von Humboldt? Etappen deutscher Universitätsgeschichte 1810–1945," in Ash, *Mythos Humboldt*, 29–57.

87   Humboldt, "On the Internal Structure of the University in Berlin," 109, 110.

88   同上书 , 109.

89   Humboldt, "Memorandum," in Menand, Reitter, and Wellmon, *Rise of the Research University*, 116–19.

90　转引自 Reinhold Steig, *Heinrich von Kleist's Berliner Kämpfe* (Berlin: W. Spemann, 1901), 301. 进一步讨论可见 Wellmon, *Organizing Enlightenment*, 151.

第二章

1　对"学仕"（mandarin）一词的讨论，见第四章。见 Matthew Arnold, *Schools and Universities on the Continent* (London: Macmillan, 1868) 与 *Culture and Anarchy: An Essay in Political and Social Criticism* (London: Smith, Elder, 1869). 另见 Victor Cousin, *État de l'instruction primaire dans le royaume de Prusse à la fin de l'année 1831* (Paris: F. G. Levrault, 1833); *Denkschrift über den Gymnasialunterricht im Königrreich Preussen, nebst des Verfassers Leben und einer allgemeinen Übersicht der Preussischen und Sächischen Unterrichtsanstalten*, ed. and trans. J. Kröger (Altona: Hammerich, 1837).

2　Tappan, "On German Universities," in *The Rise of the Research University: A Sourcebook*, ed. Louis Menand, Paul Reitter, and Chad Wellmon (Chicago: University of Chicago Press, 2017), 151.

3　如第斯多惠的评论，in *Diesterweg: Sämtliche Werke*, ed. Hans Ahrbeck et al. (Berlin: Volk und Wissen Volkseigener, 1959), 3:3–22.

4　转引自 Jeffrey L. Sammons, *Heinrich Heine: A Modern Biography* (Princeton, NJ: Princeton University Press, 1979), 79.（中译取自《海涅全集·第九卷》，河北教育出版社，2003，127 页；内容参考本书文字略有改动。——译注）

5　Rahel Levin Varnhagen, *Rahel Bibliothek: Gesammelte Werke*, ed. Konrad Feilchenfeldt et al. (Munich: Matthes & Seitz, 1983), 2:609.

6　F. A. W. Diesterweg, "Über die Lehrmethode Schleiermachers," in *Diesterweg: Sämtliche Werke*, pt. 1 ed. Hans Ahrbeck et al. (Berlin: Volk und Wissen Volkseigenerverlag, 1959), 3:267.

7　F. A. W. Diesterweg, *Ueber das Verderben auf den deutschen Universitäten* (Essen: Baedeker, 1836), iv. 我们对于该标题的翻译多少有些随意；更直接的译法是《论德意志大学中的毁灭》(*On the ruin at German universities*)。

8　Allan Bloom, *The Closing of the American Mind: How Higher Education Has Failed Democracy and Impoverished the Souls of Today's Students* (New York: Simon and Schuster, 2012), 346.（中译取自战旭英译本，译林出版社，2011 年，297 页。——译注）

9　第斯多惠的书是一组三部曲的第三部，他把这组作品命名为"文明的生死问题"(Life and Death Questions of Civilization)。

10　虽然意在讨论德意志大学的一般情况，但第斯多惠在书中点名的所有教授都在或曾在柏林大学任教，如施莱尔马赫、黑格尔和贝内克(Friedrich Benecke)。

11　对第斯多惠生平和著作的讲述，见 Horst Rupp, *F.A.W. Diesterweg: Pädagogik und Politik* (Göttingen: Muster-Schmidt, 1989).

12　Diesterweg, *Ueber das Verderben*, vii.

13　厄斯林（Johan Östling）追踪了这些理念在德语环境的各种借用之中的连续性，见 *Humboldt and the Modern German University: An Intellectual History* (Lund: Lund University Press, 2018).

14　见 Menand, Reitter, and Wellmon, *Rise of the Research University*, 导论。

15　见 Wendy Brown, "The End of Educated Democracy," *Representations* 116, no. 1 (Fall 2011): 19–41, 与 Christopher Newfield, "What Are the Humanities For? Rebuilding the Public University," in *A New Deal for the Humanities:*

Liberal Arts and the Future of Public Higher Education, ed. Gordon Hunter and Feisal Mohamed (New Brunswick, NJ: Rutgers University Press, 2015), 160–78.

16　Newfield, "What Are the Humanities For?," 162; Geoffrey Galt Harpham, *What Do You Think, Mr. Ramirez? The American Revolution in Education* (Chicago: University of Chicago Press, 2017), xiii.

17　Harpham, *What Do You Think, Mr. Ramirez?*, xv.

18　同上书 , xiii.

19　见 Danielle Allen, *Education and Equality* (Chicago: University of Chicago Press, 2016); Martha Nussbaum, *Not for Profit: Why Democracy Needs the Humanities* (Princeton, NJ: Princeton University Press, 2010); Helen Small, *The Value of the Humanities* (Oxford: Oxford University Press, 2013); Stefan Collini, *Speaking of Universities* (London: Verso, 2017); 与 Andrew Delbanco, *College: What It Was, What It Is, and What It Should Be* (Princeton, NJ: Princeton University Press, 2012).

20　Small, *Value of the Humanities*, 174–83.

21　Cathy Davidson, *The New Education: How to Revolutionize the University and Prepare Students for a World in Flux* (New York: Basic Books, 2017).

22　我们对这类文献的特点进行了讲解，见 Chad Wellmon and Paul Reitter, "Melancholy Mandarins: Bloom, Weber, and Moral Education," *Hedgehog Review* 19, no. 3 (Fall 2017), http://iasc-culture.org/THR/THR_article_2017_Fall_ReitterWellmon.php.

23　转引自 Heinz-Dieter Meyer, *The Design of the University: German, American, and "World Class"* (New York: Routledge, 2016), 23.

24　同上书。

25　Friedrich Gedike, "Report to King Friedrich Wilhelm II of Germany," in Menand, Reitter, and Wellmon, *Rise of the Research University*, 21.

26　转引自 Rudolf Köpke, *Die Gründung der königlichen Friedrich Wilhelms Universität zu Berlin* (Berlin: Schade, 1860), 49.

27　见 Chad Wellmon, *Organizing Enlightenment: Information Overload and the Invention of the Modern Research University* (Baltimore: Johns Hopkins University Press, 2015), 162–69.

28　J. G. Fichte, "A Plan, Deduced from First Principles, for an Institution to Be Established in Berlin, Connected to and Subordinate to an Academy of Sciences," in Menand, Reitter, and Wellmon, *Rise of the Research University*, 72.

29　见 Schleiermacher, "Occasional Thoughts," in Menand, Reitter, and Wellmon, *Rise of the Research University*, 54.

30　洪堡对希腊文化钦慕的最明确表达或可见于 Wilhelm von Humboldt: *Briefe an Friedrich August Wolf*, ed. Philip Mattson (Berlin: Walter de Gruyter, 1990), 122.

31　关于这一点，见 Meyer, *Design of the University*, 39–58. 亦见 Wilhelm von Humboldt, "On the Internal Structure of the University in Berlin and Its Relationship to Other Organizations," in Menand, Reitter, and Wellmon, *Rise of the Research University*.

32　Kant, *Streit der Fakultäten*, 7:17–28.

33　Paul Sweet, *Wilhelm von Humboldt: 1808–1835* (Columbus: Ohio State University Press, 1978), 60.

34　转引自 Heinz-Elmar Tenorth, "Studenten, Studium und Lehre," in *Geschichte der Universität Unter den Linden: Gründung und Blütezeit der Universität zu Berlin* 1810–1918, 6 vols., ed. Charles McClelland and

Heinz-Elmar Tenorth (Berlin: Akademie, 2010–2013), 1:227. 不过，与 1794 普鲁士邦法所明确的普鲁士大学使命——传递"有用的知识"——相比，该校规中的说法还是要博雅而自由得多。以上两位作者与我们讨论了他们的研究，对此我们深表感谢。

35　转引自 McClelland and Tenorth, *Geschichte der Universität unter den Linden*, 1:7.

36　当时的用词是 allgemeine wissenschaftliche Bildung，一般而言，它和今天的"博雅高等教育"是一个意思。

37　转引自 Tenorth, "Studenten, Studium und Lehre," 234.

38　这种态度可见于 1836 年哲学系的一次会议（phil Fac N 102 Litt. S. n 7, Humboldt University Universitätsarchiv），会上讨论了论文要求。柏林大学要求博士生在流程最后出席面试，并提交论文的拉丁语印刷本。在如耶拿的"博士工厂"，学生可以通过邮寄论文德语手写本远程获得博士学位。因为柏林大学的工资高于耶拿，教授更容易选择教学这条大道。

39　R. Steven Turner, "Justus Liebig versus Prussian Chemistry: Reflections on Early Institute-Building in Germany," *Historical Studies in the Physical Sciences* 13, no. 1 (1982): 129–62.

40　"教养"一词最终获得了"博雅教育"的含义，其对应概念是意为职业训练的"培训"（Ausbildung）。一个引起争执的纠结之处是，教养对有意献身学术的学生来说，实际上就是职业训练。

41　在复辟时代，普鲁士大学严重受怀疑氛围所影响。兄弟会遭禁，政府代表（或称"全权代表"）负责监督大学，而大学也在 1819 年失去了审查豁免权；对主张民族统一的学生运动展现出任何热情的教授，都会受到当局侵扰。

42　Tenorth, "Studenten, Studium und Lehre," 249–51.

43 同上书, 246.

44 转引自 Anthony Grafton, "Polyhistor into Philolog: Notes on the Transformation of German Classical Scholarship, 1780–1850," *History of Universities* 3 (1983): 169.

45 Humboldt, "On the Internal Structure," 110.

46 柏克对"语文学无小事"的论述转引自 Lorraine Daston, "The Academies and the Unity of Knowledge: The Disciplining of the Disciplines," *differences: A Journal of Feminist Critique* 10, no. 2 (1998): 174.

47 见 Sebastiano Timpanaro, *The Genesis of Lachmann's Method*, ed. and trans. Glenn Most (Chicago: University of Chicago Press, 2006).

48 转引自上书, 88.

49 见 Hayden White, *Metahistory: The Historical Imagination in Nineteenth Century Europe* (Baltimore: Johns Hopkins University Press, 1973), 165; Augustn Boeckh, *Encyclopädie und Methodologie der philologischen Wissenschaften von August Boeckh*, ed. Ernst Bratuscheck (Leipzig: Teubner, 1877).

50 Friedrich Schelling, "Lectures on the Method of Academic Study," in *The Rise of the Research University: A Sourcebook*, ed. Louis Menand, Paul Reitter, and Chad Wellmon (Chicago: University of Chicago Press, 2017), 87.

51 Peter Galison, "Introduction: The Context of Disunity," in *The Disunity of Science: Boundaries, Context, and Power*, ed. Galison and David Stump (Stanford, CA: Stanford University Press, 1996), 1.

52 Rudolf Virchow, *Die Gründung der Berliner Universität und der Übergang aus dem philosophischen in das naturwissenschaftlichen*

Zeitalter (Berlin: Becker, 1893), 18.

53　Wilhelm von Humboldt, *Schriften zur Politik und zum Bildungswesen*, ed. Andreas Flintner and Klaus Giel (Darmstadt: Wissenschaftliche Buchgesellschaft, 2010), 579.

54　该学生是加布勒（Georg Andreas Gabler, 1786—1853），受命此位无疑是他并不出彩的职业生涯的高光时刻。见 Herbert Schnädelbach, "Philosophie auf dem Weg von der System- zur Forschungswissenschaft. Oder: Von der Wissenschaftslehre zur Philosophie als Geisteswissenschaft," in McClelland and Tenorth, *Geschichte der Universität Unter den Linden*, 4:183.

55　Hans Joaquim Schoeps, ed., "Ein Gutachten des Kultusministers von Altenstein," *Zeitschrift für Padagogik* 12 (1966): 262.

56　Henrich Steffens, *Was Ich Erlebte: Aus der Erinnerung Niedergeschrieben* (Breslau: Josef Mar, 1844), 8:290.

57　"Rundschreiben des Kultusministers Karl Friedrich Eichhorn an die Kuratoren und Fakultäten der preußischen Universitäten, Berlin, 17. April 1844," in *Acta Borussica: Das Kultusministerium auf seinen Wirkungsfeldern Schule, Wissenschaft*, Kirchen, Künste und Medizinalwesen (Berlin: Akademie, 2010), 379.

58　见 R. Steven Turner, "The Growth of Professorial Research in Prussia, 1818–1848—Causes and Context," *Historical Studies in the Physical Sciences* 3 (1971): 177–78, 以及 Theodor Caplow and Reece McGee, *The Academic Marketplace* (New York: Transaction, 2001).

59　"大学之间的竞争在研究型大学的形成中发挥了重要作用"这个理论与以下著作关系最为密切：Joseph Ben-David, *Centers of Learning: Britain, Germany, France, and the United States* (New York: Routledge, 2017), 1977 年初版．

60   见 Alexander Busch, *Die Geschichte des Privatdozenten: Eine soziologische Studie zur großbetrieblichen Entwicklung der deutschen Universitäten* (Stuttgart: Enke, 1959).

61   见 Köpke, *Die Gründung*, 296–98.

62   Erich Hahn, "The Junior Faculty in 'Revolt': Reform Plans for Berlin University in 1848," *American Historical Review* 82, no. 4 (October 1977): 875–95.

63   Conrad Varrentrapp, *Johannes Schulze und das höhere preußische Unterrichtswesen in seiner Zeit* (Leipzig: Teubner, 1889), 488.

64   A. von S. (August Jäger), *Felix Schnabel's Universitätsjahre* (Stuttgart: Balz, 1835), 47. 第斯多惠的 Bildung 与 Ausbildung 可以互换。

65   Diesterweg, *Ueber das Verderben*, 2, 4.

66   同上书, 2.

67   同上书, 23.

68   同上书, 6.

69   同上书, 35.

70   例如见 Jürgen Oelkers, "Bildung und Gerechtigkeit: Zur historischen Vergewisserung der aktuellen Diskussion," in *Wann ist Bildung gerecht? Ethische und theologische Beiträge im interdisziplinären Kontext*, ed. Hans Münk (Bielefeld: Bertelsmann, 2008), 24.

71   Diesterweg, *Ueber das Verderben*, 70–71.

72   同上书, 50, 51.

73   同上书, 56—57.

74   同上书, 44.

75   同上书。

76   在 19 世纪 30 年代的普鲁士，教授的著作遭到的审查远多于其课堂。

77　Diesterweg, *Ueber das Verderben*, 31.

78　德语的学术自由概念蕴含着将这个概念分解后的不同子分类——"教学自由"（Lehrfreiheit）和"学习自由"（Lernfreiheit）；分别指教授选择教学内容和教学方式的自由，以及学生选择学习内容的自由。

79　Richard Hofstadter and Walter Metzger, *The Development of Academic Freedom in the United States* (New York: Columbia University Press, 1955), 387.

80　Diesterweg, *Ueber das Verderben*, 10, 18.

81　William Deresiewicz, *Excellent Sheep: The Miseducation of the American Elite and the Way to a Meaningful Life* (New York: Free Press, 2014); Daniel Bell, *The Reforming of General Education* (New York: Columbia University, 1966).

82　Steven Pinker, "The Trouble with Harvard," *New Republic*, September 4, 2014, https://newrepublic.com/article/119321/harvard-ivy-league-should-judge-students-standardized-tests.

83　德雷克维奇对平克的回应见 "The Neoliberal Arts: How College Sold Its Soul to the Market," *Harper's Magazine*, September 2015, 25–32, https://harpers.org/archive/2015/09/the-neoliberal-arts/.

84　Deresiewicz, *Excellent Sheep*, 62.

85　Max Weber, "Die Lehrfreiheit der Universitäten" in *Max Weber Gesamtausgabe* (hereafter MWG), ed. Horst Baier et al. (Tübingen: J. C. B. Mohr, 1984–), 1.13: 133.

86　Deresiewicz, "Neoliberal Arts," 26.

87　Max Weber, *Wissenschaft als Beruf, MWG*, 1.17:103.

88　Edward Said, "Identity, Authority, and Freedom: The Potentate and the Traveler," in *The Future of Academic Freedom*, ed. Louis Menand (Chicago: University of Chicago Press, 1998), 215.

89　Joan W. Scott, "Academic Freedom as an Ethical Practice," in Menand, *Future of Academic Freedom*, 166.

90　Kerr, "The Idea of a Multiversity," in *The Uses of the University* (Cambridge, MA: Harvard University Press, 2001): 12.

91　转引自 Laurence Veysey, *The Emergence of the American University* (Chicago: University of Chicago, Press, 1970), 70.

92　Willa Cather, *The Professor's House* (New York: Merchant Books, 2012), 83.

93　见 John Guillory, "Who's Afraid of Marcel Proust? The Failure of General Education in the American University," in *The Humanities and the Dynamics of Inclusion since World War II*, ed. David Hollinger (Baltimore: Johns Hopkins University Press, 2006), 41.

94　https://www.harvard.edu/president/speech/2016/2016-commencement-speech.

95　William Rainey Harper, "The University and Democracy," in Menand, Reitter, and Wellmon, *Rise of the Research University*, 220.

96　转引自 Newfield, *The Great Mistake: How We Wrecked Public Universities and How We Can Fix Them* (Baltimore: Johns Hopkins University Press, 2016), 30.

97　Andrew White, "The Relation of the National and State Governments to Advanced Education," in Menand, Reitter, and Wellmon, *Rise of the Research University*, 210.

98　Diesterweg, *Ueber das Verderben*, 71, 72.

99　Joseph E. Davis, "A Conversation with Andrew Delbanco,"

Hedgehog Review 15, no. 1 (2013), https://iasc-culture.org/THR/THR_
article_2013_Spring_Interview_Delbanco.php.

100　Brad Gregory, *The Unintended Reformation* (Cambridge, MA:
Harvard University Press, 2012), 303.

101　Thomas Pfau, "History without Hermeneutics: Brad Gregory's
Unintended Modernity," *Immanent Frame*, November 6, 2013, https://
tif.ssrc.org/2013/11/06/history-without-hermeneutics-brad-gregorys-
unintended-modernity/.

102　Diesterweg, *Ueber das Verderben*, 74.

103　Diesterweg, *Excellent Sheep*, 194, 198.

第三章

1　本章修改之前曾出版为 "How the Philologist Became a Physician
of Modernity: Nietzsche's Lectures on German Education," *Representations*
129, no. 2 (Summer 2015): 68–104.

2　里奇尔语转引自 Lionel Gossman, *Basel in the Age of Burckhardt:
A Study in Unseasonable Ideas* (Chicago: University of Chicago Press,
2000), 413.

3　Friedrich Nietzsche, *Nietzsches Briefwechsel: Kritische
Gesamtausgabe*, ed. Giorgio Colli and Mazzino Montinari, 24 vols. in 4 parts
(Berlin: Walter de Gruyter, 1975–2004), 2.1:155.

4　实科中学比文理中学更注重实用和职业。在 19 世纪末之前，进
入大学就读的唯一途径是进入文理中学，完成包括希腊语、拉丁语、宗
教、物理学、历史、文学、数学、自然史在内的九年课程。文理中学学
业完成的标志是毕业统考（Abitur）——能够决定大学录取和安排的综
合考试。

5   James Porter, *Nietzsche and the Philology of the Future* (Stanford, CA: Stanford University Press, 2000).

6   Friedrich Nietzsche, *Anti-Education*, ed. Paul Reitter and Chad Wellmon, trans. Damion Searls (New York: New York Review Books, 2016), 45.

7   这就是为什么在一些学者令人信服的解读之中这些演讲带有民主的基调，而另一些学者则强调它们的内容是专制主义、精英主义的。民主解读之例，见 Jeffrey Church, *Nietzsche's Culture of Humanity: Beyond Aristocracy and Democracy in the Early Period* (Cambridge: Cambridge University Press, 2015), 175. 专制解读之例，见 Robert Holub, *Nietzsche in the Nineteenth Century: Social Questions and Philosophical Interpretations* (Philadelphia: University of Pennsylvania Press, 2018), 19–74.

8   尼采的一些提议实际上得到了接受，比如他推荐的各年级教材（ Ernst Koch, *Griechische Schulgrammatik*, 1869 ），以及让希腊语成为所有学生必修课的建议。

9   Nietzsche, *Briefwechsel*, 1.2:248.

10   Rüdiger Safranski, *Nietzsche: A Philosophical Biography*, trans. Shelley Laura Frisch (New York: Granta, 2003), 53.

11   同上书 , 56.

12   Nietzsche, *Briefwechsel*, 1.2:81.

13   对尼采与叔本华复杂关系的讨论，见 Christian J. Emden, *Nietzsche and the Politics of History* (Cambridge: Cambridge University Press, 2008), 46–50.

14   Nietzsche, *Briefwechsel*, 1.2:184.

15   Tamsin Shaw, *Nietzsche's Political Skepticism* (Princeton, NJ:

Princeton University Press, 2007), 46.

16　Friedrich Nietzsche, *Nachgelassene Fragmente Sommer 1872 bis Ende 1874*, in *Werke: Kritische Gesamtausgabe* (New York: Walter de Gruyter, 2003), 3.4:141.

17　Shaw, *Nietzsche's Political Skepticism*, 49–52.

18　Nietzsche, *Briefwechsel*, 1.2:184. 他引用的是 Lange, *Geschichte des Materialismus und Kritik seiner Bedeutung in der Gegenwart* (Iserlohn: Baedeker, 1866), 269.

19　Nietzsche, *Briefwechsel*, 1.2:299.

20　转引自 Safranski, *Nietzsche*, 64.

21　毕洛（Cosima von Bülow）转引自 Nietzsche, *Briefwechsel*, 2.2:140.

22　Nietzsche, *Briefwechsel*, 2.1:65–66.

23　转引自 George S. Williamson, *The Longing for Myth in Germany* (Chicago: University of Chicago Press, 2004), 234.

24　Nietzsche, *Briefwechsel*, 2.1:155.

25　Friedrich Nietzsche, *Unzeitgemässe Betrachtungen*, in Friedrich Nietzsche, *Kritische Studienausgabe*, ed. Giorgio Colli and Mazzino Montinari, 15 vols. (Berlin: Walter de Gruyter, 1999), 1:365. 关于尼采对国家利用文化和教育机构的担忧，一例优秀论述见 Hugo Drochon, *Nietzsche's Great Politics* (Princeton, NJ: Princeton University Press, 2016), 60–64.

26　在统一时期任柏林大学校长的杜布瓦－雷蒙喜称教授是新帝国的"智识护卫"。

27　1872 年 5 月，普鲁士议会立法规定所有学校受国家监管。数月之后，普鲁士教育部长法尔克（Adalbert Falk）颁布了五月法令，将天主教生活的公共方面（包括神学家培训）都纳入到国家的事实控制之下。

28　布克哈特转引自 Carl Schorske, "Science as a Vocation in Burckhardt's Basel," in *The City and the University: From Medieval Origins to the Present*, ed. Thomas Bender (New York: Oxford University Press, 1988), 198.

29　Martin A. Ruehl, *The Italian Renaissance in the German Historical Imagination, 1860–1930* (Cambridge: Cambridge University Press, 2015), 70.

30　Nietzsche, *Unzeitgemässe Betrachtungen*, 260–61.（中译取自李秋零译本，华东师范大学出版社，2007，153—154 页。——译注）

31　Nietzsche, *Anti-Education*, 93.

32　Friedrich Meinecke, *Zur Geschichte der Geschichtsschreibung*, ed. Eberhard Kessel (Munich: R. Oldenbourg, 1968), 196.

33　Heinrich von Treitschke, *Die Zukunft des deutschen Gymnasiums* (Leipzig: Hirzel, 1890), 8.

34　同上书 , 6—7.

35　同上书 .

36　同上书 , 8, 10.

37　Nietzsche, *Anti-Education*, 19.

38　同上书 , 18.

39　同上书 .

40　同上书 , 14, 19.

41　同上书 , 91.

42　德国教育体制显然没有实现 19 世纪奠基人所立下的包容理念；他们自称相信每个人都能从研习经典中获益，决定谁能得到精英教育的是才能而非财富。

43　Johannes Conrad, *Universitätsstudium in Deutschland während* der letzten 50 Jahre: Statistische Untersuchungen (Jena: Fischer, 1884). 关于 1859 年的规定，见 Bärbel Holtz and Christina Rathgeber, "Zwischen Bildungskonzept und Bildungsweg—Lokale Schulhoheit und Intensivierung des Staatsdurchgriffs (1817 bis 1866)," in *Acta Borussica: Das preußische Kultusministerium als Staatsbehörde und gesellschaftliche Agentur (1817–1934)*, ed. Wolfgang Neugebauer, vol. 2, pt. 1. (Berlin: Akademie, 2010), 52–54.

44 转引自 James C. Albisetti, *Secondary School Reform in Imperial Germany* (Princeton, NJ: Princeton University Press, 1983), 174–75.

45 论尼采对语文学建制的粗糙总结，见 Anthony Grafton, *Bring Out Your Dead: The Past as Revelation* (Cambridge, MA: Harvard University Press, 2002).

46 转引自 Fritz Blättner, *Das Gymnasium: Aufgaben der höheren Schule in Geschichte und Gegenwart* (Heidelberg: Quelle und Meyer, 1960), 170.

47 Nietzsche, *Anti-Education*, 15.

48 同上书, 41.

49 同上书, 19.

50 同上书, 16.

51 同上书。

52 转引自 *The Rise of the Research University: A Sourcebook*, ed. Louis Menand, Paul Reitter, and Chad Wellmon (Chicago: University of Chicago Press, 2017), 310.

53 与这场辩论有关的观点合辑，见 Arthur Kirchoff, ed., *Die akademische Frau: Gutachten hervorragender Universitätsprofessoren, Frauenleher, und Schriftsteller über die Befähigung der Frauen zum*

wissenschaftlichen Studium und Beruf (Berlin: Steinik, 1897).

54　Johannes Conrad, *Das Universitätsstudium in Deutschland während der letzten 50 Jahre* (Jena: Fischer, 1884), 分别在 5, 1, 136, 140.

55　Nietzsche, *Unzeitgemässe Betrachtungen*, 4.

56　Nietzsche, *Anti-Education*, 35, 38.

57　Andrew Delbanco, *College: What It Was, What It Is, and What It Should Be* (Princeton, NJ: Princeton University Press, 2012), 43. 可 与 其他论述进行比较，如 Mark Edmundson, *The Heart of the Humanities: Reading, Writing, Teaching* (New York: Bloomsbury, 2018).

58　Delbanco, *College*, 143.

59　Nietzsche, *Anti-Education*, xxii.

60　同上书 , 33.

61　同上书 , 36.

62　Nietzsche, *Unzeitgemässe Betrachtungen*, 366.（中译取自李秋零译本，277 页。——译注）

63　见 Ian Hunter, "Secularization: The Birth of a Modern Combat Concept," *Modern Intellectual History* 12, no. 1 (2015): 1–32.

64　尼采此段直接比较了亚历山大 – 罗马古典文化和 19 世纪末的德国文化，见 *Die Geburt der Tragödie*, in Colli and Montinari, *Kritische Studienausgabe*, 1:148–49.（中译取自孙周兴译《悲剧的诞生》，商务印书馆，2012，170 页。——译注）

65　如 Glenn W. Most, "On the Use and Abuse of Ancient Greece for Life," *Cultura tedesca* 20 (2000): 31–53.

66　Nietzsche, *Anti-Education*, 31.

67　例如 Wilhelm von Humboldt, "Über das Studium des Altertums und des griechischen inbesondere" (1793), in *Wilhelm von Humboldts*

Gesammelte Schriften, ed. Bruno Gebhardt, 17 vols. (Berlin: B. Behr, 1968), 1:255–81. 关于洪堡希腊经典思想的讨论，见 Suzanne L. Marchand, *Down from Olympus: Archaeology and Philhellenism in Germany, 1750–1970* (Princeton, NJ: Princeton University Press, 1996).

68　Nietzsche, "Homer's Wettkampf," in Colli and Montinari, *Kritische Studienausgabe*, 1:783–92.

69　Nietzsche, *Anti-Education*, 38.

70　Humboldt, "Theorie der Bildung des Menschen," in *Wilhelm von Humboldts Gesammelte Werke*, 1:282–87.

71　Nietzsche, *Anti-Education*, 26, 27.

72　Nietzsche, *Also Sprach Zarathustra*, in Colli and Montinari, *Kritische Studienausgabe*, 4:16–17. （中译取自钱春绮译本，生活·读书·新知三联书店，2007,13—14 页；部分内容根据本书引文略有改动。——译注）

73　Tamsin Shaw, "The 'Last Man' Problem: Nietzsche and Weber on Political Attitudes to Suffering," in *Nietzsche as Political Philosopher*, ed. Barry Stocker and Manuel Knoll (Berlin: Walter de Gruyter, 2014), 345–80.

74　Friedrich Nietzsche, "Notizen zu 'Wir Philologen'," in Colli and Montinari, *Kritische Studienausgabe* (Munich: Walter de Gruyter, 1999), 8:46.

75　对康德和 19 世纪德语文化中"天才概念"的综述，见 Hans-Georg Gadamer, *Wahrheit und Methode: Grundzüge einer philosophischen Hermeneutik* (Tübingen: Mohr Siebeck, 1990), 48–94.

76　Nietzsche, *Anti-Education*, 42.

77　同上书 , 85.

78　同上书。

79　此处和下文参考 Shaw, *Nietzsche's Political Skepticism*, 19–40（见尾注 15）。

80　Nietzsche, *Unzeitgemässe Betrachtungen*, 389.（中译取自李秋零译本，301 页；部分内容根据本书引文改动。——译注）

81　Peter Sloterdijk, *Du mußt dein Leben ändern: Über Anthropotechnik* (Frankfurt am Main: Suhrkamp 2009), 58.

82　Nietzsche, *Anti-Education*, 78.

83　Nietzsche, "Notizen zu 'Wir Philologen'," 21.

84　同上书, 20.

85　Friedrich Nietzsche, *Nachgelassene Fragmente, 1869–1874*, in Colli and Montinari, Kritische Studienausgabe, 7:613.

86　蒙森致维拉莫维茨(Wilamowitz)，信件 393，1894 年 2 月 25 日，in *Theodor Mommsen und Friedrich Althoff Briefwechsel 1882–1903*,ed. Stefan Rebenich and Gisa Franke (Munich: Oldenbourg, 2012).

87　Mommsen, *Reden und Aufsätze* (Berlin: Weidmann, 1905), 69.

88　*Sitzungsberichte der Königlich Preussischen Akademie der Wissenschaften zu Berlin* (Berlin: Königlichen Akademie der Wissenschaften, 1900), pt. 1, 667.

89　Mommsen, "Ansprache am Leibnizschen Gedächtnistag" (1895) in Reden and Aufsätze, 197.

90　同上书, 198.

91　*Theodor Mommsen und Friedrich Althoff Briefwechsel 1882–1903* (Munich: Oldenbourg, 2012), 309.

92　Erich Rothacker, ed., *Briefwechsel zwischen Wilhelm Dilthey und dem Grafen Paul Yorck von Wartenburg, 1877–1897* (Bremen:

Europäischer Hochschuleverlag, 2011), 181.

93　蒙森对《罗马史》(*Geschichte der Römer*, 1851) 的评论 (1851),
in *Gesammelte Schriften* (Berlin: Weidmannsche Buchhandlung, 1910),
6:653.

94　转引自 Schorske, "Science as a Vocation in Burckhardt's Basel,"
204.

95　Lionel Gossman, *Orpheus Philologus: Bachofen versus Mommsen
on the Study of Antiquity* (Philadelphia: American Historical Society,
1983), 21.

96　Mommsen, in *Theodor Mommsen: Tagebuch der französisch-
italienischen Reise 1844/45*, Gerold Walser (Frankfurt am Main: H. Lang,
1976), 239.

97　Hans-Georg Kolbe, ed., *Wilhelm Henzen und das Institut auf dem
Kapitol: Eine Auswahl seiner Briefe an Eduard Gerhard* (Mainz: Philipp Von
Zabern, 1984), 338.

98　Mommsen, *Reden und Aufsätze*, 38.

99　Nietzsche, *Unzeitgemässe Betrachtungen*, 327.

100　Nietzsche, "Notizen zu 'Wir Philologen,'" 20.

101　尤见 Friedrich Schlegel, *Über das Studium der griechischen Poesie*
(Munich, 1985).

102　Nietzsche, "Notizen zu 'Wir Philologen,'" 69, 80.

103　同上书, 14.

104　同上书, 37.

105　Friedrich Nietzsche, Zur Genealogie der Moral, in Colli and
Mazzino Montinari, *Kritische Studienausgabe*, 5:335–37.

106　Nietzsche, *Unzeitgemässe Betrachtungen*, 327.

107　同上书 , 243.

108　Nietzsche, "Notizen zu 'Wir Philologen,'" 30.

109　同上书 , 123.

110　本段和下文讨论得益于与比林斯（Joshua Billings）的讨论和他的著作，特别是 "Nietzsche and the Philology of the Present"（未出版手稿）。

111　Billings, "Nietzsche and the Philology of the Present," 8–9.

112　Nietzsche, Jenseits von Gut und Böse, in Colli and Mazzino Montinari, Kritische Studienausgabe, 5:230.（中译取自赵千帆译《善恶的彼岸》，商务印书馆，2015，210 页。——译注）

第四章

1　Wilhelm Dilthey, Wilhelm Dilthey Gesammelte Schriften, [WDGS], 26 vols. (Stuttgart: B. G. Teubner, 1961–1966), 1:1.

2　Francis Bacon, The New Organon (Cambridge: Cambridge University Press, 2000), 10, 221.

3　David Cahan, Science and Culture: Popular and Philosophical Essays (Chicago: University of Chicago Press, 1995) 导论 , xi.

4　Fragmente aus den Naturwissenschaften: Vorlesungen und Aufsätze, trans. A. H., 含 Hermann Helmholtz 序并增补 (Brunswick Friedrich Vieweg, 1874).

5　Andreas Daum, Wissenschaftspopularisierung im 19. Jahrhundert (Munich: R. Oldenbourg, 2002), 435–36.

6　Helmholtz, "Ueber das Streben nach Popularisierung der Wissenschaft: Vorrede zu der von Tyndall's 'Fragments of Science' 1894" in Hermann Helmholtz, Vorträge und Reden (Berlin: Vieweg & Sohn,

1903), 2:422.

7　Helmholtz, "Die Tatsachen in der Wahrnehmung," in *Vorträge und Reden* (Berlin: Vieweg & Sohn, 1903), 2:216. 以下简称为 "Facts".

8　同上书, 2:218.

9　同上书。

10　同上书。

11　同上书, 2:245.

12　Massimo Mezzanzanica, "Philosophie der Erfahrung und Erneuerung des Apriori: Dilthey und Helmholtz," in *Recent Contributions to Dilthey's Philosophy of the Human Sciences*, ed. Hans Ulrich Lessing (Stuttgart: Fromann-Holzboog, 2011): 59–82.

13　*WDGS*, 1:188.

14　"精神科学"更常被译为"人类科学"甚至"社会科学"。我们选择"现代人文学"这个译法的原因会在本章得到说明；我们也知道这个译法在一些读者看来实不寻常。"社会科学"这个译法不合我们心意的简短解释，见第七章注 35。

15　Fritz Ringer, *The Decline of the German Mandarins: The German Academic Community, 1890–1933*, (Cambridge, MA: Harvard University Press, 1969).

16　Rudolf Virchow, *Die Gründung der Berliner Universität und der Uebergang ausdem philosophischen in das naturwissenschaftliche Zeitalter* (Berlin: Julius Becker, 1893).

17　同上书。亚·洪堡是洪堡之弟。本章所有"洪堡"均指兄长。

18　对统一性的渴望也体现在他处，如柏林的民族学博物馆，以及它按照亚·洪堡著作的传统为人类理想统一性进行解释的尝试。见 H. Glenn Penny, "Bastian's Museum: On the Limits of Empiricism and the

Transformation of German Ethnology," in *Worldly Provincialism*, ed. H. Glenn Penny and Matti Bunzl (Ann Arbor: University of Michigan Press, 2003), 86–126.

19 同上书 , 26, 27—28.

20 Friedrich Nietzsche, *Unzeitgemässe Betrachtungen*, in Friedrich Nietzsche, Kritische Studienausgabe, ed. Giorgio Colli and Mazzino Montinari, 15 vols. (Berlin: Walter de Gruyter, 1999), 1:366.

21 Heinrich Rickert, *Kulturwissenschaft und Naturwissenschaft* (Tübingen: Mohr, 1910), 1.

22 Joseph Ben-David, "Scientific Productivity and Academic Organization in Nineteenth Century Medicine," *American Sociological Review* 25, no. 6 (1960): 828–43.

23 Emil Du Bois-Reymond, *Gedächtnissrede auf Johannes Müller* (Berlin: Akademie der Wissenschaften, 1860), 69. 见 Gabriel Finkelstein, *Emil Du BoisReymond: Neuroscience, Self, and Society in Nineteenth-Century Germany* (Cambridge, MA: MIT Press, 2013), 44–45; Laura Otis, *Müller's Lab* (Oxford: Oxford University Press, 2007), 17–18.

24 见穆勒 1824 年在波恩大学的就职演讲，"Ueber das Bedürfnis der Physiologie nach einer philosophischen Naturbetrachtung," 作为 Johannes Müller, *Zur vergleichenden Physiologie des Gesichtssinnes des Menschen und der Thiere* (Leipzig: K. Knobloch, 1826) 导论出版。

25 杜布瓦－雷蒙是柏林大学学生，但赫尔姆霍兹和魏尔啸是弗里德里希－威廉医学院（Friedrich Wilhelm medical institute）的学生。对他们和老师复杂关系的讨论，见 Frederic Holmes, "The Role of Johannes Müller in the Formation of Helmholtz's Physiological Career," in *Universalgenie Helmholtz: Rückblick nach 100 Jahren*, ed. Lorenz

Krüger (Berlin: Akademie, 1994).

26　杜布瓦－雷蒙在 1840 年 12 月 26 日致哈尔曼（Hallmann）的信中描述了自己的第一台显微镜，in *Jugendbriefe von Emil Du Bois-Reymond an Eduard Hallmann*, ed. Estelle Bu Bois-Reymond (Berlin: Reimer, 1918), 66, 79.

27　Otis, *Müller's Lab*, 76–189.

28　Du Bois-Reymond, *Gedächtnissrede*, 87–88, 92.

29　Rudolf Virchow, "Ueber die Reform der pathologischen und therapeutischen Anschauungen durch die mikroskopischen Untersuchungen," *Archiv für pathologische Anatomie und Physiologie und für klinische Medicin* 1 (1847): 213.

30　Helmholtz, "Das Denken in der Medicin," in Hermann Helmholtz, *Vorträge und Reden* (Brunswick: Vieweg & Sohn, 1903), 2:181. 见 Otis, *Müller's Lab*; Michael Hagner and Bettina Wahrig-Schmidt, ed., *Johannes Müller und die Physiologie* (Berlin: Walter de Gruyter, 1995). 虽然关于穆勒对生命力（Lebenskraft）的专注，杜布瓦－雷蒙常表示不屑、赫尔姆霍兹在较浅的程度上亦然，但穆勒本人至少对学生们采取的更强调实验和物理的方向展现了更为开放的态度。在一封 1849 年致普鲁士文化部的信中，他推荐二人担任柯尼斯堡的教授职位，表扬二人深入了解物理而改进了实验生理学的方法，是该领域从业者中的翘楚。Wilhelm Haberling, *Johannes Müller: Das Leben der rheinischen Naturforschers* (Leipzig: Akademische, 1924), 329.

31　Helmholtz, "Das Denken in der Medicin," 181.

32　Helmholtz, "Über das Verhältniss der Naturwissenschaften zur Gesammtheit der Wissenschaft," in *Vorträge und Reden*, 3rd ed. (Brunswick: Vieweg & Sohn, 1884), 1:128.

33   Rudolf Virchow, "Was die 'medicinische Reform' will," in *Die medicinische Reform*, no. 1. (July 10, 1848): 2.

34   Werner Siemens, *Das Naturwissenschaftliche Zeitalter* (Berlin: Carl Heymann, 1886), 9.

35   Rudolf Virchow, "Empirie und Transscendenz," in *Archiv für pathologische Anatomie und Physiologie und für klinische Medicin* 7 (Berlin: Georg Reimer, 1854), 28.

36   Ringer, *Decline of the German Mandarins*.

37   Weber, *Die Wirtschaftsethik der Weltreligionen: Konfuzianismus und Taoismus, MWG*, 1.19:302–4.

38   Ringer, *Decline of the German Mandarins*.

39   见 Edward Jurkowitz, "Helmholtz and the Liberal Unification of Science," 以及 Heinrich Schipperges, "Einheitsbestrebungen auf der Naturforschungsversammlung im 19. Jahrhundert," *Sudhoff's Archiv* 61, no. 4 (1977): 313–30.

40   Kant, *Kritik der Urteilskraft*, 5:431, 433.（中译取自邓晓芒译《判断力批判》，人民出版社，2002，289 页。——译注）

41   Emil Du Bois-Reymond, *Culturgeschichte und Naturwissenschaft* (Leipzig: Veit, 1878), 35.

42   Keith M. Anderton, "The Limits of Science: A Social, Political, and Moral Agenda for Epistemology in Nineteenth-Century Germany"（博士论文, Harvard University, 1993), 188n139.

43   Helmholtz, "Über das Verhältniss," 140, 142.

44   Anderton, "Limits of Science," 188n193.

45   Johann Gustav Droysen, *Historik: Vorlesungen über Enzyklopädie und Methodologie*, ed. Rudolf Hübner (Munich: Oldenbourg, 1974), 18.

46　论黑格尔的持续影响，见 Herbert Schnädelbach, "Philosophie auf dem Weg von der System- zur Forschungswissenschaft," in *Geschichte der Universität Unter den Linden: Gründung und Blütezeit der Universität zu Berlin 1810—1918*, 6 vols., ed. Charles McClelland and Heinz-Elmar Tenorth (Berlin: Akademie, 2010–2013), 4:180–183.

47　Ulrich Dierse, "Das Begriffspaar Naturwissenschaften-Geisteswissenschaften bis zu Dilthey," in *Kultur Verstehen*, ed. Kühne-Bertram Gudrun, Hans-Ulrich Lessing, and Volker Steenblock (Würzburg: Könighausen and Neumann, 2003), 15–34.

48　Droysen, *Historik*, 3.

49　Johann Eduard Erdmann, *Vorlesungen über akademisches Leben und Studium* (Leipzig: Carl Geibel, 1858), 276, 279.

50　Heinrich A. Oppermann, *Enzyclopädie der Philosophie* (Hannover: Hahn'schen Hofbuchhandlung, 1844), 51.

51　Droysen, *Historik*, 378.

52　Andreas Ludwig Kym, *Die Weltanschauungen und deren Consequenzen* (Zurich: S. Hoehr, 1854), 12.

53　Carl Heinrich Schultz-Schultzenstein, *Die Bildung des menschlichen Geistes durch Kultur der Verjüngung seines Lebens in Hinsicht auf Erziehung zur Humanität und Civilization* (Berlin: August Hirschwald, 1855), 928.

54　Kym, *Die Weltanschauungen*, 12–14.

55　同上书 , 25.

56　同上书 , 12.

57　Johannes *Emil Kuntze, Der Wendepunkt der Rechtswissenschaft: Ein Beitrag zur Orientirung über den gegenwärtigen Stand- und Zielpunkt derselben* (Leipzig: J. C. Hinrich, 1856), 2.

58　David Cahan, "Helmholtz and the Civilizing Power of Science," in *Hermann von Helmholtz and the Foundations of Nineteenth-Century Science*, ed. David Helmholtz (Berkeley: University of California Press, 1993), 244–45; Helmholtz, "Über das Verhältniss," 125.

59　Helmholtz, "Über das Verhältniss," 120.

60　同上书, 122.

61　同上书, 122, 131, 132, 133.

62　同上书, 137; Cahan, *Helmholtz*, 248

63　Helmholtz, "Über das Verhältniss," 137.

64　同上书, 133, 138.

65　关于科学中的性别研究以及科学界中的女性的大量文献，优秀综述可见 Erika Lorraine Milam and Robert A. Nye, "An Introduction to Scientific Masculinities," *Osiris* 30 (2015): 1–14.

66　Virchow, *Die Gründung*, 25, 29.

67　Helmholtz, "Ueber das Streben nach Popularisierung der Wissenschaft: Vorrede zu der von Tyndall's 'Fragments of Science' 1894," in *Vorträge und Reden*, vol. 2 (Berlin: Vieweg & Sohn, 1903): 424, 426.

68　Weber, *Wissenschaft als Beruf*, MWG, 1.17:86–87.

69　Helmholtz, "Über das Verhältniss," 135.

70　Du Bois-Reymond, "Der physiologische Unterricht sonst und jetzt," in *Reden von Emil Du Bois-Reymond* (Leipzig: Veit, 1887), 379.

71　Rudolf Virchow, "Die naturwissenschaftliche Methode und die Standpunkte in der Therapie," *Archiv für pathologische Anatomie und Physiologie und für klinische Medicin* 2 (1849): 12.

72　Helmholtz, "Über das Verhältniss," 138.

73　赫尔姆霍兹语转引自 *Dokumente einer Freundschaft: Briefwechsel zwischen Hermman von Helmholtz und Emil Du Bois-Reymond (1846–1894)*, ed. Christa Kirsten (Berlin: Akademie, 1986), 55.

74　Helmholtz, "Ueber das Streben nach Popularisierung," 426.

75　见 Otto Brüggemann, *Naturwissenschaft und Bildung: Die Anerkennung des Bildungswertes der Naturwissenschaften in Vergangenheit und Gegenwart* (Heidelberg: Quelle und Meyer, 1967).

76　我们比较的是历史感受和程度。例如，探讨早期现代语文学的近期研究表明，学者一直都使用各种技术，印刷书籍仅是其中之一。对一些更新研究的综述，见 Alberto Cevolini, ed., *Forgetting Machines: Knowledge Management Evolution in Early Modern Europe* (Leiden: Brill, 2016).

77　Otis, *Müller's Lab*, 94.

78　Du Bois-Reymond, "Der physiologische Unterricht sonst und jetzt," in *Reden von Emil Du Bois-Reymond* (Leipzig: Veit, 1887), 364.

79　同上书, 373. 我们在此参考了 Otis, *Müller's Lab*, 92–93, 与 Christian Emden, *Nietzsche's Naturalism: Philosophy and the Life Sciences in the Nineteenth Century* (Cambridge: Cambridge University Press, 2014), 53.

80　Finkelstein, *Emil Du Bois-Reymond*, 171–72.

81　Virchow, *Die Gründung*, 24.

82　Helmholtz, "Das Denken in der Medicin," 181.

83　Du Bois-Reymond, "Der physiologische Unterricht," 379.

84　杜布瓦－雷蒙语转引自 Finkelstein, *Emil Du Bois-Reymond*, 190; Du Bois-Reymond, "Der physiologische Unterricht," 363–64.

85　Virchow, "Die naturwissenschaftliche Methode und die Standpunkte," 17, 19.

86   Emil Du Bois-Reymond, *Ueber Neo-Vitalismus* (Brackwede: Breitenbach, 1913), 10.

87   Emil Du Bois-Reymond, *Untersuchungen über thierische Elektricität* (Berlin: Georg Reimer, 1848), 1:xxix.

88   同上书, xxvi–xxvii.

89   Paul Foreman, "The Primacy of Science in Modernity, of Technology in Postmodernity, and of Ideology in the History of Technology," *History and Technology* 23, no. 1/2 (2007): 1–152.

90   对这种更宏观动态关系的讨论，见 Sven Dierig, *Wissenschaft in der Maschinenstadt: Emil Du Bois-Reymond und seine Laboratorien in Berlin* (Göttingen: Wallstein, 2006), 126.

91   Justus von Liebig, *Der Zustand der Chemie in Preußen* (Brunswick: Bieweg, 1840), 12.

92   同上书, 13.

93   M. Norton Wise, *Aesthetics, Industry, and Science: Hermann Helmholtz and the Berlin Physical Society* (Chicago: University of Chicago Press, 2018), 197.

94   同上书, 197, 236.

95   Helmholtz, "Über das Verhältniss," 135.

96   同上书, 135, 137.

97   Virchow, "Die naturwissenschaftliche Methode und die Standpunkte," 3; David Cahan, "Helmholtz and the Civilizing Power of Science," in *Hermann von Helmholtz and the Foundations of Nineteenth-Century Science*, ed. David Helmholtz (Berkeley: University of California Press, 1993), 559–601.

98   见 Daum, *Wissenschaftspopularisierung im 19. Jahrhundert*, 51–64.

99　　Helmholtz, "Über das Verhältniss," 141.

100　　对赫尔姆霍兹和杜布瓦－雷蒙"自由主义"的讨论，分别见 Cahan, *Helmholtz*, 249–50; Finkelstein, *Emil Du Bois-Reymond*, 22, 62.

101　　Kant, "Beantwortung der Frage: Was ist Aufklärung?," 8:33.

102　　Helmholtz, "Über das Verhältniss," 138.

103　　同上书 , 130, 135, 138, 142, 144.

104　　同上书 , 139, 140, 143.

105　　同上书 , 139.

106　　同上书 , 141.

107　　同上书 , 123.

108　　对赫尔姆霍兹这样的康德主义者而言，自发性是一种只能属于理性或心灵的属性。见 Helmholtz, "Ueber das Ziel und Fortschritt der Naturwissenschaft," in *Vorträge und Reden*, vol. 1 (Braunschweig: Vieweg & Sohn, 1896).

109　　Rudolf Virchow, "Über den Fortschritt in der Entwicklung der HumanitätsAnstalten," in *Amtlicher Bericht über die Fünf und Dreissigste Versammlung Deutscher Naturforscher und Ärzte, in Königsberg Preussen, September 1860* (Königsberg: Hartungsche, 1861), 41.

110　　Emil Du Bois-Reymond, "Über die Grenzen des Naturerkennens," in *Über die Grenzen des Naturerkennens und die Sieben Welträthsel: Zwei Vorträge*, 3rd ed. (Leipzig: Veit, 1891).

111　　Finkelstein, *Du Bois-Reymond*, 191, 203.

112　　转引自上书 , 272.

113　　Du Bois-Reymond, *Über die Grenzen des Naturerkennens*, 37.

114　　同上书 , 39.

115　　同上书 , 45.

116　Emil Du Bois-Reymond, *Hr. Rothstein und der Barren: Eine Entgegnung* (Berlin: Georg Reimer, 1863), 4.

117　见 Kurt Bayertz, "'Das Rätsel gibt es nicht': Von Emil Du Bois-Reymond über Wittgenstein zum Wiener Kreis," in *Der Ignorabimus-Streit*, ed. Kurt Bayertz, Myriam Gerhard, and Walter Jaeschke (Hamburg: Felix Meiner, 2007), 185.

118　Du Bois-Reymond, *Culturgeschichte und Naturwissenschaft*, 14.

119　同上书 , 35.

120　同上书 , 35; Du Bois-Reymond, "Über die Geschichte der Wissenschaft," in *Reden* (Leipzig: Veit, 1887), 2:354.

121　杜布瓦－雷蒙德论述响应了 Nicolas de Condorcet, *Esquisse d'un tableau historique des progrès de l'esprit humain* (1795), 以及更晚近的 Henry Thomas Buckle, *The History of Civilization in England* (London: Parker and Son, 1858).

122　Du Bois-Reymond, *Culturgeschichte und Naturwissenschaft*, 54.

123　同上书 , 30, 54.

124　同上书 , 42, 43, 44.

125　Helmholtz, *Über die Erhaltung der Kraft: Eine physikalische Abhandlung* (Berlin: Reimer, 1847), 7.

126　Christoph Gradmann, "Naturwissenschaft, Kulturgeschichte und Bildungsbegriff bei Emil Du Bois-Reymond," *Tractrix* 5 (1993): 14–15.

127　见 James C. Albisetti, "The Decline of the German Mandarins after Twenty Five Years," *History of Education Quarterly* 34, no. 4 (1994): 454.

128　Virchow, "Die naturwissenschaftliche Methode und die Standpunkte," 9.

129　Lorraine Daston, "When Science Went Modern," *Hedgehog*

Review 18, no. 3 (Fall 2016), https://hedgehogreview.com/issues/the-cultural-contradictions-of-modern-science/articles/when-science-went-modern.

130　Du Bois-Reymond, *Culturgeschichte und Naturwissenschaft*, 54.

131　同上书。

132　同上书, 58.

133　同上书, 51.

134　Du Bois-Reymond, "Die Sieben Welträthsel," in *Über die Grenzen des Naturerkennens und die Sieben Welträthsel: Zwei Vorträge*, 3rd ed. (Leipzig: Veit, 1891), 62.

135　我们在此直接援引了拜耶茨 (Kurt Bayertz) 的"导论", 见 *Der IgnorabimusStreit*, ed. Kurt Bayertz, Myriam Gerhard, and Walter Jaeschke (Hamburg: Felix Meiner, 2012), xxi–xxvi.

136　Daum, *Wissenschaftspopularisierung im 19. Jahrhundert*, 33–42, 85–89.

137　见 Finkelstein, *Emil Du Bois-Reymond*, 269–72.

138　Robert J. Richards, *The Tragic Sense of Life: Ernst Haeckel and the Struggle over Evolutionary Thought* (Chicago: University of Chicago Press, 2008), 1.

139　Ernst Haeckel, *Anthropogenie, oder Entwicklungsgeschichte des Menschen* (Leipzig, 1874), xii; Haeckel, *Ueber die Entwicklungstheorie Darwin's in Vorträge ausdem Gebiete der Entwicklungslehre* (Bonn: Emil Strauss, 1878), 24–25.

140　Haeckel, *Freie Wissenschaft und freie Lehre* (Leipzig: Kröner, 1908), 73, 82.

141　Roberts, *Tragic Sense of Life*, 124.

142   Todd H. Weir, *Secularism and Religion in Nineteenth Century Germany: The Rise of the Fourth Confession* (Cambridge: Cambridge University Press), 67.

143   书名页，*Kosmos* 1, no. 1 (April–September 1877).

144   同上书 , 3.

145   在该刊的发刊词中，一位编者呼吁哲学和自然科学 "全新的再次统一"。Otto Caspari, "Die Philosophie im Bund mit der Naturforschung," *Kosmos* 1, no. 1 (April–September 1877): 4–16.

146   这些标题来自卷 1（1877）至卷 6（1879）。

147   Eduard von Hartmann, "Anfänge naturwissenschaftlicher Selbstkenntnisse," in *Der Ignorabimus-Streit*, ed. Kurt Bayertz, Myriam Gerhard, and Walter Jaeschke (Hamburg: Felix Meiner, 2012), 35.

148   转引自 Frederick Beiser, *After Hegel: German Philosophy 1840–1900* (Cambridge, MA: Harvard University Press, 2014), 118.

149   Carl von Nägeli, "Ueber die Schranken der Naturwissenschaftlichen Erkenntnis," in *Der Ignorabimus-Streit*, ed. Kurt Bayertz, Myriam Gerhard, and Walter Jaeschke (Hamburg: Felix Meiner, 2012), 150, 151.

150   Ottokar Lorenz, "Die 'bürgerliche' und die naturwissenschaftliche Geschichte," *Historische Zeitschrift* 39, no. 3 (1878): 485. 关于洛伦兹，同样的观点见 Irmline VeitBrause, "Scientists and the Cultural Politics of Academic Disciplines in Late 19th-Century Germany: Emil Du Bois-Reymond and the Controversy over the Role of the Cultural Sciences," *History of the Human Sciences* 14, no. 4 (2001): 47.

151   Virchow, "Über den Fortschritt," 41.

152   Rudolf Virchow, *Die Freiheit der Wissenschaft im modernen Staat* (Berlin: Wiegandt, Hempel, & Parey, 1877), 22.

153　同上书, 9.

154　同上书, 23.

155　同上书, 24.

156　同上书, 7, 24, 29. Du Bois-Reymond, *Über die Grenzen des Naturerkennens*, 45.

157　Virchow, *Die Freiheit der Wissenschaft*, 29.

158　Ernst Haeckel, *Die heutige Entwickelungslehre im Verhältnisse zur Gesammtwissenschaft* (Stuttgart: E. Schwiezerbart'sche, 1878), 16.

159　Ernst Haeckel, *Freie Wissenschaft und freie Lehre* (Leipzig: Alfred Kröner, 1908), 32.

160　同上书, 33, 82.

161　Haeckel, *Die heutige Entwicklungslehre*, 6.

162　同上书, 6–7.

163　同上书, 10.

164　Helmholtz, *Über die Akademische Freiheit der deutschen Universitäten* (Berlin: Hirschwald, 1878), 30.

165　Jessica Riskin, *The Restless Clock: A History of the Centuries-Long Argument over What Makes Living Things Tick* (Chicago: University of Chicago Press, 2016), 261.

166　同上书, 256–257.

167　Virchow, "Empirie und Transscendenz," 27 (n. 35).

168　Virchow, *Die Freiheit der Wissenschaft*, 29.

169　Bayertz, "Das Rätsel gibt es nicht," 187 (n. 117).

170　Emil Du Bois-Reymond, *Goethe und kein Ende* (Leipzig: Veit, 1882), 10, 29.

171　见 Charles Taylor, *A Secular Age* (Cambridge, MA: Harvard University

Press, 2007), 26–27.

172   Odo Marquard, "Über die Unvermeidlichkeit der Geisteswissenschaften," 98 (n. 79).

173   *WDGS*, 1:22.

174   August Wilhelm Hofmann, *Die Frage der Theilung der philosophischen Facultät* (Berlin: F. Dümmler, 1881), 80.

第五章

1   Wilhelm Dilthey, *Wilhelm Dilthey Gesammelte Schriften* [*WDGS*], 26 vols. (Stuttgart: B. G. Teubner, 1961–1966), 1:3.

2   同上书 , 1:21.

3   *WDGS*, 11:239.

4   Helmholtz, "Die Tatsachen in der Wahrnehmung," in *Vorträge und Reden* (Berlin: Vieweg & Sohn, 1903), 2:365.

5   同上书 , 2:284.

6   Riskin, *The Restless Clock*, 257.

7   Dilthey, *Der junge Dilthey: Ein Lebensbild in Briefen und Tagebüchern*, ed. Clara Misch-Dilthey (Stuttgart: Teubner, 1960), 284.

8   *WDGS*, 5:353, 355.

9   *WDGS*, 1:113.

10   同上书 , 1:xix.

11   *WDGS*, 5:357.

12   同上书。另见 *WDGS*, 1:365, 367, 368, 371.

13   Helmholtz, "Die Tatsachen in der Wahrnehmung," 13, 14.

14   Heinrich Rickert, *Kulturwissenschaft und Naturwissenschaft* (Tübingen: Mohr, 1910), 1.

15 *WDGS*, 1:13.

16 关于狄尔泰基本思想的发展变化，见 Frederick C. Beiser, *The German Historicist Tradition* (Oxford: Oxford University Press, 2011), 322-64. 在以下段落中，我们借鉴了拜瑟尔的论点：狄尔泰最终没能给出两类知识在方法论、本体论和认识论上的显著差异（325—331 页）。

17 *WDGS*, 1:10-13.

18 同上书，1:6.

19 同上书，1:9.

20 同上书，1:11.

21 同上书，1:11-13.

22 同上书，1:xvii.

23 同上书，1:36.

24 同上书。

25 同上书，1:15.

26 同上书，1:15.

27 同上书，1:6.

28 *WDGS*, 7:199.

29 *WDGS*, 1:20.

30 同上书，1:11.

31 同上书，1:4.

32 同上书，1:355, 356.

33 同上书。

34 同上书，1:129, 133.

35 同上书，1:113, 125–126.

36 同上书，1:125. 另见 *WDGS* 7:191-294, 217, 218.

37 *WDGS*, 7:218.

38 *WDGS*, 1:124, 276, 330, 352.

39 同上书, 1:352.

40 同上书。

41 同上书, 1:375.

42 同上书, 1:374.

43 同上书, 1:375; 另见 28.

44 同上书, 1:377.

45 同上书, 1:384.

46 *WDGS*, 5:193.

47 Beiser, *Historicist Tradition*, 333.

48 *WDGS*, 5:158, 165.

49 同上书, 5:172.

50 同上书, 5:226. 见 Beiser, *Historicist Tradition*, 333.

51 *WDGS*, 5:153.

52 同上书, 5:215–216.

53 *WDGS*, 1:144. 另见 *WDGS*, 5:144.

54 *WDGS*, 1:384.

55 同上书, 1:138, 385.

56 同上书, 1:385.

57 同上书, 1:137, 385.

58 狄尔泰比较了他的宗教"体验"概念与施莱尔马赫把宗教理解为"绝对依赖感"(das schlechthinige Abhängigkeitsgefühl) 的论述。见 *WDGS*, 1:139n1, 与 *WDGS*, 6:288–305.

59 *WDGS*, 1:11–12, 15.

60 见 Chad Wellmon, *Organizing Enlightenment: Information Overload and the Invention of the Modern Research University* (Baltimore: Johns

Hopkins University Press, 2015), 234–61; William Clark, "On the dialectical Origins of the Research Seminar," *History of Science* 27 (1989): 111–54; Kathryn Olesko, *Physics as Calling: Discipline and Practice in the Königsberg Seminar for Physics* (Ithaca, NY: Cornell University Press, 1991).

61　Roger Chickering, *Karl Lamprecht: A German Academic Life* (Leiden: Brill, 1993), 27.

62　关于"哲学博士"断断续续的推行，长篇论述可见 William Clark, *Academic Charisma and the Origins of the Research University* (Chicago: University of Chicago Press, 2006), 183–238.

63　Hans Joaquim Schoeps, ed., "Ein Gutachten des Kultusministers von Altenstein," *Zeitschrift für Padagogik* 12 (1966): 262.

64　见 Thomas Albert Howard, *Protestant Theology and the Making of the Modern German University* (New York: Oxford University Press, 2005), 284.

65　Karl Marx, *Zur Judenfrage* (Berlin: Rowohlt, 1919), 173, 216.

66　Karl Ludwig Michelet, *Entwicklungsgeschichte der neuesten deutschen Philosophie* (Berlin: Duncker & Humblot, 1843), 305, 400.

67　例如 August Boeckh, "Über das Verhältniss der Wissenschaft zum Leben," in *August Boeckh's Gesammelte kleine Schriften*, vol. 2, *Boeckh's Reden Gehalten auf der Universität und in der Akademie der Wissenschaften zu Berlin* (Leipzig: Teubner, 1877).

68　August Wilhelm Hofmann, *Die Frage der Theilung der philosophischen Facultät* (Berlin: F. Dümmler, 1881), 24.

69　Fritz Ringer, *The Decline of the German Mandarins: The German Academic Community, 1890–1933*, (Cambridge, MA: Harvard University Press, 1969), 282–94.

70   W. Lexis, "Vorwort" in *Die Deutschen Universitäten*, ed. W. Lexis, vol. 1 (Berlin: A. Ascher, 1893).

71   Friedrich Paulsen, "Wesen und geschichtliche Entwicklung der deutschen Universitäten," 收于上书, 1:104.

72   Paulsen, "Wesen," in Lexis, *Die Deutschen Universitäten*, 1:105, 106, 108.

73   同上书, 1:109.

74   同上书。

75   转引自 Hofmann, *Die Frage*, 8–9.

76   *WDGS*, 11:242.

77   相关的导论即关键文献，见 Kurt Bayertz, ed., *Der Materialismus-Streit* (Berlin: Meiner, 2012).

78   狄尔泰语引自 "Vorbericht des Herausgebers," in *WDGS*, 5:lxxiv.

79   Dilthey, "Die Wissenschaften vom handelden Menschen," in *WDGS*, 18:19.

80   Julian Hamann, "The Making of the *Geisteswissenschaften: A Case Study of Boundary Work?*," FIW Working Paper, June 2017, 15.

81   Herbert Schnädelbach, *Philosophie in Deutschland 1831–1933* (Frankfurt am Main: Suhrkamp, 1983), 89ff; "Philosophie auf dem Weg von der System- zur Forschungswissenschaft. Oder: Von der Wissenschaftslehre zur Philosophie als Geisteswissenschaft," in *Geschichte der Universität Unter den Linden: Gründung und Blütezeit der Universität zu Berlin 1810–1918*, 6 vols., ed. Charles McClelland and Heinz-Elmar Tenorth (Berlin: Akademie, 2010–2013), 4:192.

82   Klaus Köhnke, *Entstehung und Aufstieg des Neukantianismus: Die deutsche Universitätsphilosophie zwischen Idealismus und Positivismus*

(Frankfurt am Main: Suhrkamp, 1993); Frederick C. Beiser, *The Genesis of Neo-Kantianism, 1796–1880* (Oxford: Oxford University Press, 2014).

83　对新康德主义在这些争论中的作用的相似分析（也令我们获益匪浅），见 Hamann, "The Making of the *Geisteswissenschaften*," 15.

84　Windelband, "Was Ist Philosophie?," in *Präludien* (Tübingen: Mohr, 1924), 1:2, 24, 25, 33.

85　Windelband, "Kritische oder genetische Methode," in *Präludien*, 2:123.

86　同上书。

87　Stephan Roscher, *Die Kaiser-Wilhelms-Universität Straßburg 1872–1902: Geisteswissenschaftler zwischen Reichsidee und Regionalismus* (Frankfurt am Main: Peter Lang, 2006).

88　Wilhelm Dilthey, "Entwurf zu einem Gutachten über die Gründung der Universität Straßburg," in *Die Erziehung: Monatsschrift für den Zusammenhang von Kultur und Erziehung in Wissenschaft und Leben* 16 (1941): 81–85.

89　Horst Gundlach, *Wilhelm Windelband und die Psychologie: Das Fach Philosophie und die Wissenschaft Psychologie im Deutschen Kaiserreich* (Heidelberg: University of Heidelberg Press, 2017), 119.

90　Wilhelm Windelband, *Geschichte und Naturwissenschaft* (Straßburg: Heitz, 1894), 21, 22.

91　同上书 , 40.

92　同上书 , 22, 26, 28–29, 30.

93　Eric Hayot, "What Happens to Literature If People Are Artworks?," *New Literary History* 48, no. 3 (2017): 458.

94　Windelband, *Geschichte und Naturwissenschaft*, 25.

95 同上书, 31—34.

96 同上书, 36, 40.

97 同上书, 40.

98 Windelband, "Kulturphilosophie und transzendentaler Idealismus," in *Präludien*, 2:279–94. 转引并参考自 Beiser, *Historicist Tradition*, 391–92.

99 Beiser, *Historicist Tradition*, 391. Rickert, *Kulturwissenschaft und Naturwissenschaft*, 12.

100 见 Beiser, *Historicist Tradition*, 394–442.

101 Heinrich Rickert, *Kulturwissenschaft und Naturwissenschaft* (Freiburg: Mohr, 1899), 5.

102 我们的引文来自付梓的第二版 Heinrich Rickert, *Kulturwissenschaft und Naturwissenschaft* (Tübingen: Mohr, 1910), "Vorwort."

103 Rickert, *Kulturwissenschaft und Naturwissenschaft* (1910), 1.

104 同上书, 5–6, 7, 1.

105 同上书, 51, 13.

106 Beiser, *Historicist Tradition*, 382.

107 Rickert, *Kulturwissenschaft und Naturwissenschaft* (1910), 17–19, 20.

108 同上书, 40, 41, 109.

109 同上书, 44.

110 Windelband, *Geschichte und Naturwissenschaft*, 40.

111 该用词借鉴自 Henry M. Clowes, "History Naturalized," *Historical Studies in the Natural Sciences* 47, no. 1 (2017): 107–16.

112 Emil Du Bois-Reymond, *Über die Grenzen des Naturerkennens und die Sieben Welträthsel: Zwei Vorträge*, 3rd ed. (Leipzig: Veit, 1891), 44.

113　Max Verworn, "Die Frage nach den Grenzen der Erkenntnis: Ein Vortrag," in *Der Ignorabimus-Streit*, ed. Kurt Bayertz, Myriam Gerhard, and Walter Jaeschke (Hamburg: Felix Meiner, 2012), 287.

114　Emil Du Bois-Reymond, "Darwin vs. Galiani" (1876), in *Reden von Emil Du Bois-Reymond* (Leipzig: Veit, 1912), 1:561–62.

115　Du Bois-Reymond, "Darwin vs. Galiani," 563.

116　Rickert, *Kulturwissenschaft und Naturwissenschaft* (1910), 125.

117　Walter Rathenau, "Ignorabimus," in *Der Ignorabimus-Streit*, ed. Kurt Bayertz, Myriam Gerhard, and Walter Jaeschke (Hamburg: Felix Meiner, 2012), 234.

118　同上书, 3:236.

119　同上书, 3:238, 239.

120　同上书, 3:250–51.

121　Lorraine Daston, "When Science Went Modern," *Hedgehog Review* 18, no. 3 (Fall 2016), https://hedgehogreview.com/issues/the-cultural-contradictions-of-modern-science/articles/when-science-went-modern.

122　Siemens, *Das Naturwissenschaftliche Zeitalter*, 8, 13.

123　Daston, "When Science Went Modern."

124　Heinrich Rickert, Die Grenzen der naturwissenschaftlichen Begriffsbildung (Tübingen: Mohr, 1929), 7.

125　Rickert, *Die Grenzen*, xxv, xxiii.

126　Rickert, *Kulturwissenschaft und Naturwissenschaft* (1910), 148.

127　同上书, 149.

128　同上书。

129　Rickert, *Die Grenzen*, 536–37.

130　Weber, *Wissenschaft als Beruf*, MWG, 1.17:101, 103.

131　见 Hayot, "What Happens to Literature."

132　可比较 Amanda Anderson, *Psyche and Ethos: Moral Life after Psychology* (Oxford: Oxford University Press, 2018).

133　Helen Small, *The Value of the Humanities* (Oxford: Oxford University Press, 2013), 29.

第六章

1　Spranger, "Leben und Wissenschaft," in *Eduard Spranger: Gesammelte Schriften* (Tübingen: Max Niemeyer, 1980), 6:91, 100.

2　Konrad H. Jarausch, *Students, Society, and Politics in Imperial Germany* (Princeton, NJ: Princeton University Press, 1982), 23–113.

3　维滕贝格计划（Wittenberg Program）转引自 Friedrich Schulze und Paul Ssymank, *Das deutsche Studententum von den aeltesten Zeiten bis zum Weltkriege* (Leipzig: R. Voigtländer 1918), 363.

4　Jarausch, *Students*, 282–83.

5　Ssymank, *Das Deutsche Studententum*, 365; 另见 Jarausch, *Students*, 280.

6　Felix Behrend, *Der freistudentische Ideenkreis* (Munich: Bavaria, 1907).

7　同上书, 13.

8　转引自 Ssymank, *Das Deutsche Studententum*, 402.

9　Charles E. McClelland, "Studium und Studenten," in *Geschichte der Universität Unter den Linden: Gründung und Blütezeit der Universität zu Berlin 1810–1918*, 6 vols., ed. Charles McClelland and Heinz-Elmar Tenorth (Berlin: Akademie, 2010–2013), 1:516.

10　Hartmut Titze, *Wachstum und Differenzierung der deutschen Universitäten 1830–1945* (Göttingen: Vandenhoeck & Ruprecht 1995), 91.

11　Peter Lundgreen, "Studium zwischen Forschungsorientierung und Berufskonstruktion," in *Die Berliner Universität im Kontext der deutschen Universitätslandschaft*, ed. Rüdiger vom Bruch (Munich: Oldenbourg, 2010), 111–127.

12　见 Heinz-Elmar Tenorth, "Transformation der Wissensordnung," in McClelland and Tenorth, *Geschichte der Universität Unter den Linden*, 5:19. 其他大学相似情况的概况, 见 Titze, Wachstum, 91. Uwe Meves, "Die Gründung germanistischer Seminare an den preußischen Universitäten (1875–1895)" (1987), in *Ausgewählte Beiträge zur Geschichte der Germanistik und des Deutschunterrichts im 19. und 20. Jahrhundert*, ed. Uwe Meves (Hildesheim: Weidmann, 2004), 279–327.

13　Andrew Abbott, *Chaos of Disciplines* (Chicago: University of Chicago Press, 2001).

14　Weber, "Rezension von: Eulenburg, Die Entwicklung der Universität Leipzig," *MWG*, 1.13:170.

15　Bruno Gebhardt, *Wilhelm von Humboldt als Staatsmann*, 2 vols. (Stuttgart: Cotta, 1896–1899).

16　Rüdiger vom Bruch, "Langsamer Abschied von Humboldt?" in *Mythos Humboldt: Vergangenheit und Zukunft der deutschen Universitäten*, ed. Mitchell G. Ash (Vienna: Böhlau, 1999), 29–58.

17　Harnack, "Zur Kaiserlichen Botschaft vom 11. Okt. 1910: Begründung von Forschungsinstituten," in *Adolf von Harnack als Zeitgenosse*, ed. Kurt Nowack (Berlin: Walter de Gruyter, 1996), 2:1026–49.

18　Harnack, "Wissenschaft als Großbetrieb," in Nowack, *Adolf von*

Harnack als Zeitgenosse, 2:1004.

19   转引自 Jarausch, *Students*, 289.

20   Behrend, *Der Freistudentische Ideenkreis*, 33.

21   Karl Korsch, "Rechtsformen für die Verwicklichung freistudentischer Ideen," Akademische Rundschau 14, no. 1 (1912): 7, 转 引 自 *Hans Harald Müller, Intellektueller Linksradikalismus in der Weimarer Republik* (Kronberg: Scriptor, 1977), 30.

22   Kranold, "Der Werdegang des Freistudententums," in *Freistudententum: Versuch einer Synthese der freistudententischen Ideen*, ed. Hermann Kranold (Munich: Max Steinbach, 1913), 17, 19.

23   Benjamin, "Ziele und Wege der studentisch-pädagogischen Gruppe an reichsdeutschen Universitäten," in *Walter Benjamin Gesammelte Schriften*, ed. Rolf Tiedemann and Hermann Schweppenhäuser (Frankfurt am Main: Suhrkamp, 1972), 2.1:64.

24   希尔德·本雅明转引自 Howard Eiland and Michael W. Jennings, *Walter Benjamin: A Critical Life* (Cambridge, MA: Harvard University Press, 2014), 36–37.

25   1913 年的"迈斯内尔宣言"（Meißnerformel），重刊于 *Hoher Meissner 1913: Der Erste Freideutsche Jugendtag in Dokumenten, Deutungen und Bildern*, ed. Winfried Mogge and Jürgen Reulecke (Cologne: Wissenschaft und Politik, 1988), 34.

26   同上书。

27   Walter Benjamin, "Das Leben der Studenten," in *Walter Benjamin Gesammelte Schriften*, ed. R. Tiedemann and H. Schweppenhäuser (Frankfurt am Main: Suhrkamp, 1972), 2.1:82, 以下简称 WBG; *Walter Benjamin Gesammelte Briefe*, 6 vols., ed. Christoph Gödde and Henri Lonitz (Frankfurt am Main:

Suhrkamp, 1995–2000), 1:175.

28　见 Benjamin, *Gesammelte Briefe*, 1:160.

29　Benjamin, "Ziele und Wege der studentisch-pädagogischen Gruppen," 61.

30　同上书, 65.

31　同上书, 61.

32　见 Barbara Stambolis and Jürgen Reulecke, ed., *100 Jahre Hoher Meißner (1913–2013): Quellen zur Geschichte der Jugendbewegung* (Göttingen: V & R Unipress, 2014).

33　Benjamin, "Die Jugend schwieg," in *WBG*, 2.1:66. 见 Eiland and Jennings, *Walter Benjamin*, 62–63.

34　分别在 Benjamin, "Das Leben der Studenten," WGB, 2.1:82, 77.

35　Benjamin, "Bericht über den ersten Freideutschen Jugendtag," in *WBG*, 2.3:913.

36　Hans Reichenbach, "Die Idee des Freistudententums," in Kranold, *Freistudententum*, 7.

37　Benjamin, "Die freie Schulgemeinde," *Der Anfang* 4 (1911): 80.

38　见 Ulrich Linse, "Hochschulrevolution! Zur Ideologie und Praxis sozialistischer Studentengruppen während der deutschen Revolutionszeit 1918/19," *Archiv für Sozialgeschichte* 14 (1974): 9.

39　伯恩鲍姆转引自 Müller, *Intellektueller Linksradikalismus*, 31.

40　*Der Aufbruch: Monatsblätter aus der Jugendbewegung* (1915).

41　本雅明 1914 年 5 月 23 日致薛恩（Ernst Schoen）信，收于 *Gesammelte Briefe*, 1:231.

42　1914 年 10 月 25 日信，*Gesammelte Briefe*, 1:257.

43　此处和下文段落引用了我们以下编著的导论部分：*Charisma*

and Disenchantment: The Vocation Lectures, ed. Paul Reitter and Chad Wellmon (New York: New York Review Books, 2020).

44   伯恩鲍姆更近于自由社会民主派，他于 1913—1914 年加入了慕尼黑的自由学生联盟并称为领袖，于 1917 年加入了社会民主党，并于 1919 年试图调解慕尼黑学生革命派和大学领导之间的关系。

45   Franz Schwab, "Beruf und Jugend," *Die weißen Blätter* 4, no. 5 (May 1917): 103.

46   Birnbaum, "Nachwort," in Max Weber, *Wissenschaft als Beruf* (Munich: Duncker & Humblot, 1919), 38.

47   Weber, "Die Lehrfreiheit der Universitäten," *MWG*, 1.13:133.

48   Weber, *Parlament und Regierung im neugeordneten Deutschland: Zur politischen Kritik des Beamtentums und Parteiwesens, MWG*, 1.15:593.

49   Benjamin, "Das Leben der Studenten," *WBG*, 2.1:75.

50   Weber, *Wissenschaft als Beruf, MWG*, 1.17:72–74.

51   同上书 , 89.

52   同上书 , 84.

53   对讨论祛魅的文献的近期综述，见 Hans Kippenberg, "Dialektik der Entzauberung: Säkularisierung aus der Perspektive von Webers Religionssystematik," in *Alte Begriffe—Neue Probleme Max Webers Soziologie im Lichte aktueller Problemstellungen*, ed. Thomas Schwinn and Gert Albert (Tübingen: Mohr Siebeck, 2016), 81–116.

54   Weber, *Die Protestantische Ethik und der Geist des Kapitalismus, MWG*, 1.9:398.

55   同上书 , 1.9:342.

56   Calvin, *Institutes of the Christian Religion*, trans. Ford Lewis Battles, 2 vols. (Louisville, KY: Westminster John Know, 2006), vol. 1, chap. 2.

sec. 1.

57　Wilhelm Hennis, *Max Weber: Essays in Reconstruction*, trans. Keith Tribe (London: Allen & Unwin, 1988), 42.

58　Weber, *Wissenschaft als Beruf*, *MWG*, 1. 17: 86.（相关引文中译取自《学术作为一种志业》，收于钱永祥等译《学术与政治》，广西师范大学出版社，2004，167 页；该中译本中的"除魅"对应本文"祛魅"、"合理化"对应"理性化"。——译注）

59　同上书。另见 "Ueber einige Kategorien der verstehenden Soziologie," in Max Weber, *Gesammelte Aufsätze zur Wissenschaftslehre* (Tübingen: Mohr 1922), 449.

60　Weber, *Die Wirtschaftsethik der Weltreligionen: Vergleichende religionssoziologische Versuche*, *MWG*, 1.19:102.（引文中译取自王容芬译《儒教与道教》，商务印书馆，1995，328 页。）

61　Weber, *Die protestantische Ethik*, *MWG*, 1.9:177.（引文中译取自于晓、陈维纲等译《新教伦理与资本主义精神》，生活·读书·新知三联书店，1987，15 页。——译注）

62　Hunter, "Science as Vocation, Philosophy as Religion," *Sociologica* 12, no. 1 (2018): 137–53. 另见 Hennis, *Max Weber*, 尤见 38–46.

63　Werner Siemens, *Das Naturwissenschaftliche Zeitalter* (Berlin: Carl Heymann, 1886), 6.

64　Weber, "Ueber einige Kategorien," 449.

65　对魔法和理性的相关讨论，见 Simon During, *Modern Enchantments: The Cultural Power of Secular Magic* (Cambridge, MA: Harvard University Press, 2004)，与 Emily Ogden, *Credulity: A Cultural History of Mesmerism* (Chicago: University of Chicago Press, 2018).

66　Weber, *Die protestantische Ethik*, *MWG*, 1.18:487.（中译取自《新

教伦理与资本主义精神》，142 页。——译注）

67　Weber, *Politik als Beruf, MWG*, 1.17:251.

68　同上书 , 101.（中译取自《学术与政治》，181 页。——译注）

69　Karl Löwith, *Mein Leben in Deutschland vor und Nach 1933* (Stuttgart: J. B. Metzler, 2007), 16–17.

70　Erik Wolk, "Max Webers ethischer Kritizismus und das Problem der Metaphysik," *Logos* 19 (1930): 360.

71　Max Scheler, "Weltanschauungslehre, Soziologie, und Weltanschauungssetzung," in *Kölner Vierteljahreshefte für Sozialwissenschaften* 2 (1922): 18–33.

72　Ernst Troeltsch, *Die Revolution in der Wissenschaft* (Munich: Duncker & Humblot, 1921), 67–68.

73　同上书 , 83.

74　Werner Holz, "Die Lage der Studentenschaft," *Die Hochschule* 3, no. 8 (1919): 230.

75　Krieck, "Vom Sinn der Wissenschaft," *Der neue Merkur* 5 (1921): 512; Arthur Salz, *Für die Wissenschaft: Gegen die Gebildeten unter ihren Verächtern* (Munich: Drei Masken, 1921), 18.

76　Erich von Kahler, *Der Beruf der Wissenschaft* (Berlin: Georg Bondi, 1920), 31.

77　Richard Pohle, *Max Weber und die Krise der Wissenschaft: Eine Debatte in Weimar* (Göttingen: Vandenhoeck & Ruprecht, 2009), 41–43.

78　Kahler, *Der Beruf der Wissenschaft*, 32.

79　同上书 , 21.

80　同上书 , 7.

81　同上书 , 10, 18.

82　同上书, 71.

83　同上书, 15.

84　同上书。

85　同上书, 34.

86　同上书, 49, 50.

87　同上书, 42, 78.

88　同上书, 79, 99.

89　Salz, *Für die Wissenschaft*, 15, 29.

90　Alwin Diemer, "Die Differenzierung der Wissenschaften in die Natur- und die Geisteswissenschaften und die Begründung der Geisteswissenschaften als Wissenschaft," in *Beiträge zur Entwicklung der Wissenschaftstheorie im 19. Jahrhundert*, ed. Alwin Dieter (Meisenheim am Glan: Anton Hain, 1968): 214.

91　Ernst Troeltsch, *Der Historismus und Seine Probleme* (Aalen: Scientia, 1961), 1, 3.

92　同上书, 108.

93　同上书, 772.

94　Troeltsch, *Die Revolution in der Wissenschaft* (Munich: Duncker & Humblot, 1921), 89, 以及 Weber, *Wissenschaft als Beruf, MWG*, 1. 17: 104.

95　Heinrich Rickert, "Max Weber und seine Stellung zur Wissenschaft," *Logos* 15, no. 2 (1926): 234.

96　关于新康德主义, 见 Klaus Christian Köhnke, *The Rise of Neo-Kantianism: German Academic Philosophy between Idealism and Positivism*, trans. R. J. Hollingdale (Cambridge: Cambridge University Press, 1991).

97　Albert Dietrich, "Wissenschaftskrisis," in *Die Neue Front*, ed. Arthur Moeller van den Bruck (Berlin: Paetel, 1922), 171.

98　Edmund Husserl, "Philosophie als strenge Wissenschaft," *Logos* 1 (1910/1911): 289–341.

99　Hugo Dingler, "Der Zusammenbruch der Wissenschaft und der Primat der Philosophie" (1926), 转引自 Eduard Spranger, "Der Sinn der Voraussetzungslosigkeit in den Geisteswissenschaften," in *Eduard Spranger: Gesammelte Schriften* (Tübinben: Max Niemeyer, 1980), 6:157n.

100　Dietrich, "Wissenschaftskrisis," 154, 167.

101　Salz, *Für die Wissenschaft gegen die Gebildeten unter ihren Verächtern* (Munich: Drei Masken, 1921), 14, 30.

102　转引自 Troeltsch, *Die Revolution in der Wissenschaft*, 90.

103　Salz, *Für die Wissenschaft*, 58

104　例如 Michael Grüttner, "Die nationalsozialistische Wissenschaftspolitik und die Geisteswissenschaften," in *Literaturwissenschaft und Nationalsozialismus*, ed. Dainat and Danneberg (Tübingen: Niemeyer, 2003), 13–39.

105　见 Gisela Bock and Daniel Schönpflug, ed., *Friedrich Meinecke in seiner Zeit: Studien zu Leben und Werk* (Stuttgart: F. Steiner, 2006).

106　Ernst Krieck, "Das Ende einer Wissenschaftsideologie," *Deutsches Recht* 4 (1934): 297–300. 克里克还写过 "The Racial-Völkisch-Political Conception of History" (1934).

107　Jan Eckel, *Geist der Zeit: Deutsche Geisteswissenschaften seit 1870* (Göttingen: Vandenhoeck & Ruprecht 2008), 54.

108　Troeltsch, *Die Revolution in der Wissenschaft*, 67–68, 93.

109　Spranger, "Der Sinn," 151, 152.

110　同上书, 153. 施普兰格尔引了罗塔克的 *Logik und Systematik der Geisteswissenschaften* (1926).

111　同上书, 157—60.

112　同上书。

113　Eduard Spranger, *Wilhelm von Humboldt und die Humanitätsidee* (Berlin: Reuther & Reichard, 1909).

114　D. Timothy Goering, "Einleitung," in *Ideengeschichte Heute: Traditionen und Perspektiven* (Bielefeld: Transcript, 2017), 16–24.

115　Krieck, "Vom Sinn der Wissenschaft," *Der neue Merkur* 5 (1921): 511.

116　施普兰格尔把精神科学变成了霍克海默所谓的"非概念"（Unbegriff）。Horkheimer, "Geisteswissenschaften," *Gesammelte Schriften*, vol. 14, *Nachgelassene Schriften 1949–1972* (Frankfurt am Main: Suhrkamp, 1988), 385.

117　Eduard Spranger, "März 1933," *Die Erziehung: Monatsschrift für den Zusammenhang von Kultur und Erziehung in Wissenschaft und Leben* 8, no. 7 (April 1933): 402–8.

118　Weber, *Wissenschaft als Beruf*, MWG, 1.17:80.

119　同上书, 92.

120　Kant, *Kritik der reinen Vernunft*, 451/B479; *WDGS*, 1:6.

121　Weber, *Wirtschaft und Gesellschaft*, MWG, 1.22.2:273, 269–70.（中译取自阎克文译本，上海人民出版社，2010，639 页。——译注）

122　见 Jason A. Josephson-Strom, *The Myth of Disenchantment: Magic, Modernity, and the Birth of the Human Sciences* (Chicago: University of Chicago Press, 2017), 290–96.

123　Weber, *Religiöse Gemeinschaften*, MWG, 1.22.2:273.

124　Kant, *Kritik der Urteilskraft*, 5:433.（中译取自李秋零译注《判断力批判（注释本）》，中国人民大学出版社，2010，249 页；部分文字根据本书引文改动。——译注）

125   Weber, *Wissenschaft als Beruf*, *MWG*, 1.17:105.（中译取自《学术与政治》，185 页；部分文字根据本书引文改动。——译注）

126   Weber, *Die Wirtschaftsethik der Weltreligionen*, *MWG*, 21.2:642–43.

127   Weber, *Die protestantische Ethik*, *MWG*, 1.9:257.（中译取自《新教伦理与资本主义精神》，78 页。——译注）

128   Weber, *Politik als Beruf*, *MWG*, 1.17:170.

129   Weber, *Wissenschaft als Beruf*, *MWG*, 1.17:104.

130   Max Weber, "Der Sinn der 'Wertfreiheit' der soziologischen und ökonomischen Wissenschaften," in *Gesammelte Aufsätze zur Wissenschaftslehre* (Tübingen: Mohr 1922), 178.

131   Jürgen Habermas, *Max Weber and Sociology Today*, 59.

132   Weber, *Wissenschaft als Beruf*, *MWG*, 1.17:103.

133   Weber, "Die Lehrfreiheit der Universitäten," *MWG*, 1.13:133.

134   Weber, "Der Sinn der 'Wertfreiheit,'" 451–502. 我们把 Wertfreiheit 译为"价值自由"，虽然常见的翻译是"价值中立"。我们会在下文中说明选择更贴近字面译法的原因。

135   Weber, "Der Sinn der 'Wertfreiheit,'" 453, 451.

136   Weber, *Wissenschaft als Beruf*, *MWG*, 1.17:103.（中译取自《学术与政治》，183 页。——译注）

137   Amia Srinivasan, "Sex as Pedagogical Failure," *Yale Law Journal* 129 (2020): 1118–19.

138   Weber, "Der Sinn der 'Wertfreiheit,'" 456.

139   Weber, *Wissenschaft als Beruf*, *MWG*, 1.17:97.

140   Horkheimer, "Einleitung zur Diskussion," in Otto Stammer, ed., *Max Weber und die Soziologie heute: Verhandlungen des 15. Deutschen*

Soziologentages in Heidelberg 1964 (Tübingen: Mohr Siebeck, 1965), 65–66.

141　Gerth and Mills, "Introduction: The Man and His Work," in *From Max Weber: Essays in Sociology*, ed. Hans H. Gerth and C. Wright (New York: Oxford University Press, 1946), 73.（中译取自阎克文译本，人民出版社，2010，74—75 页。——译注）

142　Rieff, "Introduction: Max Weber," in "Science and the Modern World View," *Daedalus* 87, no. 1 (Winter 1958): 111.

143　Hennis, *Max Weber*, 52 (n. 57).

144　Weber, *Wissenschaft als Beruf, MWG*, 1.17:97.

145　此观点见 Erik Wolf, "Max Webers ethischer Kritizismus und das Problem der Metaphysik," *Logos* 19 (1930): 363.

146　Amanda Anderson, *Psyche and Eros: Moral Life after Psychology, Clarendon Lectures in English* (Oxford: Oxford University Press, 2018), 88.

147　Riskin, *The Restless Clock*, 256-7.

148　Jonathan Kramnick, "The Interdisciplinary Fallacy," *Representations* 140, no. 1 (2017): 67–83.

149　Weber, "'Energetische' Kulturtheorien," in *Gesammelte Aufsätze zur Wissenschaftslehre* (Tübingen: Mohr, 1922), 389.

150　Ian Hunter, "The Mythos, Ethos, and Pathos of the Humanities," *History of European Ideas* 40, no. 1 (2014): 16–17.

151　Wolk, "Max Webers ethischer Kritizismus," 360.

152　Ernst Curtius, "Max Weber über die Wissenschaft als Beruf," *Arbeitsgemeinschaft: Monatsschrift für die gesamte Volkshochschulwesen* 1 (1920): 203.

153 Eckel, *Geist der Zeit*, 136.

第七章

1 Lawrence A. Scaff, *Max Weber in America* (Princeton, NJ: Princeton University Press, 2011), 48–52.

2 马克斯·韦伯致海伦·韦伯（Helene Weber）信，1904 年 9 月 19—20 日，*MWG*, 2.4:292.

3 见 Julie Reuben, *The Making of the Modern University: Intellectual Transformation and the Marginalization of Morality* (Chicago: University of Chicago Press, 1996), 17–35.

4 Weber, 9 月 19—20 日信，*MWG*, 2.4:292.

5 同上书，*MWG*, 2.4:292, 294, 295.

6 Max Weber, "Die von den deutschen abweichenden Einrichtungen an den nordamerikanischen Hochschulen," *MWG*, 1.13:397–410.

7 同上书，*MWG*, 1.13:402.

8 Weber, *Wissenschaft als Beruf*, MWG, 1.17:74.（中译参考《学术与政治》，157 页。——译注）

9 Laurence Veysey, *The Emergence of the American University* (Chicago: University of Chicago, Press, 1970).

10 M. L. Burton, "The Undergraduate Course," *New Republic*, October 25, 1922, 9–11.

11 Alexander Meiklejohn, "The Unity of the Curriculum," *New Republic*, October 25, 1922, 2–4.

12 H. W. Chase, "The Problem of Higher Education," *New Republic*, October 25, 1922, 4–5.

13 我们在此处所参考的更详细探讨，见 Chad Wellmon, "Whatever

Happened to General Education?," *Hedgehog Review* 19, no. 1 (2017): 93–105.

14 "Humanities," in William Nicholson, *British Encyclopedia, or, Dictionary of Arts and Sciences*, American ed., vol. 6 (Philadelphia: Mitchell, Ames, and White, 1819–1821).

15 Felix E. Schelling, "The Humanities Gone and to Come: Read Before the Phi Betta Kappa Society at the University of Pennsylvania," June 18, 1902, 11.

16 同上书。

17 同上书, 12, 16.

18 J. David Hoeveler Jr., *The New Humanism: A Critique of Modern America: 1900–1940* (Charlottesville: University Press of Virginia, 1977), 118.

19 Irving Babbitt, *Literature and the American College* (Washington, DC: National Humanities Institute, 1986), 96.

20 同上书, 74.

21 Terence, *Heauton Timorumenos*, 1. 1. 77.

22 Babbitt, *Literature and the American College*, 75.

23 同上书, 87, 147.

24 同上书, 138.

25 同上书, 8, 117. 见 Andrew Jewett, *Science, Democracy, and the American University* (Cambridge: Cambridge University Press, 2012), 199–200. 另见 J. David Hoeveler, *The New Humanism: A Critique of Modern America, 1900–1940* (Charlottesville, VA: University of Virginia Press, 1977).

26 例如：Thomas Fitz-Hugh, *The Philosophy of the Humanities* (Chicago:

University of Chicago Press, 1897), 10-12，呼吁人文学只关注他所谓的
"拉丁语人文学"及其"树人"的功效。对 19 世纪末类似呼声的优秀讲解，
可见 Jon H. Roberts and James Turner, *The Sacred and Secular University
(Princeton, NJ: Princeton University Press, 2000)*, 尤见 73–106.

27　断代相同但细节更少的讲解见 Geoffrey Harpham, *The
Humanities and the Dream of America* (Chicago: University of Chicago
Press, 2011), 14.

28　见 Patricia Beesley, *The Revival of the Humanities in American
Higher Education* (New York: Columbia University Press, 1942).

29　同上书, 128. 另见 Reuben, *Modern University*, 226.

30　Mark Greif, *The Age of the Crisis of Man: Thought and Fiction in
America 1933–1973* (Princeton, NJ: Princeton University Press, 2015), 3.

31　Stefanos Geroulanos, *An Atheism That Is Not Humanist Emerges
in French Thought* (Palo Alto, CA: Stanford University Press, 2010), 209-
15.

32　Aimé Césaire, *Discourse on Colonialism* (New York: Monthly
Review Press, 2000), 37, 39.

33　Waldo G. Leland, "Recent Trends in the Humanities," *Science*
79, no. 2048 (March 30, 1934): 281–82.

34　同上书, 281, 283.

35　试比较美国的机构设置以及所谓的经典社会学传统的命运（后
者从未在德国大学的机构中获得稳固位置）。在一战结束之前的德国，
社会学都没有教授席位，因此社会学（或利兰所谓的社会科学"盟
邦"）在机构中也就没有自己的位置。但在 1919 年的一场有关社会学
机构地位的激烈争论之后，几所大学最终设立了社会学教席，如 1927
年的汉堡、1925 年的莱比锡、1926 年的亚琛。在这个意义上，有必要

强调的是，马克斯·韦伯并不像帕森斯在 1937 年宣称的那样，是"社会行动普遍化理论体系"的创立者、社会学之父。从韦伯在大学中的位置来看，他是经济学家，而且实际上受到的是法学训练。诚如萨洛蒙 (A. Salomon) 所言，"在德国，没有社会学，只有社会学家"。相比之下，社会学在世纪之交就已在美国立足：芝加哥大学和哥伦比亚大学都设置了院系，《美国社会学刊》(*American Journal of Sociology*) 1895 年也得到创办。社会科学研究委员会（The Social Science Research Council）则成立于 1923—1924 年。Talcott Parsons, *The Structure of Social Action* (New York: McGraw Hill, 1937), 686. 另见 Lawrence Scaff, "Weber's Reception in the United States, 1920–1960," in *Das Faszinosum Max Weber: Die Geschichte seiner Geltung*, ed. Karl-Ludwig Ay and Knut Borchardt (Konstanz: UVK, 2006), 55–89; A. Salomon, "German Sociology," in *Twentieth-Century Sociology*, ed. G. Gurvitch and W. E. Moore (New York: Philosophical Library, 1945), 587

36　John W. Boyer, *The University of Chicago: A History* (Chicago: University of Chicago Press, 2015), 229.

37　"Preliminary Report of the Committee in Charge of the General Courses in the Humanities," April 1931, 转引自 John W. Boyer, *A Twentieth-Century Cosmos: The New Plan and the Origins of General Education at Chicago*, Occasional Papers on Higher Education 16 (Chicago: College of the University of Chicago, [2007?]), 12.

38　Robert Maynard Hutchins, *No Friendly Voice* (Chicago: University of Chicago Press, 1936), 24–25.

39　Boyer, *University of Chicago*, 244.

40　同上书 , 242–52.

41　Hutchins, *No Friendly Voice*, 176.

42　转引自 Greif, *Age of the Crisis of Man*, 30.

43　Harpham, *Humanities and the Dream of America*, 14. 此处和下文中对普林斯顿和巴尔的摩派的讨论参考了 Bryan McAllister-Grande, "The Inner Restoration: Protestants Fighting for the Unity of Truth, 1930–1960"（博士论文，Harvard University, 2017).

44　Theodore M. Greene, "Christian Education and Democracy," *Christian Education* 23, no. 3 (February 1940): 154.

45　欣茨（Hinds）在 1942 年 6 月的信中引用格林语，转引自 Wallace Irwin Jr., "The Legacy of SPH: How a Small Program in the Humanities Changed Princeton's Entire Curriculum," *Princeton Alumni Weekly*, January 14, 1987, 14; Greene, *The Meaning of the Humanities* (Princeton, NJ: Princeton University Press, 1938), xxx.

46　Christian Gauss, "Peace at Gettysburg," 转引自 McAllister-Grande, "The Inner Restoration," 33. 麦氏认为该文作于 20 世纪 40 年代初。

47　Irwin, "Legacy of SPH."

48　同上书, 13.

49　Edward W. Said, *Out of Place: A Memoir* (New York: Alfred A. Knopf, 1999), 277.

50　Irwin, "Legacy of SPH," 15.

51　多兹语转引自 Irwin, "Legacy of SPH," 16.

52　Laurence Veysey, "The Plural Organized Worlds of the Humanities," in *The Organization of Knowledge in Modern America, 1860–1920*, ed. Alexandra Oleson and John Voss (Baltimore: Johns Hopkins, 1979), 56.

53　*Princeton Alumni Weekly*, April 8, 1938, 595.

54　格林转引自上书。

55　Ralph Barton Perry, "A Definition of the Humanities," in *The*

Meaning of the Humanities, ed. Theodore Meyer Greene (Princeton, NJ: Princeton University Press, 1938), 31, 32.

56　转引自 V. R. Cardozier, *Colleges and Universities in World War II* (Westport, CT: Praeger, 1993).

57　Charles Dorn, "Promoting Public Welfare in Wartime: Stanford University during World War II," *American Journal of Education* 112 (2005): 111.

58　转引自上书, 116.

59　Lewis Mumford, *The Condition of Man* (New York: Harcourt, Brace, and World, 1944), 376.

60　芒福德语转引自 Donald L. Miller, *Lewis Mumford: A Life* (Pittsburgh: University of Pittsburgh Press, 1992), 410. 另见 Mumford, "The Humanities Look Ahead," in *Report of the First Annual Conference of the Stanford School of the Humanities* (Palo Alto, CA: Stanford University Press, 1943).

61　Beesley, *Revival of the Humanities*, 3; Harpham, *Humanities and the Dream of America*, 14.

62　Carl E. Schorske, "The New Rigorism in the Human Sciences," *Daedalus* 126, no. 1 (Winter, 1997): 303.

63　两份报告都见于 Raymond B. Fosdick, *The Story of the Rockefeller Foundation* (New York: Harper & Brothers, 1952), 240–41.

64　*General Education in a Free Society: Report from the Harvard Committee* (Cambridge, MA: Harvard University Press, 1950), 43.

65　同上书, 53—54, 76.

66　同上书, 59, 60, 61, 178. 见 Jewett, *Science, Democracy, and the American University*, 332.

67　Dorothy Ross, "Changing Contours of the Social Science

Disciplines," in *The Cambridge History of Science: The Modern Social Sciences*, ed. Theodore M. Porter and Dorothy Ross (Cambridge: Cambridge University Press, 2003), 219.

68　Jewett, Science, *Democracy, and the American University*, 206–16, 233.

69　1933—1953 年在任的时任哈佛校长、化学家柯南特（James Bryant Conant）基本支持这种说法。但在一系列更加面向公众的、挑起纷争的出版物中，他又论称自然和物理科学本质上是人类甚至人道活动；个体试图用它们控制自然——更重要的是，还试图用它们理解自然。科学与文学艺术一样，是具有创造力、想象力的人类活动。可见 James B. Conant, *On Understanding Science* (New Haven, CT: Yale University Press, 1947); *Science and Common Sense* (New Haven, CT: Yale University Press, 1951); 以及 *Modern Science and Modern Man* (New York: Columbia University Press, 1952). 另见 Jewett, *Science, Democracy, and the American University*, 315–17, 以及 Christopher Hamlin, "The Pedagogical Roots of the History of Science: Revisiting the Vision of James Bryant Conant," *Isis* 107, no. 2 (2016): 282–308.

70　*Report of the Committee on Educational Survey* (Cambridge, MA: Technology Press, MIT, 1949), 3, 4, 94.

71　National Foundation on the Arts and Humanities Act of 1965 (Pub. L. No. 89–209), https://www.neh.gov/about/history/national-foundation-arts-and-humanities-act-1965-pl-89-209.

72　Cornelius Kruse, "On Humanity's Need for the Humanities," in *History of the Ohio State University*, vol. 6, *State University: Addresses and Proceedings of the Seventy-Fifth Anniversary 1948–49* (Columbus: Ohio State University Press, 1951), 62.

73　同上书 , 55–56.

74　同上书 , 64.

75　见 Joan Shelley Rubin, "The Scholar and the World: Academic Humanists and General Readers" in *The Humanities and the Dynamics of Inclusion Since World War II*, ed. David A. Hollinger (Baltimore: Johns Hopkins University Press, 2006), 73–103.

76　Geroulanos, *An Atheism*（见尾注 31 ）。

77　Mark Greif, *Age of the Crisis of Man*, 45–46.

78　Erich von Kahler, *Man the Measure: A New Approach to History* (New York: George Braziller, 1956), 25.

79　同上书 , 637—39.

80　我们转引的原始材料被收录并引用于 David Kettler, "The Symbolic Use of Exile: Erich Kahler at the Ohio State University," in *Exile and Otherness: New Approaches to the Experience of the Nazi Refugees*, ed. Alexander Stephan (Bern: Peter Lang, 2005), n21.

81　皮尔斯及同事致院长富勒（ J. Osborn Fuller ）, 1957 年 10 月 17 日 , 转引自 Kettler, "Symbolic Use of Exile."

82　"The Morrill Act," in *The Rise of the Research University: A Sourcebook*, ed. Louis Menand, Paul Reitter, and Chad Wellmon (Chicago: University of Chicago Press, 2017), 167.

83　Roy Harvey Pearce, "Historicism Once More," *Kenyon Review* 20, no. 4 (1958): 554–91.

84　*Faculty Seminar Report: 1959*, 转引自 Kettler, "Symbolic Use of Exile," 26–27.

85　卡勒尔在俄亥俄州立研讨会上的发言 , 1961 年 3 月 , 转引自 Kettler, "The Symbolic Uses of Exile."

86   卡勒尔转引自 David Kettler, *The Liquidation of Exile: Studies in the Intellectual Emigration of the 1930s* (New York: Anthem Press, 2011), 187n.

87   Max Scheler, "Weltanschauungslehre, Soziologie und Weltanschauungssetzung," *Kölner Vierteljahreshefte für Sozialwissenschaften* 2, no. 1 (1922): 22, 23, 25.

88   卡勒尔语转引自 Gerhard Lauer, "The Empire's Watermark: Erich Kahler and Exile," in *Exile, Science, and Bildung: The Contested Legacies of German Émigré Intellectuals*, ed. David Kettler and Gerhard Lauer (New York: Palgrave Macmillan, 2005): 68.

89   Kruse, "On Humanity's Need for the Humanities," 55–56.

90   同上书。

91   Perry, "Definition of the Humanities," 3, 30.

92   同上书, 16—17.

93   同上书, 22, 33, 41.

94   James Hankins, "Garin and Paul Oskar Kristeller: Existentialism, NeoKantianism, and the Post-War Interpretation of Renaissance Humanism," in *Eugenio Garin: Dal Rinascimento all'illuminismo*, ed. Michele Ciliberto (Rome: Edizioni di Storia e Letteratura), 481–505.

95   Eugenio Garin, *Italian Humanism: Philosophy and Civic Life in the Renaissance*, trans. Peter Munz (Oxford: Blackwell, 1965), 3,5, 220–21. 见 Christopher S. Celenza, *The Lost Italian Renaissance: Humanists, Historians, and Latin's Legacy* (Baltimore: Johns Hopkins University Press, 2006), 30–36.

96   James Hankins, "Two Twentieth-Century Interpreters of Renaissance Humanism: Eugenio Garin and Paul Oskar Kristeller,"

Comparative Criticism 23 (2001): 6.

97　Paul Oskar Kristeller, "Humanism and Scholasticism," in *Renaissance Thought and Its Sources*, ed. Michael Mooney (New York: Columbia University Press, 1979), 91.

98　同上书, 105.

99　Rocco Rubini, *The Other Renaissance: Italian Humanism between Hegel and Heidegger* (Chicago: University of Chicago Press, 2014), 348.

100　Kristeller, "Humanism and Scholasticism," 89.

101　Hankins, "Garin and Paul Oskar Kristeller"; Kay Schiller, "Paul Oskar Kristeller, Ernst Cassirer and the 'Humanistic turn' in American Emigration," in *Exile, Science and Bildung: The Contested Legacies of German Intellectual Figures* (Basingstoke: Palgrave Macmillan, 2005), 125–38.

102　Hankins, "Twentieth-Century Interpreters," 11.

103　同上书。

104　Paul Oskar Kristeller, "Some Problems of Historical Knowledge," *Journal of Philosophy* 58, no. 4 (1961): 85, 86.

105　同上书, 86.

106　同上书, 97.

107　见 Notker Hammerstein, *Bildung und Wissenschaft vom 15. bis 17. Jahrhundert*, Enzyclopädie deutscher Geschichte 64 (Munich: Oldenbourg, 2010), 103.

108　Paul Oskar Kristeller, "Studies on Renaissance Humanism during the Last Twenty Years," *Studies in the Renaissance* 9 (1962): 16–17.

109　Celenza, *Lost Italian Renaissance*, 41.

110　Kristeller, "Some Problems of Historical Knowledge," 109.

111　Paul Oskar Kristeller, "The Dignity of Man," in Mooney, *Renaissance Thought and Its Sources*, 181.

112　Thomas Mann, *Gesammelte Werke* (Frankfurt am Main: S. Fischer, 1974), 10:346.

113　Ernst Cassirer, *Essay on Man* (New Haven, CT: Yale University Press, 1972), 21, 228.（中译参考甘阳译本，译文出版社，2004，30、313页。——译注）

114　Ernst Cassirer, *Determinism and Indeterminism in Modern Physics*, trans. O. Theodor Benfey (New Haven, CT: Yale University Press, 1956), 4.

115　Erich Auerbach, "Philologie der Weltliteratur," in *Weltliteratur: Festgabe für Fritz Strich zum 70. Geburtstag*, ed. Walter Muschg and E. Staiger (Bern: Francke, 1952), 41.

116　David A. Hollinger, introduction to *The Humanities and the Dynamics of Inclusion since World War II*, ed. David A. Hollinger (Baltimore: Johns Hopkins University Press, 2006), 4.

117　Schorske, "The New Rigorism in the Human Sciences," 295（见尾注 62）。

118　Rachel Sagner Buurma and Laura Heffernan, "The Common Reader and the Archival Classroom: Disciplinary History for the Twenty-First Century," *New Literary History* 43, no. 1 (Winter 2012): 113. 另见 Merve Emre, "Post-Disciplinary Reading and Literary Sociology," *Modernism/Modernity*, vol. 3, cycle 4, February 1, 2019, https://modernismmodernity.org/forums/posts/post-disciplinary-reading-and-literary-sociology.

119　E. Digby Baltzell, "Bell Telephone's Experiment in Education," *Harper's Magazine*, March 1, 1955, 73–77.

120　William H. Whyte, *Organization Man* (New York: Simon and Schuster, 1956).

121　Timothy Aubry, "Humanities, Inc.," *American Studies* 53, no. 4 (2014): 12.

122　*The Great Ideas: A Syntopicon of Great Books of the Western World*, vol. 1, ed. Mortimer Jerome Adler (Chicago: Encyclopedia Britannica, 1952), xv, xi, xiv. 见 Tim Lacy, *The Dream of a Democratic Culture: Mortimer J. Adler and the Great Books Idea* (New York: Palgrave Macmillan, 2013).

123　见 Justus Nieland, *Happiness by Design: Modernism and Media in the Eames Era* (Minneapolis: University of Minnesota Press, 2019); James Sloan Allen, *The Romance of Commerce and Culture: Capitalism, Modernism, and the Chicago-Aspen Crusade for Cultural Reform* (Chicago: University of Chicago Press, 1983).

124　C. Wright Mills, *The Power Elite* (Oxford: Oxford University Press, 1956).

125　文学如何于 20 世纪 40 年代在大学之外"起作用";文学不只受到权贵精英的支持,还得益于美国军队、公共图书馆、简装书激增。相关讲解见 George Hutchinson, *Facing the Abyss: American Literature and Culture in the 1940s* (New York: Columbia University Press, 2018), 15–35.

126　Claudia Goldin and Lawrence F. Katz, "The Shaping of Higher Education: The Formative Years in the United States, 1890 to 1940," *Journal of Economic Perspectives* 13, no. 1 (1999): 37–62.

127　Samuel Moyn, "The Universal Declaration of Human Rights of 1948 in the History of Cosmopolitanism," *Critical Inquiry* 40, no. 4 (2014): 378.

128　Lewis Mumford, "The Unified Approach to Knowledge and

Life," in *Values for Survival: Essays, Addresses, and Letters on Politics and Education* (New York: Harcourt, Brace, 1946), 189.

129 Michel Foucault, "What Is Enlightenment?," in *The Foucault Reader*, ed. Paul Rabinow (New York: Pantheon Books, 1984).

130 Jacques Derrida, "The University without Condition," in *Without Alibi*, ed. and trans. Peggy Kamuf (Stanford, CA: Stanford University Press, 2002), 202-37; Derrida, "Of the Humanities and the Discipline of Philosophy," *Surfaces* 4 (1994): 5-21.

131 Dipesh Chakrabarty, "Humanities in the Anthropocene: The Crisis of an Enduring Kantian Fable," *New Literary History* 47, no. 2/3 (2016): 378.

132 John Durham Peters, *The Marvelous Clouds* (Chicago: University of Chicago Press, 2015), 379.

133 Louis Menand, *The Marketplace of Ideas: Reform and Resistance in the American University* (New York: W. W. Norton, 2010), 91.

134 Steven Connor, "Decomposing the Humanities," *New Literary History* 47, no. 2/3 (2016): 281.

135 Greif, Age of the Crisis of Man, 328（见尾注 30）。

136 John Guillory, "Who's Afraid of Marcel Proust: The Failure of General Education in the American University," *The Humanities and the Dynamics of Inclusion since World War II*, trans. David Hollinger (Baltimore: Johns Hopkins University Press, 2006), 25–72.

结论

1 Geoffrey Galt Harpham, "Beneath and beyond the 'Crisis in the Humanities,'" *New Literary History* 36, no. 1 (Winter 2005): 36.

2　David A. Bell, "Reimagining the Humanities: Proposals for a New Century," *Dissent*, Fall 2010, https://www.dissentmagazine.org/article/reimagining-the-humanities-proposals-for-a-new-century; Stefan Collini, *Speaking of Universities* (London: Verso, 2017).

3　Rens Bod, *A New History of the Humanities* (Oxford: Oxford University Press, 2013), and James Turner, *Philology: The Forgotten Origins of the Modern Humanities* (Princeton, NJ: Princeton University Press, 2014). 两位作者在定义何谓人文学时都强调了方法论的延续性。通过关注方法来理解文化造物，意味着人文学的关键方面——如它们塑造个性、发挥社会财富之功能的主张——基本没有得到检验。

4　Daniel T. Rogers, *Atlantic Crossings: Social Politics in a Progressive Age* (Cambridge, MA: Harvard University Press, 1998), 413.

5　Helen Small, *The Value of the Humanities* (Oxford: Oxford University Press, 2013), 29.

6　对这一观点史料翔实的优秀讲解，见 Jennifer J. Summit, "Renaissance Humanism and the Future of the Humanities," *Literature Compass* 9 (2012): 665–78.

7　Martha Nussbaum, *Not for Proft: Why Democracy Needs the Humanities* (Princeton, NJ: Princeton University Press, 2010); Danielle Allen, *Education and Equality* (Chicago: University of Chicago Press, 2016); Christopher Newfield, *The Great Mistake* (Baltimore: Johns Hopkins University Press, 2017).

8　Christopher Newfeld, "The Crisis of Higher Ed Realpolitik: A Visit to Connecticut," Remaking the University, https://utotherescue.blogspot.com/2019/04/the-crisis-of-higher-ed-realpolitik.html.

9　Hannah Arendt, "The Crisis in Education," in *Between Past and*

Present (New York: Penguin, 2006), 189.

10　Lionel Trilling, "The Uncertain Future of the Humanistic Educational Ideal," *American Scholar* 44, no. 1 (Winter 1974/1975), 62.

11　Christopher Newfield, *The Great Mistake: How We Wrecked Public Universities and How We Can Fix Them* (Baltimore: Johns Hopkins University Press, 2018).

12　Edward W. Said, *The World, the Text, and the Critic* (Cambridge, MA: Harvard University Press, 1983), 2, 24.

13　同上书, 26.（相关中译可见李自修译本，生活·读书·新知三联书店，2009，47 页。——译注）

14　Michael Allan, *In the Shadow of World Literature: Sites of Reading in Colonial Egypt* (Princeton, NJ: Princeton University Press, 2016), 36.

15　Said, The World, 26, 29.（相关中译取自李自修译本，47—48 页。——译注）

16　同上书, 6.（中译取自李译，9 页。——译注）

17　同上书, 9.（李译，14 页。——译注）

18　Allan, *In the Shadow of World Literature*, 36.

19　Said, *The World*, 290.（李译，504 页。——译注）

20　Tomoko Masuzawa, "Secular by Default? Religion and the University before the Post-Secular," in *The Post-Secular Question: Religion in Contemporary Society*, ed. Philip Gorski et al. (New York: New York University Press, 2012), 187.

21　Weber, "Vorbemerkung," *MWG*, 1.18:101,104, 105.

22　关于学术和大学的去殖民化著述颇丰，例如 Kwasi Wiredu, "Toward Decolonizing African Philosophy and Religion," *African Studies*

Quarterly 1, no. 4 (1998): 17–46; Mahmood Mamdani, "The African University," *London Review of Books* 40, no. 14 (July 19, 2008), https://www.lrb.co.uk/the-paper/v40/n14/mahmood-mamdani/the-african-university; *Decolonising the University*, ed. Gurminder K. Bhambra, Kerem Nişancıoğlu, and Dalia Gebrial (London: Pluto Press, 2018).

23　Weber, *Wissenschaft als Beruf*, MWG, 1.17:103.

24　同上书 , 84.

图书在版编目（CIP）数据

永恒的危机：祛魅时代的人文学 / （美）保罗·赖
特尔，（美）查德·韦尔蒙著；孟醒译. -- 杭州：浙江
大学出版社，2025.3. -- ISBN 978-7-308-25796-1

Ⅰ.C

中国国家版本馆 CIP 数据核字第 2025JD1452 号

Licensed by The University of Chicago Press, Chicago, Illinois, U.S.A.
Permanent Crisis: The Humanities in a Disenchanted Age by Paul Reitter and
Chad Wellmon
© 2021 by the University of Chicago. All rights reserved.
Chinese Edition © 2025 Zhejiang University Press Co., Ltd, Hangzhou

浙江省版权局著作权合同登记图字：11—2025—016

永恒的危机：祛魅时代的人文学

［美］保罗·赖特尔
　　　　　　　　　著　孟醒　译
［美］查德·韦尔蒙

责任编辑	周烨楠	
责任校对	李瑞雪	
封面设计	春天书装	
出版发行	浙江大学出版社	
	（杭州市天目山路 148 号　邮政编码 310007）	
	（网址：http://www.zjupress.com）	
排　　版	杭州浙信文化传播有限公司	
印　　刷	杭州宏雅印刷有限公司	
开　　本	880mm×1230mm　1/32	
印　　张	14.625	
字　　数	308 千	
版 印 次	2025 年 3 月第 1 版　2025 年 3 月第 1 次印刷	
书　　号	ISBN 978-7-308-25796-1	
定　　价	128.00 元	

版权所有　侵权必究　　印装差错　负责调换

浙江大学出版社市场运营中心电话：（0571）88925591；http://zjdxcbs.tmall.com